2018

金融科技研究与评估

全 球 系 统 重 要 性 银 行 金 融 科 技 指 数

黄 毅 王一鸣◇主 编

中国发展出版社
CHINA DEVELOPMENT PRESS

图书在版编目（CIP）数据

金融科技研究与评估 2018 ：全球系统重要性银行金
融科技指数 / 黄毅 , 王一鸣主编 . -- 北京 : 中国发展
出版社 , 2018.12

ISBN 978-7-5177-0945-9

Ⅰ . ①金… Ⅱ . ①黄… ②王… Ⅲ . ①金融—科学技
术—研究 Ⅳ . ① F830

中国版本图书馆 CIP 数据核字（2018）第 288928 号

书　　　名：金融科技研究与评估 2018 ：全球系统重要性银行金融科技指数
著作责任者：黄　毅　王一鸣
出 版 发 行：中国发展出版社
　　　　　　（北京市西城区百万庄大街 16 号 8 层　100037）
标 准 书 号：ISBN 978-7-5177-0945-9
经 　销 　者：各地新华书店
印 　刷 　者：河北鑫兆源印刷有限公司
开　　　本：787mm×1092mm　1/16
印　　　张：28
字　　　数：339 千字
版　　　次：2018 年 12 月第 1 版
印　　　次：2018 年 12 月第 1 次印刷
定　　　价：158.00 元

联 系 电 话：（010）88919581　68990692
购 书 热 线：（010）68990682　68990686
网 络 订 购：http：//zgfzcbs.tmall.com
网 购 电 话：（010）88333349　68990639
本 社 网 址：http：//www.develpress.com.cn
电 子 邮 件：370118561@qq.com

"金融科技研究与评估"
编写组

主　编　黄　毅　王一鸣
副主编　尹　龙　吴振宇
协调人　边　鹏　石　光

编写组成员

中国建设银行方面

黄　毅　尹　龙　边　鹏　宋效军　闫　晗　王　博
赵　熙　白云飞　王丽寒　郭劲夫

国务院发展研究中心方面

王一鸣　吴振宇　张丽平　陈道富　郑醒尘　田　辉
刘　煊　兰宗敏　石　光　王　刚　朱鸿鸣　孙　飞
朱俊生　薄　岩　陈　宁　王　洋

外部专家

孙国峰　孙天琦　伍旭川　李广建　刘　学　欧明刚
杨佩玮　朱培标　蔡建颖　王　敏　张译从　刘　勇
李　达

各章节执笔：

上篇：

第一章：吴振宇　石　光

第二章：郭劲夫　王　刚　边　鹏

第三章：朱俊生　王　敏　朱培标

第四章：王　洋　张译从

第五章：孙国峰

第六章：伍旭川　刘　学

第七章：孙天琦

第八章：闫　晗　边　鹏

第九章：李广建

第十章：刘　勇　李　达

中篇：

第十一章：王　博　边　鹏

第十二章：王　博　闫　晗

第十三章：闫　晗　王　博　赵　熙

第十四章：闫　晗　边　鹏

第十五章：边　鹏

下篇：

第十六章：宋效军

第十七章：刘　勇　李　达

第十八章：白云飞　边　鹏

第十九章：欧明刚　杨佩玮

第二十章：蔡建颖　朱俊生

序言一

金融科技的发展与金融生态的演进

黄　毅

　　金融业之所以存在，从经济学的观点来看，根本原因在于信息不对称问题。在缺乏专业化机构的市场下，信息不对称会导致金融领域资源配置的交易费用十分高昂，以至于很难形成有效的金融市场。因此，金融业的经济学使命就是通过解决信息不对称问题，不断降低市场交易费用，提升金融市场的有效性。

　　在金融机构产生之初，解决信息不对称问题的主要方式是规模化和专业化。中介类金融组织（证券公司、资产管理公司等）通过双向收集资金供需双方的财务信息、信用信息和风险信息等，实现了信息的专业化分析判断和规模化撮合，架起了资金供需双方的桥梁。银行类金融组织（商业银行、保险公司等）则在此基础上更进了一步，将专业化优势物化成存贷款产品，直接向资金供需双方提供明确标价的简单产品，解决了借款人和贷款人之间直接交易产生的期限、价格、规模、风险水平等一系列匹配问题，隔离了借款人与贷款人之间的直接风险，利用集中式专业化的资金与风险管理技术，极大地扩展了市场的宽度和深度。

随着金融业的发展，金融机构和金融市场不断完善，信息不对称问题从解决形式开始向提升效率、降低成本的方向转换。一方面金融机构创建了一系列的信用评级、贷款分类、风险量化等技术方法，力争使信息的处理更加及时、准确和高效；另一方面一直在改善信息和数据收集、储存、传递、管理的技术方式，从基础层面提高信息采集与利用的准确性、安全性和效率，金融业成为对信息技术发展最敏感的行业之一。

就此而言，可以说现代金融业的发展史也就是信息技术的发展应用史，人类每一次重大的信息科技演进，都会对金融业的发展产生重要甚至革命性影响。信息加密方法的发展奠定了纸币广泛应用的基础，电报的发明促成了全球银行电子结算系统的诞生，计算机技术的应用使金融机构的数据信息处理方式从纸质化转成电算化，进而形成信息化，并通过客户数据、产品数据、风险数据等管理和处理方式的变化引领了金融机构客户管理和业务发展的一系列变革。毫无疑问，目前快速发展的大数据、云计算、区块链、人工智能等信息技术，也必然会促进金融业的进一步演化。

与过去科技只是支撑金融业务的技术工具和手段不同，当下数据信息技术的发展正在打破"业务是业务，技术是技术"的边界，业务和技术的结合诞生了"金融科技"这一新的术语和领域。金融科技从字面上很容易被理解成为金融领域的科技，或者服务于金融的科技，但实际含义并非如此。科技应用，尤其是信息科技在金融领域的应用已经有相当长的历史，如果只是将大数据、区块链、人工智能等技术简单地视为服务金融业务的工具，这些技术再新再好仍然是被应用的技术，探讨"金融科技"就失去了意义。

"金融科技"与"科技应用"根本不同点在于，"金融科技"正在从基础层面改变着信息不对称的解决方式和方法，挑战对金融理论的基础。如前所述，在经济学上金融业之所以有存在的必要，就源于资金供需双方直接交易的模式由于信息不对称而无法形成有效市场。但在金融科技领域，互联网金融（P2P、网络保险）的出现和部分成功，就意味着在一定范围内即使没有专业化的金融机构，利用当下和未来的技术就有可能解决信息不对称的问题。同样，依托于大数据技术形成的信用评估，依托于区块链形成的分布式信息安全和自动合约，依托于人工智能形成的风险管理和自动交易等等，都在一定程度上表明，部分金融业务离开了传统金融机构的专业化、规模化优势，不依赖传统金融集中式的信用管理和专用网络，依然可以有效展开。"金融科技"的重点已经不是技术的简单应用问题，而是在可以预见的未来对金融理论、金融市场、金融模式形成的重要影响，由此推动的也不再是商业银行等金融机构技术水平的简单提升，"金融科技"改变的是金融机构的生态环境，导致的将是金融业的一次进化。

按照适者生存的原则，积极探索、研究新的环境变迁，观察、评估竞争对手的"进化"，积极适应新环境，事关金融机构未来的生存和发展，也事关一国金融业在新格局中的"丛林地位"。正因为如此，国务院发展研究中心和中国建设银行研究院利用双方优势，联合在一起将金融科技列为今后一段时期研究的重要课题，并将全球系统重要性银行金融科技活跃度评估作为研究的起点，以期能为金融科技的发展状况和竞争状态勾勒出一个较为清晰的轮廓。同时，通过编制指数的方式，能够较为清晰地回答世界怎么样、中国在哪里，以及我国商业银行位列何处等问题。

不拘泥于业务和技术细节，从全局的视野、进化的角度研究金融科技，在国内外都没有先例，相关资料的收集也较为困难。因此，本课题的研究只是一个开端，难免挂一漏万。我们期望能通过这个开端抛砖引玉，共同促进金融科技研究的深化。

（作者为中国建设银行副行长）

序言二

抓住金融科技机遇　推动金融业高质量发展

王一鸣

　　中国经济已由高速增长阶段转向高质量发展阶段。经济发展阶段的转换对各行各业都提出新的更高的要求。金融业是现代经济的核心，起着媒介交易、动员资金、优化配置、分散风险等重要作用。经济的高质量发展离不开金融业的高质量发展。

　　国际金融危机爆发后，我国金融业在促进经济恢复和增长方面发挥了重要作用。与此同时，金融业的"量"也快速扩张，2007年金融业占GDP比重为5.6%，2015年则高达8.4%。该比重甚至超过了许多以金融服务业见长的成熟市场经济国家。在"量"快速扩张的同时，"质"并没有相应跟上。金融业出现了脱实向虚、杠杆率高企、风险积聚等问题。2017年召开的第五次全国金融工作会议提出要从服务实体经济、防控金融风险、深化金融改革入手，构建经济与金融的良性循环，其实质就是要求金融业从数量扩张转向质量提升。近期，货币政策传导不畅、融资难、融资贵等问题进一步凸显了金融业高质量发展的紧迫性。

　　促进金融业高质量发展是一项长期的系统性工程，需要从完善金融调控、发展金融组织、健全金融市场、强化金融监管等多个方面入手。然而，金融科技的蓬勃发展，有可能使我们借助创新的力量更好更快地实现金融业高质量发展。

金融科技为推动金融业高质量发展提供了重要机遇。科技与金融正呈现出深度融合态势，金融科技在全球范围内快速发展。金融科技在提升金融运行效率、加强风险防范等方面有巨大潜力，能有效解决金融领域信息不对称问题，降低交易成本，大幅提升金融业的规模和范围经济。大数据、云计算、人工智能、移动互联等新兴科技手段正在加速向金融领域渗透，产生了网络贷款、智能投顾、智能客服等新的应用和业务模式。新模式新业务开辟了金融业发展的新蓝海，创造了金融业提质增效的新途径。

我国拥有发展金融科技的优势条件。金融科技是金融与科技的深度融合。传统金融业务发展越不足，引入金融科技时沉没成本就越小，应用空间就越大。与发达国家相比，我国金融业对经济社会的渗透还不足，金融机构有更大的动力与机会去使用新技术、开展新业务。我国 ICT 行业发展迅速，信息基础设施先进，在若干技术领域走在世界的前列，这对我国金融科技发展形成有力的技术支撑。我国网民和手机用户规模巨大，拥有庞大的、正迅速成长的中等收入群体，为金融科技发展提供了需求支撑。与国外相比，我国市场和监管环境相对宽松，为处于发展初期的金融科技提供了更大空间。

我国已形成金融机构、科技企业同向发力的金融科技应用格局。一方面，以互联网企业为代表的新兴科技企业积极布局金融科技，有效倒逼传统金融机构改革发展。2017 年，国内两大互联网龙头企业的市值规模已跻身全球上市公司前十位。它们通过参股、并购等多种途径进入金融领域，持有支付、银行、保险等多项金融牌照，并在网络支付等领域起到了主导作用。另一方面，面对科技企业的挑战，传统金融机构不断加强金融科技应用。近期国内有多家大型金融机构宣布将不低于1%的营业收入投入科技研发，研发强度和投入金额已高于我国大部分制造业企业。多家金融机构相继成立了独立的金融科技子公司，形成了市场化的金融科技创新队伍。金融科技的快速发展有效改变了金融业务模式和产品形态，某大型商业银行电子业务替代率超过90%，客户到银行网点后柜台人工办理比重不到30%。以移动支付普及率、网络贷款规模等指标衡量，中国金融科技发展已领先于美国、日本等发达国家。

以银行业为金融科技主战场推进金融业转型升级。银行业在金融体系中处于主体地位。2017年底我国银行业资产规模超过250万亿，位居全球首位。全球系统重要性银行共有30家，我国四大国有商业银行都位居前列。银行业庞大的用户数量、累积的海量数据、强大的资金实力为金融科技的发展提供了条件。完整的金融服务体系也为商业银行发展金融科技提供了良好的实现途径。银行的借贷、支付清算、理财等业务都可作为金融科技的切入点，从而全方位提高经营效率。银行业特别是国有大型商业银行完全可以抓住金融科技发展的机遇，有效提高服务水平和竞争力，为经济转向高质量发展提供有力支撑。

需要强调的是，金融科技虽然有助于提高效率，但也会引发新型风险，加速风险传播。特别是随着互联网应用的普及，跨地区、远程化的金融服务越来越多，这对传统的属地化监管提出了新挑战。互联网思维和金融思维存在很大差异。互联网思维强调快速积累用户、提升估值水平，为此常常持续亏损，高度依赖资本市场融资。金融思维强调风险防范，对经营亏损的承受能力很低。两种思维模式需要有机调和。要客观认识金融科技带来的影响，趋利避害，扬长补短，在守住风险防范底线的前提下，更大程度发挥金融科技在效率提升和金融普惠方面的积极作用。

金融科技是当前金融研究的热点。本书从理论研究、案例研究和系统重要性银行金融科技指数评估三个维度切入。上篇系统分析金融科技的总体情况，以及在银行、证券、保险、监管、跨境金融服务等领域的应用，并综述了人工智能、大数据、区块链等科技的发展。中篇对全球系统重要性银行金融科技应用情况进行指数评估。下篇分析了国内外五家典型金融机构金融科技应用进展。希望通过本书的介绍，能增进读者对金融科技理论和实践方面的认识。

本书是国务院发展研究中心金融研究所和中国建设银行研究院合作的最新成果之一。在此，对中国建设银行在研究中给予的支持表示感谢，并期待双方在未来的合作中能推出更多有价值的研究成果。

（作者为国务院发展研究中心副主任）

目　录

下篇　金融科技典型案例研究

上　篇

金融科技理论研究

第一章

金融科技的进展与展望

金融科技是重塑金融业的重要力量。当前，全球新一轮科技革命持续深化，金融科技快速兴起，新业态、新模式、新产品层出不穷，对金融业带来巨大影响。回顾历史，金融业始终是相关新技术应用的前沿。与以往不同，本轮金融科技的发展具有一系列新趋势、新特点，对金融机构转型发展、金融市场效率提升和政府强化金融监管带来了重大机遇和挑战。金融业要主动迎接金融科技变革，以科技手段提升金融服务实体经济的效率。同时，要平衡好技术应用和风险防范间的关系，推动金融科技持续健康发展。

本报告首先总结金融科技发展的总体趋势；然后分析金融科技的概念及典型应用，并归纳金融科技的主要特征和影响；最后探讨促进金融科技健康发展需要处理好的三对关系，并对未来进行展望，提出政策建议。

一、科技变革引领金融业新一轮创新发展

当前，以新一轮信息技术为代表的技术变革方兴未艾，并快速向

金融业渗透，科技与金融呈现加速融合的新态势。一方面，传统金融机构积极加大科技投入，利用金融科技推动业务和产品创新；另一方面，新兴科技企业，尤其是互联网企业，纷纷"弯道"进入金融领域，深刻改变了行业竞争格局。对金融科技可能带来的变革和冲击，全社会已形成较强共识，但对金融科技的概念，目前仍没有严格定义。2016 年 3 月，金融稳定理事会（FSB）提出，金融科技是指技术驱动的金融创新，它能创造新的商业模式、技术应用、业务流程或创新性产品，从而对金融市场、金融机构或金融服务的提供方式带来重大影响。FSB 的定义得到了较多认同，它总体上是描述性、原则性的，因为技术进步和金融创新日新月异，金融科技的类别也在不断拓展变化。总体来看，当前金融科技发展主要有以下趋势。

（一）金融科技在全球范围快速发展后劲充足

前沿科技在金融业中的应用有长期历史。金融科技并非全新事物，信息领域的多数重大技术创新，金融业都是最早的应用者。20 世纪 50 年代，金融业最先应用磁条技术推出了信用卡服务；60 年代 POS 机、SWIFT 系统出现后，远程支付和资金清算系统快速进步；2000 年后互联网技术催生了手机银行等金融业务。由于金融业监管严格、进入门槛高，参与者和主导者主要是已经持有牌照的传统金融机构。上述前沿科技在金融业的应用，大多是产品或业务层面的，传统金融机构主动应用最新技术提升运营效率和服务质量，科技企业更多是辅助作用。

近年来，科技变革再次引领新一轮金融业创新发展。图 1-1 是金融科技（FinTech）一词在谷歌的搜索热度，2014 年之前的十年都在

低水平上徘徊，2014 年以来高速增长，虽然 2016 年波动较大，但仍
处于历史高位。本轮金融科技与以往的一个重要区别是，传统金融机
构以外的大量高科技创业企业积极参与，在很多领域甚至起到了主导
作用。尤其是，高科技企业快速成长达到一定规模后，很多业务实
质上有明显的金融属性，这对传统金融机构变革起到了很强的倒逼
作用。

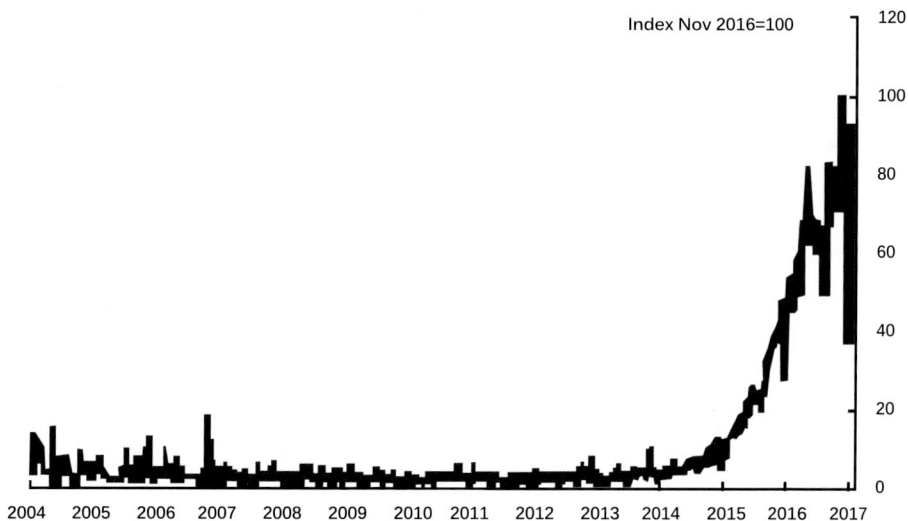

图 1-1 金融科技（FinTech）在 Google 的搜索热度

图表来源：Google Analytics[①]。

金融科技是当前创新创业、投资并购的热点[②]。图 1-2 是 2012
年以来全球每个季度金融科技的投资金额和笔数，涵盖了风险投资

[①] Carney, M.（2017, January）. The promise of Fintech–something new under the sun. In speech at the Deutsche Bundesbank G20 Conference on Digitising finance, financial inclusion and financial literacy, Wiesbaden（Vol. 25）.

[②] 数据来源：毕马威（KPMG）《金融科技行业脉动报告》（The Pulse of Fintech），2018 年 7 月。

（VC）、股权投资（PE）和并购（M&A）。2018 年上半年，全球金融科技投资总额达到 579 亿美元，超过 2010 年全年金额的 8 倍；投资笔数 875 项，是 2010 年全年笔数的 2 倍以上；笔均投资金额增长近 4 倍。虽然 2017 年略有放缓，但 2018 年上半年再次回升，并超过了 2015 年四季度的投资额峰值。

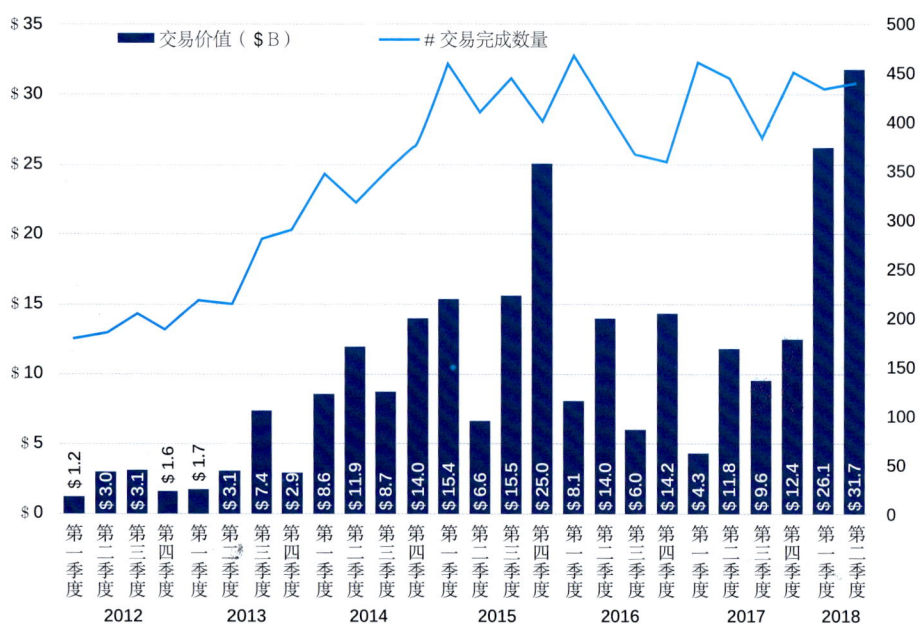

图 1-2　2012 年 Q1~2018 年 Q2 全球金融科技投资金额（包括 VC、PE、M&A，单位：十亿美元）和交易笔数（单位：笔）

资料来源[①]：Pulse of Fintech 2018, KPMG International。

　　金融科技当前总体上正处于发展初期，长期来看仍将保持很强的后劲。大数据、区块链等科技手段，目前在金融业中的应用处于探索期或早期阶段，其潜在价值有望进一步发挥。在风险投资、股权投资

———————
① https://home.kpmg.com/content/dam/kpmg/us/pdf/2018/07/pof-1H-18-report.pdf.

和并购三种形式中，风险投资在金融科技投资中占据了主要地位。由于风险投资有更高的市场敏锐性，大多投资于早期创业阶段，这表明风险投资对金融科技的发展前景有良好预期，愿意承担更高的风险。图 1-3 是金融科技类风险投资的内部结构，天使 / 种子期和早期投资比重远高于成熟期投资比重。

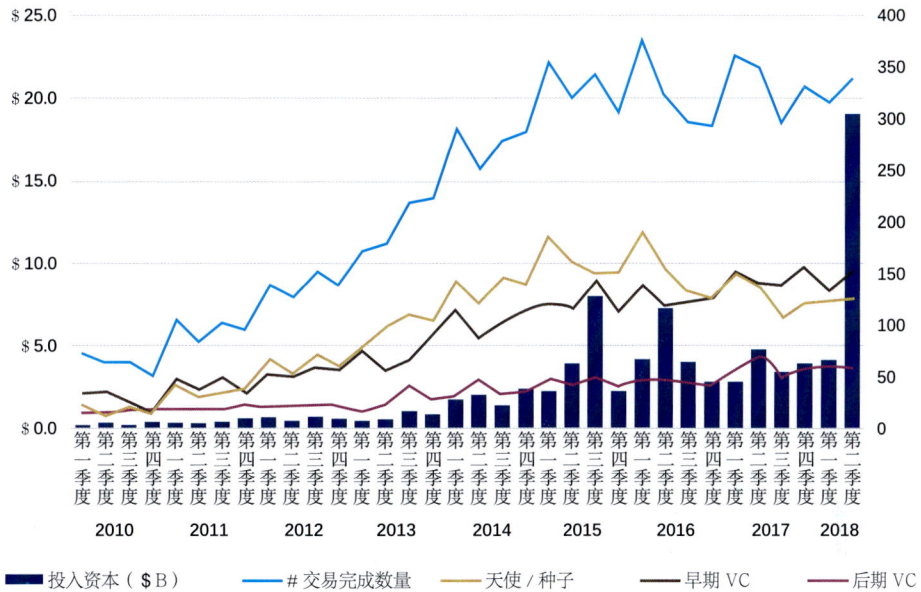

图 1-3　2010 年 Q1~2018 年 Q2 全球金融科技风险投资（VC）

资料来源：Pulse of Fintech 2018, KPMG International。

（二）金融科技对各金融领域的影响加速释放

金融科技在银行、证券、保险等领域的影响正在加速释放。各类金融机构持续加大科技投入，不断升级信息系统，有力提高了风险控制能力和运营效率。例如，2018 年，中国银行、招商银行等机构宣布将不低于 1% 的营业收入投入科技研发，这高于我国大部分制造业行业的研发强度。2017 年这两家银行营业收入分别超过 3800 亿元和 1500 亿元，1% 的研发强度对应的金额达到数十亿元，已超过国内绝大部分企业的研发投入金额。

在支付、网络贷款等细分领域，金融科技的应用逐步接近成熟。网络支付已经深度渗透日常生活，深刻影响大众生活方式。传统上，小微企业是银行的高风险客户，网络贷款基于大数据进行风险识别，能够有效控制风险。例如，网商银行和微众银行主要服务小微企业和个人客户，二者利用金融科技手段显著提高了风险控制能力。网商银行利用淘宝商户的交易、物流、信用等数据有效识别风险，截至 2017 年末，网商银行的不良贷款率为 1.23%，微众银行的不良贷款率为 0.64%，都远低于我国普通商业银行平均 1.74% 的不良率。根据人民银行数据，截至 2018 年 3 月末，我国小微企业贷款不良率为 2.75%，大幅高于网商和微众银行的水平。

为了应对金融科技冲击，金融监管也在加速应用科技手段，监管科技（RegTech）已成为提升监管能力的重要支撑。图 1-4 是 2010 年以来全球监管科技相关的投资情况，与金融科技类似，监管科技投资也呈现大幅增长态势。特别是 2014 年，全球监管科技的投资金额超过 37 亿美元，2016 年以来保持在 10 亿美元以上。

监管科技在国内已有探索性应用，并取得了良好效果。例如，深圳市金融办和腾讯合作建成的"灵鲲"金融安全大数据平台，利用腾讯的网络用户大数据，并整合深圳市政府近 500 项行政资源数据，通过智能分析、交叉比对，可以快速发现非法金融行为，实现了对网络借贷、小额贷款、交易场所、虚拟币交易、众筹、大宗商品交易、期权交易等 22 个金融类别的风险识别和精准预警，并以风险指数的形式直观展现。灵鲲平台全面监测了深圳市数百万户工商企业的金融活动，并通过跨区合作方式，协助其他省市防范金融风险，有力提升了监管能力。自灵鲲平台投入使用以来，深圳市非法集资案件、网贷平台不合规业务等数量大幅下降，实现了对高风险企业的早识别、早预警、早处置。

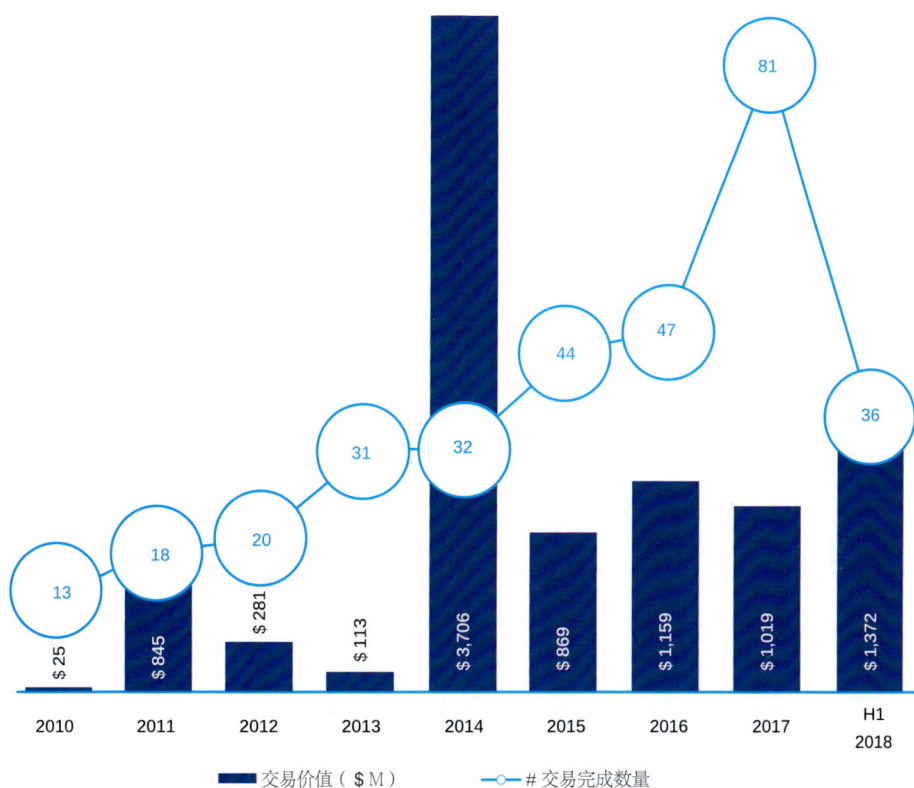

图 1-4　2010~2018 年上半年监管科技（RegTech）投资金额（包括 VC、PE、M&A，单位：百万美元）和交易笔数（单位：笔）

资料来源：Pulse of Fintech 2018, KPMG International。

需要指出的是，科技金融、互联网金融等概念，与金融科技有相关之处，但本质上存在差异。金融科技是为金融创新服务的科技体系，科技金融是为科技创新服务的金融体系，二者的手段、目的恰好相反。互联网金融是基于互联网开展的金融活动，如网络支付、网络借贷（P2P），这些主要是业务应用层面的概念。金融科技的内涵远比互联网金融丰富，长期来看，大数据、区块链、人工智能等技术有可能会重构金融业的基础设施、底层数据规则及金融运行机制，对风险控制、金融监管等产生重大影响。

（三）金融科技通过多重机制重塑金融业格局

金融科技的加速发展，将对金融运行产生广泛深远的影响。金融科技主要通过以下三个途径重塑金融业运行机制。

一是降低交易成本。例如，人工智能的发展将减少对劳动力，尤其是简单重复性劳动力的需求，金融业的劳动密集特征可能逐步减弱。人工智能对人力的替代，在长期内会大幅降低交易成本、管理费用等。近年来，随着银行信息系统的完善，客户到柜台办理业务的比例明显下降，例如，国内某大型商业银行电子业务替代率超过90%，客户到银行网点后，70%以上在智能设备上完成业务，柜面人工办理比重不到30%。这对银行的就业结构带来很大冲击，2018年上半年，"四大行"员工总数减少了3.2万人，人力成本也相应有所下降。

二是减少信息不对称。金融科技降低了金融服务的门槛，扩大了客户覆盖率。据统计，在发达国家，银行的渗透率（banking penetration）平均约为89%，而发展中国家平均约为41%。金融科技的普及，能够很好地覆盖无法获得传统银行服务的人群。很多欠发达国家或地区的手机覆盖率较高，但金融服务远低于手机覆盖率，金融科技有助于有效提升金融服务可得性。金融科技的发展，使得金融机构的风险定价能力不断增强，信用更易实现定量化。通过对海量电商数据的综合处理和评估，蚂蚁金服建立起庞大的个人信用体系，每个用户都有自己的芝麻信用分，实现了对不同信用用户的差异化借贷利率。

三是增强规模经济效应。金融科技改变了金融业运行所依赖的基础设施条件。截至 2018 年 3 月，余额宝用户数超过 5.6 亿人，资金规模接近 1.7 万亿元，成为全球规模最大的单只基金。阿里巴巴电商平台处理的交易量超过 8000 万笔 / 天。虽然每个人的资金量不大，但把数亿用户的小额资金归结起来，对货币市场、银行间市场的巨大影响不容忽视。对比来看，国内某大型商业银行 2018 年 6 月的个人客户活期存款约 3.9 万亿元，余额宝一只基金的规模接近其个人活期存款总额的一半。

（四）制度和技术因素导致金融科技跨国差异

金融科技在全球各国的发展情况存在差异显著。美国的金融科技主要在硅谷和纽约，硅谷有成熟的科技创新和创业环境，纽约则更多依托庞大的资本市场和成熟的金融机构。Google、Apple、Facebook、Amazon 等美国科技企业持续在金融科技领域扩大业务。此外，一批新兴科技企业通过垂直专业化快速发展，如世界首家 P2P 贷款企业 Lending Club、专注于互联网保险的 Oscar Health 等。英国从 2008 年开始大力发展金融科技产业，并努力将伦敦发展为全球金融科技中心城市。根据英国财政部统计，2015 年英国金融科技部门创造了 66 亿英镑收入，吸引了 5.24 亿英镑投资。英国金融科技从业人员达到 6.1 万人，约占全部金融从业人员的 5%，超过了纽约金融科技就业人数。

在金融科技的部分领域，中国已领先于欧美发达国家。中国金融科技企业主要集中在北京、杭州、深圳等少数城市。根据英国财政部的研究报告 [1]，中国金融科技规模高速发展，未来将对伦敦、纽约等金融中心带来很大冲击。北京目前是全球第二大创业投资集中城市，仅次于旧金山。2015 年全球 31 家金融科技独角兽企业中，7 家在中国。根据金融稳定理事会（FSB）研究 [2]，2015 年，全球 P2P 贷款规模最大的是中国，为 1170 亿美元，美国为 400 亿美元，英国为 45 亿英镑，欧洲为 11 亿欧元，中国远高于欧美国家。

制度和技术因素共同影响了各国金融科技发展程度的差异。宽松的制度和监管环境是中国金融科技企业高速发展的重要原因。传统金融机构改革力度不足、竞争不充分，是中国的网络支付、互联网金融等金融科技快速发展的重要原因。金融科技在中国受关注程度远高于欧美国家。2016 年，花旗银行研究报告 [3] 从零售银行渗透率（零售贷款占信贷总额比重）、智能手机渗透率（智能手机用户占总人口比重）两个维度，分析了典型国家金融科技的发展情况。这两个维度中，零售银行渗透率更多取决于制度、金融体制等因素，智能手机渗透率则为金融科技应用提供了技术基础。零售银行渗透率反映了金融服务的可得性，如果一国信贷主要集中在少数大企业，大部分中小微企业和个人客户获得的信贷资源更少，那么零售银行渗透率就比较低；智能

---

① HM Treasury UK, EY FinTech on the cuttingedge——An evaluation of the international FinTech sector. 下载地址：https://www.ey.com/uk/en/industries/financial-services/banking---capital-markets/ey-uk-fintech-on-the-cutting-edge。

② http://www.fsb.org/wp-content/uploads/The-Promise-of-FinTech-%E2%80%93-Something-New-Under-the-Sun.pdf.

③《Digital Disruption: How FinTech is Forcing Banking to a Tipping Point》, Citigroup, 2016.

手机渗透率反映了技术可得性，智能手机渗透率越高，那么通过科技手段提供金融服务的可能性更大。

从上述两个维度分析，典型国家金融科技发展情况可以分为四类，如图 1-5 所示。①传统金融企业引领的金融科技创新，具有进化特征，主要表现为传统金融机构主动应用新科技，如英国、荷兰、德国、瑞典等国，零售银行渗透率较高，而且智能手机渗透率也较高；②新兴机构引领的金融科技创新，具有创造性破坏特征，新兴互联网企业对传统金融企业形成了颠覆性冲击，例如，中国零售银行渗透率较低、但智能手机渗透率较高；③跟随型国家，金融科技发展总体较为滞后，乏善可陈，如比利时、希腊、巴西等；④潜力国家，目前金融科技发展低于应有的潜力水平，如日本、印度。对比中美日三个大国，美国

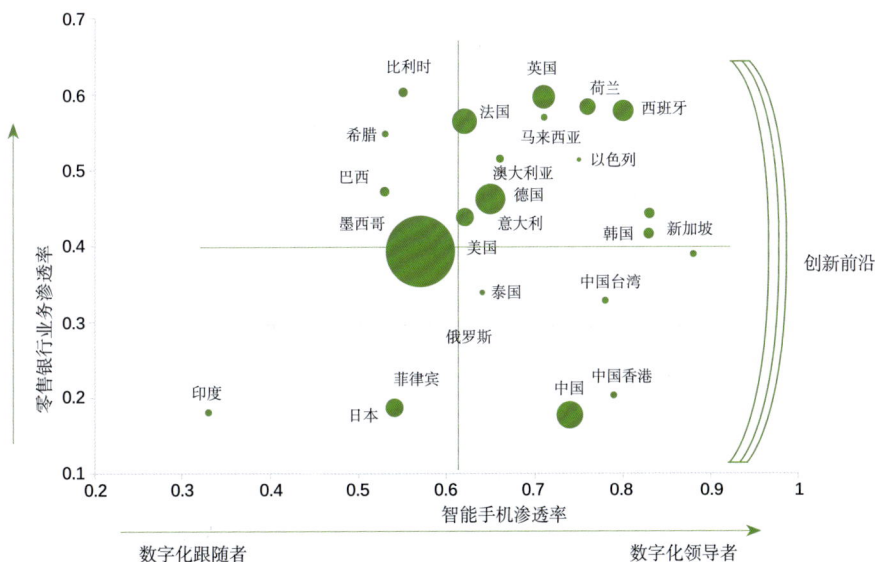

图 1-5 典型国家金融科技发展差异

资料来源：《Digital Disruption: How FinTech is Forcing Banking to a Tipping Point》, Citigroup, 2016。

注：圆圈大小表示零售贷款规模。

零售银行渗透率高于中国，但智能手机渗透率低于中国；日本零售银行渗透率与中国类似，但智能手机渗透率低于中国。

二、金融科技的本质和典型应用

大数据、云计算、人工智能、区块链等新兴科技对金融业有重要的潜在应用价值，这四类金融科技具有不同的本质特征和典型应用。

（一）大数据：用数据创造价值

大数据的本质特征是通过对海量数据的深度分析，提取出具有价值的信息，用于指导商业和公共决策。互联网快速普及，推动信息技术和人类生产生活深度融合。特别是移动互联网和物联网的爆发式发展，使得数据体量呈指数级增长。大数据的价值链包括数据采集、流通、储存、分析与处理、应用等环节，其中分析与处理是核心。如果不能从海量数据中提取有用信息，那么大数据就是没有价值的。近年来，随着存储能力和信息处理能力的大幅进步，通过运用数学、统计学等方法，大数据分析处理时间和资金成本越来越低，有助于实现从数据到信息、再到知识和决策的转换。

保险公司在客户风险识别和理赔过程中，应用大数据手段控制风险，积累了很多有益经验。以健康保险为例，保险公司将处方明细数据、疾病诊断数据与用药数据等基础数据格式化，形成多层次、标准化的数据图谱，并根据历史数据建立评分模型，进而得出客户患病概率，从而有效控制风险。

大数据技术在金融机构选址中也能发挥重要作用。随着地理数据的完善，金融机构选址时能够分析某地址周边范围内人群、企业、社会环境、竞争对手等相关因素，涉及消费能力、出行方式、公司分布、资产规模、基础设施、竞争对手数量、客流量等综合信息。

（二）云计算：更少资源、更高效率

云计算是大规模分布式计算技术演进的产物，它主要依赖虚拟化、分布式数据存储、数据管理、信息安全等技术。云计算是信息经济时代承载各类应用的关键基础设施，它为大数据、人工智能等新兴领域的发展提供基础支撑。Amazon、微软、阿里、腾讯等国内外信息技术龙头企业都在大力发展云计算业务。从用户角度看，云计算平台可以分为公有云、私有云、混合云等类型。公有云成本低，扩展性好，但安全性不高；私有云能有效保障信息安全和服务质量，但成本较高。

与云计算相对应，传统的数据中心计算方式，存在资源闲置率高、运算效率低等弊端。金融机构的服务器等硬件处理设备利用率很低，根据麦肯锡研究报告，集中式数据中心服务器的利用率通常仅为6%~12%，一些企业用户如果使用云计算服务，服务器设备利用率有望提升至20%~30%。

根据摩尔定律，芯片处理能力每18个月就会翻倍。由于信息技术快速进步，IT硬件折旧很快，这带来了巨大的资源浪费。传统上，金融机构的IT基础硬件设备一般每五年左右就要更新，设备购置和维护成本是金融机构科技投入的主要用途。在不考虑安全性等因素的前提下，如果将大型服务器替换为分布式处理和云计算方式，金融机构能够大幅节约成本。例如，商业银行常用的IBM服务器，一个系统投入约为 3000 万～5000 万元，中小金融机构难以承受。如果改为分布式处理的云计算方式，一个小系统的成本仅约数十万元。在服务器、存储设备实现云化之后，设备之间可以相互分担任务，实现反复利用，大大提高了资源利用率。

（三）人工智能：替代简单重复劳动

人工智能（AI）是通过对人的意识、思维方式的模拟，实现像人类一样进行思考，甚至可能超过人类的自然智能。对于有可量化、可编码评价标准的思维过程，利用大量的数据和先进的计算模型，AI 系统能更容易地学习到最佳的策略。而人类受限于记忆、计算能力的约束，更多从样本学习、归纳、总结和延伸推理中进行练习和提高，效率要低于机器学习。2016 年 AlphaGo 的出现，使人们深刻认识到人工智能的潜力。AlphaGo 利用强大的计算能力和建模算法的学习能力，短时间内提升围棋对弈水平，这在人类的学习过程中是不可能实现的。

深度学习能力的提升，是人工智能近年来高速发展的关键。人工智能是一系列技术的综合应用。深度学习极大地推动了语音识别、图像识别、信息处理、机器人控制等领域的进展，使得一些人工智能的典型应用取得了突破性进展。

虽然人工智能在金融领域有很大应用潜力，但目前总体还在探索过程中。智能投顾是人工智能在金融领域的一个潜在突破口。智能投顾主要基于对细分产品的量化分析，国外的智能投顾投资组合主要以 ETF 产品为主。目前美国大概有 1600 只 ETF，智能投顾能做到分散投资。相对于其他金融产品，ETF 产品波动性相对低，受情绪等主观事件影响小，更适合人工智能投资方式。与传统金融投资方式相比，智能投顾具有节省人力、管理费率低、门槛低、效率高等优点。在人力成本很高的发达国家，智能投顾有明显的成本优势。根据埃森哲咨询公司数据，截至 2017 年底，美国两大智能投顾企业 Betterment 和 Wealthfront 的资产管理规模分别达到 100 亿美元和 90 亿美元。

（四）区块链：重构信任的基础

区块链技术本质上是一种通过去中心化的方式进行记账的分布式账本技术。它具有不可篡改性，适合存在高度保密需求的数据和信息记录，在金融领域有广泛应用前景，是数字经济时代的重要底层技术。2016 年底区块链被首次写入我国"十三五"国家信息化规划，金融机构和科技企业积极介入区块链的研发与应用探索。

据报道，2017 年以来，多家银行推出了基于区块链的金融产品。国内某银行成功建立了基于区块链技术的移动数字汇票平台，可为客户提供在移动客户端签发、签收、转让、买卖、兑付移动数字汇票的功能，并在区块链平台实现公开、安全的记账。招商银行声称实现了将区块链技术应用于现金管理领域的跨境直联清算、全球账户统一视图以及跨境资金归集三大场景[1]。应用区块链技术后，招商银行的新跨境直联清算系统实现了高效率、高安全、高可用、高扩展。报文传递时间由 6 分钟减少至秒级，而且难以篡改伪造，分布式的架构任何一个节点出故障都不会影响整个系统的运作，新的参与者可以快速便捷地加入系统中。

---

[1]　资料来源：招商银行官方网站《招商银行实现首家区块链项目商用》，http://www.cmbchina.com/cmbinfo/news/newsinfo.aspx?guid=63cf2eb4-b968-4467-a236-f7b54191212b。

三、当前金融科技发展的主要影响和特征

金融科技正在对金融市场结构、产业生态、运行模式、服务供给等方面带来全方位的影响。总体来看，金融科技的主要影响和特征可以归纳为以下六大方面。

（一）金融市场主体多元化

金融科技使金融参与机构更加多元化。金融市场主体不再局限于传统金融企业，大量新兴科技企业和互联网企业纷纷涉足金融领域，对传统金融业务模式带来挑战。多元化市场主体的形成，改变了金融业传统竞争格局。云计算、区块链等技术企业，将逐步成为金融行业的共性技术供给者。

新兴科技企业等金融行业外来者发挥了较强的"鲶鱼效应"，对一些传统金融机构带来很大冲击，现有的金融体系和架构不得不随之进行适应性调整。例如，随着第三方支付的高速发展，网络支付规模高速增长，第三方支付直连银行绕过了银联清算体系，存在较多隐患。2017 年人民银行成立网联，推动实现第三方支付的集中清算，2018 年 6 月 30 日第三方支付全面停止直连银行模式，所有网络支付业务将通过网联平台处理。与此同时，新兴科技企业也在利用技术优势，不断增强自身风险控制能力。例如，为了保障微信支付安全，腾讯的风控模型能在 0.2 秒内通过计算超过 2000 个变量识别相关风险，由欺诈引起的资金损失率低于百万分之一，风控能力处于全球前列。

面对技术进步的冲击，传统金融机构纷纷加大对金融科技的投入，

并将金融科技上升至战略支撑的高度。同时，传统金融机构利用金融科技推动渠道转型，在硬件上加大投入，通过智能化设备投放、系统升级等措施进行智能化网点升级，并加速移动支付、智能客服等新技术的应用，打造线上线下一体化的渠道服务体系。

（二）金融经营模式混业化

金融科技快速发展，使得金融业边界更加模糊。传统金融机构和新兴科技企业相互渗透，在传统金融企业加快科技应用的同时，互联网等科技企业也在进入金融领域。金融控股模式越来越多，例如，平安集团通过并购等方式进入了银行、证券等领域，掌握了多数金融牌照，平安集团出资的陆金所是国内规模较大的 P2P 平台之一，在互联网金融领域有很强影响。

互联网龙头企业普遍开展混业化的金融服务，并依托数以亿计的用户规模和高度的服务黏性，快速形成规模优势。例如，腾讯从社交软件出发，目前已持有多项金融牌照，通过全资子公司形式，在支付（财付通）、保险代理（微民）、基金销售（腾安）、小额贷款（财付通网络金融小贷）等领域开展经营，并参股了国内首批民营银行之一微众银行。蚂蚁金服目前涉及支付（支付宝）、信贷（网商银行）、财富管理（余额宝、蚂蚁财富）、融资服务（蚂蚁花呗、借呗）、保险（保险服务）、信用服务（芝麻信用）等诸多业务体系。2018 年 6 月，蚂蚁金服宣布 140 亿美元的新一轮融资，创下了全球史上单笔私募股权融资额的记录。根据市场估算，蚂蚁金服的估值已达 1500 亿美元，超过了 2014 年阿里巴巴在纽交所上市时的估值（1400 亿美元左右）。

总体来看，金融科技借助信息技术优势，从商品流掌握到企业的资金流、信息流，再延伸至银行支付、融资等金融业务领域，打破了传统的金融行业界限和竞争格局。这已不是简单的技术叠加或替代，而会对商业银行经营模式和中介功能形成全面冲击。社会对银行的传统认识有所改变，银行原有的规模、地域、网点等优势正在减弱，市场正在分化和快速演进。

（三）金融产业链条生态化

金融科技使得金融业链条日益生态化。金融产业链上企业之间的协同互补性不断增强，围绕核心企业形成了一系列的上下游配套企业，科技企业在金融产业链条中的作用更加突出。金融产业链主要可以分为两种类型。一是围绕传统金融机构形成的较为丰富多样的金融科技产业生态。二是随着新兴科技企业成为金融产业链的重要节点，科技企业也构建起了具有高度活力的金融产业生态体系。

传统上，大型金融机构是高科技企业的重要采购方，如大型数据库、服务器和硬件系统等，在这种情况下，银行与科技公司之间是项目交付、设备和服务采购的关系。近年来，多家银行相继成立了金融科技子公司，形成了市场化的金融科技创新队伍，不仅开发金融技术服务自身业务，还对外输出技术能力。大型金融机构与互联网龙头企业之间的合作日益深化。例如，中国银行、中国建设银行、中国农业银行与互联网龙头企业开展战略合作，构筑新型的合作关系。

不同规模的金融机构出现明显分化。大型金融机构在金融产业链中的优势很强，而中小金融机构由于规模较小、技术储备不足、科技升级成本高且周期长，主要依靠外部金融科技企业和处于科技前沿的金融机构等。在互联网的冲击下，客户移动化、年轻化、线上化和碎片化趋势增强，中小金融机构的本地信息优势将会减弱，难以通过传统方法获客，面临较大的转型压力。

新形势下，区块链、人工智能等新兴技术专业性强，科技企业更具优势，金融机构和科技企业之间的合作更加紧密。科技公司在金融业务场景下快速完善技术应用，将技术研发、上下游供应和客户聚合起来，协助金融机构完善信息架构和基础设施。

（四）金融业务应用场景化

在金融科技的冲击下，去机构、去人工是金融业不可逆转的趋势。客户使用习惯和获取金融服务的渠道正在发生变化，网络化、智能化使得金融成为随时可得的服务，银行网点等服务渠道不再是客户必须要去的地方。到网点办理金融业务的客户越来越少，金融服务将从线下为主转到线上线下结合，并进一步向线上为主转化。

伴随金融服务线上化的趋势，基于具体场景的业态层出不穷，金融服务日趋多元化、个性化、分类化。金融科技使分散化、个性化的小微金融市场需求，以低成本、高效率的方式集聚起来，形成新的金融服务市场，极大地丰富了金融生态。金融服务更多地呈现出网络化、移动化趋势。金融科技公司、移动运营商、手机厂商等积极构建金融服务场景，推动了金融业务创新，激发了各类增值服务，加速了金融服务变革。

在充分发掘各种日常交易场景的基础上，移动支付高速发展，场景化、高效率、低门槛的特征突出，支付"去现金化"的趋势越来越明显。互联网企业在新型支付场景构建中有很强优势，较好地平衡了支付安全和效率便利的关系，在水电气等公共服务、日常购物、医疗服务等领域，互联网支付的渗透率正在快速提高。2016 年中国移动支付总量已经是美国市场体量的数倍。例如，微信支付自 2013 年 8 月上线，截至 2018 年 10 月，超过 8 亿用户绑定了银行卡，日交易笔数超过 6 亿，覆盖了 30 多个行业和上百万家线下门店，接入了 40 多个国家和地区，支持 13 个币种直接交易，广泛用于衣食住行的各个领域。特别是，微信打通了跨境支付等复杂场景，解决了香港居民在内地无法使用移动支付的问题。从 2018 年 10 月开始，香港的微信钱包用户在内地进行支付时，微信钱包自动将人民币金额换算为港币金额，用户可通过钱包余额或已绑定银行卡中的港币进行支付，这极大方便了香港居民在内地的工作生活。

总体来看，银行在需高度信任的大额支付市场占优，网络支付等金融科技手段在个人小额移动支付方面占优，而且个人小额支付正在从线上向线下渗透，日常交易越来越多使用微信支付和支付宝。根据统计，2017 年，我国移动支付业务 375.52 亿笔，金额 202.93 万亿元，同比分别增长 46.06% 和 28.80%；非银行支付机构发生网络支付业务 2867.47 亿笔（不含红包类等娱乐性产品的业务量），金额 143.26 万亿元，同比分别增长 74.95% 和 44.32%。

（五）金融服务供给普惠化

金融服务更加依赖手机银行等线上渠道。移动支付使得偏远地区的消费者只需打开手机的 App 就可以办理付款、理财、转账等一系列的金融服务，享受到与发达地区消费者几乎无差别的金融服务，有利于推动金融服务的均等化和普惠化。在民营经济发达的浙江省，80%

以上制造业中小企业依靠自筹资金或民间借贷①。作为金融科技的龙头企业，截至 2018 年 5 月，蚂蚁金服用户数超过 6 亿人，资产管理规模 2.2 万亿元，余额宝规模 1.5 万亿元。

从国际上看，在非洲等欠发达地区，金融网点和金融产品可及性很低，金融科技在推动金融普惠过程中发挥了很大作用。移动支付能够大大拓展金融服务市场的深度和广度，为普惠金融的发展提供更广阔的成长空间。偏远地区依靠手机享受金融服务能够较好地解决农村金融服务距离几十公里和最后一公里的问题，极大地节约了金融服务成本。

（六）金融基础数据资产化

金融数据成为数字经济时代经济发展的战略性资产，是金融企业的核心竞争力。未来，数据要素可能和人口、土地等要素一样，在推动经济发展中发挥更重要的作用。数据资产所具备的可复制、可共享、无限增长的禀赋，打破了以往自然资源有限供给对增长的制约，为长期经济增长提供了新的资源，成为数字经济时代发展的关键生产要素。

金融账户和交易等基础数据，能够有效提升金融运行效率和风险定价能力，已成为金融机构和科技企业的重要资产。随着金融服务数字化发展趋势的增强，支付、信贷等金融基础数据的价值被深度挖掘。大数据、云计算以及区块链等金融科技的基础设施功能更加突出。例如，支付的快速发展使得支付企业成为多领域、多维度的数据信息综合平台，每一笔支付都对应着大量信息，比如需求偏好、交易主体、

---

① 参考：浙江省社科院 2014 年 1 月中发布的《浙江蓝皮书：2014 年浙江发展报告》。

消费标的、时间地点、支付方式等，这些大数据将成为构建全方位、多层次、动态化征信体系的基础，有助于精细刻画客户特征、识别潜在风险，克服信用数据缺失导致的融资效率低、风险控制难等问题。此外，移动支付快速渗透，已成为日常生活中不可或缺的重要工具，改变了大众支付习惯，未来随着数字化货币的发展，货币流通、基础货币发行机制等都可能发生深刻变化。

大数据、云计算等金融科技虽然有巨大的潜在价值，但隐私保护和数据安全问题也更加突出。网络平台掌握了大量涉及个人隐私的数据，如银行账号、购物习惯、用户住址、工作地等信息。从技术上看，很多手机应用可以在后台实时反馈地理位置，定位精度达到米级，个人信息泄露风险更突出。大数据被互联网企业视为富有价值的金矿。但大数据的商业开发，涉及数据产权归属、用户隐私保护、数据资产交易等一系列具体问题，存在较大的隐私保护和信息泄露隐患，目前相关政策和法律基本空白，亟待规范。

四、推动金融科技健康发展要平衡好"三大关系"

（一）效率和风险的平衡

金融科技有助于提高效率，但也会引发新型风险，加速金融风险传播。随着金融服务的网络化，金融机构和客户在很多情况下不需要面对面交流，异地化金融服务越来越多，这存在一些风险隐患。对于金融业而言，应用金融科技要以防范风险为前提。过度追求技术进步带来的便捷和效率，可能会积聚难以预料的风险。

金融科技可能会加速风险跨区传播。例如，网络平台的注册地、实际所在地、服务器所在地、用户所在地可能在不同行政辖区。在传统的属地化监管下，监管责任难以落实。传统的民间借贷往往集中在有限的地域范围，一旦发生问题，地方政府能够施加监管。而近期P2P平台风险爆发，涉及的投资人来自全国各地，跨地区追债和上访屡见不鲜，地方政府应对手段十分有限。建立适应网络特征的监管体制，亟须优化金融监管央地关系，实现全国范围内的统一监管。

互联网思维和金融思维存在很大差异。互联网思维主要是通过完善的客户体验，快速积累用户，为此不惜亏损经营、大量负债，不断融资稀释股权。很多互联网上市企业虽然市值规模很大，但盈利能力并不强。金融思维恰好相反，首先是风险防控，稳健经营，对经营亏损的承受能力很低。本质上看，上述两种思维模式之间的差异，有可能产生较强的潜在矛盾和风险。

（二）集中化和去中心化的平衡

随着金融科技影响的深化，金融业务的集中化和去中心化两大趋势未来都会存在，二者将逐步实现新的平衡。金融科技进步使得原本分散化的市场活动可以实现集中化处理。云计算提升了集中处理能力，大数据推动了存储和数据挖掘能力的进步。技术平台发挥了类似"清算中心"的作用，从海量数据中提取有效信息的能力越来越强。但是，技术进步推动的市场活动集中化是有限度的。一个重要原因是，大数据、云计算能够处理可编码的显性知识，但无法处理隐性知识（tacit knowledge）。而在金融活动中，大量信息是隐性知识，如市场情绪、对未来的预期等，它们无法进行有效传递，但对决策非常重要，是技术工具难以影响的因素。

虽然金融科技的供给是集中的，但从需求侧看，用户是高度分散的。以互联网为例，网络平台不受地域限制，具有赢者通吃、大者恒大的特征，但网络平台的用户高度分散，属于相对弱势群体。从国际经验来看，过去四十年中，美国、欧洲对微软、谷歌等高科技企业的反垄断监管从未放松。未来对金融科技龙头企业的监管将逐步增强，消费者保护更加迫切。

（三）科技引领和监管跟进的平衡

金融科技不改变金融的本质。金融的本质是资金融通，基础是信用。如果制度和监管没有及时根据技术进步进行适应性调整，将会加剧风险积累。应用金融科技手段要注重监管及时跟进，金融监管要注重鼓励创新与风险防控的平衡，在技术快速发展与监管跟进之间不断寻找动态平衡点。

传统的准入式监管难以适应新形势下金融科技的发展。随着金融科技的快速演进，牌照限制的作用在一定程度上有所弱化。传统上，开展金融业务需要先获得监管部门的牌照。技术快速变革的新形势下，传统金融机构对科技应用的态度相对稳健，但一些科技企业名义上是从事互联网或高科技业务，事实上已经开展了金融业务，但却没有事先获得牌照，或通过各种方式绕开了牌照监管。以往先获得牌照、再从事金融业务的模式，难以有效监管新兴科技形式下的金融活动。相比于准入式监管，穿透式监管的重要性愈加突出，行为监管可以发挥更大的作用。

cmbinfo/news/newsinfo.aspx?guid=63cf2eb4-b968-4467-a236-f7b54191212b.

[6]中国人民银行.2017年支付体系运行总体情况.

[7]Carney, M. The promise of Fintech - something new under the sun. In speech at the Deutsche Bundesbank G20 Conference on Digitising finance, financial inclusion and financial literacy, Wiesbaden（Vol. 25）,2017.

[8]Citi Group. Digital disruption: how FinTech is forcing banking to a tipping point.2016.

[9]HM Treasury UK,EY FinTech on the cuttingedge ——An evaluation of the international FinTech sector.

第二章

金融科技在银行业中的应用

随着信息技术的不断发展，金融科技在金融行业中的应用范围逐步扩大、应用程度逐渐深入，尤其是在银行业日常经营中广泛使用，给银行业带来巨大影响。本章首先梳理当前广泛应用的几项金融科技技术，随后分析金融科技应用带来的银行业竞争形势的变化。在梳理银行业金融机构自身优势的基础上，对银行业金融科技发展提出建议。

一、金融科技在银行业中的应用与展望

近年来，金融科技在银行业中不断得到应用与发展，尤其是人工智能技术，在银行的日常经营活动中应用较为广泛。本章选取几项关注度较高的金融科技作了简单梳理，并对未来金融科技在银行业中的应用作了展望。

（一）人工智能

人工智能是计算机科学的一个分支，该学科或技术试图理解智能

的本质，并形成一种与人类智能有相似反应方式的智能机器。该领域金融科技技术包括语言识别、图像识别、自然语言处理、神经网络模型等。应用领域包括智能投顾、智能客服、反欺诈和信用评级等。

1. 智能投顾

智能投顾又称机器人理财，指以大数据和投资者提供的风险偏好、预期收益、税收要求等为基础，根据马科维茨资产组合理论，运用一系列智能算法和模型框架为投资者定制投资计划和投资组合，通过人工智能的手段来完成部分由人工提供的理财顾问服务。

同传统的人工理财顾问相比，以大数据作支撑的智能投顾，通过分析投资者的信用消费记录、资产现状、过往投资记录等信息，实现对投资者更加深入、全面的了解，极大地节省沟通时间；同时，智能投顾可以保持24小时在线，不受空间、时间的限制，用户可随时随地享受金融服务；此外，智能投顾的服务更加稳定，不会受到人类情绪变化的影响，使用相关模型算法获得的结果也更加客观，能有效克服人工服务难以避免的主观性，始终保持专业素养。

智能投顾还是一个重要的营销渠道，银行可以通过智能投顾终端向投资者提供全面的、系统性的金融服务。多家银行已经开始通过各自的智能投顾终端销售理财产品。相比于传统的线下营业网点式营销，智能投顾作为营销渠道不受空间和时间的限制、产品上架速度快，可以对用户的交易记录进行记录和分析，优势较为明显。

虽然目前智能投顾所管理资产规模仍然较小，但其发展非常迅速，未来市场前景广阔。根据相关预测，到2020年全球智能投顾行业管理的资产规模将达到2.2万亿美元。

2. 智能客服

智能客服是以语音识别、自然语言处理等人工智能技术为基础，协助企业在用户数量巨大时处理客服业务的技术。

对商业银行来说，传统的客户服务以电话、线下柜台人员面对面交流为主，面临着服务形式单一、效率低、专业水平参差不齐等问题。对于拥有巨量客户的商业银行来说，组建和保持一支规模庞大的客服团队，不仅使银行内部组织变得臃肿，而且运营成本很高。

智能客服技术在银行业有广泛的应用场景。面对数量众多且类型繁杂的客服要求，智能客服可以对客服任务进行分类、评估，再传递给相应的人工客服。对于简单的客服任务，智能客服可以直接解决，无须人工介入。随着技术的进步与基础数据的积累，智能客服的功能会愈加强大，能独立解决的客服问题也逐渐增多。这种趋势将会对现有的银行客服团队、客服系统产生巨大的冲击。传统商业银行尤其是大型商业银行的网点优势将日益削弱，需要重新组建更加智能化、专业化的客服团队。

3. 知识图谱

知识图谱（Knowledge Graph）通常指用来显示知识发展进程与结构关系的一系列图形，通过使用数学、图形学、信息科学等技术手段以可视化的形式展示不同个体、变量之间的关系。相比传统的文字叙述、数字统计方式，其更加直观简洁，对使用者专业背景的要求也更低。另外知识图谱是一种基于图的数据结构，可以将当前存在的客观实体、事物之间的联系转化为数据进行储存和分析。

在银行业务中，通过知识图谱技术，可以将不同种类的、不同角度的信息整合在一起，并通过知识图谱的方式展示出来，得到一个全方位的关系网，帮助银行工作人员从全局的角度对项目、企业或个人做出评估和判断。

银行日常经营业务中信贷业务所涉及的领域广泛而复杂，需要全方位考虑包括公司、产业、宏观在内的多方面信息。同时，不同实体之间存在着竞争关系、合作关系、上下游关系、采购关系、担保关系、股权关系等，这极大地提高了业务复杂度。在知识图谱技术的帮助下，可以对复杂的关系与丰富的行业、公司、个人信息进行有效梳理并以逻辑清晰、细节完备的方式展示出来，极大地便利了信贷工作人员展业。

除了信贷业务外，反欺诈也是知识图谱技术应用的阵地之一。反欺诈是银行风险控制中的重要一环，其核心在于人。通过知识图谱技术可以将待评估人员的相关数据源打通，不仅可以展示待评估人员的金融信息记录，也可以将其他日常生活的记录、社会关系信息、行为记录等内容整合成结构化的知识图谱；并且能将数据、信息、关系等内容以知识图谱的形式储存，便于以后的处理与传递。结构化的数据也为进一步的分析、处理提供了方便。更多的模型、数学方法可以得到应用，从而大大减少人工操作，对现有的反欺诈体系造成巨大冲击。随着大量的人工工作可能会被机器、模型所代替，对反欺诈分析人员也提出了新的要求，需要掌握一定的信息技术和更高的分析能力。

4. 人工智能与信用评级

信用评级是人工智能技术在金融领域尤其是银行业中应用最多、最广泛的业务之一。包括神经网络、逻辑回归、决策树、粒子群在内的模型被应用在银行信贷评级工作中。在人工智能技术的协助下，信用评级更加准确、高效。

传统上，对小微企业开展信贷业务存在缺乏抵押物、信用记录匮乏、经营不稳定等诸多困难。银行缺少为小微企业提供信贷的动力，使小微企业和个人信贷领域的信用评级发展较慢。但在人工智能技术的帮助下，可以对小微企业和个人的信用风险进行定性、定量的分析，而且建成一套评级系统后可以重复使用，为小微企业信贷业务和小微企业信用评级开创了新的发展方向。

传统商业银行在信用评级领域深耕多年，大多已经拥有一支成熟的评估团队和较为完善的评估体系。通过将人工智能技术与已有的信用评级系统相结合，建立新的人工智能信用评级系统，能够更快速、更准确地完成对小微企业的信用评估。信用评估的维度在人工智能技术支持下也可得到拓展。强大的分析能力使得信用评估不再局限于金融交易和资产记录，日常生活的消费、行为记录也会被纳入模型，从而获得更加准确的信用评估结果。

（二）大数据

大数据技术是指从各种类型的海量数据中，快速获得有价值信息的能力。商业银行在日常经营过程中会积累大量的、来自各行各业、各个地区以及不同族群的数据。以往技术手段下，由于缺乏足够的处理能力和对应的分析方法，这些数据所具有的价值没有被挖掘出来。随着大数据技术的飞速发展，商业银行得以不断在经营过程中利用大数据技术提高自身业务水平和经营能力。

除了金融领域，日常消费、交通、餐饮等各行各业都会产生大数据，通过对这些数据的挖掘和分析，技术企业可以对个人、企业做出画像或评级，将对传统的银行信用体系形成挑战。

（三）金融云

金融云是服务于银行、证券、保险、基金等金融机构的行业云，采用独立的机房集群提供满足相关监管要求的云产品，为金融客户提供更加专业周到的服务。金融云作为一个系统解决方案，为客户提供全方位的信息技术服务。

金融云的高速发展首先会对现有银行自建的信息系统产生巨大冲击。专业技术企业搭建的金融云具有技术上的优势，可保持较好的稳定性和较高的效率。其次，金融云会给城商行或中小银行在信息系统建设方面带来弯道超车的机会。以往大型商业银行凭借强劲的资金、人才实力能够搭建完整的金融信息系统。中小银行则受限于资金技术实力，难以借助内部力量提供金融信息技术服务。金融云服务的出现，使得中小银行可以通过与科技企业合作，利用科技企业的技术人才优势建设金融信息系统，借助金融云，从外部渠道获得金融信息技术服务，缩小该方面与大型商业银行的差距，实现弯道超车。

（四）区块链

广义来讲，区块链技术是利用块链式数据结构来验证与存储数据、利用分布式节点共识算法来生成和更新数据、利用密码学的方式保证数据传输和访问的安全、利用由自动化脚本代码组成的智能合约来编程和操作数据的一种全新的分布式基础架构与计算方式。

区块链最大的创新之处在于提供了一种去中心化的信用创造方式。

当前多数互联网金融企业的本质只是对传统金融业务进行的电子化改造，并未改变信用创造的方式。在目前商业模式和社会组织架构下，陌生人之间只有通过集中的制度体系（如政府信用背书）和机构体系（如银行和支付机构）才能进行交易，传统银行在此过程中往往作为一个交易中心、清算中心或是数据处理中心的角色，区块链技术对这一交易方式提出了挑战，使用分布式核算，去中心化网络，而不是第三方中心进行管理。

长远来看，区块链技术可能会对整个金融行业产生颠覆式影响，商业银行所承担的交易核算中心的功能面临巨大挑战，但是短期来看，区块链产生的影响有限，技术也仍存在一定缺陷，尚不成熟。银行业普遍认识到区块链技术的发展前景，各大银行积极拥抱区块链技术，有些银行选择设立区块链实验室，探索区块链技术在金融服务领域的应用，有些银行选择与科技企业战略合作，联合开发区块链银行保险平台，助力跨界合作。

（五）开放银行（Open-banking）

Open-banking，译为开放银行，是在金融科技的基础上衍生的一个新概念，力求充分整合各种金融科技技术，构建一个以开放、连接、共享为核心理念的全新银行。

Open-banking 概念认为商业银行将会成为一个商业化平台，在这种模式下，银行将自身的数据、算法、交易、风控、流程和其他业务功能开放给包括第三方开发者、金融科技公司、平台企业和其他合作伙伴在内的生态系统，自己则退居底层。银行虽仍将提供底层账户管理和存贷汇等核心功能和基础服务，但将会逐渐演变为按需配置的金融服务基础平台。在这样的发展背景下，银行业需要思索转型手段，提出新的价值主张、增强与客户的纽带、建立新的盈利模式。开放、连接、共享成了新的关键词。未来，银行的营业收入增长将更多地通过对关键资产的共享、利用和连接来实现，而非对其进行保密和垄断。银行将依然是经济生活中的一个重要节点，来自实体经济的信息和资本市场的资金在此节点得以汇聚，信息相比于资金，将成为未来 Open-banking 更为关键的竞争力。

虽然 Open-banking 的概念还在逐渐完善过程中，但是国外已有一些银行以实际行动积极探索 Open-banking 的运作模式。北美的银行在此领域行动较早，2016 年，美国一家银行面向全球推出开发者中心，开放出包括用户账户、授权、转账、信用卡等多个应用程序编程接口（API）。开发者既能方便快捷，搭积木般用该银行的 API 模块"拼凑"出想要的金融应用程序，还能使用其海量的数据，通过此举使该家银行成为金融科技发展的一个平台，多家科技企业围绕开放的 API 接口开展业务，形成了一个以该银行为中心的金融科技生态链。除了这家美国的银行外，欧洲一家银行也在积极布局 Open-banking 领域，并且变革得更加彻底，除了通过并购重组提升自身金融科技实力外，这家银行致力于将自己打造成一个平台型银行，成为全球第一家商业化运作开放应用程序编程接口（API）的银行，向市场开发八大类 API。任何用户都可以调用和开发其 API，根据使用服务和数据情况付费。通过商业化方式开放数据和服务，试图在真正意义上实现商业化运营的 Open-banking。

面对新兴的 Open-banking 领域，国内银行也积极跟进。2018 年7 月，国内某家股份制银行推出业内首个无界开放银行（APIBank），通过 API 架构驱动，将场景金融融入互联网生态，围绕客户需求和体验，形成即想即用的跨界服务，塑造全新银行业务模式。基于 API 技术，该股份制银行打造了金融科技创新平台，通过应用程序编程接口（API）平台，银行将突破传统物理网点、手机 App 的局限，开放产品和服务，嵌入到各个合作伙伴的平台上。银行与生态圈伙伴，结合双方的优势资源，进行产品和服务快速创新，形成金融 + 教育、金融 + 医疗、金融 + 制造业、金融 + 社交等各种跨界金融服务，满足企业和个人的各类金融需求。

二、金融科技应用导致银行业竞争态势发生重要变化

金融科技的飞速发展给银行业带来了巨大变化，除了各项金融科技在银行的经营中得到大量应用外，也给银行业竞争态势带来影响，银行既要面对来自互联网科技企业的外部挑战，银行业内部的竞争形势也在发生变化，未来比拼的重点是银行对内部资源的整合能力和金融服务水平。

（一）来自互联网科技企业的挑战

传统商业银行的营销渠道重于线下网点，尤其是大型商业银行通过在全国各地建立营业网点铺设营销渠道，建立起了一道营销壁垒。然而，随着金融科技和互联网的发展，线下营销渠道增长乏力，尤其是第三方支付的兴起，传统商业银行的营销壁垒受到挑战。经过多年经营，各大互联网科技企业获得了大量的数据信息，涉及消费、行为、社交等多个维度。这些数据经过处理和分析具有相当高的价值，为互

联网科技企业进行用户管理、信用评级和销售拓展等奠定了基础，将对传统银行业的信用评级系统、营销渠道构成有力挑战。

另外，在小微企业贷款领域，商业银行虽然有发放贷款的义务，但是因为小微企业存在很多的不确定性因素，风险很高，容易形成坏账，造成商业银行在该领域业务开展缓慢。而对于科技企业来说，掌握大量金融与非金融数据，并通过技术手段构建相关风控模型，能够一定程度上规避小微企业贷款过程中的不确定性因素，更加科学、全面地对小微企业做出评估，从而助力小微企业贷款服务。

除了具体金融业务端，大型金融科技企业通过并购重组等方式，积极布局金融牌照，获得各大金融领域的相关经营资质。大型金融科技公司将打通金融各领域经营，拓展产品种类，为客户提供更全面的金融服务打下基础。可以预见，在不久的将来，大型金融科技企业可能会与传统商业银行展开正面竞争。

（二）银行业内部竞争的新变化

商业银行已深刻地被金融科技和互联网金融的崛起所影响，而且随着金融市场化改革的深入，商业银行利润空间逐步收窄，利润增速持续下滑，为抢占新兴市场和保持现有市场，银行业内部竞争也更加白热化、激烈化。商业银行不能再坐等客户上门，而是需要主动出击，通过各种营销手段开拓客户。除此之外，银行业竞争也更加立体化、全方位。单纯的资金优势或是渠道优势不再具有决定性，银行不仅要拥有广泛而有效的营销渠道，能否提供优秀的产品和全方位的金融服务业务更加重要。

金融科技的发展在一定程度上缩小了银行间现存的差距，在金融科技领域，各家银行处于同一起跑线上，中小银行迅速组建优秀的技术团队或与科技企业进行合作，通过金融科技这一杠杆有效缩小差距，可以追赶乃至超越大型商业银行。

（三）国内银行弯道超车的宝贵机会

金融科技的发展是在互联网与移动互联网基本普及的基础上发生的。第三次工业革命——信息革命在我国发展迅速，互联网与移动互联网普及程度高，为金融科技的产生与发展奠定了巨大的市场基础。同时在金融科技领域，我国与国外发达国家差距不大，基本上处于同一起跑线上。国内互联网行业的蓬勃发展，民众对互联网和移动互联网的接受程度和信任度较高，为国内金融科技发展提供了良好的土壤。另外，深入社会生活方方面面的互联网与移动互联网不仅方便了人们的生活，结合人口优势也沉淀积累了海量的数据，将为金融科技的发展提供不竭动力。

金融科技将会对传统金融行业尤其是银行业产生巨大而深远的影响。中国的银行有机会通过金融科技提高自身竞争力和金融服务水平，缩小与发达国家银行间的差距，走出国门，开拓海外市场。

三、银行应用金融科技的优势

金融科技的飞速发展给银行业带来了巨大的变化，面对这种全方位、深层次的影响，银行需要切实体认自身所具有的优势，积极发挥和利用优势发展金融科技，提高金融服务水平和竞争力。

（一）牌照与品牌优势

当前我国金融行业采取牌照制度，市场主体要想在金融领域开展业务需要获得相应的金融牌照，其中需要审批的金融牌照主要包括银行、保险、信托、券商、金融租赁、期货、公募基金、基金子公司、基金销售、第三方支付、小额贷款、典当。而这12种牌照中，银行牌照因其可以吸收公众存款、沉淀资金量庞大，影响广泛而最难申请。已经获得牌照的商业银行因此具有一定的先发优势。

另外，多数商业银行尤其是大型商业银行或股份制银行往往发展时间长，在客户中拥有较高的信誉和品牌价值。金融行业以信用为基础，较高的公信力是传统商业银行的核心竞争力之一，对于大额的金融活动，比如个人房贷、车贷或企业间大额资金往来，客户往往倾向于通过信誉高、存续时间长的传统商业银行进行。传统商业银行可以抓住这一优势，更好应对金融科技企业的挑战。

（二）完整齐全的金融服务体系

相比于金融科技企业，商业银行在金融领域深耕多年，不仅在金融牌照方面有所积累，也建立了一整套金融服务体系。尤其是近年来随着金融市场化改革的推进，商业银行传统利益空间逐渐收窄，各大银行纷纷开展零售业务转型，通过提高服务水平保持、扩大市场。商业银行提供的服务已经从过去的单一化、单点式向立体化、多元化服务拓展，从资金的支付、结算、汇兑，到财富的投资、配置和托管，银行正在逐步实现综合化、多维度服务。客户在商业银行的体系内，可以实现从资金的转移、支付、结算到资产的保值、升值以及借贷等全方位金融业务。

另外，商业银行的金融服务体系面向的客户群体更加广泛，覆盖全年龄段和全国各地。相比而言，金融科技公司往往因其互联网属性而容易获得大量中青年客户，但对于受互联网影响较小、使用科技设备有一定困难的老年客户以及边远地区消费者来说，金融科技公司的触角难以抵达。传统商业银行遍及全国的线下网点网络，可以为这些消费者提供金融服务，而且相比于线上操作，线下服务方式无疑更加适合年龄较大的客户。

完善的金融服务体系为商业银行发展金融科技提供了良好的实现途径，银行本身的借贷、支付清算、投行业务、理财等业务都可以作为金融科技的切入点，并可以通过金融科技的改造提升效率扩大市场，从而实现迅速变现。而金融科技公司则由于牌照或是资质的限制，往往只能通过输出技术的方式来获得收益，多是银行业解决方案供应商，变现渠道单一且有限，而且单靠提供解决方案很难形成规模较大而又稳定的营业收入规模。

（三）庞大的用户数量与累积的海量数据

传统商业银行积累了相当规模的稳定客户群体。在依托金融科技实现银行转型升级的过程中，这些规模巨大的客户是银行发展金融科技的有力支撑。通过金融科技的手段，将线下累计的海量用户转移到线上并拓展已有客户的金融需求，为传统商业银行的发展提供了广阔空间。

根据中国银行业协会发布的报告，2017 年我国手机银行业务快速增长。其中，手机银行个人客户已达 15.02 亿户，同比增长 28.28%；

手机银行企业客户达 0.05 亿户，同比增长 57.52%①。其中，传统商业银行工商银行、建设银行、农业银行位列市场前三强，手机银行个人用户数量已经达到 2.82 亿户、2.66 亿户、2.06 亿户②，分别同比增长 12.8%、19.3%、21.9%。截至 2017 年底，国内五家国有大行手机银行用户数量已合计超过 9 亿，在市场中占据主流地位。商业银行所积累的海量线下用户资源正逐渐成为传统银行发展金融科技实现转型升级的源源动力。

随着大数据时代的到来，收集、存储和利用多维度、完备性的海量数据成为可能。这使得拥有大数据和有能力处理大数据的公司能够精准地收集、分析客户需求，快速推出创新型产品服务，高效满足客户的个性化需求。大数据正在逐渐成为新时代的"石油"，但数据又天然地具有分散、共享的特性，用得好，海量的数据可以成为一种新的经济资产；用得不好，只会凌乱地散落在各个角落。传统商业银行经过数十年的积累，获得了海量精准的线下交易数据，比如在社会层面有税务、工商、法院、水电气等大量外部数据，在交易方面有个人、企业资金转移和支付数据，在财富管理方面拥有信贷、资产以及大量金融产品记录，这些信息都是商业银行发展金融科技的宝贵财富，通过全盘梳理、分析现有的海量数据，商业银行可以更加精准地对客户做出画像和评级，做出精准营销，也可以通过数据更加精准、实时、有效地评价经营业绩、评估业务风险、配置全行资源，引导商业银行自身实现科学健康发展。

---

① 源自中国银行业协会：《2017 年中国银行业服务报告》，2018 年 3 月。
② 手机银行用户数来自中国工商银行、中国建设银行、中国农业银行 2017 年年报。

（四）强大的资金实力

金融科技包含领域广泛，是一个综合的科学技术系统集成，移动互联网、大数据、金融云、人工智能、区块链等技术均深度融入金融科技中。发展金融科技除了需要大量高新技术人才做支撑外，也需要大量资金购买、配置硬件设备，前期投入巨大，而且研发周期长，需要不断调试系统、设备，优化模型以及积累数据，上述特点决定了发展金融科技需要长期而稳定的巨量资金作支持。

近年来金融科技领域的融资趋势也反映了这一特点。2018 年，国内一家金融科技公司单笔融资达 140 亿美元，创下未上市公司融资单笔最高纪录。金融科技已经逐渐变成资金密集型行业，而传统商业银行，尤其是大型商业银行，凭借稳定的现金流和累计的金融数据，天然具有发展金融科技的优势。

四、银行发展金融科技的建议

大数据、区块链、人工智能等一系列新一代信息技术的发展和应用，开启了金融科技时代。金融科技的迅猛发展给银行业带来巨大的变化，如何抓住机遇、迎接挑战，在金融科技的加持下提高银行自身实力，为客户提供更好的金融服务，以此应对金融科技带来的新变化，成为银行当前和未来一段时间的重要任务。

（一）重视移动端的投入与建设

随着金融科技的发展，移动互联网已经深入银行业务的各个方面，从银行内部的业务处理和管理到通过移动互联网向客户提供金融服务，移动互联网已经与银行的日常经营活动越来越密不可分，并且逐渐成为银行拓展业务的新渠道。这要求传统商业银行加大移动端的投入与建设，具体表现为对手机银行 App 不断升级迭代，为用户提供更好的使用体验，同时也应坚持完善移动端金融服务系统，围绕移动终端打造一揽子金融服务，将更多的产品、业务从线下搬到线上。

（二）重视数据的利用

金融行业由于服务客户众多，业务类型复杂，信息化程度较高，天然具有"海量用户和大数据"的特点，仅纽约证券交易所一天的数据写入量就超过 1TB，以往的技术难以有效地处理和分析如此巨量的数据，导致海量数据未得到利用。随着金融科技的发展，金融行业的数据处理能力获得了极大提升，为利用海量金融数据奠定了基础。

相比于其他金融机构，商业银行所沉淀的数据更加广泛，时间也更久。涉及个人用户、企业的方方面面，从交易记录到资产变化乃至信贷历史。商业银行应该加大投入，组建专业的数据处理分析团队，建立数据存储中心，建设高效快捷的数据处理系统。同时，商业银行也应重视小微企业的数据收集、处理工作。随着大数据技术和人工智能的发展，对小微企业的信用评估逐渐全面、准确起来。银行可以依靠金融科技来破解小微企业"缺信息、缺信用"的难题，加强大数据技术应用，基于小微企业的结算信息、资产情况、POS 流水、纳税数据等，对历史数据进行数理统计和逻辑回归，将履约能力、环保等非财务信息加入评价体系中，改变以往以财务报表数据为主要依据的评价方式，更契合小微企业的风险特点，提高评价的针对性和有效性。

（三）投资、孵化、收购金融科技企业

投资、孵化、收购金融科技企业是传统商业银行提高金融科技实力的重要方式之一，该方式解决了银行内部创新文化缺失的问题，缩短了技术应用时间，而且还可以获得完整的技术团队，加速商业银行金融科技发展。

在国外，通过收购有潜力的金融科技项目来补强自身的金融科技实力已经成为银行的常用选择之一。其中，高盛不仅入股了 Square 和 Bluefin 等支付服务提供商，还巨额投资于比特币创业公司和大数据领域的科技公司。美国银行通过主办年度科技峰会来挑选项目及伙伴，最新一届活动期间其宣布，每年用于新技术、数字项目和创业公司收购的预算为 30 亿美元。

此外，欧洲的德意志银行、瑞士银行，以及近代金融发祥地荷兰的银行机构，在金融科技方面的投资也非常巨大，着眼的技术领域非常前沿。譬如德国最大的银行德意志银行计划投资 7.5 亿欧元用于数字战略，并在内部成立一个数字智库。

相对于国外，国内传统商业银行在投资并购方面则显得谨慎许多，由于监管政策的限制，对金融科技公司的直接股权投资或是收购几乎一片空白，相关法律法规亟待完善。

（四）组建专业化、敏捷化的团队

金融科技是技术与传统金融服务的有机结合，金融科技市场瞬息万变，对业务决策效率要求很高。金融科技行业技术门槛较高，建立人才优势是打造金融科技企业核心竞争力的重要维度之一，如何应对新技术和新模式带来的人才市场转变，规划符合企业自身人才发展战略的最佳实践路径，逐渐成为银行业金融科技转型要面对的难题。而且传统商业银行组织架构和公司治理体系不够灵活，在商业银行组织体系内，银行业务决策往往流程较多，很可能整个业务流程进行下来后，新业务已经不再适应变化的市场环境了，传统的银行团队难以适应金融科技背景下的新竞争形势，需要根据新环境做出适当的改变。

传统商业银行可以尝试组建轻型化的精干团队或单独的子公司来承担金融科技任务，通过此种方式隔离大型机构的体系弊端，推动自身的数字化改造，但也应注意要在管理层面给予这些团队足够的支持，培养、赋予他们接受挑战的能力。例如，美国一家银行专门组建金融科技团队，从各大科技公司挖来大量科技精英，而且为保持一定的独立性，这支团队的办公地点没有被安排在集团的总部大楼里。2016年，美国一家银行宣布其科技员工已经超过9000人，比某些科技公司全部员工数还要多。2018年4月，国内某大型商业银行宣布成立金融科技子公司，在定位上，该金融科技子公司被赋能为传统金融的实践者、整合集团资源的链接者及推动银行转型的变革者，也是银行业内第一家真正以金融科技命名的新型公司，尝试通过单独子公司的方式摸索出一条适合传统商业银行金融科技发展的道路。

（五）与科技、互联网公司展开合作，优势互补

在金融科技大行其道的今天，作为传统金融机构的商业银行，通过与互联网科技企业开展战略合作，迅速整合双方的优势，爆发出新的能量，这是在这次金融科技大潮中取得优势的有效选择。根据实际情况的不同需求，商业银行可选择不同的合作方式。

1. 技术合作

相比于传统商业银行，科技、互联网公司具有一定的技术优势，通过双方合作，由技术企业提供相应的大数据处理、人工智能、云服务等技术支持，对传统商业银行的金融业务进行升级改造，这种合作方式往往处于银行金融科技发展初级阶段，短期有一定效果，不利于长期发展。

2. 数据合作

金融科技浪潮下，数据是金融科技发展的重要动力之一，技术、互联网企业与传统商业银行在数据领域的合作，双方共享数据，来自银行的金融交易、资产数据可以与来自互联网企业的消费、行为记录互补，更加全面地分析客户需求，更加准确地做出信贷评估。

3. 业务创新合作

业务创新合作往往是前两种合作的升级版，是传统银行与科技企业深度合作，双方在数据共享、技术升级的基础上，拓展新的金融科技业务或对原有金融服务进行颠覆式改变，这种合作模式往往要求合作双方具有相当的实力，双方管理层也要予以一定的重视。

（六）形成行业合力，共同摸索行业的发展路径

在金融科技发展的浪潮下，银行业的竞争形势发生了巨大的变化，科技公司、互联网公司在金融科技的助力下进入传统金融行业，成为银行业新的"搅局者"。面对来势汹汹的挑战者，传统商业银行尤其是中小银行可采取建立银行联盟，"抱团取暖"以降低成本，实现联盟行间的信息、产品、资金、技术等资源共享的手段，更好地满足客户金融需求，在金融科技浪潮中提高自己的竞争力。

执笔人：郭劲夫　王　刚　边　鹏

参考文献

［1］程立国, 陈健恒, 徐永红. 大数据在金融行业的应用初探. 中国金融电脑, 2013.

［2］姜渊, 黄桦, 赵奕. 知识图谱在金融行业的应用展望. 金融电子化, 2016.

［3］人民日报海外版. 浦发银行推出无界开放银行. http://paper.people.com.cn/rmrbhwb/html/2018-07/20/content_1869181.htm, 2018.

［4］新浪财经. 董希淼："开放银行"将成为商业银行变革的第三个阶段. http://finance.sina.com.cn/roll/2018-11-01/doc-ifxeuwwt0240170.shtml, 2018.

［5］兴业数金. 开放银行系列之案例篇：欧美国家的探索实践. https://www.sohu.com/a/250454348_100132383, 2018.

［6］徐慧中. 我国智能投顾的监管难点及对策. 金融发展研究, 2016.

［7］袁勇, 王飞跃. 区块链技术发展现状与展望. 自动化学报, 2016.

［8］杨荣. 金融科技：新风口下的银行转型之路. 金融市场研究, 2017.

［9］杨涛. 金融科技——商业银行转型变革的助推器. 国际货币网, 2018.

［10］The world's most valuable resource is no longer oil, but data. The Economist, 2017.

第三章

金融科技在保险业中的应用

保险科技（InsurTech）是金融科技（FinTech）的重要分支，近年来已经开始全面赋能传统保险行业。保险科技通过创造新的业务模式、应用、流程或产品，对保险市场、保险机构或保险服务的提供方式进行优化升级，甚至重塑[①]。近年来，保险业将保险科技应用于保险经营管理的各个业务流程、服务环节与价值链，积极赋能保险行业革新，促进保险产品创新、销售渠道变革、业务管理模式变革以及推动商业模式创新。保险科技创新也带来一些挑战，如多类主体跨界参与对市场格局带来一定的冲击；新技术本身具有较高的风险与不确定性；监管难以适应保险科技带来的变革；保险业信息基础设施有待加强和完善。面对保险科技的挑战，保险机构需要在人才、组织、文化等方面深刻变革。同时，为了降低制度成本，在保险科技的发展过程中，要从行业层面推动基础设施建设、数据保护以及监管创新等，完善保险科技发展的制度环境。

金融科技将重新定义保险市场特征、竞争格局以及保险的商业模式。未来保险市场生态体系将逐步细分与多元化，保险运营理念将逐步关注价值循环与创造，保险科技的未来商业模式将呈现"科技为内

---

① Mark Carney. FSB Chair's Letter to G20 Ministers and Governors on Financial Reforms. 2016.

核""服务为本质""跨界融合为抓手""线上线下融合趋势"等特点，即市场要素科技化，保险与科技的深度融合；客户体验一体化，金融属性与服务属性深度融合；跨界连接生态化，保险跨行业深度融合；保险科技人文化，线上线下深度融合。

一、保险科技推动行业变革

近年来，保险科技市场涌现出了传统保险公司、互联网保险公司、中介类公司、技术赋能者等多种市场主体[①]。在其共同推动下，保险业将保险科技应用于保险经营管理的各个业务流程、服务环节与价值链，积极赋能保险行业革新[②]，促进保险产品创新、销售渠道变革、业务管理模式变革以及推动商业模式创新。

（一）促进保险产品创新

保险科技改变了保险产品的研发和定价模式，保险公司可以根据新的市场需求开发新产品，并根据新的数据维度和深度进行动态和差异化的产品定价。

1. 创造场景化、定制化与智能化的保险产品

移动互联深刻改变了公众传统的生活、工作、消费和支付习惯，

---

① 清华大学五道口金融学院中国保险与养老金研究中心：《2018全球保险科技报告》，清华大学出版社2018年版。

② 王和、周运涛："我国保险科技发展展望"，载于《中国金融》，2018年第9期。

其所蕴含的新风险、创造的新场景派生出新的保险需求，为保险产品创新提供了空间。其中，"场景化"有助于保险业务的拓展。"场景化"催生出保险业务需求，保险公司则通过保险科技为互联网生态提供场景化、定制化保障，为每个用户提供个性化、定制化的风险解决方案，如退货运费险、航班延误险等新型险种不断涌现。

2. 实现保险定价的动态化、差异化与精确化

数据量越大、维度越广，保险产品定价就更加精确，且使个性化费率厘定成为可能。保险科技的有效应用，能够提升保险公司的精算水平和精算效率。

在财产险方面，保险业借助于保险科技积极探索基于驾驶行为的车联网保险。传统的车险是"静态"定价，车险保费主要由若干个关键性系数构成，而这些系数只是过去一段时间车辆使用情况的简要汇总性信息，比如出险和交通违规记录等。UBI（Usage Based Insurance）则是基于驾驶行为的保险，通过车联网、智能手机和 OBD 等联网设备，全面记录车主的日常驾车行为和使用习惯，将驾驶者的驾驶习惯、驾驶技术、车辆信息和周围环境等数据综合起来，建立人、车、路（环境）多维度模型进行定价，实现差异化车险定价。在保险科技的推动下，近年来国内外保险业在车联网业务方面都有很多探索和突破[1]。

在人身险方面，包括可穿戴设备在内的健康管理设备帮助保险公

---

[1] 美国保险业的车联网业务在过去五年增长迅速，80% 以上的保险公司正在实施或积极计划 UBI 项目。平安财险在早期完成了第一轮 OBD（车载诊断系统）设备和移动互联网应用（好车主 App）的试点，面向首批车联网用户收集数据，通过分析用户驾驶数据，进行用户驾驶安全评级。2018 年 8 月，中国保险行业协会组织的行业创新产品评审会议通过了人保、平安、阳光、众安等 4 家财险公司的"汽车里程保险"，国内首批"汽车里程保险"即将问世，车主购买车险将按照行驶里程付费。

司动态和差异化定价。保险公司基于物联网核心数据库，实现对投保人健康状况的实时监测，通过数据分析实行个性化的定价，并根据生活方式的健康程度建立保费奖惩机制，促进健康管理。可以预期，随着可穿戴设备的普及，保险公司将推出更丰富的基于可穿戴设备的创新产品，以新的定价模式和产品形态，推动传统业务模式变革。

（二）促进销售渠道变革

保险科技正在逐步推动保险行业从以保险产品为主导的营销模式逐渐向以客户需求为核心的营销模式转变。

1. 精准营销管理

保险公司利用保险科技，可以充分整合保险行业内外部数据信息，作更细致的市场和客户细分，提供差异化、个性化的服务，从而提升营销的针对性，改善客户体验，增加客户忠诚度。

2. 保险产品在线分销

保险公司将区块链技术引入互联网保险保单管理过程中，对保险合同、客户身份以及分销人等各个参与节点进行在线验证，进行分布式的、安全高效的认证和存储，并可通过基于区块链的数字资产交易和转让系统，实现分销费用的及时准确结算，从而建立基于区块链的保单全周期管理模式，形成保险在线销售的闭环管理。

3. 销售辅助

目前保险业，特别是寿险业，大量营销人员的管理成本居高不下，且存在培训投入大、活动率低、脱落率高等问题。人工智能具有快速的学习能力、丰富的专业知识库、高度的电子化程度、稳定的在岗能力等优势，可以辅助标准化保险产品的在线销售。

（三）促进业务管理模式变革

保险科技可以推动保险公司承保核保、定损理赔、客户服务、风控反欺诈等环节业务管理模式的变革。

1. 促进承保核保管理模式变革

在承保环节，智能保险顾问可以在没有人工介入的情况下引导用户进行自助式投保，实现智能化的承保和核保，提升客户的承保体验，并有效降低经营成本。比如，美国公司 Lemonade 通过引入人工智能技术帮助客户自助投保，同时根据客户需求自动给出保险方案[①]。中国太保推出的智能保险顾问——"阿尔法保险"，基于公司1.1亿保险客户数据积累，通过基本信息、家庭结构、收入支出、资产负债、社保福利、生活习惯6组问题，利用大数据算法，构建个性化的家庭保险保障组合规划，助力国民保险消费者教育。"阿尔法保险"以家庭为单位，从家庭风险防御能力的五个维度建模，为不同家庭测算家庭风险防御能力指数，并与全国用户进行比对，提供家庭理想保险建议。作为在大数据与机器智能领域的探索，"阿尔法保险"不仅为营销队伍提供了保险营销辅助工具，也将为后续利用大数据和人工智能技术在数

---

① 刘绪光、徐天骄："国际保险科技发展实践与监管趋势"，载于《金融市场研究》，2017年第5期。

字化产品的应用积累经验，提升客户数字体验[①]。

在核保环节，越来越多的保险企业正在采用智能核保系统，以节省人力投入。同时，保险公司基于物联网、大数据等技术，可以描绘出更准确的用户"画像"，改善核保环节的信息不对称，促使投保人遵守最大诚信原则。例如保险公司利用手机、智能手表等采集的传感器数据，实时监测投保人的身体健康情况，对其在投保人出险时的身体状况进行更为准确的核实。

2. 促进定损理赔模式变革

保险公司通过基于图像识别的智能化保险定损以及基于人工智能的数字化核赔理赔新模式，可以有效提升保险理赔的效率与质量。一方面，保险公司可以利用图像处理、数据挖掘技术等对被保险人或其标的发生的事故进行自动化的全面分析，通过比对类似案例，细分损失类型，对历史数据进行分析建模，实现对各个理赔申请的评分，可以有效降低人力成本，大幅提升效率，同时形成半自动化的运营处理流程。另一方面，保险公司可以运用人工智能辅助理赔理算。比如，美国公司 Audatex 通过人工智能技术实现车辆自动定损。客户按照要求拍摄汽车损失图片，上传定损系统，系统在短时间内即可有效预测损失程度[②]。又比如，蚂蚁金服面向中国保险行业推出"定损宝"，用人工智能技术模拟车险定损环节中的人工作业流程，帮助保险公司实现自动定损。蚂蚁金服于 2017 年 6 月推出国内首个车险图像定损 AI 技

---

① 参见中国太保对"阿尔法保险"的介绍：中国太保推出业内首款智能保险顾问"阿尔法保险"，http://www.cpic.com.cn/c/2017-09-05/1211202.shtml；《"阿尔法保险"白皮书》，http://www.cpic.com.cn/upload/pdf/AlphaInsurAdvisor_Whitepaper.pdf。

② 刘绪光、徐天骄："国际保险科技发展实践与监管趋势"，载于《金融市场研究》，2017 年第 5 期。

术"定损宝"，将过去由人工肉眼判定车损的环节升级为用人工智能做标准化统一定损。2018 年 5 月，蚂蚁金服发布"定损宝"2.0，在 1.0 版本的基础上再度升级：由照片定损升级为视频定损[①]；实时反馈，实时定损[②]；增强反欺诈功能[③]；平台化的输出，对接险企更容易[④]。

3. 促进客户服务管理模式变革

保险公司通过基于大数据的差异化服务、基于人工智能的智能客服以及基于区块链的客户关系管理，可以提升客户的满意度，并降低保险公司的经营成本。

4. 促进风险管理模式变革

保险公司可以通过生物科技，加强承保前的风险筛选，提高风险管理水平，逐渐改变既有的风险管理模式。早期发现是提高癌症治疗率的关键，保险公司通过癌症早期筛查技术，能够更及时、更精准地发现癌症，做好癌症早期发现和治疗，降低被保险人癌症的死亡率。可以预期，随着技术的进一步成熟，未来保险产品与癌症早筛等技术

---

① 定损宝 1.0 版是按照查勘定损人员的习惯设计的，其对于拍照时的距离、角度等方面都有较高的要求；而 2.0 版改用拍视频定损，用手机按照系统指引拍摄视频即可定损，操作更加便捷，用户群体也将由定损员扩展到广大车主。

② 定损宝 1.0 版需要将照片上传服务器处理后，才能获得定损结果，中间可能存在拍漏了的情况；而 2.0 版基于移动端深度学习模型部署，可以实现实时定损，用户在拍摄视频的过程中，随即就能在手机上看到车辆损伤的情况，需要怎样的维修，以及保险可以赔付的金额。

③ 相比 1.0 的照片定损，视频定损更有助于识别利用旧伤的欺诈行为，同时也提高了算法的识别能力。下一阶段，定损宝还将把更多周边环境和车主描述的事故之间建立关系，把和外部环境中的欺诈以及其他要素加入反欺诈模型。

④ 定损宝 1.0 需要与保险公司逐一进行对接，对保险公司的后台系统、理赔流程等进行改造；而 2.0 版可以作为一个标准化的平台进行输出，合作的保险公司可以轻松地接入平台，无须一家一家做系统对接。

的结合将更加紧密，对于健康风险的管理将更有效果。

5. 促进反欺诈管理模式变革

保险公司通过基于大数据和人工智能的保险反欺诈以及基于区块链的风险管理与合规管理，提高保险反欺诈的有效性，有效降低道德风险和保险欺诈，提升保险公司风险控制水平。比如，Carpe Data公司通过构建系统管理平台，获取社交数据，运用大数据技术构建定价和反欺诈模型，评估客户承保过程中的风险。该平台不仅能提高承保效率，而且有助于降低欺诈风险[①]。又比如，由中国保险信息技术管理有限责任公司研发建设的全国车险反欺诈信息系统自2016年11月底上线以来，在助力行业反欺诈方面已取得较为显著的成效：截至2017年12月底，共有65家财险公司累计登录系统50万余次，查询使用184万余次，月均查询量近16万次，最高月度查询超过21万次，累计助力保险公司有效止损1.17亿元[②]。

（四）推动商业模式创新

保险科技不仅为保险价值链的各个环节赋能，提升传统保险供给的效率，还推动了商业模式的创新，满足不断增长与动态变化的保险需求。

1.P2P保险

P2P保险（Peer to Peer）是"保险+社交"的一种保险经营模

---

① 刘绪光、徐天骄："国际保险科技发展实践与监管趋势"，载于《金融市场研究》，2017年第5期。
② 数据来源：中国保险信息技术管理有限责任公司。

式，通过 Facebook、Linkedin 等社交平台或自动匹配的方式构建互助保险关系，通过对保费的分割，设置不同的资金池，奖励那些每年年底没有出现索赔的小组成员。在实践中，投保人可以通过社交选择分担风险的互助小组成员，并向保险公司缴纳一定的金额，当小组成员出险需要赔付时，赔付额先从小组缴纳的总金额中扣除，如果赔付额超出小组缴纳的总金额，则超出部分由再保险公司承担；如果无人出险，则小组成员可以拿回部分费用或留到下一年。可见，P2P 保险将社交网络技术运用于互助保险模式，使用共享经济的模式，强化保障。同时，P2P 保险通过新的技术手段和模式降低欺诈风险，使参与用户受益，从而提升用户参与保险的意愿。P2P 保险主要针对的是出险率低的长尾用户，提供的产品主要是财险。比较有代表性的公司有德国 Friendsurance、英国 Guevara、法国 InsPeer 等。P2P 保险模式的优势在于：一是可以充分发挥互联网时代下用户之间的交流作用，借助场景聚集用户，节省销售成本和中介费用；二是投保人之间的熟人关系能够降低信息不对称和欺诈风险，激励相互监督；三是 P2P 保险能够消除传统保险下投保人与保险公司目的不一致带来的分歧，即保险公司留存所有保费，为了提高利润而赔付意愿较低 [1]。

2. 按需保险

按需保险是科技进步下崛起的"数据分析 + 需求定制"新模式，具体表现为保险科技公司搜集数据，根据用户需求定制产品，用户可以从网页端或移动端进行投保和索赔，保险赔付额则由合作的再保险公司提供。典型的保险公司有美国 Trov、美国 Verifly Insurance

---

[1] 众安金融科技研究院：《新保险时代：金融科技重新定义保险新未来》，机械工业出版社 2018 年版。

Services、美国 Slice Labs、英国 Cuvva 等[①]。按需保险大都是财产保险，其特点为短期、廉价、快速，针对的是那些短期内需要为自己重视的物品投保的用户，且用户较为年轻，如 Trov2/3 的用户在 35 岁以下，且其留存率超过 80%。不同于传统保险粗放型的分类和大众化的需求，按需保险真正做到了私人订制。

3. 新型相互保险

从全球来看，相互保险公司是与股份制保险公司相对应的保险组织形式，非常古老，是全球保险市场的重要主体。截至 2017 年末，全球相互保险收入占全球保险市场总份额的 26.8%[②]。

但在中国，相互保险尚是新生事物，且在保险科技背景下出现了新型的相互保险。2018 年 10 月，信美人寿相互保险社和蚂蚁保险联合推出了一款重大疾病保障产品——蚂蚁相互保。根据《相互保规则》，"相互保"是将"具有相同风险保障需求的蚂蚁会员团结在一起，以共担风险的方式为会员提供健康保障的互助共济机制"[③]。与一般保险产品根据疾病发生率定价、需先行支付固定保费所不同，"相互保"采用的是风险共担机制，即根据实际发生赔付案例的情况进行费用分摊。"相互保"除了遵循法律法规进行信息披露外，还引入了两项措施保障运营模式的透明公正：一是设立公示制度，接受全体成员监督；二是引入了区块链技术，保障信息不可篡改。"相互保"将科技与互助的保

---

① 众安金融科技研究院：《新保险时代：金融科技重新定义保险新未来》，机械工业出版社 2018 年版。

② 资料来源：International Cooperative and Mutual Insurance Federation。

③ 该产品规定，18 周岁以上未满 59 周岁、芝麻分 650 分以上的蚂蚁会员无须交费，即可申请加入该保障计划，获得包括恶性肿瘤在内的 100 种大病保障，获准加入的成员还可以再为自己的未成年子女申请加入。加入的成员即为被保险人，所获保障额度以年龄划段区分：不满 40 周岁的为 30 万元，40 周岁到 59 周岁的为 10 万元。

险机制结合起来，是对变革传统保险商业模式的积极探索。

二、保险科技带来的挑战

近年来，中国保险业积极运用保险科技，以技术创新推动行业变革。然而，保险科技创新也带来一些挑战，如多类主体跨界参与对市场格局带来一定的冲击；新技术本身具有较高的风险与不确定性；监管难以适应保险科技带来的变革；保险业信息基础设施有待加强和完善。

（一）多类主体跨界参与对市场格局带来一定的冲击

近年来，受保险与科技结合的广阔前景吸引，拥有用户、数据、与技术优势的互联网巨头纷纷涉足保险领域。同时，依靠风险资本的支持，众多创业企业参与保险行业竞争中，类保险的互助类风险保障产品不断涌现，对现有保险市场格局形成了一定的冲击。

（二）新技术本身具有较高的风险与不确定性

一方面，新技术本身具有较高的风险与不确定性，往往同时带来新的风险因素。比如，区块链技术去中心化、重塑信任的特征蕴含深刻变革保险业的巨大潜力，极有可能在未来的保险创新中扮演重要角色，但其本身带来的风险仍然复杂多样，包括数据安全、网络层访问控制、共识层安全、智能合约层安全等。一方面，区块链还没有完全解决客户端数据和隐私安全、应用安全等问题，其系统稳定性、运算能力仍需要进一步提升和验证。另一方面，区块链的交易规则、合约设计都是由计算机程序自动控制，由于去中心化的特点，当出现技术性或操作性错误时，保险公司难以对其进行强有力的指导和控制，如果错误未被及时发现，系统将按照错误指令继续执行，可能放大单次错误所造成的影响。未来在区块链网络中如何构建何种保障机制维护消费者和企业合法权益，制定何种认证体系降低参与者信用风险等众多问题都需要研究思考。

另一方面，新技术放大了潜在风险，应对能力亟待建设。新技术的广泛应用在极大提升社会生产力的同时，也带来了隐私保护、信息安全等方面的诸多问题。伴随着新技术在保险行业的应用，此类风险也相应进入保险领域。比如，基于大数据的个性化核保过程意味着更多维度数据的埋点、采集与应用，一旦发生信息泄露，后果会更加严重。诸如此类的风险，需要保险业积极投入，共同提升风险管理能力。

（三）监管难以适应保险科技带来的变革

由于新技术的广泛运用，保险行业从产品设计、定价、销售、承保、核保、理赔等在内的全产业链条都在重塑，甚至某些领域会发生根本性的变革。但现有的保险监管框架更多是基于传统业务模式，难以适应保险科技带来的产品创新、模式创新和管理创新。因此，如何使得监管适应保险科技发展的需要，完善监管政策，是监管者面临的重要挑战。

一是保险科技的创新边界模糊。保险科技具有极强的渗透性，这是它的优势，但也导致其创新边界存在一定的不可控，极有可能出现

"越界"行为，在保险业务和非保险业务中产生"模糊地带"。由于保险科技带来的保险边界不断扩展，从传统的金融范畴已经开始触及更广泛的社会生产，风险和挑战会愈发严峻。

二是保险科技的风险隐蔽。保险科技专业性强，潜在风险具有更强的隐蔽性和传染性，从而会加剧监管的复杂性，也容易出现可能的监管真空。

三是监管科技有待发展。保险科技的发展要求监管机构提升识别风险的能力，提升监管的实时性和有效性。因此，面对保险科技必须发展监管科技，通过技术化的手段推动监管升级。

（四）信息基础设施有待加强和完善

保险科技的发展，需要在合规前提下高效且可靠的使用数据。当前，保险行业还没有很好地解决数据共享与数据隐私保护问题。为此，需要加强信息基础设施建设，以建立统一规范的数据使用准则，确保合规、高效、可靠地利用保险数据。

三、促进保险科技发展的建议

面对保险科技的挑战，保险机构需要在人才、组织、文化等方面深刻变革。同时，为了降低制度成本，在保险科技的发展过程中，要从行业层面推动基础设施建设、数据隐私保护以及监管创新等，完善保险科技发展的制度环境。

（一）保险机构需要在人才、组织、文化等方面深刻变革

一是要吸引并培养保险与科技跨界人才。保险业仍处于从人员密集型行业向技术密集型行业的转变的过程中，高级管理人才及关键领域专业人才仍严重短缺。在保险与科技越发融合的时代，保险与科技跨界人才的短缺将尤为明显。为此，保险业需要探索适当的跨界人才培养机制与激励机制，外部科技人才招募与内部潜力挖掘并重，同时注重促进团队融合，适应行业发展要求。

二是要建立科技型组织。为敏捷应对数字经济时代快速的市场变化，保险机构需要适时调整层级制的管理模式。例如，对于创新项目可以引入更扁平的组织架构，提高决策效率，激发团队活力。同时，保险机构可以通过设立科技子公司、创投基金、创新孵化等新型组织，突破机制的限制，培养内部企业家精神。

三是要革新企业文化。在数字经济时代，更多的 80 后、90 后走入社会，无论是保险业员工还是保险公司所面对的用户都发生了显著变化。保险机构能否适应这一变化，凝聚年轻员工、服务年轻用户，将取决于保险机构能否建立足够敏捷、灵活且以客户为中心的企业文化。为此，保险机构需要设立明晰的企业愿景与目标，并在管理层与员工之间达成共识，全员参与，共同推进企业文化变革。

（二）完善适应保险科技发展的监管体系

监管机构需要在创新和风险两方面寻求平衡：既要支持创新，又

要防范风险[①]。为此，要鼓励保险科技创新，建立数字化监管系统，打通监管机构及其他部门之间的数据隔阂以及建立监管科技解决方案的沟通协调机制[②]。

一是鼓励保险科技创新。监管部门可以采取多种政策措施积极支持保险企业对保险科技的创新实践，加强科技在保险业的应用，促进保险业的现代转型。例如，可以积极探索"保险科技监管沙盒"机制。选取某一地域和某条业务线作为试点，为科技创新提供真实测试环境。在试点期间，可以适当放宽政策要求，在保证消费者利益不受侵害和维持行业稳定等红线的基础上，对保险科技的应用进行可行性分析及充分论证。通过积极探索"保险科技监管沙盒"机制，以风险可控的方式在有限范围内开展科技创新业务，有助于开创保险科技的良性创新模式。

二是建立数字化监管系统。为了实施更高效的行业监管，监管系统需进行数字化改革。监管机构可以通过搭建全国范围的数据集合和挖掘分析系统，将监管政策、规章制度和合规要求数字化、自动化，从而有效减少人为失误的风险，提升监管效率，同时也降低保险机构的合规成本。

三是打通监管机构及其他部门之间的数据隔阂。为实现对监管数据的有效获取与管理，监管机构必须打通监管机构、保险机构以及其他部门（如其他行业监管机构、第三方金融机构等）之间的数据隔阂。监管机构需要与保险机构之间建立单向和双向的数据交换机制，统一

---

① 魏迎宁："保险科技监管：支持创新与防范风险之间的平衡"，载于《清华金融评论》，2017 年第 11 期。

② 本部分主要参考了众安金融科技研究院联合毕马威中国发布的《保险科技：构筑"新保险"的基础设施》，2018 年 10 月。

数据标准；并与相关部门积极合作，建立定期和不定期数据分享与披露机制，实现对保险行业的监管，并对跨行业风险进行有效管理。

四是健全监管科技技术标准及监管科技行业管理政策。监管者需要在充分考虑监管要求和现有的技术手段特点的基础上，制定相关技术标准。还需要健全监管科技本身的行业管理政策体系，促进监管科技行业有序发展，更好地服务于监管和保险行业。

五是建立监管科技解决方案的沟通协调机制。监管科技解决方案的开发需要基于对整个监管框架和细节的熟知和理解，因此，监管者需要营造更加开放的氛围，监管机构、保险机构和监管科技开发者三方应保持密切的沟通和协调。建立行之有效的沟通协调机制，不仅有利于监管标准的合理设定，而且监管机构和保险机构也能及时为监管科技产品的改造和升级提供清晰的指引和建议，从而进一步提升监管效率。

（三）推动行业数据基础设施建设和共享

一是推动保险行业数据共享。保险业作为天然的大数据行业，要整合上下游资源形成价值链，构建符合行业发展、以"数据、连接、共享"为基本特征的新型基础设施是保险生态变革发展的必由之路。为此，推动保险行业基础设施建设①，特别是建立行业数据共享平台，更好地支撑风险评估、费率计算、征信、信息体系等。共享的行业数据平台有助于整合行业资源，建立更科学的行业定价基准和风险管理数据库。

---

① 朱培标："创新发展，推进保险信息基础设施建设"，载于《金融电子化》，2016年第10期。

二是推进跨部门、跨行业的数据开放共享。大数据的应用有赖于更广泛的数据信息共享，需要保险业与相关部门进行数据交互。比如，健康保险需要和社保、医疗部门信息对接，农业保险需要和国土资源、气象、农林业主管部门等进行信息共享。因此，保险业信息共享平台在建设过程中，需要集合全行业之力，践行国家大数据战略，在更高层面上推进跨部门、跨行业数据开放共享。

三是要加强数据安全和隐私保护。保险行业数据依赖性较强，一旦消费者隐私方面出现问题将严重制约行业可持续发展。因此，在保险科技发展过程中，保险业面临数据保护和隐私的责任，必须尽责地使用数据。为此，监管部门可以推动通过数据保护或隐私保护等法案，积极寻求立法手段规范数据使用，搭建基础性法律保护体系。监管部门通过对数据保护的监督和引导，可以推动消费者数据保护，规范商业数据应用行为。

四、金融科技在保险业中的应用展望

金融科技将重新定义保险市场特征、竞争格局以及保险的商业模式。未来保险市场生态体系逐步细分与多元化，保险运营理念将逐步关注价值循环与创造，保险科技的未来商业模式将呈现"科技为内核""服务为本质""跨界融合为抓手""线上线下融合趋势"等特点，即市场要素科技化，保险与科技的深度融合；客户体验一体化，金融属性与服务属性深度融合；跨界连接生态化，保险跨行业深度融合；

保险科技人文化，线上线下深度融合①。

（一）保险市场生态体系逐步细分与多元化

从保险市场的短期发展（1~3 年之内）特征来看，随着新一代数字技术在现有保险业务的应用落地，技术与业务结合的细节不断完善、技术的稳定性不断优化。源于新兴技术带来的"经济价值"的驱动，保险市场对新兴技术的需求将会进一步提升，将吸引更多的技术供应商参与至保险科技的价值创造之中。随着各类新兴技术供应商的不断参与，保险行业供给侧的技术能力将得到很大的提升。

从保险行业发展的中长期（3~10 年之内）特征来看，新兴技术供应商的不断加入使得新兴技术的供给达到市场饱和状态，技术应用成本的下降以及稳定性的增强，将会吸引更多的用户接受新兴技术在保险业务中的应用，将促使更多的保险公司或保险业务创新者参与进来，两者共同努力将为用户带来更为丰富的保险产品以及个性化的用户体验。在该发展阶段，保险科技的主体参与将发生第二次演变，保险产品或服务价值链进一步裂变、细分，更多专业的保险公司以及保险服务公司将参与其中，由于保险科技的"需求侧创新"的驱动，保险行业或迎来一次周期性增长的机会。

（二）保险运营理念将逐步关注价值循环与创造

新技术将进一步加速企业"数字化"运营的进程，公司运营因而

---

① 本部分主要参考了众安金融科技研究院：《新保险时代：金融科技重新定义保险新未来》，机械工业出版社 2018 年版。

变得更加的"透明"，由此也可能激化同质化竞争以及增加"价格战"的概率。如何从价值转移到价值创造，形成差异化的能力，为用户提供更多的有附加值的体验，将成为市场能力的核心考量。因此，在这一阶段，保险运营理念需不断更新，以达到增厚其商业价值的目的。

1. 从价值主张到价值循环

"不确定性"与"动态演变"也许是对当下商业环境较为恰当的描述，在经济全球化、环境动荡的大背景之下，单一组织机构很难具备发展所需的全部资源，以组织单边宣言式的"价值主张"或许在获得外部资源、应对商业环境快速变迁的情景之下更为步履艰难。若要打破这一"商业困境"，机构需快速推动从"需求"到"供给"的"价值循环"，需要保险机构快速识别用户需求，尊重用户消费主权，并将企业与利益攸关的其他主体间紧密联系在一起，通过价值对话机制寻求系统解决方案而非单一产品方案，以解决用户"面"而非"点"的需求痛点，从而赢得更多的市场份额，并拓展新的空白领域。

2. 从价值转移到价值创造

保险公司基于"大数法则"，通过对不确定事件的精算预测，向具有同类风险特征的投保人收取保费，为其提供遭遇特定损失时的资金保障。因此，在某种意义上，保险公司为投保人提供了一种"价值转移"的金融服务。由于面临更多互联网主体的竞争，保险机构在风险单位的搜集及简单的价值转移上的功能地位在一定程度上弱化。因此，要利用充分新科技，强化保险机构"防灾减损""风险管理""恢复原状"的能力，着眼于更多的"价值创造"，要通过做厚价值，把握竞争主动权，分享产业链价值。

（三）保险科技商业模式的未来发展趋势

保险科技的未来商业模式将呈现"科技为内核""服务为本质""跨界融合为抓手""线上线下融合趋势"等特点。保险机构可依据公司自身的自然禀赋，选择性地发展某类或多个商业模式，获得保险科技带来的周期性增长机会。

1. 市场要素科技化，保险与科技的深度融合

从宏观角度看，科技为内核的发展模式是企业应对市场供给与需求变迁最直接的商业发展模式。一方面，供给侧的能力迭代十分明显，即保险科技在降低保险业务成本及提升业务运营效率方面具有相当的优势。以人机交互为例，人机交互能力可达到自然人生产力的 1.2 倍，并且可节省约 70% 的业务成本，新兴技术对保险利润的贡献度或大幅超越市场预期，采用该类技术的"先发优势"较为明显。另一方面，从需求侧来看，数字一代的用户对新兴技术的应用适应速度在加快。比如，电话兴起于 1900 年，历经 45 年才达到家庭使用渗透率的 60%，而互联网技术仅用了 15 年就达到了电话应用的普及率，整体时间缩短了近 2/3。

从微观的视角来看，一系列新兴技术在保险业务的应用日益广泛，几乎涵盖了从产品开发、营销、承保、理赔直至客户服务的全流程，逐步从保险业务运营的中后端发展延伸至保险服务的前端，即从后端的数据分析和决策支撑，发展到与客户直接接触的营销及服务一线。新兴技术将重新定义保险流程、业务，甚至数字用户关系，改变人们对于保险的传统认知，成为保险机构未来竞争力的必要元素。

在可预见的未来，企业将投入更多的资源去应对供给侧能力与需

求的变迁，将科技视为驱动保险业务发展的核心驱动力。从具体模式来讲，科技为内核的商业模式一般分为三大类。

第一，自营科技公司。该模式的特点是以自营科技公司跟进科技的变迁，将人机交互、物联网等前沿技术嵌合到保险价值链的各环节，提升成本控制能力与运营效率。此外，该模式可根据保险公司自身需求，先于行业布局前沿科技并完成新兴技术的"学习曲线"，沉淀相应经验并对外输出。例如，众安保险成立子公司众安科技，布局金融科技前沿领域，实现新技术的不断集成和应用，在流量层实现销售渠道升级、应用层实现产品定制和优化嵌入场景、技术层改进业务流程、基础层利用技术演进以产生新保险产品形态，助力众安保险内部及外部合作伙伴创新和创业孵化，不断提升金融科技的渗透力和作用力。

第二，战略投资前沿科技。在国外，大型保险公司根据战略需求对前沿科技进行战略投资布局。该类模式的优势在于通过股权投资，拉近了保险公司与所投科技公司的距离，对双方后期的战略协同以及联合创新方面将更有利。例如，AXA 战略投资公司于 2017 年 12 月投资了 Qloo 公司，该公司通过最新的机器学习方法和神经网络的理论可预测消费者在电影、饮食、旅游等领域的偏好，为 AXA 公司在 AI 前沿应用的最新布局，后期 Qloo 将为 AXA 提供用户特性和产品洞察力的研究。

第三，向第三方技术服务商"按需采购"。在新保险时代，云计算的服务方式逐步升级，从 IaaS、PaaS 至 SaaS 的变迁，用户无须支付大额的设备购置、部署、维护及优化费用，而是以"按需付费"的方式享受到优质的新兴技术的应用服务，类似于 TTS（语音合成）、物联网平台服务等新兴技术均可通过云的方式赋能保险公司。比如，部分保险公司与科大讯飞签订了 TTS 相关的合作。

2. 客户体验一体化，金融属性与服务属性深度融合

保险作为大金融的重要细分领域，人们更容易发现它的"金融属性"，即当众人遭遇风险时，保险产品被视为一种财务补偿工具，可有效地帮助人们渡过难关。但若从用户真实需求的角度来看，用户其实更期待事前风险预防、事中风险管控以及事后风险补救的一系列服务。也就是说，几百抑或几千元的赔款不是刚需，对应的一揽子风险解决方案才是刚需。其实，保险天然理应具备"服务属性"，随着保险业务持续深入应用科技，人们对保险"服务属性"的认知将得到提升，保险公司利用科技、基于数据、进行风险管理和风险补救的串联，实现客户体验的一体化，从而使得保险产品的金融属性与服务属性进一步深度融合。

以碎屏险为例。一般情况下，手机贴膜成本从几元至一百元不等，而一年的碎屏险保费约为五十元左右，但很多人不愿支付该类保险，究其原因，影响用户决策的很大程度上并不是保险费用，而是在碎屏发生后，用户将要面临的时间或精力方面的成本消耗，以及其中的过程体验。目前，科技驱动的碎屏险，用户可以实现手机一键理赔，用户周边的手机维修商会在半小时内和用户联系，确定上门维修的时间，坐在用户旁边把屏幕换好。该类服务离不开 LBS 技术的开发、深度学习对于线下维修点及物流生态圈的路线优化计算，以及与服务合作方的及时通讯。可见，科技的支撑使得保险产品"服务属性"更为凸显。随着 5G 等一系列新兴技术的赋能，增强了保险公司设计及"链接"以保险产品为核心的一系列服务的能力，让保险逐渐发展成为一种"强链接"的金融服务产品。

另外，从保险机构市场竞争的角度来看，凸显保险产品的"服务

属性"是保险机构重塑保险品牌、进行差异化竞争的重要手段。当下，5G 的全面商用将进一步加速企业"数字化"运营的进程，公司运营因而变得更加"透明"。信息获取的便利性、全面性及实时性增加了同质化竞争的概率，加大了行业竞争的强度，同时也降低了行业竞争的门槛。在保险科技发展的未来，以商业模式构建出企业独特且不可复制的能力是提升竞争优势的必由之路。随着数字化不断增强、而人与人间的交互逐渐减少，保险公司在与用户的关系中源源不断地注入"情感部分"、增进与保险用户的情感关系纽带是保险公司差异化竞争的重要方式。

在未来，借助于新兴科技手段，聚焦于基于保险产品的增值服务或基于个人 / 家庭风险图谱的风险管理服务将有可能成为主流服务趋势。

第一，以保险产品为基点，链接其上下游产业链为用户提供增值服务。该模式是保险公司服务转型的第一步，以增值服务来填补保险产品服务的空白，构建保险公司服务的闭环。

第二，与智能设备厂商协同合作，捆绑销售基于智能设备的风险管理服务。保险公司与智能设备协同合作，不仅能够获得更智能与现代的生活体验，同时还能获得基于个人或家庭风险图谱的全面风险管理计划。据埃森哲相关研究显示，56% 用户因接受了保险公司的风控建议从而减少了不必要的损失，风控成效较明显。

3.跨界连接生态化，保险跨行业深度融合

在服务为本的数字经济时代，保险公司以用户保险需求为核心进行跨行业整合，是公司贯彻保险服务本质的重要战略布局。该商业模式的优势在于通过跨行业的资源整合，满足保险用户的日常生活需求，

通过频繁的服务交互赢得客户信任，最终达到实现管理一个用户或家庭的"资产负债表"的目的。同时，混合营销的模式优势在于，一方面可通过服务实现流量多次变现，有效结合互联网平台的线上资源和保险的线下资源；另一方面，用户迁徙还能增加数据的维度和厚度，优化精算定价体系。此外，通过跨界的融合形成生态能力，进一步拓宽保险产品和服务维度，进而覆盖从长尾用户到中产用户的更大客户群体，从而实现更长生命周期的用户覆盖。

除了上述以满足保险用户需求为核心的向外战略延伸，未来保险机构有望借助科技精耕细分市场并跨界链接，逐步发展成为细分领域的用户分发商。保险是天然的需求漏斗，每一个产品对应的每一位保险消费者都是潜在需求方，每一位出险的用户则是精准的需求方，这意味着保险机构可借助科技去分析用户对保险产品的购买，筛选精准并提前锁定消费者的需求。当用户基数足够大的情况下，保险就可以在某些细分市场沉淀下来，保险机构继而有望从下游的产品供应商发展成为上游的用户分发商，真正掌握核心资源，实现用户分发。

4. 保险科技人文化，线上线下深度融合

在互联网保险行业发展进程中，保险机构通过线上赋能线下与在线运营降低获客成本、提升运营效率、优化用户体验。互联网保险也从简单的获客向更多保险产业链的更多环节渗透，线上业务与线下业务的边界不断消弭。与此同时，线下赋能线上也被进一步重视，线下门店与线上业务的融合互动成为常态。这是科技应用普及化及消费升级带来的必然结果，也是以用户体验为导向的商业模式的重要体现。因此，在未来，线上、线下两个维度将实现双向进阶，进而实现深度融合。

　　从发展路径来看，传统保险公司发展线上业务是大势所趋，"线上保险超市"则是诸多公司普遍采取的起步模式之一；线上线下融合方面，传统保险公司的客户资源优势凸显，可助推其完成线上业务的引流，推动部分产品服务和交互的便捷化；同时，新技术的应用还将实现更高效内部作业效率和更精细的用户管理和服务。对于互联网保险公司而言，公司也纷纷布局线下场景，因为对于部分产品和服务而言，单一的线上依然无法满足用户对复杂条款的解析需求，也无法以线上模式满足用户的信任维系；续保、保险知识培训、理赔以及风控反欺诈的线下服务属性更强；保单所提供的健康管理、医疗养生等附加服务也需线下完成。对于互联网保险公司而言，线下的服务并不是对于传统模式的简单复制，更多的是利用数据和科技实现上下游的串联，利用生态化的连接实现线上线下的融合。

　　可见，线上线下业务特质各有不同，两者具有优势互补的潜质，并非传统认知的"敌对关系"。无论是线上赋能线下，还是线下赋能线上，都是为了向用户提供更好的服务体验。用户需要线上线下的融合服务，而科技人文化的主线就是科技更好地赋能于人、服务于人。因此，未来的商业模式一定是融合的，即线上线下将高度融合实现双向闭环引流，并且，线上线下频繁联动将多渠道、多场景的保险融合成全方位保障服务。

　　线上线下的融合需要科技提供强有力的支撑。例如，低延时、高速率、高带宽以及广覆盖的 5G 网络体验进一步促进了智能终端设备的多元化发展，通信设备不再局限于手机或电脑，一切具备通信功能的设备（包括传感器、家用电器等）均将成为与用户交互的智能载体。5G 的全面商用将促进保险公司采用多种智能设备与用户进行交互，用户交互方式更为多元，用户的数字交互体验更为稳定且丰富。随着

5G、物联网等新技术浪潮影响力的扩大，或将带来第二次的流量增长，形成更多元化的用户层次，使保险公司获得更多探索用户生活化、社交化场景的机会，保险场景营销的优势将更加显现。在保险行业发展的未来，科技将成为线上线下深度融合的"粘合剂"，保险行业线上线下融合也将空前深入。

执笔人：朱俊生　王　敏　朱培标

参考文献

[1]黄静，莫恒勇，李文欣.保险科技的实践创新.中国金融，2018（2）.

[2]刘绪光，徐天骄.国际保险科技发展实践与监管趋势.金融市场研究，2017（5）.

[3]普华永道.保险业"新常态"：以保险科技驱动创新.2017年全球金融科技调查——保险科技（InsurTech）调查报告，2017（8）.

[4]清华大学五道口金融学院中国保险与养老金研究中心.2018全球保险科技报告.北京：清华大学出版社，2018.

[5]单鹏.保险科技的应用与监管.中国金融，2018（2）.

[6]王和，周运涛.我国保险科技发展展望.中国金融，2018（9）.

[7]魏迎宁.保险科技监管：支持创新与防范风险之间的平衡术.清华金融评论，2017（11）.

[8]众安金融科技研究院，毕马威中国.保险科技：构筑"新保险"的基础设施，2018（10）.

[9]众安金融科技研究院.新保险时代：金融科技重新定义保险新未来.北京：机械工业出版社，2018.

[10]周延礼.保险科技的应用现状和未来展望.清华金融评论，2017（12）.

[11]朱俊生.互联网保险快速发展是新资本进入的动力.中国保险报，2016年10月11日.

[12]朱俊生，朱双双.我国互联网保险的创新与发展.清华金融评论，2016（12）.

[13]朱俊生.科技与保险业数字化转型.中国保险，2017（8）.

[14]朱俊生.互联网保险发展转向：从渠道变革、场景创造到科技赋能.清华金融评

论，2018（5）.

[15] 朱培标. 创新发展，推进保险信息基础设施建设. 金融电子化，2016（10）.

[16] Mark Carney. FSB Chair's Letter to G20 Ministers and Governors on Financial Reforms. 2016.

[17] OECD. Technology and innovation in the insurance sector. 2017.

第四章

金融科技在证券业中的应用

　　近年来，金融科技快速发展，逐渐改变传统的金融模式，塑造新的金融业竞争格局。我国证券业正面临金融监管加强、市场竞争加大和经营模式转型等方面的挑战。金融科技为证券业合规经营、创新发展提供了新的机遇。证券公司、交易所等证券业金融机构主动拥抱金融科技，应用大数据、云计算、人工智能、区块链等新技术，拓宽金融服务深度，提高金融服务效率，增强自身竞争力。目前金融科技总体上在我国证券业的渗透率还比较低，但未来在证券业应用前景广阔。建议针对金融科技在证券业应用中已经遇到的技术、监管等方面问题，积极引导和支持证券业金融科技发展，不断改进监管方式，以提升证券业服务实体经济和化解金融风险的能力。

一、我国证券业发展面临的挑战和金融科技机遇

　　当前我国证券业主要面临金融监管加强、市场竞争加剧和服务存在短板三方面挑战，而金融科技为证券业金融机构促进合规经营、提升服务能力、增强核心竞争力创造了有利条件。

（一）证券业发展面临三方面挑战

一是金融监管持续加强。2015 年股市异常波动之后，证券业监管持续加强，尤其是对证券业金融机构的投资者适当性管理提出了更高要求。2017 年 7 月 1 日，新的《证券期货投资者适当性管理办法》正式实行，对证券期货经营机构了解客户提出了更高要求。2018 年 4 月，人民银行等四部委《关于规范金融机构资产管理业务的指导意见》出台，对金融机构发行和销售资产管理产品时加强投资者适当性管理做出严格规定。但证券业金融机构在实际开展业务中存在投资者适当性管理流于形式的问题，客户测评问卷质量较差而难以获知客户真实风险偏好，营销服务人员专业知识不足导致对客户风险偏好的认知出现偏差。

二是行业竞争不断加剧。近年来证券业对内、对外开放步伐不断加快。2012 年，《证券账户非现场开户实施暂行办法》发布，明确证券公司可通过见证、网上为客户开户。2014 年，证监会批准中信证券等六家券商成为首批网络券商业务试点资格。2015 年，中国证券登记结算有限责任公司决定取消一人一户制度，投资者可直接通过开立多个券商账户来实现更换券商服务。券商竞争加剧，佣金率下降，部分中小券商已逼近万分之二的成本线。证券公司日益重视对客户的精耕细作，需要在通道服务的基础上构建客户分级分类服务，提升服务水平。2018 年 4 月，人民银行易纲行长宣布将证券公司、基金管理公司、期货公司等外资持股比例上限放宽至 51%，三年后不再设限，并不再要求合资证券公司境内股东至少有一家是证券公司，未来国内证券业金融机构将与经验丰富、专业水平高的外资金融机构同台竞技，面临来自外部的更激烈竞争。

三是证券业服务经济高质量发展存在短板。党的十九大报告指出我国经济已由高速增长阶段转向高质量发展阶段。而目前证券业金融机构服务经济高质量发展存在短板、能力不足。例如，在券商传统的经纪业务方面，营销服务人员专业能力不足，体察客户需求的能力较弱，营销服务的精准度和智能化不高，基础服务不扎实，高端服务不高端，同质化竞争严重，客户未能有效感知券商服务，对于客户的综合金融服务需求更是无法充分满足。

（二）金融科技对证券业发展具有积极作用

金融科技为新形势下证券业的转型发展创造了有利条件。证券业金融机构应用金融科技有助于降低成本、提高效率、拓宽服务范围、提升服务能力、促进合规经营。我国证券业有着发展金融科技的天然需求。

一是降低边际成本，覆盖长尾客户。在我国证券市场中，以自然人投资者为主，其中，小市值账户占比很高，截至 2016 年底，持有 A 股流通市值在 10 万以下的自然人投资者账户达到 3564.56 万户，占自然人投资者账户比例为 72.29%。目前，券商投顾主要面对高净值客户提供一对一的财富管理服务，并收取顾问费、佣金及收益分成，服务费较高。对于可投资资产低于 50 万元的客户，证券公司由于人力资源有限、客户难以接受较高服务费等因素，人工投顾难以覆盖。而智能投顾具有"一对多"的特征，边际服务成本很低，可以通过收取较少的服务费，覆盖广阔的长尾市场。

表 4-1 2016 年自然人和机构投资者证券账户结构

持有 A 股流通市值	自然人投资者账户投资者数（万个）	占比	机构投资者账户投资者数（万个）	占比
10 万以下	3564.56	72.29%	1.28	17.82%
10 万 ~100 万	1230.55	24.96%	1.70	23.66%
100 万 ~1000 万	129.31	2.62%	1.86	25.86%
1000 万 ~1 亿元	5.90	0.12%	1.35	18.75%
1 亿元以上	0.47	0.01%	1.00	13.90%
合计	4930.79	100%	7.20	100%

资料来源：中国证券登记结算有限责任公司。

二是优化用户体验，增强客户黏性，提升服务质量。首先，在便利度方面，移动终端的普及使用户可以足不出户地享受在线金融服务，未来随着人脸识别等技术的普及，线上服务体验会更加优化。其次，券商可以通过大数据等技术提供更加个性化的金融服务。券商拥有海量交易数据，过去受制于技术限制未能加以有效、合理的分析和利用。随着大数据、云计算和人工智能的发展及其对各个行业的持续渗透，券商逐步拥有了对数据规模大、数据类型多、数据流转快和数据真实性高的大数据进行存取、检索、分类和统计的能力，进而具备了通过分析利用数据资源，为客户提供更有价值的个性化服务的可能。此外，随着金融科技的普及，金融服务将与场景实现深度融合，客户能够在构建的场景中获取金融及生活服务。证券业金融机构通过提供社交互动、行业资讯等高黏度服务，可以获取大量高黏度客户。

三是重构数据处理方式，提高服务效率。信任是金融业的核心。目前券商通过产品登记、资金托管等各种流程设计来解决信任问题。

金融科技将重构金融机构的信息处理方式。例如，云计算可以大幅提高上层数据存储、计算的能力，从而大幅提升证券公司的清算结算、风险管理、客户服务等方面的效率，降低券商对网点的依赖性从而降低运营成本。又如，区块链技术可以基于证券交易活动的可追踪、可追溯和不可篡改性，通过技术背书而非中心化的信用机构建立信任，从而降低成本、提高效率和安全性。

四是促进证券业金融机构经营模式转型。我国证券业资本实力不断增强、业务规模不断扩张。截至2018年上半年，131家证券公司实现营业收入1266亿元，净资产达到1.86万亿元。但同时证券业的问题也不断凸显。证券公司经纪、投行、自营等传统业务占比较高，导致证券公司业绩波动幅度大、周期性强。随着经济增长速度放缓，证券公司原有的追求速度的粗放型经营模式难以为继。证券公司亟待向财富管理机构和全能型投行转型，金融科技的发展可以满足其业务重构需求。

五是更好满足监管要求，促进合规经营。例如在做好投资者适当性管理方面，金融科技可以实现在投资者颗粒化分析基础上形成的个人画像，对照适当性匹配的底线要求、特定市场产品或服务的准入要求，对投资者适合购买的产品或接受的服务作出判断，使客户的需求和券商的服务有效连接。

二、金融科技在国外证券业的主要应用模式及进展

在国外证券业，金融科技已经广泛运用于证券交易、投资、投资顾问等各类业务。其中，生物识别技术主要应用于远程开户和在线交

易的身份识别，大数据和人工智能应用于智能投顾和量化投资等领域，云计算应用于智能投顾、机构 IT 系统建设等方面，区块链在平台建设和交易等方面的应用也不断取得新进展。

（一）生物识别技术已得到广泛应用

生物识别技术出现时间早、成熟度高，在金融业主要应用于身份识别，从银行业最先开始应用，目前在证券业也已广泛应用到远程开户、在线交易等各项业务中。在人脸识别领域，英国 Atom 银行是全球首家应用这项技术来进行远程开户的金融机构。在虹膜识别领域，美国 Iriscan 公司研制出的系统很早就应用在德克萨斯州联合银行的营业部，通过扫描眼睛对用户身份进行识别。在静脉识别领域，早在 2000 年，日立就研制出可以应用于 ATM 机的手指静脉身份确认系统。生物识别市场规模增长很快。根据国际生物识别集团（IBG）的数据，2007~2015 年生物识别市场规模复合增长率为 20%，预计到 2020 年市场规模将突破 250 亿美元。目前全球生物识别市场中，北美市场规模占比最高，达到 33.5%；其次是亚太市场，占比为 23.8%。

（二）智能投顾市场发展迅速

智能投顾又称"机器人理财"，指根据投资者的风险承受水平、收益目标以及风格偏好等要求，通过算法和产品来完成以往人工提供的理财顾问服务。从 2008 年起，智能投顾陆续在美国、欧洲兴起，起初主要应用在一些资产管理公司中。伴随着大数据、云计算、人工智能等技术的成熟和突破，智能投顾平台数量和市场规模快速增长。除了智能投顾初创公司外，传统金融公司也不断通过并购、自行研发等方式涉足智能投顾领域。

美国是全球最大的智能投顾市场。据德国统计公司 Statista 统计，2017 年底美国智能投顾的资产管理规模就已突破 2000 亿美元，出现多家智能投顾领域巨头，其中资产管理规模排名前四的公司依次是先锋基金（Vanguard）、嘉信理财（Charles Schwab）、Betterment 和 Wealthfront。这四家公司的智能投顾产品在核心模式、资金门槛、投资标的、费用收取等方面各具特色。其中，先锋基金是美国第二大基金公司，旗下的智能投顾产品 Vanguard PAS，以 470 亿美元的资产管理规模排名智能投顾行业第一。其核心资管模式是"机器 + 人工"，由机器进行客户风险偏好的初步判断和大类资产配置，由人工进行风险偏好的详细判断、对机器决策进行纠偏。嘉信理财凭借着互联网的低费率优势快速成长，在美国个人金融和在线金融领域排名第一，旗下智能投顾产品 Schwab Intelligent Portfolios 管理的资产规模已超过 100 亿美元，全部运用机器进行资产配置。另外两家公司 Betterment 和 WealthFront 为纯智能投顾公司，目前管理资产都超过 50 亿美元，均采取线上引流模式，使用纯机器算法，具有简单便捷、资金门槛低、管理费低等特点。

（三）量化投资智能化趋势日益明显

量化投资是与科技结合最为紧密的证券业务领域之一。其开端可以追溯到 1971 年巴克莱资产管理公司发行的全球第一只被动量化基金。1995 年以来，受益于互联网技术的兴起，量化投资市场规模实现爆发式增长。根据美国证券交易委员会（SEC）的统计，目前在美国证券市场交易中通过量化模型下单和下达指令的比例超过 50%。

近年来伴随金融科技的兴起，量化投资对新技术的应用不断深入。量化投资的核心是数据和模型。传统的量化投资运用统计学和数学的手段构建策略，并通过计算机编程执行策略、发出买卖指令。大数据、云计算等技术革新提升了数据的挖掘和分析能力。人工智能具有传统编程不具备的优势，能够将非结构化的数据转化为标准数据、提供非线性的算法，运算速度和准确性也更高。

越来越多的公司开始尝试智能化的量化投资。早在 2007 年，Rebellion Research 就推出了第一款纯人工智能投资基金，目前该公司的人工智能技术已经可以研究 44 个国家近 20 年内的货币、债券、股票和大宗商品市场。2015 年，美国的人工智能初创公司 Sentient Technologies 获得 1.42 亿美元的融资，致力于人工智能量化系统的开发。2016 年 1 月，中国香港的 Aidyia 公司基于人工智能量化系统建立了一只对冲基金。系统自动对经济数据、财务信息、市场价格、成交量等各种数据进行处理和分析，自主做出判断和指令。2017 年 10 月，EquBot LLC、ETF Managers Groupl 合作推出全球首只应用人工智能、机器学习进行投资的 ETF——AI Powered Equity ETF，使用 EquBot 专利量化模型，在 IBM 的沃森智能计算平台上进行运算。

（四）区块链应用不断取得新进展

区块链技术在资本市场应用范围广泛，可以涵盖股票、债券、衍生品、回购证券、贷款、ABS、大宗商品等各类资产，覆盖证券的全生命周期包括证券发行登记、证券交易、清算结算、资产托管等。区块链技术具有去中介化、不可篡改性、时序性等特性。证券业金融机构运用区块链技术构建自身硬件系统，可以提高前台服务效率，简化后台业务流程，大幅提高经营效率、降低运营成本。在金融机构、交易所间建立起区块链平台，能够减少机构之前的通勤成本，使机构间的金融数据对比和整合变得简单，并实现交易的即时确认，极大地提高业务效率。区块链技术能够改变证券行业的基础系统和业务模式，驱动证券行业向弱中心化、强交互信任发展。

区块链技术在过去十年吸引了全球超过 10 亿美元的风险投资。除了金融科技初创公司之外，欧美主流金融机构也通过加入区块链联盟、与区块链公司合作、投资区块链初创企业、自主研发区块链技术等方式布局区块链。区块链在证券市场应用不断取得新的突破。根据穆迪投资者服务公司报告，美国大型零售商 Overstock 成立了世界首个以区块链技术为基础的私募及公募股权交易平台，发行了全球首个基于区块链技术的公司债券，发行规模达到 2500 万美元。美国纳斯达克证券交易所推出了全球首个基于区块链技术的中小企业股权交易平台——Linq，将每个交易者资产的现价、类型、持股数量、历史走势等信息记录在"交互式股权时间轴"上，每个投资者都可以实时查看相关信息、进行点对点的结算和交割，该平台已使用区块链技术成功完成并记录了第一笔私募证券交易。花旗银行携手纳斯达克证券交易所推行以区块链技术为基础的私募交易服务，可以改进 Linq 平台原先在技术上不能完成完整交易过程的问题。美国银行、花旗集团、瑞士信贷、摩根大通等七家公司组成的联盟，使用私有链智能合约，已完成一单北美单一卖方 CDS 的交易后管理。

三、我国证券业应用金融科技的进展和趋势

我国证券业金融机构积极拥抱金融科技的发展机遇，应用金融科技日益深入，在移动终端建设、大数据应用、智能投顾等领域都取得了明显成效。但总体上我国证券业金融科技的应用还处在初步阶段，且分布不均衡，证券公司和交易所应用较多，基金公司正在探索，期货公司应用较少。金融科技在证券业应用前景广阔，预计未来金融科技在我国证券业的渗透率将逐步提高，金融科技也将改变证券业的市场格局。

（一）主要应用进展

国内证券业金融机构中，证券公司投入最大、应用最多，以移动终端建设为发力点，并积极发展大数据应用，已经在远程开户、智能投顾等领域应用金融科技并进展迅速，同时探索智能化量化投资，研究区块链等新兴技术应用。

1. 着力建设移动终端

证券公司应用金融科技的主要载体之一是移动终端，因此普遍发力移动终端建设。证券公司采取多元化移动互联网布局模式，发展微信公众号、微博、网站、展业平台等多种模式，重点打造和升级 App 平台，并不断进行系统完善和升级，持续引流客户，提高客户活跃度。目前，证券公司互联网金融平台已覆盖手机、PC、iPad 等主流终端，移动端成为最主要的发展方向，越来越多的证券公司客户直接通过手机进行开户、交易、查行情、看资讯等操作。

表 4-2　国内部分证券公司移动终端建设情况

证券公司	移动终端建设情况
广发证券	截至 2017 年上半年,手机证券用户数超过 1200 万,微信平台的关注用户数超过 300 万;金钥匙系统服务客户超过 542 万;易淘金电商平台的金融产品销售和转让金额达 465 亿元
海通证券	完成了 e 海通财多版本的更新和上线,多维度优化界面设计、完善服务场景,新增智能舆情、融资融券账户分析等 10 项创新功能。截至 2017 年上半年,e 海通财用户数达到 1600 万,较去年同期增长 109%;积极研究与拓展数字化运营,创建了以"海博士"为主品牌的微信公众号系列专题
华泰证券	"涨乐财富通"移动终端开户数在总开户数中的占比在 2017 年二季度达到了 98.6%;2017 年 6 月的月活数达到 609.59 万
招商证券	加强移动互联的开发投入,通过智能手机证券 App+ 新一代智能网上交易,实现互联网金融的双轮驱动
长江证券	2016 年上半年,公司新增开户数 92.61 万户,新增开户数市场份额超过 10%,其中线上引流客户数量 26.6 万户;建立了完善的客户服务平台,通过长网、长江 e 号、财智版及微信公众号等为客户提供贴身服务;持续开拓线上渠道,围绕自有平台、各大安卓应用市场、苹果应用商店、搜索引擎等渠道进行开户引流
东北证券	通过与互联网企业合作实现客户规模持续增长;继续打造公司自有互联网品牌"融 e 通",不断优化完善品牌体系中的 App、微平台、Html5 理财商城等互联网移动终端的服务功能
方正证券	"小方"App 在极致交易体验、极速行情数据、大数据中心、智能客服体系、综合资产配置等多元化业务领域快速升级,打造智能财 O2O 智能客服体系新增业务办理、投资顾问、产品购买、投资者教育等多个沟通情景,全面提升客户的投资体验
国海证券	持续加快传统线下业务线上化,在开户、交易、产品购买、业务办理等各个阶段为客户缩短流程、简化操作、优化体验,公司整体业务线上化率达到 92%
东吴证券	完善线上业务办理功能和投顾功能、理财功能、社交功能,提升秀财 App 用户规模与用户黏性
国信证券	截至 2017 年 6 月底,公司手机证券交易量占比已达 38.52%;金太阳手机证券注册用户已超过 980 万,较上年末增长 3.3%;微信公众号关注用户数超过 98 万,较上年末增长 9.01%
国泰君安	扩展君弘 App 业务和产品功能覆盖,截至 2017 年 6 月底,手机终端用户突破 1650 万户
东方证券	完善移动端 App、网上营业厅和微信平台,打造 7×24 小时的综合金融服务平台;利用互联网运营手段,提高营销的精准性并提供个性化服务;截至 2017 年上半年,通过互联网及手机移动终端进行交易的客户数占公司股票及基金经纪客户数的 94%,线上开户数占同期全部开户数的 89%

资料来源:上市证券公司公告及媒体披露。

2.积极布局大数据应用

证券公司积极布局大数据应用，除了加强与互联网公司的合作以外，有些也在自主打造大数据中心，进行大数据挖掘、分析和应用。目前证券公司的大数据应用主要有三个方向：一是应用在内部的管理活动中，利用大数据技术建立经营策略、绩效 KPI 体系、薪酬、个人表现等管理系统，有效提升各级管理的运营效率；二是应用在运营中，运用大数据技术搭建算法交易平台，应用在交易、结算等领域，用来批量、高效地进行数据处理和指令发出，进而提升中后台的运营效率；三是与人工智能、区块链等技术相结合，推进零售、资管、研究等业务的高效化、数字化和智能化转型。

表 4-3 国内部分证券公司大数据布局情况

证券公司	大数据布局情况
广发证券	IT 建设：近三年吸纳了 160 多名科技金融研发人员，分布在上广深三个研发中心，大多具有 BAT 工作背景
海通证券	明确将数据治理、大数据平台建设纳入公司整体规划
华泰证券	基于海量的数据基础和大数据平台，敏锐捕捉市场和客户需求，持续提升大数据分析和应用能力
招商证券	利用大数据技术和新一代数据仓储技术，建立公司的数据湖，解决内部数据孤岛问题
东吴证券	成立数字支撑部门，建设大数据平台和数据仓库，积极构建数据管控、主数据管理、数据质量、数据集成、数据架构和数据安全六大关键能力，推进运营流程管理系统（BPM）建设
国泰君安	2014 年建成高等级、大容量、独立园区型的数据中心，2017 年实现 IT 全生命周期数字化管理

资料来源：上市证券公司公告及媒体披露。

3.远程开户普遍应用生物识别技术

生物识别中的指纹识别和人脸识别在我国证券业应用较多，主要集中在现场身份认证、远程开户和销户环节。目前，在远程开户方面，据《证券时报》不完全统计，2014年至2015年6月上旬有12家券商拿到"单向视频开户"资格，但之后没有新增审批。与"双向视频开户"相比，"单向视频开户"可以与人脸识别技术相结合，提供更便捷的远程体验。在远程销户方面，2018年9月，中证登发布《关于进一步规范证券账户销户业务的通知》规定，证券销户也可以远程办理，销户方案比照网上开户方案制定。其他一些业务应用暂时因合规性和技术性原因还只是内部试点，未来生物识别会渗透到交易等更多业务领域。

4. 智能投顾发展较快，但智能化程度不深

我国证券公司积极发展智能投顾业务，主要是将其融入自身 App，利用大数据深度分析每位客户的内在特征，对客户形成精准画像，为客户提供个性化的投资资讯、金融产品和投资顾问服务，在海量数据汇聚和智能算法的基础上持续提升智能化服务能力。

表4-4 国内部分证券公司现有智能投顾业务梳理

证券公司	智能投顾平台（公司）	内容
中信证券	信e投	推出股票大师智能基金，推出手势密码
广发证券	贝塔牛	业内首款智能投顾产品，包括短线智能、综合轮动、价值精选、灵活反转等四个策略，对接八大类海内外资产优质产品
国泰君安	君弘	上线数据解盘、筹码分布、指纹登录、策略交易、智能打新
海通证券	e海通财	推出智能舆情、智能选股、智能客服
华泰证券	涨乐财富通	上线相似K线，智能识别股票的K线形态；推出账户分析
华泰证券	AssetMark	美国资产管理软件生产商，已为超过7.5万投资顾问和投资者提供服务
长江证券	iVatarGo Ⅱ	汇总资讯，针对账户操作情况进行诊断；推出机器人"长江小智"，实时盯盘监控市场动态，撰写消息0.1秒触达客户

续表

证券公司	智能投顾平台（公司）	内容
中泰证券	中泰智投	主打账户诊断、个股诊断、因子选股和资产配置等多项功能，经过海量的数据清洗和算法校验
光大证券	智投魔方	智能理财、金融社区、智能资讯、大数据精准营销
华林证券	智能投顾机器人Andy	过语音识别和语义分析技术快速匹配客户提出的问题，一站式解决用户的选股、诊股、账户分析、客户服务等问题
东兴证券	东兴198	推出智能选股、智能投顾、智能热股和智能账单
东北证券	金牛智投	具有智能K线、智能测股和多维度选股三大功能
民生证券	民生财富汇AI投	为客户提供以场外基金为资产标的的组合配置服务
东方证券	东方赢家财富	上线市场强度、相似K线、历史回看、筹码分布等智能应用
华创证券	华创e智通	上线机器人投顾智能小e
方正证券	小方牛	提供智能投资顾问服务，面向客户附带提供的涉及证券的投资建议服务，以辅助客户做出投资决策
东吴证券	东吴秀财	融合自助开户、行情交易、业务办理、基金理财、投顾资讯、社交分享等功能

资料来源：证券公司公告及媒体披露。

证券公司智能投顾有三种类型。一是资讯类。根据当前热点和客户持股推送匹配的新闻、报告和相关信息，包括"智能资讯""金融社区""智能舆情"等功能。二是结果输出类。根据客户的风险偏好和投资目标提出大类资产配置、个股选择和策略组合等投资建议，包括"智能理财""资产配置""因子选股""量化策略"等功能。三是投资辅助类。基于技术分析和量化手段提供决策支持和帮助，包括"相似K线""盯盘助手""个股诊断""筹码分布""短线精灵"等功能。受技术、法律、市场等因素限制，我国证券公司提供的主要是半智能投顾，用户与传统投顾在事前有较多交流，机器人得出资产配置计划只能作为一种参考，经过人工决策后才能形成最终投资建议，智能化程度不深，未来仍需更多突破和创新。

5. 智能量化投资尚处在探索阶段

我国量化投资的发展大体可分为三个阶段。2010 年以前，量化基金主要用途是交易工具，以公募基金的指数型和类指数型产品为主，策略以高 Beta 为主；2011~2015 年，随着沪深 300 指数期货出现，对冲策略成为可能，量化基金主要用于资产配置，特点是风险低收益稳健；2016 年以后，由于股指期货在强监管下流动性大幅降低，量化基金以多空策略、股票多头策略为主，对冲品种从股指期货转向商品期货、国债期货等。近年来我国量化投资市场发展明显提速，但发展时间较短，与发达国家相比在规模、水平、市场环境等方面差距仍然较大，发展依然处于早期。截至 2018 年 6 月末，我国量化基金只有 1000 多亿元，不到公募基金总规模的 1%。而发达国家量化投资的市场占比达到 30%。传统的量化投资是以数学模型为基础，应用计算机程序等发出买卖指令的投资过程。智能量化投资与传统量化投资相比，最大的不同就是将人工智能技术应用到投资的过程中。随着新一代人工智能、大数据技术兴起，金融机构和一些互联网平台也在尝试应用新技术提供量化工具，但从行业整体看，智能量化投资仍处于探索阶段。

6. 区块链热度高，但整体上处于研究和初步应用阶段

我国区块链热度很高。从 2008 年至 2017 年，我国区块链技术领域累计专利申请数量全球第一。但从整体上看，区块链在我国证券市场的应用还处于研究和初步应用阶段。研究主要有两个方向：一是颠覆证券业的基础架构，例如各类去中心化的交易所；二是提升现有系

统的功能和效率。人民银行、深交所、上交所积极推进对区块链技术的研究和应用，未来有望在场外交易市场对区块链股权交易进行试点。行业自律组织和证券金融机构也在积极推动区块链的发展，如开展专题研究、成立区块链研究院和区块链联盟等。一些互联网巨头和金融科技初创企业加快区块链技术的落地。2017 年 8 月，使用区块链技术的"百度·长安新生·天风 2017 年第一期资产支持专项计划"获上交所批准。

（二）发展趋势

展望未来，金融科技在我国证券业的应用范围将不断拓展、应用深度不断提升，促进证券业服务降低成本、提升效率、扩大覆盖范围，在某些领域金融科技甚至可能会颠覆现有的证券业务模式。

1.金融科技在证券业的渗透率逐步提高

我国证券业金融科技的渗透率比银行、保险业相对较低，未来提升空间巨大。根据中国证券投资基金业协会统计数据，截至 2017 年底，我国基金管理公司及其子公司、证券公司、期货公司、私募基金管理机构资产管理业务总规模约 53.6 万亿元。若保守按照 20% 的金融科技渗透率计算，金融科技存在 10 万亿元以上的应用空间。随着资本市场深化改革，证券业与金融科技结合更加紧密，预计金融科技在证券业的渗透率将逐步提高。

2.技术层面的应用更加广泛和深入

一是生物识别技术应用拓展。未来随着技术水平的提升，错误率的降低，生物识别技术在证券领域的应用前景将更加广阔，在远程账户登录、在线交易、在线金融服务等多个领域大有可为，实现业务流程的全机器化，大幅提升业务效率和降低成本。

二是智能投顾发展将提速。中国证券投资基金业协会发布的《基金个人投资者投资情况调查问卷分析报告（2015年度）》显示，53%的基金个人投资者认为投资顾问提供建议即可，另外20%的投资者表示很需要投资顾问提供必要的资产配置服务。同时，我国居民对互联网理财接受度高，据艾媒咨询测算，到2017年底，中国互联网理财用户达3.84亿。另一方面，根据中国证券业协会和中国证券登记结算有限责任公司的数据，截至2017年三季度，持证投资顾问数量为37933人。投资顾问与投资者数量之比小于1∶3000，供需极不平衡。智能投顾具有一对多、边际成本可以忽略不计的优点，发展潜力巨大。未来证券公司智能投顾业务随着服务范围的扩大和技术水平的提升，发展将产生加速效应。

三是量化投资拓展到更多金融市场和业务领域。未来量化投资在证券市场的占比将继续提升；配置资产种类更加多样，从证券二级市场拓展到期货市场；应用领域更加广阔，从自营拓展到资管、经纪等更多领域；全球化、智能化和机构化进程持续深入。

四是区块链从研究到应用落地加快。从市场看，由于我国证券市场发展还不够成熟、场内市场存在海量复杂的交易、对风险容忍度较低，区块链的相关实践可以在场外市场现行先试。从业务看，参照国际经验，我国资本市场应用区块链可以选择从相对简单的清算和结算业务切入。

3. 金融科技将改变证券业格局

随着金融科技在证券业的渗透率提高，证券业的市场格局也将随之改变。一是金融科技改变证券业金融机构的竞争格局。金融科技将成为一些中小金融机构弯道超车的新机遇。积极应用金融科技的金融机构将相比同行在经纪、交易、资产管理等业务方面突破原有的人才、网点等物理层面的限制，以更低成本获取更高收益，实现经营业绩的更快增长。二是持牌证券业金融机构面临其他机构的竞争加大。在智能投顾、量化投资等领域，其他金融机构乃至非金融机构将借助金融科技手段克服人才、经验等方面的劣势，与持牌证券业金融机构展开更加激烈的竞争，改变证券业金融服务的市场格局。

四、证券业应用金融科技中存在的问题

我国证券业应用金融科技还处在初步阶段，但实践中在技术、机构、市场及法律和监管等层面已遇到不少问题。

（一）技术层面

证券业应用金融科技首先遇到技术成熟度和安全性不高的问题，技术本身需要进一步的改进。例如，生物识别技术在应用中存在漏洞，一些干扰因素影响识别结果的准确性，例如"指纹手指套"会使指纹识别技术失效、感冒后声音变化会导致声纹识别准确率降低、佩戴美瞳可能影响虹膜识别等。生物识别抗干扰能力提升、准确度增加有赖于技术的进步。

（二）机构层面

　　证券业金融机构内控制度不完备、风险控制能力不足、金融科技投入不够等因素制约了金融科技在证券业的应用。例如，证券公司的智能投顾在创新方面有较大局限性，大多数证券公司不是自主研发，而是依靠代工。其核心系统来自同样的几家供应商，这造成产品同质化较强，而这些供应商也存在着算法不够成熟、学习时间短等问题。我国证券市场发展量化投资首先面临数据问题。与海外动辄四五十年的数据积累相比，我国股市仅有不到三十年的历史，证券市场和证券金融机构变化很大，证券金融机构掌握的有用数据不足，而数据是量化模型成败的重要影响因素。

（三）市场层面

　　市场不成熟制约了证券业金融科技在我国的更快发展。以智能投顾为例，其针对的长尾用户主要是散户投资理念不够成熟，投机性较强，风险承受能力较弱，更青睐自身进行操作，这与国外市场以机构投资者为主、普通投资者习惯于委托理财的情况差别很大。同时，资产端的不完备阻碍了智能投顾的发展。与海外市场相比，我国金融投资品种不够丰富，尤其是在 ETF 种类方面，难以通过全球化和多样化的资产配置实现风险分散。就量化投资而言，我国股市波动性大、政策影响大、散户占比较高、期货期权市场不完善等因素，都制约了我国量化投资市场的发展。

（四）法律和监管层面

金融科技发展较快而法律和监管相对滞后是金融科技在我国各金融领域应用的普遍问题。例如，虽然四部委《关于规范金融机构资产管理业务的指导意见》对金融机构开展智能投顾业务做出了较为详细的规定，要求"金融机构运用人工智能技术、采用机器人投资顾问开展资产管理业务应当经金融监督管理部门许可，取得相应的投资顾问资质，充分披露信息，报备智能投顾模型的主要参数以及资产配置的主要逻辑"，但在细节上并没有制定明确的标准，智能投顾的法律监管和行业定位也尚需明确。目前市场上智能投顾的智能化水平仍然较低，模型的有效性亦有待完善。

又如，区块链技术应用中存在安全风险大、维护成本较高、责任认定困难等问题。现有的证券市场法律框架是以中心化为基础建立的，监管机构、交易所、中介机构共同承担自身职责，维护市场的平稳有序运行。而区块链的去中心化的技术使交易对手方点对点进行接触，传统中介机构的职能被弱化甚至替代，"代码即法律"的设计大大缩减监管层的监管空间。在这种情况下，可能会出现"中介机构如何落实勤勉尽责、监管者如何履行监管职责、投资者面临风险时相关各方责任如何认定"等问题，这需要完善相关的法律和监管制度。

此外，机构、市场和监管层面的不足可能同时暴露。2013 年光大证券"乌龙指"事件表明，证券公司的内控制度尤其是授权管理制度存在缺陷，交易所的股票市场预警和异常交易处置制度有待完善，监管对高频交易的监管存在漏洞和不足。

（五）信息和数据安全

在金融科技的发展和应用中，信息和数据安全问题日益突出。在生物识别、大数据、区块链等技术的应用中，都会用到大量客户数据。采集的信息在传输、存储过程中也存在数据安全风险。一些黑客可能通过非法途径获得客户信息，并利用窃取的信息进入客户账户。例如，2017年美国信贷机构Equifax被黑客入侵，1.43亿用户个人信息泄露。由于金融科技发展快、更新快，我国对金融科技应用中的技术安全、信息和个人隐私保护等方面的法律法规和监管制度尚不完善，监管能力也有待进一步提高。

五、政策建议

金融科技为我国证券业转型发展带来了新的机遇，但也伴随出现了一些新的风险因素。建议监管层面对金融科技发展持开放态度并积极引导、趋利避害，加强和改进证券业金融监管、发展证券业监管科技、有效管控风险，支持证券业金融机构通过自主开发、与金融科技公司合作等方式更好的应用金融科技，不断提升证券业服务实体经济和化解金融风险的能力。

（一）构建统一的金融科技监管框架

近年来，我国逐步加强了金融监管的协调和统一。金融科技是新兴事物，在金融业各领域的应用处在分散尝试、多点开花阶段，监管存在滞后和不协调的情况。建议由国务院金融稳定发展委员会统筹，以人民银行已成立的金融科技委员会为基础，与银保监会、证监会及其他部委紧密协调，构建统一的金融科技监管框架。将金融科技发展定位于推动金融业的发展转型和风险防控。对金融活动落实全面监管，统一监管标准，避免监管套利。对金融业务实施穿透式监管，防止风险交叉传染。转变监管模式，关注业务本质，加强功能监管和行为监管。明确金融科技范围内各类新型业务的监管主体，推动各监管部门针对不同细分业务进行立法，尽快明确其经营规范。

（二）出台证券业金融科技指导意见

尽管证券业应用金融科技还处在初步阶段，但证券市场具有波动性强、风险传染快、风险防控难度大等特点，因此有必要积极发展证券业监管科技，并更早落实具体监管措施。2018 年 8 月，证监会正式印发《中国证监会监管科技总体建设方案》，标志着证监会完成了监管科技建设工作的顶层设计，并进入全面实施阶段。建议证监会尽快出台行业金融科技和合规科技的指导意见，在动态监管方面制定金融科技应用的正面清单和负面清单。

（三）针对业务风险点加强监管，完善配套制度

证券业监管应关注金融科技所涉及各业务的风险点，做到有的放矢。如在智能投顾方面，风险主要在于投资建议适当性、投资者适当性、智能投顾的算法和交易风险等。目前有些智能投顾平台采取较为激进的营销策略，极易将并非适当的产品销售给客户。监管层面可以

推出投资建议规范，加强投资者教育，必要时设置合格投资者制度，并对智能投顾平台的交易算法进行监管备案。

（四）加强证券业金融机构与科技公司和国外同行的交流合作

支持证券业金融机构通过自主开发、与金融科技公司合作等方式更好的应用金融科技。允许证券业金融机构在监管到位、风险可控的前提下，在自愿基础上和金融科技公司合作开发信息资源和技术系统及共享平台，以大幅降低开发和试错成本，推动经营方式、管理水平和风控能力的提升。此外，加强国内证券业金融机构与国外同行如高盛公司、桥水基金等在金融科技应用方面的交流合作，提升自身金融科技发展水平，更好应对市场开放的挑战。

执笔人：王　洋　张译从

参考文献

［1］艾瑞咨询.2017年中国人工智能行业白皮书.2017.12［2018-08-01］.http:∥www.iresearch.com.cn.

［2］鲸准研究院.中国智能客服行业研究报告，2018（05）.

［3］姜洋.推动金融科技创新助力资本市场发展.证监会官网，2017.12.04.

［4］京东研究院.2017金融科技—行业发展与法律前沿.http://research.jd.com，2017.06.

［5］刘奎宁.加强金融监管能力建设 应对金融科技创新挑战.武汉金融，2018（07）.

［6］李志敏.我国P2P网贷平台监管问题及对策.现代营销（经营版），2018（06）：119.

［7］李文红，蒋则沈.金融科技"FinTech"发展与监管——一个监管者的视角.金

融监管研究，2017（03）：1-13.

［8］刘铁斌.金融科技面临的挑战及发展战略.2018 智能金融发展论坛，2018.5.28.

［9］王仁祥，付腾腾. 中国金融创新与科技创新的耦合模式研究——基于“监管沙盒”思想. 金融理论与实践，2018（08）：28-32.

［10］王新华，方晓月，乔良.生物识别及其在金融领域的应用.银行家，2017（11）：138-140.

［11］王毅.智能投顾在证券经纪业务中的应用探析.金融建模，2018（05）：88-92.

［12］徐海涛. 浅析对虚拟货币实施金融科技监管的对策及建议. 网络安全技术与应用，2018（07）：94-95.

［13］徐宝成.智能投顾 美国先行.金融博览（财富），2017（08）：52-55.

［14］赵文昌.科技金融.北京：科学出版社，2009.

［15］朱太辉，陈璐.Fintech 的潜在风险与监管应对研究.金融监管研究，2016（07）：22-36.

［16］周松青，袁胜育.美国生物识别对中国的启示.情报杂志，2017（12）：52-57.

［17］中国信息通信研究院.中国金融科技前沿技术发展趋势及应用场景研究报告，2018.01.

［18］Glodman Sachs. Blockchain: Putting Theory into Practice. 2016.05.24.

［19］JP Morgan Cazenove. Blockchain: A Revolutionary Technology Too Important to Ignore. Europe Equity Research,2016.05.

［20］Satoshi Nakamoto. Bitcoin: A Peer-to-Peer Electronic Cash System. http: // bitcoin.org/bitcoin.pdf,2018.08.27.

第五章

中国监管科技体系研究

当前，我国正处于防控金融风险的重要时期，金融稳定发展改革面临更多、更新、更高的要求。一方面，金融监管机构面临监管任务繁重、监管体制不合理导致的监管缺失、监管技术发展滞后的压力；另一方面，金融机构为了适应强监管要求，也需要为合规付出更多成本。与此同时，随着关键技术的突破，科技行业拉开了与金融行业深层次融合的序幕，在扩大金融服务边界、提高金融交易效率、降低金融交易成本、减少金融交易信息不对称性的同时，也为改进监管手段、降低合规成本带来了新的机遇。在这一大背景下，监管科技（RegTech）作为科技与金融监管全方位融合的产物，已经开始在世界范围内引起金融监管机构和金融机构的广泛关注。

一、监管科技的发展与概念界定

（一）监管科技兴起的背景

首先，金融监管滞后于金融创新，金融监管机构压力日趋增加。

2008 年的金融危机之后，以大数据、云计算、人工智能、区块链等为代表的金融科技逐渐成为各大机构的发展重点。但对新技术本身的架构、优势、局限性以及和金融业务的结合点，监管部门都不完全了解。不仅如此，将新技术应用于金融领域，模糊了原本的金融业务边界，使得监管范围变大，这都使得监管难度陡然上升。此外，金融危机后全球金融环境动荡，监管部门更加关注监管合规，同时也更依赖和严格遵守繁复、冗长的监管法规和监管流程，希望在汇总和分析各类数据报告中提高监管的颗粒度、精度和频度，这在很大程度上给监管部门自身造成了繁重的监管压力，也大大增加了监管成本。监管科技的兴起对监管部门而言无疑是一道曙光，不仅能够进一步提升自身的监管能力，也能够使自身从繁复的监管中脱离出来。监管机构运用监管科技，一方面能够降低监管中的信息不对称，更好地观察金融机构的合规情况，及时了解金融产品创新、复杂交易、市场操纵行为、内部欺诈和风险等；另一方面，云计算、人工智能等新技术的运用能够提升自身的监管效率和监管能力，更好地防范系统性金融风险。

其次，金融监管逐步收紧，金融机构遵守监管法令的成本增加。2008 年全球金融危机之后，世界各国金融监管逐步收紧，直接导致金融机构遵守监管法令的成本增加。各国金融机构为了适应新的监管要求，符合反洗钱等监管政策、遵守相关监管制度，避免由不满足监管合规要求而带来的巨额罚款，纷纷加大了人力资源和资金投入。监管科技的开发与应用可以提高金融机构的合规效率。随着人工智能（Artificial Intelligence）与机器学习（Machine Learing）在应用层面取得长足进步，相关技术已经可以在提升决策水平、降低成本以及解决合规问题等领域，向金融机构提供优化解决方案。人工智能可以在很大程度上替代人工，帮助银行开展对反洗钱或员工不当行为的检测。

监管科技已在数据聚合、风险建模、情景分析、身份验证和实时监控等多个领域实现了应用。专业的监管科技公司通过对海量的公开和私有数据进行过自动化分析，帮助金融机构核查其是否符合反洗钱等监管政策，利用云计算、大数据等新兴数字技术帮助金融机构遵守相关监管制度，避免由不满足监管合规要求而带来的巨额罚款。

再次，传统技术难以满足信息时代下金融监管的新要求。在20世纪90年代，伴随着计算机技术的发展，监管部门运用计算机技术构建量化风险管理体系进行监管，并取得了良好的效果。但随着各国金融业的快速发展，各监管部门的监管范围和规模空前扩大，监管遇到越来越多的挑战，如现有的风险信息技术系统缺乏一致性和灵活性、系统维护成本高、难以应对实时性及临时要求、难以保证风险数据的质量及进行有效管理、获取风险信息的渠道有限等，种种问题都表明传统技术已经难以满足当前的监管要求。

最后，新兴科技为发展监管科技提供了技术支持。以大数据、云计算、人工智能、区块链技术为代表的新兴科技的开发与应用，有助于丰富监管手段和方法，为发展监管科技提供技术支持。在大数据技术应用方面，传统金融机构在长期开展业务过程中积累了海量的业务数据和金融消费者信息，但这些数据和信息却没有被充分用于产品创新、业务优化和风险管理等方面，而监管科技公司能够利用大数据分析技术，充分挖掘这些数据的潜在价值，为金融监管机构开展监管与金融机构实现合规服务。在云计算技术应用方面，金融监管机构会根据经济金融环境变化相应地调整和完善监管规则，并对金融机构提出新的监管合规要求，而云计算具备应对监管变化的灵活性，通过使用易于更新升级的技术，提供低成本的应用程序和应对新监管要求的有效模型，使金融机构能够满足长期的监管合规性要求。在人工智能应用方面，随着金融交易的更加复杂和数据量的更加庞大，人工智能和机器学习对于金融机构和监管机构所发挥的作用将越来越大，通过人工智能和机器学习，监管科技能够对数据进行更深度地分析，更好地实现情景模拟、分析和预测。

（二）监管科技的概念界定

随着以大数据、云计算、人工智能、区块链技术为代表的新兴信息科技的迅猛发展，科技已经开始向社会生产、公众生活的各个领域渗透。当科技（Technology）与金融监管（Financial Regulation）深度融合时，监管科技开始逐渐进入金融监管机构和金融机构的视野。英国金融行为监管局（Financial Conduct Authority, FCA）最早提出了监管科技的概念，并将监管科技描述为"运用新技术，促进达成监管要求"，即金融机构利用新技术来更有效地解决监管合规问题，减少不断上升的合规费。国际金融协会（IIF）认为监管科技是更加有效和高效地解决监管与合规要求而使用的新技术。国际上的定义主要从金融机构角度看待监管科技。我国政府重视监管科技的应用，并从更宽广的视野和更高的站位定义了监管科技，将其和防控金融风险有机结合起来，中国人民银行金融科技委员会提出"要强化监管科技（RegTech），积极利用大数据、人工智能、云计算等技术丰富金融监管手段，提升跨行业、跨市场交叉性金融风险的甄别、防范和化解能力"。

从上述对监管科技的概念界定可以看出，监管科技这一概念最早是指金融机构运用新技术满足合规要求，此时监管科技用 RegTech 来表述较为恰当。随着监管科技的不断发展和应用的日益广泛，特别是金融监管机构重视程度的加深，监管科技中监管的色彩愈发浓重，此时监管科技中不仅包含了 RegTech，同样也包含了 SurperTech，即关注合规也强调监管。

鉴于此，我们认为监管科技是基于大数据、云计算、人工智能、区块链等技术为代表的新兴科技，主要用于维护金融体系的安全稳定、实现金融机构的稳健经营以及保护金融消费者权利。从应用主体来分析，监管科技包含两个"合规"和"监管"两个方面，正确理解监管需求与合规需求的关系主要涉及金融监管机构和金融机构之间的平衡问题。

从监管科技的缘起来分析。监管科技最初是在发达国家出现的，主要是金融机构通过技术应用来解决自身的合规需求，以降低合规成本。随着监管科技的发展和金融监管体制改革呼声的日益高涨，监管科技愈来愈受到金融监管机构的重视，并逐步在金融监管实现应用，一定程度上减轻了金融监管压力，提高了金融监管有效性。

从需求角度分析。随着全球金融监管日益趋严，发展监管科技的诉求较为强烈，因此，监管科技在以美国为首的发达经济体中发展尤为迅速，体系较为完善。过去我国金融监管机构对待金融创新采取过于包容的态度，金融机构的违规成本很低，因此金融机构研发和应用监管科技的动力明显不足。近期随着中央高度重视防控金融风险工作，金融监管机构加大处罚的力度，金融监管体制改革加强对金融监管机构的目标导向和问责机制后，金融监管机构处罚的力度可能会加大，金融机构违规成本上升，会催生应用监管科技的动力。

从技术上发展的角度分析。一方面，金融机构可以充分利用资本市场来募集资金构建先进的满足合规需求的监管科技系统，而金融监管机构在构建满足监管需求的监管科技系统时则会面临制度、技术以及资金等多方面的约束，某种意义上还可能有构劣势；另一方面，面对金融机构的不断膨胀和金融业务的加速创新，金融监管机构的监管成本也将不断上升。过去金融监管机构的成本主要是人工成本，金融监管和金融创新之间的平衡体现在人力资源的竞争上。监管科技的发展使得人力资源的竞争演变为技术的竞争，技术竞争所需要的资金和人力资源竞争所需要的资金不是一个数量级。上述两方面因素的叠加将导致监管需求的监管科技与合规需求的监管科技之间出现相对失衡。如果金融监管机构的监管技术不足以实现对金融机构的日常监管，金融行业一旦发生并暴露大面积的违规业务，最终将倒逼金融监管机构集中力量进行清理和整顿，不仅增加了监管负担，也会导致金融行业发展的倒退，阻碍整个金融行业的持续健康发展。

（三）发展监管科技需要处理好几个关系

1. 发展监管科技和加强金融监管的关系

当前和今后一个时期我国金融领域尚处在风险易发高发期，在国内外多重因素下，风险点多面广，呈现隐蔽性、复杂性、突发性、传染性、危害性特点，结构失衡问题突出，违法违规乱象丛生，潜在风险和隐患正在积累，脆弱性明显上升，既要防止"黑天鹅"事件发生，也要防止"灰犀牛"风险发生。金融风险隐患的积累和基于机构监管理念的金融监管体制是有密切联系的，"铁路警察，各管一段"的监管模式针对同一类金融产品或业务在不同市场、不同区域、线上线下的监管标准不一致，不仅给机构监管套利预留了空间，也为大量非金融企业非法从事金融业务留下了空隙，为此需要推进金融监管体制改革。

全国第五次金融工作会议明确要求坚持从国情出发推进金融监管体制改革，增强金融监管协调的权威性和有效性，强化金融监管的专业性、统一性、穿透性。党的十九大提出"健全金融监管体系，守住不发生系统性金融风险的底线"。2017年中央经济工作会议强调"做好重点领域风险防范和处置，坚决打击违法违规金融活动，加强薄弱环节监管制度建设"。

推进金融监管体制改革是从制度上防范金融风险，但基于金融创新使得金融产品、金融业务之间的边界模糊化，跨市场、跨业态、跨区域的影子银行和违法犯罪风险增加，这些和监管能力不足也有直接关系。因此，要打好防控重大风险攻坚战，既要推进金融监管体制改革，转变监管理念，改革监管制度，也要推动金融监管技术的创新。而发展监管科技，以科技改善金融监管，以科技应对金融创新，以科技防范金融风险，正是当前金融监管技术创新领域聚焦的关键。在着力推动监管科技发展以防控金融风险的同时，也看到监管科技也有局限性，不能完全解决监管者的约束机制问题，还需要金融监管体制改革的推进。

2. 监管科技和金融科技的关系

与监管科技的产生与发展相类似，当科技（Technology）与金融业（Finance Industry）深度融合时，金融科技（FinTech）应运而生。金融稳定理事会（Financial Stability Board, FSB）将金融科技定义为"技术带来的金融创新，它能创造新的模式、业务、流程与产品，从而对金融市场提供的服务和模式造成重大的影响，既可以包括前端产业也包含后台技术"。由此可见，金融科技的本质就是利用新兴信息科技改造和创新金融产品和服务，是从技术研发与应用的角度对金融业进行全方位的优化、升级和重塑。

从本质上分析，监管科技和金融科技之间并不具有直接关系，两者分别是科技与金融监管、科技与金融相互融合的产物。监管科技是用于监管整个金融行业的，包括传统金融和金融科技，而非局限于监管金融科技行业；金融科技行业的异军突起，科技在金融领域的有效运用以及金融科技本身暴露出的风险，让金融监管机构和金融机构意识到了科技的重要驱动作用，从而加速了监管科技的产生和发展。

3. 中国监管科技各参与主体的关系

尽管学界和业界尚未对监管科技形成一致性的定义，但其涉及主体大致包括金融监管机构、金融机构和金融科技公司。

表 5-1 监管科技的不同主体及解决的主要问题

参与主体	解决的主要问题
金融监管机构	一是维护金融体系的安全稳定、实现金融机构的稳健经营以及保护金融消费者权利；二是根据经济金融环境变化，适时地调整和完善相应的监管规则，不断提高监管水平和效率
金融机构	一是满足新规定。包括理解新规、拟定适应新规的战略与实施计划；二是持续合规。金融机构在为新规定做好准备的同时，依然要遵守现有规定。有必要持续进行某些活动以实现合规，这些活动包括报告、审计、管理要求等，这些活动必须具有持续性。与此同时，必须考虑新规定与现有规定的改变，如何建立新合规流程
金融科技公司	运用监管科技更好地整合监管要求与机构需求，向金融监管机构和金融机构提供优质服务

三类主体有不同的定位，金融科技公司利用新技术包括机器学习、人工智能、分布式账本、生物识别技术、数字加密以及云计算，为金融机构和金融监管机构提供技术支撑；金融机构应用新技术来降低合规成本，适应监管；金融监管机构利用这些新技术应对监管压力和挑

战，提升监管水平和效率。与金融监管机构相比，金融机构在监管科技的研发和应用方面具有更强的灵活性，制度约束更小、转化成本更低。当金融机构大范围、长时间利用监管科技创新金融产品与服务、优化金融业务流程时，一方面催生了提供专业服务的监管科技公司，另一方面，可能使金融监管机构在监管科技研发与应用方面处在被动地位，进一步加剧金融监管滞后于金融创新的现象。

4. 国外监管科技与中国监管科技的关系

国外监管科技和中国监管科技之间既有差异也有趋同。从差异来看，首先是发展监管科技的必要性区别。国外发展监管科技主要用于监管金融业，防范金融行业风险。从我国实际情况来看，鉴于金融行业发展速度快，金融市场大，跨行业、跨市场交叉性强，造成金融监管人力成本高，故发展监管科技主要用于加强金融风险的甄别、防范和化解能力，提升金融监管整体水平。

其次是发展监管科技的推动力区别。出于合法合规经营的需要，国外的监管科技首先起源于金融机构，是其根据监管部门发布的监管规则制定的、用于自律的技术。由于过去我国金融监管的包容性，金融机构和金融科技公司缺乏研究和开发监管科技的动力，因此我国监管机构对监管科技的发展比较关注，监管机构的推动较强。

最后是监管科技应用的区别。国外监管科技的应用主要侧重于监管合规、身份验证、网络安全、预防欺诈、风险管理等领域；而我国则是更关注监管科技在维护金融体系的安全稳定，防范系统性金融风险领域的应用。

从趋同来看，随着我国金融监管力度的加强，金融机构和金融科技公司的合规需求开始上升，发展监管科技的动力增强；与此同时，中国央行提出以监管科技提高监管机构能力的观念逐渐得到全球监管机构的认同，其他国家监管机构也开始积极探索利用新科技丰富金融监管手段。因此中外发展监管科技的方向也有趋同的走势。

（四）中国发展监管科技面临的挑战

1.路径挑战——中国如何选择监管科技发展路径

如何选择监管科技的发展路径成为中国发展监管科技必须首先解决的关键议题。

一方面，金融监管机构独立开发监管科技存在的困难。一是体制机制问题。比如科技立项、项目管理与信息化总体规划结合度问题，根据需求变化快速迭代的建设体系和完善的质量保障体系问题等。二是资金保障问题。金融监管机构监管科技研发与应用面临资金投入总体不足的问题，直接影响了监管科技研发与应用工作的整体质量以及服务性能，制约了基础设施和系统更新换代的频率，降低了运维和应急处理的服务等级。三是人员保障问题。金融监管机构监管科技研发与应用队伍整体数量差距巨大，人才结构不尽合理，缺乏掌握分布式、大数据等现代技术的人才，高级技术人才、综合性管理人才数量不足，且流失风险大。

另一方面，金融机构独立开发监管科技存在的风险。如果仅由金融机构独立开发监管科技，也会存在风险。一是监管套利风险。当金融机构深入应用监管科技，将机器学习和人工智能技术融入日常合规管理中，不仅能满足新的监管要求并规避因不满足合规要求带来的罚款，同时也存在监管套利的风险，即寻找现有金融监管体系的制度和技术漏洞，从而降低金融监管的有效性甚至脱离金融监管。二是可能导致更严重的信息不对称。当金融机构大范围应用监管科技，通过大数据、云计算技术搜集与处理数据和信息、开展风险管理工作，金融监管机构很难掌握这些技术的核心算法和规则，将加剧金融监管机构与金融机构之间的信息不对称，金融监管机构对金融风险的识别与应对将变得更加迟缓，不利于金融稳定。

2. 目标挑战——发展监管科技到底为谁服务

如前所述，从应用主体来分析，监管科技包含两个"合规"和"监管"两个方面，即金融监管机构、金融机构都需要发展监管科技满足自身需求。在监管科技发展过程中，明确好"监管科技到底为谁服务？"显得至关重要。

我们认为，发展监管科技应当同时为金融机构和金融监管机构服务。监管科技的研发和应用必须处理好服务金融机构和服务金融监管机构的关系。监管科技的发展初衷是向金融机构提供满足合规要求的技术解决方案。但随着监管科技的发展和落地，监管科技有可能沦为部分金融机构规避监管甚至监管套利的工具，进而降低监管有效性，导致监管成本大幅上升，既不利于金融稳定，也不利于建立有序、公平的竞争环境，最终将影响金融业的持续健康发展，损害所有金融机构的长远利益。因此，监管的有效性与金融机构的长远利益是一致的，监管科技的研发和应用有必要在金融机构和金融监管机构之间形成一个良性互动机制。

3. 成本挑战——高企的监管科技研发与应用成本应由谁来承担

监管科技的研发和应用有较高的外部性，这种外部性在很大程度上体现为科技快速发展所增加的监管成本，而纳税人不一定要为这部分监管成本全部买单。在这种情况下，实现监管成本内部化可视为一个可行的选择。金融行业有必要分担一部分金融监管机构发展监管科技的成本，将此视作维护公平竞争环境的必要支出，从而实现金融监管成本的适度内部化，以此来维护金融机构和金融监管机构之间的平衡，这有利于提升监管能力，增强监管的有效性，从而促进整个金融行业健康可持续发展。

4. 规则与标准挑战——无序发展，有序发展

从目前发展来看，监管科技发展尚缺乏统一的规则和标准，各行业、各部门、各地区各自为政发展监管科技，这种野蛮生长状态不利于监管科技防范系统性金融风险、构建金融新生态作用的发挥。

5. 数据挑战——数据垄断与数据孤岛

一方面，金融科技巨头可能产生数据垄断。一些金融科技巨头凭借其在互联网领域的固有优势，掌握了大量数据，客观上可能会产生数据寡头的现象，可能会带来数据垄断。一些机构掌握了核心的信用数据资源，有的机构掌握电商交易数据和金融数据，有的机构掌握集团的传统金融机构和互联网金融平台的金融数据，有的机构则依托大股东掌握大量线下交易数据，还通过合作的方式掌握了合作企业的数据。由于缺乏分享的激励机制，导致与征信的共享理念存在冲突。

另一方面，存在数据孤岛现象，数据融合困难。金融监管机构和金融机构都面临数据孤岛难题。大数据时代，数据已经成为核心资源，金融机构出于保护商业机密或者节约数据整理成本的考虑而不愿意共享自身数据，金融监管机构也缺乏数据公开的动力。数据孤岛现象的

存在，将导致大数据信用评估模型采用的数据维度和算法的不同，大数据征信模型的公信力和可比性容易遭到质疑。

二、中国监管科技体系的构建研究

（一）中国构建监管科技体系的主要任务

为贯彻落实十九大关于"健全金融监管体系，守住不发生系统性金融风险的底线"的要求，加强"监管科技"建设具有重大现实意义，推动监管科技应用是今后监管信息化工作的主要任务。目前，我国已具备开展监管科技建设工作的基础和条件。第一，监管信息化建设已见成效，中央监管信息平台为监管科技提供了数据基础，并且多家单位也已开展大数据、机器学习的探索和前瞻性研究。第二，大数据、云计算等技术的不断成熟和落地为监管科技提供了技术基础，各类人工智能算法的成功应用为监管科技提供了先进样例。因此，开展监管科技建设是一项需求迫切、技术可行、亟待开展的重要工作。

我国构建监管科技体系的主要任务应包括以下几个方面。

1. 提高宏观审慎监管能力，防范系统性金融风险

金融科技是一把双刃剑，人工智能等新技术应用到金融领域，会使得风险传导路径更为复杂，资金流动变得更为频繁，违法违规行为也更加隐蔽，给市场的稳定运行带来负面影响。这需要监管层更加理性、有效运用科技手段，往前更走一步，提早形成预判与应对，提高

对新型市场操作行为的识别与监控，维护金融市场的稳定运行，强化系统性金融风险的防范能力，更好地服务实体经济。

2.推动微观审慎监管，促进市场主体健康有序发展

进行监管科技建设工作，能够提升我国监管部门的审慎监管水平，使规则制定更科学、评价体系更客观。尤其是运用大数据、人工智能等先进技术，能够对异常交易、内幕交易、市场操纵、披露信息造假等行为进行及时有效的发现和分析，对各类市场主体进行更高效的监管，促进各类市场主体健康有序发展。

3.丰富监管科技手段，有效保护金融消费者合法权益

利用科技手段进行监管，一方面可以提高风险警示的有效性，相较传统手段，可以更快速、全面的提供资本市场动态报告，及时发现市场异动等问题。另一方面，通过新技术应用，可以不断丰富监管措施，提高监管能力，增强监管实效，利用跨市场监控信息的共享，打击非法证券机构、惩处违法违规行为，切实保护中小投资者合法权益。

4.提升监管工作效率，为金融监管部门提供科学决策支持

通过现代信息技术与监管的结合，一方面可以有效提升监管、监察能力和业务服务能力。同时，也可以利用新技术来优化和改造现有监察、监管的业务与流程，促进金融监管理念和监管方式的变革，推动技术与业务的深度融合，进一步强化稽查执法能力，在事前、事中、事后全方位提升监管效率，为监管部门提供更为全面、科学、客观的决策支持。

我国的监管科技建设应当遵从"科技引领、需求驱动；共建共享、

多方协同；统筹规划、持续推进；提升能力、创新机制"的总体原则，建成资本市场金融监管科技化、智能化的综合服务平台。

科技引领、需求驱动是指利用先进的科技手段引领监管工作，促进监管模式的创新，充分分析和把握各部门、各单位实际的需求和痛点，实现监管科技建设的有的放矢。共建共享、多方协同是指在实施模式上联合各部门、各单位共同建设大数据平台；在监管科技工作中，各方协同工作，相互支持，共同应用大数据平台解决监管中的实际问题。统筹规划、持续推进是指在管理方式上应在国务院金融稳定发展委员会的统一领导和组织下，由中国人民银行金融科技委员会牵头，规划和建设监管科技体系各方面的工作；根据业务需要，分阶段、分层次，持续推动整个平台的建设与应用服务工作。提升能力、创新机制是指通过建设大数据平台和多元化分析中心，形成一套新的监管科技体制、机制和能力，促进金融监管模式的创新，提高金融服务实体经济的效率，实现资本市场金融风险监管全覆盖。

监管科技工作全面遵从以上总体建设原则，在一个整体布局的规划下进一步实现各类数据资源的整合，更好地服务于各项日常监管工作，全面提高金融监管的智能化水平，促进金融监管理念和监管方式的变革。同时，平台的建设还应兼顾安全性和可扩展性，使信息数据的采集和使用、新技术的运用在安全的技术体系下实现，并充分考虑资本市场业务快速发展的需要。

我国监管科技建设应立足于我国金融市场的实际情况，在加强电子化、网络化监管的基础上，通过大数据、云计算、人工智能等科技手段，为监管部门提供全面、精准的数据和分析服务，进一步满足金融监管的相关需求，着力实现以下三个目标：

首先，完善各类基础设施及中央监管信息平台建设，实现业务流程的互联互通和数据的全面共享，形成对监管工作全面的、全流程的支持。其次，积极应用大数据、云计算等科技手段进行实时数据采集、实时数据计算、实时数据分析，实现对市场运行状态的实时监测，强化市场风险的监测和异常交易行为的识别能力，及早发现、及时处置各类证券期货违法违规行为。最后，探索运用人工智能技术，包括机器学习算法、深度学习算法、数据挖掘等手段为金融监管提供智能化应用和服务，优化事前审核、事中监测、事后稽查处罚等各类监管工作模式，提高金融监管主动发现问题能力和智能化水平，促进金融监管模式创新。

（二）中国构建监管科技体系的总体框架

我国监管科技体系的核心是建设一个运转高效的监管大数据平台，综合运用电子预警、统计分析、数据挖掘等数据分析技术，进行实时监控和历史分析调查，辅助监管人员对市场主体进行全景式分析、实时对市场总体情况进行监控监测，及时发现涉嫌内幕交易、市场操纵等违法违规行为，履行监管职责，维护市场交易秩序。

我国监管科技体系建设的总体框架应当是：

1. 建设逻辑上融合的监管大数据平台

监管大数据平台是监管科技体系的核心部分，平台将承载来自不同监管系统内部的交易、披露、监管数据和外部的各类数据资源，在逻辑上集成统一，为上层的各类数据分析和应用提供基础性数据支撑。监管大数据平台可利用虚拟化或容器技术，实现对计算资源、内存资源、存储资源、网络资源等进行统一管理，在逻辑上构建专有云平台；

利用分布式架构实现对海量数据的采集、存储、计算和管理。同时，可提供深度学习、图分析等通用的算法和模型以及语音识别、图像识别等工具，供上层分析中心使用。

2.设立多个灵活、智能的数据分析中心

由央行统一规划，根据不同的监管领域业务需要，设立多个数据分析中心。每个分析中心均可利用大数据平台中的海量数据，按照不同监管领域提出的需求，有针对性地进行数据分析和处理。

3.提供多项标准、多样的专业分析服务

每个分析中心都可提供一个监管领域中的一种或多种业务分析服务，各分析中心之间不重复提供基础服务。同时，有央行统一组织提供一批标准化服务，如全景画像服务、财务分析服务等，对于需要特殊数据、特殊算法，或特定领域的服务，可交由某分析中心或某派出机构进行个性化建设。

4.与各监管部门信息平台紧密联系，构成统一的整体

专业化数据分析服务由各业务部门提出具体的业务需求，在技术实现上，服务请求的入口集成在中央监管信息平台中。分析中心的分析成果将以功能模块或数据服务的形式提供给不同监管信息平台中的应用系统，在应用系统中进行展示及后续的处理，为各业务部门所用，服务于各业务部门。因此，大数据平台主要完成实时监控监测和数据分析服务，中央监管信息平台主要完成工作流程管理与日常监管协作。监管大数据平台与中央监管信息平台之间紧密联系、有效联动，构成一个统一的整体。

（三）中国构建监管科技体系的促进机制

1. 监管科技体制机制建设总体原则

应由中国人民银行总体管理监管科技的各项建设和实施工作，负责统筹管理全金融系统数据资源的收集、存储、处理、利用与共享，有权决定数据的共享范围与方式。各业务部门作为依法行政和日常监管的主体部门，监管科技应用是各部门依法履行职责的必要条件保障，必须积极利用科技手段解决实际问题。在监管科技的建设过程中，各部门、各单位要根据监管工作提出监管科技具体的业务需求，需求质量代表监管部门的业务水准。各监管部门应建立监管科技应用考核制度，将各部门、各单位提出监管科技业务需求情况和应用科技手段解决监管问题实际成效纳入党委年度考核范围。

相关金融监管部门和会管单位作为监管科技建设参与方，监管过程产生和收集的所有数据资源都有按监管科技建设需要汇集到中央数据库的责任和义务。数据管理遵循"数据共享是常态、不共享是例外"的指导思想，对于监管科技建设需要的数据，原则上均应共享。

2. 建设监管科技运行管理机制

（1）沟通协调机制

在国务院金融稳定发展委员会的统一领导和组织下，由中国人民银行金融科技委员会牵头，建立包含学术界、金融监管机构、金融机构、科技企业等多方共同参与、平等对话的沟通协调机制，全面推进监管科技建设工作。

（2）组织管理机制

在监管科技建设与协调工作组的基础上，建立运转良好的组织架构，组织架构中应包含业务需求管理、分析任务管理、分析中心管理、分析结果评价、科技应用考核、技术管理、运维管理、安全保密管理等多个小组，对数据分析服务全生命周期进行有效管理。

（3）需求评审机制

中国人民银行金融科技委员会统筹管理业务部门提出的监管科技需求，制定需求评价标准，严格把控业务需求的质量。组织相关专家对各部门在监管科技建设中提出的需求进行论证，对业务需求的先进性、实用性、包容性等方面进行评价，根据评价结果决定是否开展后续实施工作。

（4）数据收集机制

中国人民银行金融科技委员会统筹管理数据收集工作，制定数据收集管理制度。协调各部门、各单位编制数据资源目录，监督数据收集全流程各节点，对数据收集的质量进行把关，建立持续、顺畅的数据收集机制。

（5）数据共享机制

中国人民银行金融科技委员会统筹管理数据共享工作，制定数据共享、数据脱敏制度和实施规范，对各类数据进行分级管理。明确规定什么数据可以全系统共享、什么数据可以特定对象共享、什么数据需脱敏后共享；整体协调、管理各分析中心所使用数据的权限，根据应用场景，形成数据采集和共享使用的闭环。建设脱敏规则，并监督项目进行脱敏实施工作。

（6）挖掘分析机制

数据挖掘和数据分析是监管科技工作的重要组成部分，要将数据挖掘和分析作为一项重要的基础性研究课题，共同制定完成挖掘分析的方法和模型，根据业务需要将任务分配给相关部门和单位，协同完成数据分析挖掘工作。

（7）成果回哺机制

对监管科技形成的成果进行评定，最终优良的成果还要回到监管科技的具体工作中，为日常监管工作所用，为各部门、各单位所共享。构建一个良好的任务提出、分配实施、提供服务、成果回哺的机制，确保大数据分析服务成果的高效利用。

（8）结果评价机制

明确应用监管科技的标准与要求，对监管科技各类数据分析服务的成果和效能进行评价，通过数据分析服务成果使用的广度、深度和应用效果等指标，客观评价数据分析服务对监管工作的支持作用。对于效能较好的服务，要继续深化应用；对于效能较差的服务，要不断进行完善。

（9）应用考核机制

研究提出监管科技应用的标准与要求，明确各有权部门行使权力时必须使用的科技手段和重要审批环节必须提供的监管科技支撑材料；针对各业务部门在监管工作中是否应用监管科技、应用程度及应用水平进行考评，不断提高监管科技应用能力。

（10）技术共享机制

对各类型数据分析服务所使用的技术、算法、模型等进行统一收集和管理，制定技术共享的工作方法和工作流程，建立技术攻关合作模式，共同推动各类数据分析服务的落地和实施。

（11）技术创新机制

建立新技术跟踪、实践、应用的机制，对当前新的信息技术进行有效评估，能够为监管部门监管科技所用的，要加强应用；组成技术攻关项目组，研究各类新技术、新方法，推进基于先进信息技术的数据分析服务的建设。

（12）外部合作机制

加强与不同单位的合作，邀请相关科技企业、高校科研机构等领域专家参与到监管科技建设工作中来，充分利用"外脑"，为监管科技建言献策。积极与相关机构、企业合作，通过输入能力、购买数据和服务等模式，共同推进监管科技工作在金融监管领域的实践和应用。

（13）安全保密机制

对监管大数据平台及其分析成果进行有效的安全保密管理，包括系统级安全、应用级安全、数据级安全等多个方面。对数据进行分级管理，尤其是平台中较为敏感的数据信息，建立起从底层到上层全覆盖的安全保密体系。

三、中国监管科技建设的政策建议

（一）建立适应我国金融监管体制实际需求的监管科技发展协调机制

在国务院金融稳定发展委员会的统一领导和组织下，由中国人民银行金融科技委员会牵头建立监管科技发展协调机制，工作统筹管理监管科技的各项建设和协调工作，并牵头管理监管科技体系中所有的数据分析服务。同时，设立监管科技业务专家组，对数据分析服务提供业务指导和评价。主要职责包括：对各部门提出的监管科技业务需求进行评审，指导业务需求所涉及的各类数据分析服务的创建，对数据分析服务进行评审和质量把关，对数据分析服务使用效能进行评价。

由中国人民银行金融科技委员会牵头，对于参与监管科技建设的金融系统单位，建立联络人制度。在本单位内部指定相关业务和技术方面的人员作为联络人，对外与监管科技建设与协调工作组沟通，对内协调本单位各类资源。

（二）明确当前监管科技应用的重点场景，打赢防范系统性金融风险攻坚战

当前，我国正处于防控金融风险的重要时期，党的十九大、2017年中央经济工作会议、第五次全国金融工作会议对金融稳定发展改革提出了更高的要求。一方面，金融监管机构面临监管任务繁重、监管体制不合理导致的监管缺失、监管技术发展滞后的压力；另一方面，

金融机构为了适应强监管要求，也需要为合规付出更多成本。

在这一大背景下，为了打赢防控金融风险攻坚战，切实发挥好监管科技防范金融风险、助力构建金融新生态的重要作用，有必要针对几个风险较为突出的领域，如流动性风险识别和防范、影子银行监管、智能投顾监管、非法集资监控以及 KYD 等，优先开发监管科技体系，做到风险的全面监控和防范。

（三）制订监管科技建设的规则和标准

如前所述，监管科技发展尚缺乏统一的规则和标准，各行业、各部门、各地区各自为政发展监管科技，北京、深圳、广州等地政府和金融科技公司合作，开发出标准不一、不同规则的监管科技平台，这种野蛮生长状态不利于发挥监管科技防范系统性金融风险、构建金融新生态作用的发挥。

发展监管科技，无论是适应本土化还是全球化的发展，技术标准的制定不可或缺。只有制定完整的监管科技技术标准，才能有效规范市场进入和退出，为整个金融行业的发展提供有序、公平的竞争环境。从监管科技的全球化发展来看，考虑到不同国家间的差异性，我国应及早制定监管科技技术标准并协调各项技术以形成合力。此外，金融监管机构不但要主导技术和行业标准的制定，还应肩负促进跨部门之间合作的重任。在金融监管机构制定标准后，将监管科技系统的研究与开发外包，金融科技公司或监管科技公司承担研发工作。

（四）探索构建学术界、金融监管机构与金融机构等多方共同参与监管科技建设的平台

一方面，从目前发展来看，监管科技发展的理论构建还不能适应监管科技发展实践的需要。监管科技正进入高速发展的快车道，新兴信息技术与监管的不断融合，使监管科技形态层出不穷，导致很多基础性、理论性的问题尚未明确，理论研究明显滞后于监管科技发展，业界"领跑"、学界"追赶"成为监管科技发展中的突出问题。另一方面，由于金融监管机构独立开发监管科技存在的困难，诸如体制机制问题、资金保障问题、人员保障问题等；由金融机构开发亦可能存在监管套利风险和更严重的信息不对称。在金融监管机构和金融机构沟通不畅、交流不足的情况下，监管科技体系可能无法发挥其应有的作用。

鉴于此，当前应以发展监管科技为抓手，构建一个学术界、金融监管机构、金融机构、金融科技公司以及监管科技公司等各主体良性互动、共融发展的大平台，以推动构筑中国金融新生态，使金融更好地服务实体经济，更有力地防控金融风险，更大程度地保护金融消费者和投资者权益，促进提升中国金融的国际竞争力。

（五）完善监管科技建设的配套促进措施

监管科技建设工作不仅仅只是建设监管大数据平台、实现监管科技业务需求，而是要在技术实现的过程中，构建一套适合未来监管科技架构的体制和机制，形成全金融系统各单位开展监管科技应用的良好生态体系。多方协同，共同推动监管科技工作的顺畅运转，形成利

用先进信息技术解决深层次监管问题的良性循环。首先，从法律法规层面明确发展监管科技的必要性和重要性，为利用监管科技防范金融风险提供明确依据；其次，明确发展监管科技过程中各部门的"责、权、利"，在监管科技建设协调机制框架内，建立运转良好的组织架构，保证监管科技健康、快速发展；第三，强调信息共享，由中国人民银行金融科技委员会统筹管理数据共享工作，制定数据共享、数据脱敏制度和实施规范，对各类数据进行分级管理；第四，在中国人民银行金融科技委员会统筹管理下，加强不同机构之间的合作，邀请金融监管机构、金融机构、科技企业、高校科研机构等领域专家参与到监管科技建设工作中来，充分利用"外脑"，为监管科技建言献策；最后，对监管大数据平台及其分析成果进行有效的安全保密管理，对数据进行分级管理，尤其是平台中较为敏感的数据信息，建立起从底层到上层全覆盖的安全保密体系。

执笔人：孙国峰

第六章

监管科技的发展与展望

　　金融监管滞后、对系统性金融风险的识别和防范不足，是 2008 年国际金融危机爆发的重要原因。此后，随着监管机构对金融机构审慎监管和行为监管职能的强化，金融机构为应对监管合规要求的成本也随之上升。同时，人工智能和数字技术等科技的发展，极大地推动了金融科技的发展。金融科技自身也需要满足相应的监管合规要求，当其与金融机构监管合规需求相遇时，便驱动了监管科技（RegTech）的发展。根据英国行为局（Financial Conduct Authority，简称 FCA）的描述，监管科技即"运用新技术，促进达成监管要求"。监管科技涉及的新技术主要包括大数据、云计算、人工智能和机器学习等。监管科技新技术应用于金融机构时，可以帮助其满足监管合规要求；监管科技应用于监管机构时，有利于克服监管滞后的问题，增强识别和应对系统性金融风险的能力，推动监管体系的升级。

一、监管科技概述

（一）监管科技的发展背景

1.需求因素

监管科技的需求主要是源自金融机构满足监管合规要求，金融机构需要外部更专业的机构来降低不断上升的监管合规成本。金融危机之后，出于金融稳定的需要，金融监管逐步收紧，增加了金融机构遵守监管法令的成本。从以往的经验来看，金融机构已为监管合规要求付出了不少的成本。比如，摩根大通为了对应政府制定的规范，在2012~2014年间共增添了1.3万位员工，比重高达全体员工数量6%，每年成本支出增加20亿美元，约全年营业利率的10%。德意志银行表示，2014年为了应对法令，追加支出的成本金额高达13亿欧元。因此，金融机构为了满足监管要求、避免巨额罚款，开始引入了监管科技手段，促进自身满足监管能力的提升。

随着金融机构业务量的不断增加，可以预期其监管合规成本也将随之增加。监管规则出于金融安全考量的调整和变化，也将增加金融机构的监管合规成本。另外，随着金融技术的不断发展，各国都开始制定比较严格的监管政策，以防范风险，这直接增加了金融科技企业的运营成本。因此，无论是金融机构还是金融科技企业都需要监管科技来满足各自的监管合规要求，即"以科技应对监管"。

2.供给因素

近年来，大数据、云计算、人工智能与机器学习等技术进入到一个新的发展水平，并应用于金融领域，为更专业的监管科技公司的发展创造了条件。新的产业分工决定了将形成更加专业化的监管科技公司为金融机构和金融科技公司服务，而不是金融机构和金融科技公司分别发展各自的监管科技。我国此前发展金融业务的科技公司与银行之间的对立竞争格局，逐渐向合作共赢的方向转变，随着"中国银行——腾讯金融科技联合实验室"的挂牌成立，标志着四大国有商业银行分别与阿里、腾讯、百度和京东四大互联网科技企业建立合作关系的新格局的初步形成。

科技公司的优势在于技术，可以用云计算、大数据、区块链和人工智能等技术来改造传统金融业务，以此来推动普惠金融、智能金融和科技金融等业态的发展。因此，监管科技的发展也将符合比较优势的规律。金融机构和监管机构对监管科技发展的需求，将由专业的监管科技公司来提供更加专业的服务。具体而言，监管科技公司可以通过大数据、云计算、人工智能和机器学习等新兴技术，为金融机构提供符合监管要求的服务，如降低由法定报告、反洗钱和欺诈措施、用户风险等法律需求产生的费用。监管规则一旦发生变化，金融机构需要适应新的监管规则并产生相应的成本，一旦不满足监管合规要求将可能面临巨额罚款，同时也将向市场传递不好的信息，监管科技公司则可以凭借其专业优势和低成本为金融机构提供相应的服务。

（二）主要应用技术

1. 大数据

大数据技术是金融监管部门构建大数据监管平台的基础，帮助金融监管部门以动态、实时、互动的方式，通过金融大数据对金融系统内的行为和其潜在风险进行系统性和前瞻性的监管。中国的金融市场比较大、发展速度快，跨行业、跨市场的创新产品可能隐含着一些金融风险，需要加强金融监管来应对。另外，金融监管的人力成本越来越高，面对不断扩大的金融市场和更加复杂的金融产品，并由此产生的海量金融数据，单纯靠人力进行监管难以满足监管的需要。大数据将在金融监管中发挥越来越重要的作用。首先，大数据监管会使得以属地、业务、机构等为导向的监管逐渐弱化，监管将更多地针对数据及数据背后所代表的行为。其次，大数据在有效的分析和呈现工具帮助下，不仅能让监管者迅速观察到已经和正在发生的事件，更能让其预测到即将发生的风险和这种风险发生的概率，更有利于监管者动态配置监管资源。

2. 机器学习

随着金融服务电子化水平的提升，金融机构获得了大量的高频率非结构化数据。因此，面对海量的高频率和低质量数据，监管机构和金融机构迫切需要强有力的分析工具。机器学习等基于人工智能和其他自动化分析的技术，为金融机构和监管层利用数据满足合规要求和实施监管提供了巨大的可能性。识别欺诈方面，在历史数据基础上，机器学习工具能有效识别可能的欺诈行为，同时也能应用于反洗钱和反恐融资领域。交易监测方面，机器学习提升了对语言和文本的处理能力，一旦有偏离合规要求的交易行为，系统将自动向金融机构发出警报，更有效地帮助金融机构满足合规要求。

3. 区块链技术

区块链技术的发展可能在未来允许金融机构之间开发更有效的交

易平台、支付系统和信息共享机制。特别是与生物识别技术结合时，数字身份可以提供及时、低成本和可靠的"了解你的客户"（KYC）。区块链通过透明的设计，能提供给监管机构直接、即时和真实的监管信息。由于所有交易都记录在分布式总账上，监管机构可以进行全面、安全、精确、不可逆和永久的审计跟踪。区块链技术带来的这种近乎实时的交易数据使得监管者能够更好地分析系统性风险，提高现场检查和非现场检查的效率。比如，在反洗钱方面，基于区块链的交易系统，将使各金融机构在区块链上实现交易信息的共享，保证数据的可追溯性，从而增强反洗钱的力度。

4. 应用程序接口

应用程序接口（APIs）给软件应用程序提供了一个金融数据交互标准，还可以执行交易指令。随着金融机构和监管机构开放、分享应用程序接口和公共数据，监管报告和检查、反洗钱可疑活动监测以及支付欺诈监测将会变得更加高效。比如，利用计算机程序设计语言将监管规则编译为程序代码，从关键操作流程、量化指标、禁止条款等方面进行编程开发，封装为具有可扩展性的监管 API 等监管工具，实现机器可读、可执行、可对接。将各种监管政策、规定和合规性要求进行数字化，具备可编程的要求，还能方便金融机构能够对其内部流程、数据编程，并通过 API 统一的协议交换数据和生成报告，就能够实现金融管理部门与金融机构之间的实时数据交互，减少人工干预、降低合规成本。

5. 新加密技术

新加密技术的运用使得信息能在金融机构内部、金融机构、客户、监管机构之间更加安全、快速、高效的共享。新的加密安全技术可以在保护隐私和确保数据安全性和完整性基础上实现信息共享，同时提高金融机构向监管机构披露信息的效率。新兴的信息共享加密技术能允许个人根据访问授权提供相关的加密信息，通过属性、对象和访问类型标记元数据，从而大量减少了金融机构对原始数据的处理工作，更高效实现信息披露。在数据传输环节，利用密码技术、数据安全存储单元等支撑监管数据传输，通过属性、对象和访问类型标记元数据，增强监管数据采集过程的安全性和可靠性。即使在体量大的数据集中，新加密技术通过访问控制将数据对象映射到普通数据平台，帮助机构克服数据安全问题，使得数据能与监管机构共享。

二、监管科技的主要应用场景

（一）监管报告自动生成

监管科技可以通过信息技术手段将文本规则翻译成数字化协议，识别和分析数据来生成监管报告。具体而言，主要分为两大步骤：第一步是数据的自动化采集，综合运用数据挖掘、模式规则算法、分析统计等手段对海量金融数据进行采集和标准化处理，为风险态势分析等提供更为科学合理的数据支持。第二步是报告的生成，通过大数据分析、即时报告、云计算等技术实现数据自动分布并形成监管报告，实现监管规定数字化存储与展现。

例如，英国监管科技公司 NEX Regulatory Reporting 就定位于为企业提供监管报告，主要包括 EMIR（欧洲市场基础设施监管）、MiFID II/MiFIR（金融工具市场指令 / 金融工具市场监管）、SFTR（证券融资交易规则）、REMIT（批发能源市场诚信和透明度监管）的相关报告。基于 Hub 技术的云端，能够实现对海量数据的连续处理，灵活形成跨部门、跨资产类别的报告，使其最终能够为银行、经纪公司、对冲基金和资产管理公司提供解决方案。除了立足于为企业提供监管报告，也有监管科技公司致力于为监管机构提供报告。例如，爱尔兰监管科技公司 Vizor 主要业务为向监管机构提供监管报告，英国兰银行就通过 Vizor 关于《偿付能力监管标准 II》（Solvency II）的数据搜集模板和 XBRL 分类标准配置，来检测银行是否满足《偿付能力监管标准 II》关于数据搜集、业务数据验证和真实性检查的要求。

（二）风险识别和管理

监管科技可以应用于合规风险管理和金融业务的风险管理，通过合规性检测和未来风险的预测，提升风险管理能力。金融危机以来，新的、复杂的监管规则在金融行业激增，使得金融机构合规性风险增加，如果不重视合规要求将可能面临巨额的罚款。此时，监管科技可以帮助金融机构提升合规性水平，通过搭建合规风险评估模型，基于支持向量机和神经网络等机器学习算法建立金融业务合规风险分析模型，将采集到的数据按照不同层次和粒度进行融合，形成适合模型处理的标准数据集，并根据监管需求进行快速重组、调整和更新，提升模型适应性。

监管科技可以利用大数据和机器学习来降低金融机构的业务风险。比如，对金融机构的业务流、信息流和资金流进行全方位的整合和分析，把整个业务链条穿透连接起来，透过数据分析业务本质，精准识别信贷、支付、征信等金融业务风险。还可以借助深度学习等技术实现风险隐患的自动化处置，针对不同的风险类型触发最优的风险处置和缓释措施，如对欺诈交易采取自动中断。美国的 Aravo 和英国的 Finastra 是较为成熟的监管科技公司。Aravo 的服务对象包括谷歌、Adobe 等，其能够主动监控和管理复杂的第三方网络（包括供应商，分销商，特许经营商和合作伙伴）的风险，自动化和简化第三方管理工作流程。Finastra 的创新技术旨在加速对现存基础设施风险管控的转型，通过精密仪表板、高速度、灵活性来建立孤岛系统的联系。

监管科技还能应用于金融监管机构识别系统性金融风险。基于人工智能技术实现金融风险的智能化监测，提升金融风险态势感知能力，对系统性金融风险实行早期预警。基于可视化分析（Visual Analytics）技术，通过交互式可视化界面来辅助监管机构对大规模复杂数据集进行分析推理，将度量金融体系系统性风险的不同维度的数据以图像的形式表现出来，能够更加深刻地揭示系统性风险的程度以及不同因素之间的内在联系，从而为宏观审慎监管提供决策参考。还可以利用规则推理、案例推理和模糊推理等方式，模拟不同情景下的金融风险状况，开展跨行业、跨市场的关联分析，提升系统性、交叉性金融风险的甄别能力。

（三）身份认证

监管科技的另一重要运用是帮助服务对象完成尽职调查和 KYC 程序，进行反洗钱、反欺诈的筛查和检测。金融机构违反 KYC 程序，未尽到反洗钱、反恐融资义务将使公司声誉遭到损害，或是遭到重大罚款甚至面临刑事惩罚。公司内部的反洗钱、反恐融资政策将会直接影响公司的收益和利润。人工 KYC 认证程序将耗费大量的时间和费用，且准确性难以得到保证。运用监管科技能够有效节省认证时间，降低合规成本，提高认证效率。因此，越来越多的监管科技公司专门投入该领域的业务。

澳大利亚的监管科技公司 Encompass 即是专门做自动化 KYC 的公司，旨在帮助银行业等金融机构做好 KYC 合规工作。Encompass 主要运用人工智能将 KYC 流程自动化，并通过 API 将多个 KYC 数据源集中到一个应用程序中，以对决策者提供更丰富准确的数据。英国监管科技公司 Smart Search 创建了一个反洗钱认证平台，汇集了英国和国际市场的个人和商业搜索，并自动进行全球制裁和 PEP（个人股本投资计划）筛选。英国另一家监管科技公司 Onfido 在企业身份认证管理方面也拥有较丰富的经验，其认证产品包括 ID 记录检查、文件材料检查、面部识别。ID 记录检查能够将客户的详细信息与一些全球数据库和信用机构的信息进行匹配；文件材料检查能够确保客户的资料不是伪造、篡改、丢失或被盗的；面部识别能够降低冒充欺诈的风险，通过将用户身份证件照与自拍照进行比对，确保用户是本人。

（四）交易监控

监管科技还能够提供实时交易监控和审查的解决方案。例如，加拿大监管科技公司 Allagma Technologies 提供的 eTaxMan 解决方案，能够帮助税务机关通过交易监控打击销售税欺诈。美国监管科技公司 Feedzai 致力于通过大数据、机器学习、人工智能来监控风险并提供反欺诈的解决方案，保护客户的用户体验，同时通过交易监控来发现存在滥用的行为，以阻止欺诈的发生。美国另一家公司 IdentityMind Global 通过跟踪每笔交易涉及的主体来为风险管理提供及时可靠的解决方案。信用卡、自动清算、数字钱包、银行账户、电汇等任何支付类型，都可以通过 eDNA 进行监控，防止与在线支付交易相关的欺诈行为。

三、国际经验

（一）英国

英国对监管科技比较重视，并积极尝试应用于金融监管。金融行为监管局（FCA）指出，监管科技采用机器化可读模式可定义新的数字化监管模式，提升全球监管的一致性和兼容性，在未来将会受到广泛使用。FCA 在 2016 年 4 月发布的《2017—2018 年商业计划》（Business Plan 2017/18）中明确提出了监管科技的 2017 和 2018 年发展计划。FCA 和货币与精神健康政策研究所（MMHPI）在 2017 年组织的一次会议中，就提出运用监管科技开发实时监测和监控技术，实时监测精神异常用户的常用银行账户，并对其异常的消费行为进行识别。根据 MMHPI 的研究，患有精神疾病的用户遭遇个人财务危机的可能性是普通人的三倍，通过实时监控可以在识别出消费者是由于精神异常而产生不理性消费时，就可以锁定其银行卡来防止其过度消费。基于同样的原理，这种方法也可以用来识别盗刷银行卡的行为，避免用户银行卡或信用卡丢失且密码被盗时的资金损失。

英国重视各方力量来共同发展监管科技。FCA 广泛邀请了监管科技的各参与主体参与并举办了多次会议，共同探讨如何应用监管科技为金融科技公司提供数字化解决方案、帮助其更好地实现合规，应用监管科技实现自动合规报送，以及监管科技为英国央行和 FCA 等监管部门提供数据来源和支持、提高监管效率。另外，监管科技在英国得到许多政府职能部门的重视。2017 年 4 月，英国财政部发布的《监管创新计划》（Regulatory Innovation Plan）提出，监管部门应利用监管科技来减轻监管压力以及金融机构应借此来减少合规成本。2017 年圣诞节前，英国下议院脱欧委员会公布了有关金融科技的专题报告，通过开发"What-If"问题等监管科技技术预测将要采取的金融服务行为是否合规，帮助金融机构更好满足 KYC 和反洗钱的法律规定。

（二）美国

监管科技在美国也得到多个政府职能部门重视并共同推进。美国货币监理署（OCC）的创新办公室（Offices of Innovation）和商品期货交易委员会（CFTC）的 CFTC 实验室（LabCFTC），都有促进监管科技企业发展的职责。消费者金融保护局（CFPB）的催化剂项目（Project Catalyst）的主要措施之一是通过向符合要求的包括监管科技在内的金融科技等金融创新公司颁布不行动函（No-action Letter），为公司提供良好的政策环境以支持其进行最大限度有利于金融消费者的创新。CFPB 在 2017 年 9 月 14 日向一家借贷平台 Upstart Network 颁布了第一次行动函，前提是该公司定期将借贷和合规数据信息报送 CFPB，这些数据信息将用于创建征信和制定价格，有助于更多信用信息隐藏和缺乏足够历史信用的人获得贷款。

除此之外，美国还积极推动监管科技在金融监管中的应用，以推进金融监管数字化、提升监管效率。比如，美联储为改进国家支付系统，成立了加快支付工作小组（Faster Payments Task Force），在2017年初发布的报告中，对美国支付系统进行了全面评估。CFTC在2018年5月发布金融科技法令CFTC 2.0方案，并在推出LabCFTC计划时明确提出，金融科技创新会重塑CFTC对市场的监管，以更好发展市场和管理风险。美国证监会（SEC）在将监管科技整合进入监管合规报告方面做出了探索，证券信息电子化披露系统（EDGAR系统）的交互性和可搜索性已经大幅提高，有助于监管部门、金融机构和投资者等及时且便利获得公司披露的公开信息。近年来，随着可扩展商业报告语言（XBRL）技术的发展成熟，SEC逐步推进以XBRL为标准的证券信息系统，给监管机构和投资者提供更加便捷、透明、高效的证券信息搜集和分析工具。

（三）欧盟

在欧盟，面对碎片化的报告以及2016年以来加强的"每天报告义务"，所用的报告平台已经不能满足要求，这需要监管科技的发展来提供新的信息技术解决方案。欧盟内部若干金融联盟已经在限制准入的区块链系统框架内，尝试借助数据链路终端（DLT）将监管机构和金融机构连接起来。然而，欧盟现有部分监管框架需要进一步完善以适应区块链等金融创新的发展，这在"欧盟数据保护条例"体现得比较明显。该条例曾被认为属于技术中性，能够适应不同背景、架构和形式的数据，但随着区块链技术的发展，一系列问题随之而来。区块链技术是去中心和分布式的，因此很难确定一个主体对区块链中发生的情况和个人信息处理负责任；更重要的是在分布式的金融服务环境中，谁来控制区块链中的个人信息数据也是一个重要问题。因此，欧盟提出增强未来金融立法的灵活性、适应性，以适应区块链技术等新的金融创新技术发展。

四、中国现状

（一）监管机构高度重视

中国监管部门也积极支持监管科技的发展。2017 年 5 月，中国人民银行成立金融科技委员会，旨在加强金融科技工作的研究规划和统筹协调，并表示强化监管科技应用实践，积极利用大数据、人工智能、云计算等技术丰富金融监管手段，提升跨行业、跨市场交叉性金融风险的甄别、防范和化解能力。同年 6 年，中国人民银行印发《中国金融业信息技术"十三五"发展规划》，提出加强金融科技和监管科技研究与应用，提升金融风险甄别、防范与化解能力，健全与监管科技发展相匹配的金融监管体系。

2018 年 8 月 31 日，证监会印发的《中国证监会监管科技总体建设方案》（下称《方案》），就明确提出了探索运用区块链、大数据、人工智能技术，包括机器学习、数据挖掘等手段为监管提供智能化应用和服务。《方案》详细分析了证监会监管信息化现状、存在的问题以及面临挑战，提出了监管科技建设的意义、原则和目标，明确了监管科技 1.0、2.0、3.0 各类信息化建设工作需求和工作内容，明确了五大基础数据分析能力、七大类 32 个监管业务分析场景，还提出了大数据分析中心建设原则、数据资源管理工作思路和监管科技运行管理"十二大机制"。

《方案》提出的监管科技 1.0 和 2.0 的主要工作内容集中在硬件层面。比如，监管科技 1.0 要求通过采购或研制成熟高效的软硬件工具或设施，满足会内部门和派出机构基本办公和特定工作的信息化需求，提升监管工作的数字化、电子化、自动化、标准化程度。监管科技 2.0 是要不断丰富、完善中央监管信息平台功能，优化业务系统建设，实现跨部门监管业务的全流程在线运转，为大数据、云计算、人工智能等技术在监管科技 3.0 阶段的应用打下良好的基础。监管科技 3.0 的工作核心则是建设一个运转高效的监管大数据平台，即利用现代信息科学技术提升监管部门的工作效率和监管力度。主要工作内容包括：综合运用电子预警、统计分析、数据挖掘等数据分析技术，围绕资本市场的主要生产和业务活动，进行实时监控和历史分析调查，辅助监管人员对市场主体进行全景式分析、实时对市场总体情况进行监控监测，及时发现涉嫌内幕交易、市场操纵等违法违规行为，履行监管职责，维护市场交易秩序。

（二）监管科技的具体应用

我国监管科技的具体实践应用，主要集中在上海和深圳两大证券交易所对证券交易的监管。上海证券交易所从 2017 年开始积极开展监管科技的研究，并已将部分研究投入到具体的监管实践应用，主要包括以下三个方面。

第一，投资者画像。上交所充分运行机器学习技术，基于交易风格、持仓特征、投资偏好、历史监管信息等维度，设计了数百个机器学习的特征指标，实现了对投资者的全方位图形化展示，即构建出一幅完整的投资者画像。投资者画像有助于准识别和判断异常交易行为和模式。

第二，账户关联性分析。通过整合关联账户、关联交易和关联终端设备等多维度数据，应用大数据技术，快速生成拓扑图，高效计算和判定账户关联关系，直观展示账户和账户组之间的关联关系，提升关联账户识别效率。基于大数据的账户关联性分析，实现了对违法违规行为关联账户、关联行为的图形化动态监测。

第三，网络"黑嘴"筛查。通过运用文本挖掘和语义分析技术，初步解决了网络媒体信息语义解析难度大等问题，可以自动抓取热门网络社区中的荐股信息，同步筛查相关股票行情是否存在异动，并对异动股中"抢先交易"行为特征的账户进行深度分析，从而筛查出网络"黑嘴"嫌疑账户。

深圳证券交易所已开发出企业画像智能监管系统，该系统集成内外部多个系统数据，运用大数据运算、自然语言处理、机器学习、文本挖掘等技术，解决了非标准化信息的挖掘、计算和分析面临的难题，主动识别公司相关的特征与风险，为公司监管提供智能辅助。该系统的功能及特点主要包括以下几点。

第一，个性化定制的信息检索。该系统的信息检索功能涵盖公司公告、监管函件、法律法规、问询函题库等监管常用文件，利用词库录入、分词技术等，支持多种筛选条件下的标题和全文检索，是为监管人员量身打造的专业搜索工具，可根据具体需求灵活运用，应用场景包括对比定期报告和临时公告、借鉴以往监管案例、辅助各类统计需求等。

第二，穿透识别企业关系图谱。该系统的关系图谱的底层数据已包括约 4700 万条机构信息、7000 万自然人信息、1 亿条任职信息、1.4 亿项持股关系，以及股东、董事会、监事会和高管等亲属的数据等信息，能够提供企业关系的拓扑图展示和多维度的信息查询。

第三，识别潜在异常和风险。该系统能够以图形、时间轴和列表等形式清晰展示上市公司全貌，可以实时动态呈现公司实际控制人和董事会、监事会和高管等主要股东的股权质押、一致行动人信息、持股增减持变动等信息，有助于识别潜在异常和风险。当公司出现财务指标异常、业绩变脸、股价异常波动、人员大幅变动等情形时，该系统还能及时识别并提示风险。

五、展望与建议

（一）以监管科技平衡金融科技时代的发展与风险

1. 以监管科技提升金融机构 KYC 和监管合规水平

金融机构做好 KYC 工作，是平衡金融发展与风险的重要环节，只有金融机构真正了解客户的信息，才能正确地识别风险，做好风险防控工作。金融科技的发展颠覆了传统的 KYC 并对 KYC 提出了更高的要求。传统的 KYC 由于贷款对象集中、数额大，KYC 的成本相对较低。随着网络小额贷款等快速发展，金融机构将面临数量巨大的贷款客户，传统的 KYC 过程则会耗费巨大的人力等成本。金融科技时代的

KYC，更多地需要通过线上来完成，对机器、数据和算法的依赖程度将远远高于传统 KYC 在线下通过人力来实现。当金融机构采用金融科技和监管科技时，则可以通过机器学习来实现 KYC 过程。比如，在审查和评估客户申请资料时，能够极大地提高效率，节省人力和时间成本；在计算风险得分时，可以根据风险得分对客户进行分级，确定哪类用户或产品需要进行额外的监督，从而对风险进行精确控制。

金融机构的 KYC 过程，不仅仅包括对客户的风险进行精准的识别，更包括与客户发生的金融关系和行为是否符合监管的要求。因此，金融机构在 KYC 的过程中还需要结合公共数据和私人数据对客户进行全面的背景审查，这又将产生巨大的人力和时间成本。基于机器学习的风险评估也可以用于定期根据公共数据和私人数据源的审查，使用这些数据源可以对风险进行快速评估，同时还可以使用风险评分来帮助决策，以此来识别和锁定需要进一步重点审查的对象。

2. 以监管科技提升监管机构识别风险的能力

金融科技时代下金融机构 KYC 成本不断提升的同时，监管机构要全面了解其被监管的金融机构和金融市场运行的情况，其成本和难度也在不断增加，这就需要监管科技来提升数据的质量和分析处理能力。监管科技可以利用人工智能和机器学习来自动化处理金融数据，一方面可以获取大量和较为全面的金融数据，另一方面还可以使金融数据的质量符合监管的要求。比如，金融机构在向监管机构报送的数据中，经常会存在一些漏报和错报的情况，都需要人工审查才能发现这些问题，这就需要耗费大量的人力成本。在当前的监管体系中，监管人员审查和处理金融机构的数据是重要的工作，随着大数据带来的监管挑战，监管机构采用监管科技来处理数据将是趋势。比如，经过适当训练过的机器学习算法能够帮助识别数据鸿沟、数据不一致等问题，并且可以对交易进行配对或插入缺失数据。

3. 以监管科技提升监管的实时性和有效性

金融监管大多集中在事后监管而事中监管不足，一旦发生较大的金融风险事件，对事后风险的处置能力很大程度上受制于对风险的识别和判断，需要的时间窗口越长，对金融系统的影响也就越大，带来的经济损失也越严重，监管的及时性就显得非常重要。事中的金融监管则能够及时地获取信息并能够快速地应对，类似于当前城市管理的交通系统，可以实时地监测到城市里任何一个路段的车辆运行情况，监管科技也将发挥类似的作用，通过提升监管机构的数据信息处理能力，使监管机构能够实时地掌握金融市场中每个交易主体的交易行为。

当金融交易的体量和复杂性随着金融科技的发展而不断增加时，监管的及时性决定了监管的有效性。如果监管能力不能跟上金融科技的发展，那么金融科技时代的"乌龙指"事件发生的频率将可能更高，对金融市场的破坏性也将更大。只有通过发展监管科技，对更多的金融交易进行实时监管，提高风险的识别和处置能力，将所有的金融风险事件尽可能地在当个交易日内及时的处理，控制风险的跨时、跨机构和跨区域传染，提升监管的有效性。

（二）监管科技推动监管升级

当金融机构和监管机构都采用监管科技时，可以提高监管机构的事中监管能力，增加监管的实时性，同时还能为监管模式向人工智能监管升级创造条件，从而有利于创造更加稳定的金融环境，促进金融行业健康持续的发展。

1. 从事后监管走向事中监管

监管机构发展监管科技可以对金融机构进行实时、动态地监管，推动监管模式由事后监管升级到事中监管，从而有效解决监管滞后问题。当前的监管模式，主要是通过金融机构事后的报表和报告审查，辅之以必要的业务现场检查，从而对金融机构已发生的业务合规性进行事后监管，这不利于风险的防范。监管机构可以采用监管科技的技术，通过实时、系统嵌入式的合规评估和风险评估工具等创新技术，对金融犯罪风险、反洗钱等金融风险进行实时的监管，及时地中止金融机构不合规业务，从而避免"乌龙指"此类的金融风险事件的发生和风险的蔓延。随着监管科技的不断发展，当人工智能应用于监管体系时，也可以将监管的规则嵌入金融机构的业务系统，从而避免监管滞后带来的风险问题。

另外，大数据技术和软件集成工具可以帮助金融机构快速生成业务报表和报告。大数据技术通过简化数据收集整理过程，将现有会计和合规的软件接入监管报告系统可减少人工数据输入，可以降低企业向监管机构提供数据的成本，提高监管报告准确性。同时，大数据技术也可以帮助监管机构及时生成监管报告，从而有利于监管机构及时掌握金融市场运行的动态，从而增强事中监管的及时性和全局性。

2. 人工智能监管

当监管机构采用监管科技时，充分挖掘人工智能在监管上的应用，可以使监管模式向人工智能监管模式升级。人工智能监管可以凭借规则推理（Rule-Based Reasoning）、案例推理（Case-Based

Reasoning）和模糊推理（Fuzzy Reasoning）这三种推理方式，从而增强系统性金融风险的识别与处置能力。在系统性金融风险的识别上，基于人工智能监管更具有全局性和系统性的识别能力。比如，人工智能监管模式可以通过规则推理反事实地模拟不同情景下的金融风险状况，更好地对系统性金融风险进行识别和预警。人工智能监管还能更好应对系统性金融风险。比如，人工智能可以凭借规则推理，对不同监管政策规则应对金融风险的控制效果进行模拟，从而选择出最优的处置政策。另外，人工智能监管还可以通过模糊推理，对不同的监管政策规则和危机处置方案的抗干扰能力进行模拟，从而对政策效果进行更好地判断。

总之，由于我国金融科技发展速度快，传统金融业务与金融科技之间的交叉性和关联性不断增强，防范金融风险将是金融监管的重要目标和内容，以监管科技推动监管升级将能增强监管机构识别和防范金融风险的能力。中国人民银行金融科技委员会明确提出"强化监管科技应用实践，积极利用大数据、人工智能、云计算等技术丰富金融监管手段，提升跨行业、跨市场交叉性金融风险的甄别、防范和化解能力"。因此，金融机构和监管机构发展监管科技将可能成为重要的趋势。监管机构发展监管科技仍然需要很多障碍需要克服，比如金融数据标准化、发展监管科技的成本如何分担等问题。从长远发展来看，监管科技的发展还需要完善当前的人才教育培养体系，将技术和金融两套课程体系有机地结合，丰富相关领域的人才培养。另外，技术本身可能存在的风险，这也需要完善相应的技术标准和监管规则。

执笔人：伍旭川　刘　学

第七章

FinTech 跨境金融服务的全球治理

FinTech 能够促进跨境金融服务发展与各国金融市场开放，也会助长跨境违法违规金融服务与风险传染，需要 G20、BIS、IMF 等与各国共同推进 FinTech 跨境金融服务的全球治理，促进市场开放，加强协同监管，防范风险跨境传染。

一、跨境金融服务概述

（一）"金融服务"属于服务贸易

根据《服务贸易总协定》，"金融服务"属于服务贸易。服务贸易有四种模式，金融服务均可适用。第一是商业存在，比如境外银行在中国以开设分行或子行的方式在我国境内提供金融服务。第二是跨境交付。比如说 A 国的银行在 A 国向 B 国的消费者提供金融服务。本文主要讨论跨境交付这种模式。第三是境外消费。第四是自然人流动。

（二）对互联网跨境金融服务的监管难度较大

随着金融科技的发展，通过互联网向全球消费者提供跨境金融服务，主要通过"跨境交付"方式实现。即服务提供商在一个国家，消费者、投资者在另外一个国家。对服务接受国和服务提供国来讲，对互联网跨境金融服务的监管难度较大，对监管提出很大挑战。

但是还有更大挑战，WTO 部分成员国在乌拉圭回合达成《关于金融服务承诺的谅解》，对"新的金融服务"给予开放态度。即对于在 A 国尚不存在而在 B 国已经存在的金融服务，A 国应允许设在其领土内的任何其他成员国的金融服务提供者在其领土内提供该服务。这是更高层次的金融开放，将会对监管提出更大挑战。

（三）在 GATS 框架下我国仅承诺特定金融服务可通过"跨境交付"方式提供

就我国来说，根据《中华人民共和国加入议定书》附件 9《中华人民共和国服务贸易具体承诺减让表》，除特定保险服务、证券服务、金融信息数据服务外，未承诺其他金融服务可通过"跨境交付"方式提供。

从国际最新实践看，即便在服务贸易开放水平相对较高的 TPP 协议框架内，虽允许服务提供者在他国没有商业存在的情况下提供跨境金融服务，但仍要求在对方国家完成跨境金融服务提供商注册或取得该国监管部门的授权。

二、FinTech 会助长跨境违法违规金融服务与风险传染

金融科技对促进金融开放可以发挥积极作用，能够推动金融创新、交易更加快速便捷、利于实现"普惠金融"。比如银行卡、网上银行、手机银行等的发展，可使一国居民便捷地在境外实现消费支付等。但是，金融科技也会带来违法违规金融服务与风险传染。

（一）近年来基于互联网的跨境非法金融活动趋于活跃，监管部门相继采取措施

一是 2017 年，俄罗斯央行表示已开始关闭 400 家网站，其中许多网站涉嫌网络诈骗或传播恶意软件，包括了向俄罗斯客户提供金融服务的诈骗公司，这些公司没有获得俄罗斯央行颁发的必要牌照。二是 2018 年年中我国相关监管部门和澳大利亚金融监管部门进行了访问交流，据介绍，其让两大互联网巨头公司下架了 300 多个应用程序，这些都涉及未获得澳大利亚市场准入的情况下，通过 App 跨境提供金融服务。三是就我国来说，在 2018 年 8 月 31 日，互联网金融协会发布了《关于防范非法互联网外汇按金交易风险的提示》，向社会公众提示从事非法互联网外汇保证金交易的风险。提示指出：近期，发现一些机构通过互联网非法从事外汇按金（也称外汇保证金，一般指客户投资一定数量的资金作为保证金，按一定杠杆倍数在扩大的投资金额范围内进行外汇交易）活动，吸引一些客户参与投资交易，严重违反了国家现行金融法规，扰乱了金融秩序，并形成较大风险隐患。为避免造成社会公众财产损失，特提示风险如下：①目前，中国人民银行、中国银行保险监督管理委员会、中国证券监督管理委员会、国家外汇

管理局及其分支机构未批准任何机构在境内开展或代理开展外汇按金业务。②根据《关于严厉查处非法外汇期货和外汇按金交易活动的通知》（证监发字〔1994〕165号），凡未经批准的机构擅自开展外汇按金交易的，均属于违法行为；客户（单位和个人）委托未经批准的机构进行外汇按金交易（无论以外币或人民币作保证金）的，也属违法行为。③请社会公众充分认识参与非法互联网外汇按金交易活动的危害，主动提高风险防范意识和能力，谨防因参与此类交易造成财产损失。④广大公众如发现违法犯罪活动线索，应积极向有关部门反映。

（二）我国跨境非法金融活动涉及两个方向

一是从境外到境内。比如，境外公司通过互联网平台跨境在我国境内开展外汇保证金交易。境外公司通过互联网平台跨境在我国境内进行ICO交易。境内公司在境外设立网站，披"洋皮"，然后"返程"向境内提供跨境金融服务。类似的，还有的公司通过在苹果应用商店中的赌博应用程序（App），提供跨境赌博服务。而赌博在我国也是明令禁止的。二是境内到境外。一些境内机构通过互联网平台在境外开展"现金贷"等交易。

（三）从违法违规角度看可以分为两类

一是机构获得了母国金融牌照，但未获得服务接受国的金融牌照。未获得服务接受国牌照也有两种情况，服务接受国尚未开放某类金融服务市场，并明确禁止开展此类金融交易，或者服务接受国尚无市场准入管理，也未明确禁止，态度不清晰。二是非法交易平台通过互联网，以提供跨境金融服务的名义集资诈骗。包括三种情况：①资金来源非法。有的在东南亚开展业务的"现金贷"资金来源于我国非法集资平台，通过非法债务凭证、比特币、ICO、互联网变相彩票、"电子黄金"或其他虚拟产品投资等新方式在我境内非法集资。②资金跨境转移非法。有的"现金贷"通过地下钱庄、虚假贸易、海外并购、虚拟货币转移、利用离岸金融中心等方式转移至境外。③以交易之名掩盖违法犯罪之实。有的在我国境内提供服务的"外汇交易平台"名为开展"外汇保证金交易"，实为非法集资或诈骗。

（四）互联网违法违规跨境金融活动增多具有多方面原因

一是从服务提供者角度来看，巨大的市场诱惑是主因。二是从消费者角度来看，金融服务的易获得性以及高收益、高回报具有极大诱惑。行为经济学研究证明，70% 的投资者过度自信，认为自己比一般的投资者的平均水平高。三是从技术角度来看，互联网技术和金融科技使跨境金融服务成本更低、快捷程度更高。四是从监管者角度来看，监管能力不足。境外机构跨境开展的一些国内未开放的业务，由谁监管、如何监管尚无定论，相互推脱。五是从监管标准来看，各国监管尺度不一，存在国际监管套利。以外汇保证金为例：美国监管较为严格，且可长臂管辖至境外。因此，许多平台不敢跨境向美国境内提供服务，也不敢向美国人提供服务。一些国家如塞浦路斯、塞舌尔等牌照宽松，监管宽松。有些公司拥有多个监管标准不一的牌照。

（五）国内外网络平台违规提供跨境金融服务的主要问题

一是业务牌照涉嫌造假，声称受澳大利亚等国监管部门监管或宣称拥有授权，其实属于欺骗。新西兰金融市场监管局（FMA）日前发布风险提示，警告一家来自中国的零售外汇经纪商，冒用注册号，虚假宣传。澳大利亚监管部门发现有机构"套牌经营"，"克隆"正规持牌机构官方网站开展业务；澳大利亚有机构租房屋一两周用于拍照、带客户线下参观，完后关门走人，继续通过互联网平台提供交易服务，其实没有牌照。二是混用业务牌照。部分机构在集团内安排多层级复杂的组织架构，各关联公司部分具有牌照，部分不具牌照，但名称类似。消费者较难准确了解自己到底与哪个机构在进行交易。三是获得本国业务牌照但被外国公司实际控制。澳大利亚监管部门发现，部分机构持有牌照，但在澳大利亚既无资产也无交易，实际由维京群岛（或塞舌尔、马耳他、塞浦路斯等）离岸公司控制，消费者投诉时，监管部门难以追溯公司股东信息和资金链信息（资金可能根本未进入澳大利亚，或仅利用壳公司进入一小部分，或进入后立刻转账香港、台湾、内地等）。特别是消费者现金支付或付款给经纪人个人时，资金链更难追查。四是承诺高收益，交易过程不透明。暗箱操作，蚕食客户资金。五是涉嫌利用"传销模式"发展客户。部分平台按层级返利方式吸引新投资者加入。六是打着"交易"旗号，持续高额分红。由于盈利的不确定性，很可能是"庞氏骗局"。七是通过变相的线下商业存在，如培训中心、教育公司，突破服务接受国的禁止性规定。

（六）易引发的风险

一是投资者的风险，主要是经济损失。交易亏损、网站"跑路"、诈骗等是造成投资者受损的重要原因。近年来，IGOFX、万象国际外汇、恒星外汇等相继跑路，投资者损失惨重。二是服务接受国的风险，主要是想监管很难，只能看到网站，见不到人，眼看其扰乱当地金融秩序。三是服务提供国的风险，主要是服务提供国难以对本国机构在境外开展业务的合规性监管。"出海"资金遭受损失，则境内投资者将面临利益缺乏保护的问题。

三、促进开放，协同监管，防范风险跨境传染

（一）发挥好 FinTech 促进市场开放，促进金融创新，促进普惠金融的作用

TPP 框架下更高水平的金融服务自由化一定程度上代表了未来跨境金融服务的高水平开放标准。封闭市场，就会失去竞争力，失去全球机会，一些违法违规的跨境金融服务也是因为市场封闭而引发的，市场开放后就可能成为合法的了。各国应结合本国实际，逐步开放本国金融服务市场，主动融入全球市场。

（二）要具备匹配的监管能力，加强监管协同，形成数字环境下跨境金融服务的全球监管标准

G20、IMF 和 BIS 等国际组织有必要主导推动形成全球最佳监管标准。包括：①处理好金融创新与风险控制的关系；②强调交易留痕，境内、境外，穿透监管；③加强对跨境资金流动的监测，推进监管信息共享、数据共享，推出数据跨境流动规则；④强化信息披露；⑤加强金融基础设施建设；⑥完善跨境金融服务的金融消费者、投资者保护体系。投资者、消费者也要增强自保意识和能力，树立"受益自享、风险自担"理念；⑦开展同行评估，防范国家发展竞赛带来过度创新和"监管竞次"（比如有的国家允许机构在本国注册，但是只允许境外提供服务，不准给本国提供服务）；⑧签订多边、双边合作备忘录（MMOU、MOU）推进监管合作等。

（三）各国监管部门、司法部门联手出击，使非法跨境金融服务境内、境外无处遁形，线上、线下无处遁形

一是发展中的服务接受国初期可要求外资向本国提供金融服务必须设立商业存在，但是中长期需要构建跨境交付模式下的监管体系，提高监管能力。二是服务提供国应强调本国"出海"企业遵守服务接受国监管和法律。三是私人部门要有底线意识，大公司更要有社会责任意识。比如，外媒报道，2018 年 8 月苹果公司在其应用商店中删除了 25000 个赌博应用程序。我国非法外汇保证金交易的 App 下架问题也需要大公司积极配合。四是跨国联合监管、联合执法，打击违法违规跨境金融活动。比如跨境警告（境外监管部门同意，给其持牌机构

发提示函，明确告知外汇保证金交易在中国属于非法，拿上他发的牌照，不能在中国做外汇保证金交易）、移交警方、收紧牌照等措施。

最后，就我国来说，引进来方面要扩大金融市场开放，吸引境外 FinTech 企业以商业存在或者跨境交付等方式进入我国市场。对于违法违规的，要严厉打击。走出去方面要鼓励和支持我国领先的 FinTech 企业向当地输出金融科技能力，这一点，我国做得不够，可能也是受到这几年风险治理的影响。同时，要强调我国企业在境外合规经营，当下现实的是需要提醒东南亚监管当局"现金贷"的风险隐患。

我国金融科技发展较快，应站在维护全球金融秩序的高度，推进 FinTech 跨境金融服务的全球治理，参与全球规则制定，树立负责任大国的形象。

第八章

金融领域人工智能研究进展

　　当前，人工智能在金融科技领域已经成为最成熟、应用最为广泛的信息技术之一。要想洞察全球金融科技趋势，就亟须掌握人工智能应用的最新进展。本章通过对金融行业的业务进行分类，研究每一类金融业务中具体的人工智能技术研究现状，深入分析人工智能技术与金融业务的关系。

一、研究背景

　　技术成熟掀起人工智能在金融领域的研究热潮。"人工智能"最早由约翰·麦卡锡（John McCarthy）在 1956 年达特茅斯学会上提出，其技术发展历经波折。近年来，基础层的云计算平台、大数据处理等要素的成熟，为人工智能的发展奠定了坚实的基础；机器学习、深度学习算法与模型上的突破，则掀起了人工智能的发展浪潮，使复杂计算任务准确率大幅提升，从而推动了自然语言处理、语音识别、图像识别、机器人技术等技术的快速发展。人工智能未来将会给各个产业带来巨大变革，并产生更多的价值。在金融领域，人工智能的应用也提升了金融机构风险识别能力，降低业务运营成本，变革商业模式，提升服务效率，从而为金融机构增加收益。

二、人工智能应用的金融业务分类

目前关于金融领域人工智能的应用还没有统一的分类标准，美国国际贸易委员会（USITC）在《2016 顶尖市场报告——金融科技篇》中，把金融业务划分为支付、众筹、财富管理、借贷和转账服务五个门类；而毕马威（KPMG）则主张分为十类：借贷、支付、保险、数字货币、财富管理、众筹、资本市场、数据分析、监管科技、会计核算。上述金融业务的分类主要基于金融科技公司的业务领域。根据莫顿（Merton）金融功能理论，金融系统主要有六大功能，即：①为货物或服务的交易提供支付系统；②为从事大规模、技术上不可分的企业提供融资机制；③为跨时间、跨地域和跨产业的经济资源转移提供途径；④为管理不确定性和控制风险提供手段；⑤提供有助于协调不同经济领域分散决策的价格信息；⑥当金融交易的一方拥有信息而另一方没有信息时，金融系统提供了处理不对称信息和激励问题的方法。具体到业务层面，我们将金融业务分为支付结算、借贷融资、财富管理、风险管控、信息提供五大类。在此基础上，本章将探索每一类金融业务中当前主流人工智能技术，比如逻辑回归、支持向量机、决策树、神经网络、深度学习等的研究现状。

三、金融领域人工智能研究现状

目前，金融领域人工智能的研究现状可以简单概括为：全面覆盖金融业务类别，热点集中在金融核心业务。

（一）支付结算方面，生物识别技术一枝独秀

在支付结算业务中，人工智能技术主要应用在支付前的用户身份验证和识别过程，具体为利用生物识别技术进行用户的身份验证和识别，以增强安全性与便捷性。而该技术不仅可以应用在支付结算业务中，还可以应用在一切有登录任务的场景中，即利用生物识别技术进行用户的身份验证和识别不是金融领域特有的应用。因此，本章在支付结算业务中人工智能技术的研究方面只列举少部分相关研究成果，其他关于利用生物识别技术进行用户的身份验证和识别的研究成果也可以应用在支付结算业务中。中南大学（2012）的研究阐述了应用于支付用户身份验证和识别的几种生物识别技术并介绍了其评价指标，系统地提出了构建支付安全认证系统的设计。

（二）借贷融资方面，机器学习技术全面推进

在借贷融资业务中，人工智能技术主要应用在贷前个人 / 企业的信用风险评估（主要为违约概率预测）、主权信用评估以及借贷利率定价过程。布加勒斯特经济研究大学（2016）的研究以 3000 家向罗马尼亚国际银行申请信用贷款的公司为样本，对其信用违约风险进行了评估，主要的影响因子包括贷款额度、公司规模以及经营活动等，选

择神经网络作为预测模型。意大利基耶蒂 – 佩斯卡拉大学（2008）的研究以 76 个小企业数据为样本研究神经网络在信用风险评估中的作用。俄斯特拉发技术大学（2012）的研究利用三种常见的人工智能技术，即线性判别分析法（Linear Discriminant Analysis, LDA）、多元逻辑回归和决策树，以 4802 家欧洲公司 2002 年至 2008 年的历史数据为样本，对这些公司进行信用评级。贝尔伯特大学（2017）的研究以 180 个国家 2011 至 2013 年的数据为样本，使用模糊逻辑回归和神经网络方法对主权信用评级系统进行研究。麻省理工学院（2010）的研究利用机器学习的方法来对消费者信用风险进行评估。费城大学（2016）的研究以 Jordan 地区公司 2000 年至 2015 年的数据为样本，利用多层感知神经网络模型（Multilayer Perceptron Neural Network，MPNN）进行公司破产情况预测。布鲁克大学（2011）的研究以加州大学洛杉矶分校发布的 Lynn M. LoPucki 破产研究数据库（Bankruptcy Research Database）为样本，比较三种常用的预测公司破产方法 Bayesian、Hazard 和 Mixed Logit。

华东理工大学（2016）的研究利用知识图谱（Knowledge Graph）的方法对公司的信息进行归纳总结，该研究以大约 40000000 家中国公司的公开信息为基础，利用知识图谱技术清晰明了地展示公司的实际控制人、专利、诉讼案件等信息。对外经济贸易大学（2016）的研究对基于大数据的个人信用风险评估模型体系进行研究，通过对模型的数据基础、表现定义及逻辑、样本分类和抽样方案等建模基础信息进行详细分析，提出大数据环境下的个人信用风险评估模型——CreditNet 研究框架，将 CreditNet 模型划分为三个研究阶段，逐步限定技术要点，开展模型构建研究。北京交通大学（2017）的研究针对互联网消费金融的小额贷款申请，探讨机器学习技术在这个领域中的发展情况和实际应用情况，研究违约用户和履约用户的各方面特征，采用 GBDT 模型对原始底层搜索词进行建模，将得出的用户违约概率值作为初版逻辑回归模型的一个新变量加入模型中，提高模型的泛化能力。上海师范大学（2018）的研究主要从贷前风险识别入手，使用机器学习的多个算法构建模型对车抵贷业务的违约率进行研究，通过比较各个模型计算出的准确率来找出最适合做车抵贷业务违约率的风险识别模型，帮助 P2P 车贷行业建立更加完善的风险识别体系。电子科技大学（2018）的研究为 P2P 网络贷款业务构建评价借款人信用风险的指标体系，并借助获取的人人贷网站上的借款人信息，建立支持向量机（SVM）模型，对借款人进行信用风险评估。西南财经大学（2016）的研究以个人信用评估方法为研究中心，结合国内外的研究及实际数据，构建一种新的个人信用评估方法，即将随机森林算法（Random Forest, RF）、自适应粒子群优化算法（Adaptive Particle Swarm Optimization, APSO）和最小二乘支持向量机算法（Least Squares Support Vector Machine, LSSVM）结合起来，研究了新的组合模型的信用评估效果，其中利用了随机森林算法的特征向量的重要性估计做了特征选择，研究了删减重要性程度低的特征变量对模型分类性能的影响。东北财经大学（2017）的研究对 P2P 网络贷款业务的借款人违约率进行评估，提出基于 AdaBoost 算法和支持向量机（SVM）算法相结合的 Boosting-SVM 算法。复旦大学（2017）的研究以逻辑回归、决策树、支持向量机（SVM）作为初级学习器，以 SVM 作为次级学习器，构建基于 Stacking 集成策略的评估模型来预测 P2P 网络借贷中借款人的违约风险。上海财经大学（2017）的研究针对互联网金融行业的信用风险评估问题，提出了一种基于卷积神经网络的客户违约风险预测方法。重庆大学（2017）的研究针对互联网金融违约风险识别问题，利用统计学知识和机器学习方法进行建模分析，选取了某一互联网金融公司的金融数据共 1000 个样本和 29 个变量作为研究对象，对决策树模型加入了自适应，对朴素贝叶斯模型加入了 Laplace 修正，综合对比发现逻辑回归模型的预测效果最理想。中央财经大学（2018）为了研究 P2P 网络借贷中违约风险预警问题，基于"拍拍贷"的真实交易数据，建立逻辑回归、神经网络、SVM（支持向量机）等机器学习模型，预测借款人违约概率。东北财经大学（2017）主要研究 P2P 网络贷款的违约预测模型及其影响因素，将 LightGBM 算法与 XGBoost 算法运用到 P2P 网络贷款违约预测模型中。南京大学（2014）研究了适用于小微企业的违约风险管理机制，对小微企业的违约管控机理进行了深入刻画与量化，分别构建了基于理想数据条件下，适用于小微企业的不完全信息违约估计模型、统计学与机器学习类违约估计模型和基于现实数据缺失条件下的违约估计模型。湖南大学（2016）对供应链金融环境下中小企业信用风险评估问题进行研究，提出了集成机器学习模型，通过投票方式聚集预测结果。北京大学（2017）的研究基于实际所采集到的商业银行数据，采用机器学习组合算法模型，构建既代表最新技术水平、又可实际落地的利率定价模型。文献选取随机森林作为利率变动预测算法，随机森林以决策树作为主体算法，但不基于数据全集构建决策树，而是随机选择数据子集构建决策树，即随机抽取贷款的基本属性信息、银行主体的日财务状况、上海银行间同业拆借利率中的某些数据作为训练集数据中的一部分数据来构建多棵决策树，最终采用取平均值的方法，找到最终的决策树集合（随机森林）。

（三）财富管理方面，技术从 B 端向 C 端演化

在财富管理业务中，近年来的突出现象是从对量化投资的研究向智能投顾转变，人工智能技术正从对机构服务向对零售用户服务转变，主要应用在投资组合辅助设计（即量化投资）、股票指数走势预测、股指期货价格预测、互联网金融收益率预测等方面。维罗纳大学（2016）的研究提出一种基于神经网络的方法来预测股票指数走势。利用不同的神经网络结构，文献提供了具体的时间序列数值分析。特别地，文献使用多层感知器（MLP）、卷积神经网络（CNN）和长短期记忆网络（LSTM）技术。米纳斯吉拉斯州天主教大学（2013）的研究旨在运用经济与金融学理论，结合技术面分析、基本面分析与时间序列分析，建立金融市场的神经网络模型，以预测巴西石油股份公司的股票价格走势。伊斯兰阿扎德大学（2015）的研究以德黑兰股票交易所 5 年的历史数据为样本，将逻辑回归和神经网络相结合进行资产组合的股票选取，并将该组合的结果同传统的自回归积分滑动平均模型（ARIMA）以及马克维兹投资组合模型（Markowitz Model）方法所得结果进行对比，研究表明所提出的模型有较低的 MSE 和 RMSE 数值，效果更好。穆罕默德大学（2016）利用遗传算法（Genetic Algorithms）以及神经网络构建模型对投资组合在一定概率下可能发生的最大损失进行最小化研究。邦德大学（2010）的研究以 1994 年至 2008 年的 ASX200（澳大利亚股票指数）数据为样本，尝试利用神经网络建立交易模型，主要关注于交易的三个方面：买进卖出的条件、风险的把控和资金管理。加州大学伯克利分校（2017）的研究尝试利用自然语言处理（NLP）研究金融头条新闻对股票价格的影响。马里兰大学（2016）的研究以大约 900000 个新闻报道为样本，以神经网

络模型为基础，研究是否可以使用新闻对股票回报进行预测。

香港大学（2012）的研究以 NASDAQ100 指数中的 1994 年至 2010 年的股票数据为样本，使用粒子群算法结合滑动平均（moving average）和交易区间突破（trading range break-out）策略构建复合投资计划。北京航空航天大学（2017）的研究设计了一种智能的量化策略辅助设计平台，该平台引入了深度学习框架，利用人工智能技术训练模型和设计策略，并将预测结果通过可视化技术呈现，为投资者提供按自己的风险偏好选择投资组合辅助设计平台。武汉大学等（2017）的研究设计了一套基于机器学习和技术指标的量化投资算法 ML-TEA（Machine Learning and TEchnical Analysis）。上海师范大学（2018）的研究针对智能投顾在选股领域是否有效这一问题，对 A 股市场建立多指标模型策略。在输入变量中创建四大指标体系，分别为技术指标、基本面指标、舆情指标和交易指标，共计 34 个因子，用以评估股票未来收益率。浙江工商大学（2017）研究如何将传统多因子模型和机器学习算法结合在一起，构建基于 SVM 算法的多因子选股模型。上海师范大学（2017）研究如何策划出一套能够取得高收益并且稳定的量化投资策略，并且经过对当下国内证券投资市场和投资环境的分析，结合动量、资金流和财务、红利、债券、宏观等多种因子，运用 XGBoost 分类算法设计出一种多因子量化选股方案。上海理工大学（2017）的研究针对股指走势预测问题，结合 k 近邻算法、支持向量机（SVM）算法和时间序列算法的优点，整合其结果提出一种综合预测算法，并将其应用到沪深 300 指数的涨跌预测中。上海师范大学（2018）在前人研究的基础上，从算法和模型指标两个方面研究如何提高机器学习算法在股价走势预测方面的准确率，经过研究发现，对 AdaBoost 和 GBDT 算法进行优化创造出的 XGBoost 算法比传统的决策树、SVM 算法具有更高的准确率。同时除了技术性指标外，文献还加入了与行为金融学相关指标，旨在将技术性指标和非技术性指标进行结合。北京语言大学等（2018）的研究针对股指期货交易速度快、交易频率高、交易量巨大且交易数据具有高维、时序的特征，构建了新的股指期货量化投资模型，采用沪深 300 股指期货 1 分钟高频数据作为研究对象。并对比分析了神经网络、支持向量机（SVM）和 XGBoost 对股指期货下 1 分钟价格的变动方向的预测能力。兰州大学（2016）的研究针对互联网金融的收益率预测问题，以余额宝七日年化收益率数据作为研究对象，分别用前馈神经网络（BPNN）、小波神经网络（WNN）、支持向量回归机（SVR）和粒子群算法优化的最小二乘支持向量回归机（PSO-LSSVR）四种机器学习算法对训练集进行数据挖掘和仿真模拟，然后用测试集数据对仿真模型的预测效果进行检验，结果表明：SVR 和 PSO-LSSVR 相对于神经网络算法的预测效果更好。

（四）风险管控方面，尚无技术共识

在风险管控中，人工智能技术主要应用在反欺诈过程。暨南大学（2016）的研究借鉴国内外的研究成果，结合统计学和机器学习等学科知识，采用数据挖掘技术，提出了一套较为合理的反欺诈系统，以互联网金融的行业实际数据进行分析与建模，原始数据集中包含用户的消费数据、社交数据和信用数据（欺诈类型和正常类型），分别建立神经网络模型、支持向量机模型和随机森林模型，使用测试集数据进行验证，模型评估表明神经网络的预测效果最理想。雀巢公司（1994）的研究以纽约梅隆银行的数据为样本，利用神经网络构建信用卡反欺诈模型。该神经网络模型被训练用来探测丢失信用卡、失窃信用卡、伪造欺诈等。可行性研究表明，该神经网络模型可有效提高欺诈检测的准确性，并且提高运行效率。随后纽约梅隆银行成功将该模型运用到实际工作中，取得了与研究一致的效果。特纳工程学院（2015）在前人研究的基础上对当前信用卡反欺诈领域所用技术进行了总结，决策树模型通过对持卡人电子邮箱地址、IP 等信息的分析做出反欺诈预警；遗传算法模型可对正在进行的信用卡交易进行欺诈检测；元学习策略（Meta Learning Strategy）则善于处理大量数据，筛选出涉嫌欺诈的交易；神经网络模型和 HMM 模型可对用户使用习惯、行为进行归类和分析，对持卡用户进行画像，通过与用户往常行为进行比较进行反欺诈检测。中密歇根州立大学（2015）的研究利用神经网络模型检测欺诈性财务报表，（Fraudulent Financial Statements FFS），利用公开的公司年报、代理通知（Proxy Statement）和新闻报道等信息为样本，从公司治理、审计公司、员工激励、子公司、资本结构、经营结果、人事关系、诉讼案件、会计准则选择、财务比率等角度进行分析，其中包含 62 个子因素。研究筛选出 20 个影响最大的因素作为最终的考虑因素，最后结果表明新的神经网络模型可达到 63% 的准确率，高于其他的模型预测结果。

（五）信息提供方面，自然语言处理技术运用最为广泛

在信息提供业务中，人工智能技术主要的应用领域为智能客服，具体为利用自然语言处理、语言识别技术自动化地为客户提供服务。与生物识别在支付结算业务中的应用类似，自然语言处理、语音识别等技术不仅可以应用在金融领域的智能客服中，还可以应用在一切其

他的智能客服场景中，即利用自然语言处理、语言识别技术为客户提供智能客服不是金融领域特有的应用。因此，本文在信息提供业务中人工智能技术的研究方面只列举少部分相关研究成果，其他关于利用自然语言处理、语言识别技术为客户提供智能客服的研究成果也可以应用在信息提供业务中。中国民生银行等（2018）的研究从商业银行实际出发，对语音识别技术的发展进行梳理，并提出商业银行语音识别"4I"应用框架，结合深度学习技术对传统语音识别技术的相关环节进行优化和完善，提出级联系统（Tandem System）、混合系统（Hybrid System）、端到端模型（End-to-End Model）系统等新技术应用。中国农业银行（2017）的研究围绕"智能银行"的概念，设计了一种基于语义 Web 服务的智能银行问答系统，通过简单的 Web 问答界面，接受客户的自然语言问题，根据解析结果，调用不同功能的 Web 服务或进行信息抽取，解答客户的问题，采用 AI 规划技术的层级任务网络（Hierarchical Task Network, HTN）实现语义 Web 服务动态组合，大大简化用户的操作，将大量、复杂的智能计算屏蔽在后台，留给用户的是简洁、轻量级的客户端，同时也方便移植到对客户端计算能力要求不高的移动领域的云计算应用中。

四、人工智能技术与金融业务之间的关系

在探讨人工智能技术与金融业务之间的关系时，我们总结每一类金融业务中应用了哪些人工智能技术，同时每一种人工智能技术又可以应用到哪些业务中。人工智能技术与金融业务之间的具体关系如表8-1所示。

表 8-1　人工智能技术与金融业务之间的关系

人工 智能技术 ＼ 金融业务	支付结算 （1项技术）	借贷融资 （14项技术）	财富管理 （11项技术）	风险管控 （7项技术）	信息提供 （6项技术）
生物识别	√				
用户画像		√			
逻辑回归		√			
朴素贝叶斯		√			
决策树		√		√	
GBDT		√			
随机森林		√		√	
AdaBoost		√	√		
XGBoost		√	√		
LightGBM		√			
SVM		√	√	√	
SVR			√		
BP 神经网络		√	√	√	
深度神经网络					√
卷积神经网络		√	√		√
循环神经网络					√
LSTM			√		
AutoEncoder					√
粒子群		√			
HMM			√	√	√
k 近邻			√		

续表

金融业务 人工 智能技术	支付结算 （1项技术）	借贷融资 （14项技术）	财富管理 （11项技术）	风险管控 （7项技术）	信息提供 （6项技术）
自然语言处理			√		√
知识图谱		√		√	
遗传算法			√	√	

（一）人工智能技术在金融领域的通用性有突破，但仍需提高专业性

在24项人工智能技术中，应用最广泛的技术是SVM、BP神经网络、卷积神经网络和HMM4项技术，但也最多覆盖了三类金融业务，其中，卷积神经网络除了能够覆盖传统金融业务（指借贷融资和财富管理）外，还覆盖了信息提供等新型网络金融业务。共有13项技术仅应用在一类金融业务中，剩余7项应用覆盖两类金融业务。像生物识别和自然语言处理这类学术研究较多，但与金融密切结合较少，说明金融领域对这些技术主要采取"拿来主义"，并未做太多专业化改造。

（二）金融业务的人工智能应用水平差别较大，将技术应用到业务上的潜力较大

金融业务中用到人工智能技术最多的类别是借贷融资，用到了14项技术，其次是财富管理用到11项技术，最少的是支付结算，只有1项技术。说明借贷融资类业务的改进仍有较大空间，而支付结算领域的人工智能技术应用还有待突破。

（三）知识图谱作为新兴人工智能技术，在金融领域应用前景广阔

知识图谱是通过将应用数学、图形学、信息可视化技术、信息科学等学科的理论与方法与计量学引文分析、共现分析等方法结合，并利用可视化的图谱形象地展示学科的核心结构、发展历史、前沿领域以及整体知识架构达到多学科融合目的的现代理论。它把复杂的知识领域通过数据挖掘、信息处理、知识计量和图形绘制而显示出来，揭示知识领域的动态发展规律，为学科研究提供切实的、有价值的参考。通过这种方式，可以对复杂的知识、经验进行总结整理，并直观地展示出来，即使使用者不具备信息技术或统计等专业背景也能读懂。

知识图谱本质上是一种语义网络，表达了各类实体、概念及其之间的语义关系。相对于传统知识表示形式（诸如本体、传统语义网络），知识图谱具有实体 / 概念覆盖率高、语义关系多样、结构友好（通常表示为 RDF 格式）以及质量较高等优势，从而使得知识图谱日益成为大数据时代和人工智能时代最为主要的知识表示方式，同时随着机器学习的迅猛发展，机器学习和知识图谱这两个学科出现了一定程度的融合，主要表现在两个方面。

另一方面，将知识图谱中的大量信息输入到机器学习的模型中，成为机器学习的直接数据输入，也可以将知识图谱中积累的已有经验输入，一定程度上减少机器学习对大数据大样本的依赖，简化研究过程。该方面的基础是知识表示学习，此种技术旨在将知识图谱中离散的、显示化的符号语义信息转化为稠密低维实值向量，使得机器学习的模型可以直接应用。

一方面，将知识图谱中的信息作为优化目标的约束，对机器学习模型进行指导。该方面主要研究如何将知识图谱中的逻辑规则作为优

化加入到机器学习模型中。

目前来看，知识图谱与机器学习的融合的研究仍处在初级阶段，面临诸多挑战，比如在将知识图谱信息转化并输入机器学习模型的过程中会丢失大量信息，模糊原本的语义关系。

但是，知识图谱技术在金融领域存在巨大应用空间。知识图谱可协助金融工作人员对大体量数据进行处理，提炼出所需要的数据，并将结果直观地展示出来。同时知识图谱技术也可以通过一定逻辑帮助使用者从复杂的经营关系中挖掘出隐藏的关系和风险，协助投资者做出决策。同美国等发达国家相比，我国在金融信息服务领域还存在一定的差距。目前我国仅仅在基础数据层面建设发展较为成熟，可以提供大量的原始数据，但缺乏对这些数据进行进一步的加工、分析和总结，而知识图谱技术则可弥补该领域的不足，促进我国金融信息服务业的发展。

综合金融领域人工智能研究分析，当前金融领域的五类业务中人工智能技术应用范围比较有限、智能化要素水平仍较低。随着云计算平台、大数据处理能力、机器学习、人工智能等技术不断进步，会使得当前金融业务的智能化水平不断提高，在未来的金融业务中，很有可能采用的人工智能模型都为计算机自动建模，同时每一类业务都可完全由计算机完成，而不需人参与其中，实现真正的自动化、智能化。

执笔人：闫 晗 边 鹏

参考文献

［1］毕马威（KPMG）.2016 全球金融科技 100 强，2016.

［2］班子寒，张阳 .BH-Quant 智能量化策略辅助设计平台的研究与实践 . 软件工程，2017.

［3］蔡钊，杨振贤，王柳 . 基于语义 Web 服务的智能银行系统的设计与实现 . 中国金融电脑，2012.

［4］丁岚，骆品亮 . 基于 Stacking 集成策略的 P2P 网贷违约风险预警研究 . 投资研究，2017.

［5］傅航聪，张伟 . 机器学习算法在股票走势预测中的应用 . 软件导刊，2017.

［6］甘鹭 . 基于机器学习算法的信用风险预测模型研究 . 硕士学位论文（北京交通大学），2017.

［7］郭小龙 . 统计方法在互联网金融违约风险识别中的应用 . 硕士学位论文（重庆大学），2017.

［8］黄卿，谢合亮 . 机器学习方法在股指期货预测中的应用研究——基于 BP 神经网络、SVM 和 XGBoost 的比较分析 . 数学的实践与认识，2018.

［9］赖莹 . 支持向量机在 P2P 借款人信用风险评估中的应用 . 硕士学位论文（电子科技大学），2018.

［10］赖亮 . 基于 Boosting-SVM 算法的 P2P 网贷平台违约风险识别方法 . 硕士学位论文（东北财经大学），2017.

［11］李斌，林彦，唐闻轩 .ML-TEA：一套基于机器学习和技术分析的量化投资算法 . 系统工程理论与实践，2017.

［12］李想 . 基于 XGBoost 算法的多因子量化选股方案策划 . 硕士学位论文（上海师范大学），2017.

［13］刘晨 . 多指标选股智能投顾策略构建研究 . 硕士学位论文（上海师范大学），2018.

［14］刘燕 . 基于百度指数的上证 50 指数预测研究 . 硕士学位论文（上海师范大学），2018.

［15］美国国际贸易委员会（USITC）.2016 顶尖市场报告——金融科技篇，2016.

［16］喻凌云 . 基于生物特征识别技术的金融安全理论与方法研究 . 硕士学位论文（中南大学），2012.

［17］沙靖岚.基于 LightGBM 与 XGBoost 算法的 P2P 网络借贷违约预测模型的比较研究.硕士学位论文（东北财经大学），2017.

［18］孙存一，龚六堂.大数据思维下的利率定价研究.金融理论与实践，2017.

［19］涂艳，王翔宇.基于机器学习的 P2P 网络借贷违约风险预警研究—来自"拍拍贷"的借贷交易证据.统计与信息论坛，2018.

［20］万浩文.基于数据挖掘的互联网金融反欺诈系统研究.硕士学位论文（暨南大学），2016.

［21］王重仁，韩冬梅.基于卷积神经网络的互联网金融信用风险预测研究.微型机与应用，2017.

［22］王粟旸.商业银行小微企业违约风险管控及违约概率估计模型研究.博士学位论文（南京大学），2014.

［23］王彦博，桂小柯，杨璇，杜新凯，卢佳慧.FinTech 时代商业银行智能语音识别技术应用与发展.中国金融电脑，2018.

［24］徐陈新.P2P 网络借贷平台车抵贷业务违约率的风险识别研究.硕士学位论文（上海师范大学），2018.

［25］许伟.基于 PSO-LSSVR 优化算法的互联网金融收益率预测研究.硕士学位论文（兰州大学），2016.

［26］张万军.基于大数据的个人信用风险评估模型研究.博士学位论文（对外经济贸易大学），2016.

［27］张碧月.基于 RF 和 APSOLSSVM 的两阶段信用评估研究.硕士学位论文（西南财经大学），2016.

［28］周渐.基于 SVM 算法的多因子选股模型实证研究.硕士学位论文（浙江工商大学），2017.

［29］祝由.供应链金融环境下中小企业信用风险评估研究.博士学位论文（湖南大学），2016.

［30］J.McCarthy，M.L.Minsky，N.Rochester，C.E.Shannon.达特茅斯会议，1956.

［31］Aline Mihaela Dima, Simona Vasilache. Credit Risk Modeling for Companies Default Prediction Using Neural Networks. Journal for Economic Forecasting, 2016.

［32］Amir E. Khandani, Adlar J. Kimz, Andrew W. Lo. Consumer Credit Risk Models via Machine-Learning Algorithms. Journal of Banking & Finance, 2010, 34（11）: 2767-2787.

［33］Bruce Vanstone, Gavin Finnie. Enhancing Stock Market Trading Performance with ANNs. Expert Systems with Applications, 2010.

［34］Eliana Angelini, Giacomo di Tollo b, Andrea Roli. A Neural Network Approach for Credit Risk Evaluation. Quarterly Review of Economics & Finance, 2008, 48（4）: 733-755.

［35］El Hachloufi Mostafa, El Haddad Mohammed, El Attar Abderrahim. Minimization of Value at Risk of Financial Assets Portfolio using Genetic Algorithms and Neural Networks. Journal of Applied Finance & Banking, 2016.

［36］Fei Wang, Philip L.H. Yu, David W. Cheung. Complex Stock Trading Strategy Based on Particle Swarm Optimization. Computational Intelligence for Financial Engineering & Economics, 2012, 430:1-6.

［37］Fagner A. de Oliveira, Cristiane Neri Nobre, Luis E. Zarate. Applying Artificial Neural Networks to Prediction of Stock Price and Improvement of the Directional Prediction Index – Case Study of PETR4, Petrobras, Brazil. Expert Systems with Applications, 2013.

［38］Hakan Pabu?cu, Tuba Yak?c? Ayan. The Development of an Alternative Method for the Sovereign Credit Rating System Based on Adaptive Neuro-Fuzzy Inference System. American Journal of Operations Research, 2017.

［39］Kurt Fanning, Kenneth O. Cogger. Neural Network Detection of Management Fraud using Published Financial Data. Intelligent Systems in Accounting Finance & Management, 2015.

［40］Luca Di Persio, Oleksandr Honchar. Artificial Neural Networks Architectures for Stock Price Prediction: Comparisons and Applications. International journal of circuits, systems and signal processing, 2016.

［41］Merton, R. C. Theory of rational option pricing. Bell Journal of Economics and Management Science, 1973, 4: 141-183.

［42］Martina Novotná. The Use of Different Approaches for Credit Rating Prediction and Their Comparison. 6th International Scientific Conference Managing and Modelling of Financial Risks, 2012.

［43］Milad Aghagholizadeh Ardebili, Masoud Hashemi, Ali Shahabi, Mahmood

Hatami Barough. Optimized Selection of Stock Portfolio by using the Fuzzy Artificial Neural Networks Web Model, ARIMA & Markowitz Model in Tehran Stock Exchange. European Online Journal of Natural and Social Sciences, 2015.

［44］Ming Li Chew, Sahil Puri, Arsh Sood, Adam Wearne. BlackRock Applied Finance Project: Using Natural Language Processing Techniques for Stock Return Predictions. 2017.

［45］Priya Ravindra Shimpi, Vijayalaxmi Kadroli. Survey on Credit Card Fraud Detection Techniques. International Journal of Engineering and Computer Science, 2015.

［46］Steven L. Heston, Nitish R. Sinha. News versus Sentiment: Predicting Stock Returns from News Stories. Finance and Economics Discussion Series 2016-048. Washington: Board of Governors of the Federal Reserve System, http://dx.doi.org/10.17016/FEDS.2016.048, 2016.

［47］Sushmito Ghosh, Douglas L. Reilly. Credit Card Fraud Detection with a Neural-Network. Proceedings of the Twenty-Seventh Annual Hawaii International Conference on System Sciences, 1994.

［48］Tong Ruan, Lijuan Xue, Haofen Wang, Fanghuai Hu, Liang Zhao, Jun Ding. Building and Exploring an Enterprise Knowledge Graph for Investment Analysis. 15th International Semantic Web Conference, 2016.

［49］Yusuf Ali Khalaf Al-Hroot. Bankruptcy Prediction Using Multilayer Perceptron Neural Networks in Jordan. European Scientific Journal, 2016, 12（4）: 1857-7881.

［50］Zhanpeng He. Using a Bayesian Model for Bankruptcy Prediction: A Comparative Approach. Social Science Electronic Publishing, 2012.

第九章

大数据研究与应用进展

当今社会已经进入大数据时代，大数据正在深刻地影响着人们的工作、生活和学习。无论是科研学术界，还是工商企业界，无论是政府组织管理，还是个人日常生活，随处可见大数据的影子，大数据已经渗透到社会和个人生活的各个角落。大数据给时代带来的改变无处不在，从精准营销到战略定位，从桌面办公到移动互联，从产业升级到社会变革，从社会治理到国家战略，从网络安全到国家安全，大数据不仅改变了人们生活与工作的方式，也改变了人们思维与决策的方式。大数据时代，谁掌握了数据并实现了数据的价值，谁就将在竞争中胜出。大数据时代，公众不只是数据的消费者，也是数据的生产者和加工者。如何在大数据环境中认清时代特点与形势，抓住快速发展的良好机遇，已经成为适应新时代、发展新经济的关键。

一、大数据的概念及特点

（一）大数据的概念

大数据是当前信息化社会发展的热点话题，大数据的概念与特点已深入人心。目前常见的是从数据规模、技术方法以及应用价值三个视角来认识大数据。从数据规模视角看，一般认为 PB 以上的数据才称为大数据；从技术方法视角看，传统数据库技术与方法无法处理的海量或非结构化的数据集，称之为大数据；从应用价值视角看，大数据是基于多源异构、跨域关联的海量数据分析所产生的决策流程、商业模式、科学范式、生活方式和观念形态上的颠覆性变化的总和。综合上述三种观点，可以看出，大数据是具有体量大、结构多样、时效性强等特征的海量数据，处理大数据需采用新型计算架构和智能算法等新技术，大数据中隐藏着有价值的信息和知识，通过对大数据的分析与挖掘，可以发现新的知识与洞察，并进行科学决策。

（二）大数据的特点

普遍认为，大数据具有 4 个典型的特点，即数据规模大（Volume）、数据类型多样（Variety）、数据处理速度快（Velocity）、数据价值密度低（Value），这 4 个特点的英文首字母都是 V，所以也称大数据的 4 个 V，如图 9-1 所示。

1. 数据规模大（Volume）

数据规模大是大数据的首要特征。随着技术的发展，大数据的量级标准也在不断地提高，从现状来看，基本上是指从几十 TB 到几 PB 的数量级。例如，百度公司每天大约处理 60 亿次搜索请求，数据量级达几十 PB，可见大数据的数量规模之大。一方面，数据容量大对存储、管理、利用等方式都提出了挑战，要求研发适应大数据管理的方法和技术；另一方面，若不能好好利用已收集到的数据，那么空有一堆数据，即使数据的体量再大，也不能称之为大数据。

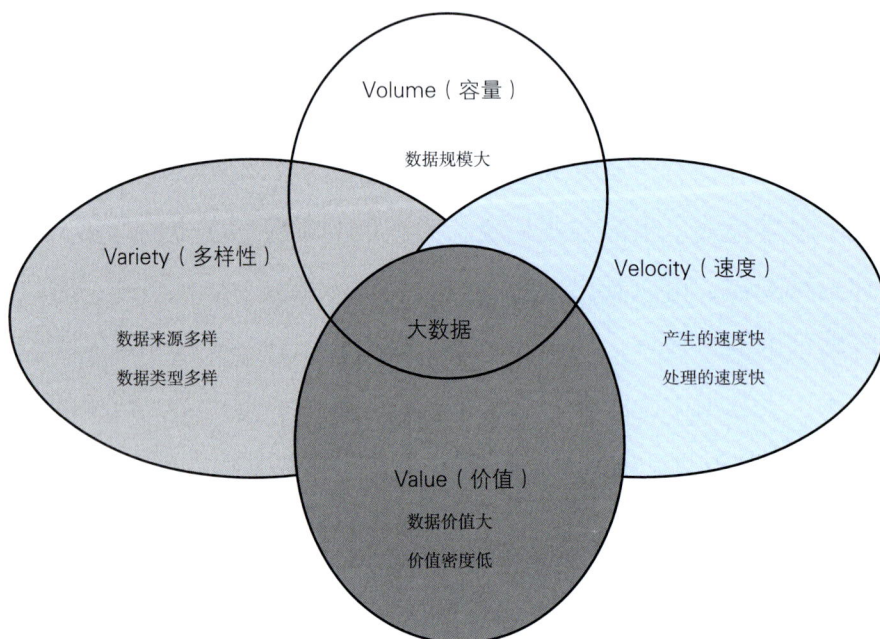

图 9-1　大数据的 4 个 V

2. 数据类型多样（Variety）

大数据的"大内容"反映在数据的来源多样、类型多样上。传统的数据通常被存储在各种表格或数据库中，这些数据都是结构化的数据，比较容易管理。而在大数据时代，除了传统的信息系统的数据外，传感器记录的环境数据、社交媒体产生的社会行为数据、数字化生产的物理实体数据等数据量每天都在飞速地增长，已成为现今社会中主要的数据类型。数值数据、文本数据、图形图像数据、音频视频数据、空间数据等使得大数据的类型更加复杂多样，这些数据在社会管理、安全监控、经济分析、营销推广等方面都起到重要作用。

3. 数据处理速度快（Velocity）

大数据的速度特征包含两方面。第一，数据产生和更新的速度快；第二，数据处理与分析要求的速度快。"数据即时产生，即时处理"已成为大数据处理的主流趋势。如果能够做到实时处理，就会产生巨大的商业价值。腾讯每年有几十亿的广告收入，其基础来自收集到的超过1万亿条的用户使用数据，通过对这些数据的深度分析并以分析的结果为依据，进行实时的精准推荐，包括视频推荐、音乐推荐、新闻客户端推荐、游戏道具的推荐等等。从使用数据采集分析到推荐结果投放，历时不超过50毫秒。

4. 数据价值密度低（Value）

对特定问题而言，大数据属于一种价值密度低的数据。举例来说，交通视频监控器或小区安保监控器每天记录大量的视频数据，积累的数据量极大。但是，对于一起具体的交通事故而言，进行责任认定时，只有记录该车辆违章或发生事故时的那一段视频，才是有价值的，大量的其他数据对此并没有实际用途。价值密度低就是指解决具体问题的关键数据只占大数据的一小部分，但这部分数据的作用非常重要。因此，在数据总量大的前提下，大数据对解决具体问题而言的关键数据占比很少。所以，如何挖掘出大数据中的价值，是大数据的重要课题。

二、大数据相关技术

大数据的产生和发展，与近年来信息技术的发展密不可分。计算机和网络技术的发展催生了大数据，分布式计算与云计算实现了大规模数据处理，人工智能技术为大数据研究与应用带来新方向。

（一）计算机和网络技术的发展催生了大数据

20 世纪以来，以计算机与互联网技术为代表的信息革命又一次改变了世界。从超大型计算机到如今的智能手机，人类的信息功能得到极大地延伸。互联网的出现，从根本上改变了地球上连接的方式，并由此积累了大量的人类活动数据，催生了大数据。

1. 电子计算机

早期以 ENIAC 为代表的第一代计算机，所使用的主要电子器件为电子管。到 20 世纪 60 年代，晶体管取代电子管成为计算机的主要原件，操作系统和高级计算机语言开始出现，这些技术一般被认为是第二代计算机技术。从 1964 年开始，集成电路技术得到快速发展，该技术使得一个芯片可以容纳更多的元件，这一时期的计算机主要使用大规模集成电路，一般被称为第三代计算机技术。进入 80 年代，超大规模集成电路出现，这种集成电路可以容纳至少几十万个元件，成为现代计算机的核心技术。

在过去的半个世纪，计算机技术飞速发展。计算机运算速度几乎每隔 24 月就会提升一倍。与此同时，计算机存储技术也在快速发展，这不但使得存储的成本大幅降低，也使得计算机的体积越来越小。个人计算设备，已从早期笨重的台式机发展到如今极为便携的笔记本。现在，平板电脑也已经走入了人们的生活，智能手机更是成为人们离不开的随身设备，尽管这些设备看起来不太像一般意义上的电脑，但是它们在本质上却是功能完善的计算机。计算机技术的这种进步，使得计算机得以广泛普及，成为大数据产生的基础之一。

2. 互联网

1969 年，第一条信息从加州大学洛杉矶分校的计算机传到了斯坦福大学的另外一台计算机，互联网的雏形 ARPAnet 诞生了。1971 年，夏威夷大学的内部网络接入 ARPAnet，两年以后，英国伦敦大学学院以及挪威的皇家雷达机构也接入该网络。随着越来越多的子网络和计算机加入 ARPAnet，该网络规模越来越大，逐渐形成了我们今天所熟悉的互联网。在互联网发展的初期，尽管网站为网络用户提供了大量的信息，但是，无论是新闻浏览，还是检索信息，网络用户在网络中的角色主要是被动的信息接收者。

进入 21 世纪，网络世界逐渐产生了变化，这种变化源于网络用户角色的转变。越来越多的用户开始参与到网络信息的生产过程中，为了区别于过去的网络环境，人们将这种新的网络称为 Web2.0。Web2.0 的重要特征在于用户参与，用户既是网络信息的使用者，也是网络信息的生产者，网络信息出现爆炸性增长。

（二）分布式计算与云计算实现了大规模数据处理

大数据由于数量巨大，需要用新的技术来加以处理，也需要有新的存储方式。分布式计算技术和云技术就是能够满足这种需求的代表性技术。

1. 分布式技术

早在 20 世纪 70 年代，人们就意识到，尽管每台普通计算机的运算能力并不强。但是，如果有成千上万台普通计算机，将它们的计算能力相加，理论上也可以得到超强的计算能力。基于这种思想，科学家提出了分布式计算的概念。所谓分布式计算，是指利用分布在不同网络（甚至是地理）位置的计算机进行计算，计算机之间彼此通过相应的软件系统进行协调。分布式计算的提出，使得人们可以连接普通计算机，以较低的成本进行大规模的运算任务。在大数据领域，MapReduce 和 Hadoop 是应用比较广泛的分布式软件框架。

MapReduce 模型是 Google 在 2003 年左右提出的一种大规模分布式数据运算模型。简单地说，这种模型将整个计算分为两个阶段，第一个阶段叫作映射（Map）阶段，主要是对数据进行筛选和映射，第二阶段叫作归约（Reduce）阶段，主要对数据做进一步处理。映射和归约阶段，又可以进一步分解成多个运算子任务，每个子任务在一台计算机中执行，不同计算机中运行的子任务可以同时运行。

2004 年，美国软件工程师道格·卡廷（Doug Cutting）参照 Google 的描述分别实现了分布式存储系统与分布式运算框架，并为整个框架起名为 Hadoop。经过近 10 年的发展，Hadoop 已经成为大数据技术的主流解决方案。Hadoop 在本质上只是起到存储和运算平台的作用，而具体到某一个实际的大数据分析任务，通常还是需要自己构建分析的方法，只是，由于有了 Hadoop 的支持，底层的设计逻辑得到极大地简化。Hadoop 出现以后，其阵营迅速扩大，出现了一个个针对不同数据问题的项目，它们或者基于 Hadoop 平台，或者直接内化为 Hadoop 的一部分。这些新出现的技术，有些为了解决实时流式大数据的处理问题，例如广告系统需要实时获取并分析用户对于广告的点击行为数据，以期在极短的时间内调整广告的投放策略，以最大化广告商的收益；有些为了解决大规模复杂数学模型的运算。到今天，以 Hadoop 为核心的分布式大数据技术已经形成了一个技术生态体系，Hadoop 已经成为大数据技术事实上的标准。Hadoop 的出现，极大地降低了人们使用获取大规模数据存储和运算能力的门槛。

2. 云计算技术

云计算这一概念最早出现于 2006 年，是一种基于互联网的技术服务模式，也被称为按需计算。一般意义上，云计算有两个参与方，一方是云计算服务的提供者，即云服务商，一方是云计算服务的使用者，也称为消费者。云计算服务通常有三种服务架构，分别是基础设施即服务（Infrastructure-as-a-Service，IaaS）、平台即服务（Platform-as-a-Service，PaaS）、软件即服务（Software-as-a-Service，SaaS）。

（1）基础设施即服务（IaaS），即云服务商为大数据消费者提供基础的大数据基础设施。购买这种服务，相当于直接购买服务器。这里的服务器，可以是一台物理意义上的服务器，也可以是一台被服务商通过虚拟化技术实现的虚拟服务器。购买这种服务的使用者，通常已经具备管理服务器的技术能力，只是选择自己所需要的配置，从而获得服务器的使用权，而不需要去考虑机房管理等问题。

（2）平台即服务（PaaS），即云服务商为大数据消费者提供操作系统和基本的软件服务平台。软件服务平台相当于大数据技术的基础系统，这些基础系统一般被称为中间件，例如，许多云计算平台，已经预装了 Hadoop 分布式存储系统与 MapReduce 计算架构。而消费者所需要做的，只是按照相关的技术规范，开发相应的大数据分析程序，将程序连同数据一同上传到云服务平台。

（3）软件即服务（SaaS），即云服务商为大数据消费者直接提供应用软件。这里的应用软件，既可以是数据管理软件，也可以是数据分析软件或者是数据传输软件。例如，当人们需要一套客户管理与分析系统时，可以直接去购买云服务商已经开发好的系统。这些系统通常包含了一般客户所需要的各类功能，用户付费后可以立即使用。

（三）人工智能技术为大数据研究与应用带来新方向

1.早期人工智能技术

1956 年，人工智能这个词首次出现在人类的历史中，当时的科学家将人工智能定义为制造智能化机器的科学与工程。

为了实现人工智能，在学界存在两种解决问题的途径：第一种，通过对人类智能的观察和研究，剖析人类智能的实现机制，总结出人类思考的模式和规律，然后利用机器去模仿这种模式和规律，这种思路也被称为基于逻辑和知识的思路；第二种则认为，人工智能的实现可能并不依赖人类现有智能的实现方式，这类似于航空技术的发展，飞机显然不是通过类似鸟类拍动翅膀的方式实现飞行的。显然，研究鸟类的生理学，尽管可以获得灵感，但是并不能直接促进航空技术的发展。支持第二种思路的科学家，其中一部分有着统计学和概率论的背景，这批研究者的方法一般被认为是基于统计的思路。

2.机器学习技术

20世纪50年代，就有研究者开始对让机器从数据中学习抱有极大的兴趣。当时的研究者认为，如果要获得人工智能，也许可以借鉴人脑的结构来设计人工智能程序。在神经科学中，人脑中的生物神经网络是一个由神经元相互连接组成的网络型结构。早期的研究者对这种生物结构进行模仿，通过模拟神经元及其相互之间的连接，构建一个网络结构，这就是人工神经网络模型。这种模型的使用很简单，通过不断地为这个模型输入数据（对应人的刺激），并告知它所对应的输出数据（对应人的反应），以期在模型的内部不断调整神经元及其相关关系，使得该模型的表现可以无限接近输入和输出数据。这种让机器不断学习的方式，研究者将其称为机器学习。但由于当时一方面没有大量的数据，另一方面计算机的性能还有一定的局限性，所以，这种模型在当时并没有得到长足发展。

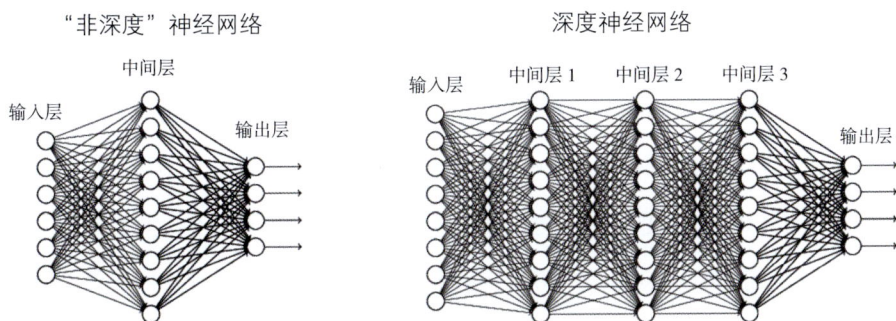

图9-2 "非深度"神经网络与深度神经网络

到了80年代中期，计算机的运算能力已经得到极大的提升。更重要的是，研究者又进一步提出了一种计算神经网络模型的新方法，这种方法将整个计算所需时间降到了可以接受的程度。于是，越来越多的研究者开始关注机器学习，这一阶段，机器学习技术发展迅猛，并提出了深度神经网络模型。深度神经网络模型在本质上是在已有的模型中添加了更多中间层，如图 9-2 所示。正是由于增加了更多的中间层，使得该模拟能力有了极大的提升。在过去，由于没有足够的数据，神经网络模型往往不能达到很好的效果。现如今数据不再是瓶颈，大数据恰好满足了深度神经网络这种复杂模型对于数据量的需求。深度神经网络技术一经面世，就在多项人工智能任务中取得了令人瞩目的效果，在大数据领域中得到广泛的应用，为大数据学习提供了新的手段和途径。

3. 大数据人工智能技术

当前大规模数据已经很容易获得，而大数据计算能力也不再遥不可及，配合人工智能的理念和方法，今天我们所热议的人工智能实质上是指大数据人工智能。

举例来说，围棋是一种策略性棋类，使用格状棋盘及黑白二色棋子进行对弈。过去在计算机上，人们已经开发了各种围棋类软件，但是，计算机的围棋水平一直无法与顶尖棋手抗衡。2016 年，谷歌旗下 DeepMind 公司研究的智能程序 AlphaGo 与前世界围棋冠军李世石进行了一场对弈。总共五盘比赛中，AlphaGo 以 4 : 1 击败了对手李世石。AlphaGo 所使用的核心技术是深度学习技术和树搜索技术，首先，输入大量的（大约三千万步）真实棋局数据让机器进行学习，机器通过不断地学习达到一定的水平；随后，让机器与自己的副本对弈，在这个过程中不断优化自身的能力。通过这个不断学习的过程，AlphaGo 逐渐达到了专业棋手的水平。AlphaGo 的胜利使得大数据人工智能技术受到了全世界的关注，甚至有人称这对人工智能具有里程碑的意义。大数据人工智能已经成为当今世界各国抢占的制高点。

三、大数据应用进展

在产业界，有关大数据技术及其应用领域的研究和实践，观点都相对集中，有比较统一的认识，在社会各个领域都有成功的案例，这里撷取一些实例，以窥见的大数据的应用全貌。

（一）大数据在服务业领域的应用

在云计算、大数据、移动互联网、物联网等为代表的新一代信息技术的驱动下，一些传统服务业的"领地"纷纷被蚕食，人类正在面对一个基于网络的新型服务业态。谷歌和百度的搜索引擎、数字图书馆，苹果和小米的数字娱乐，阿里巴巴和京东的电商，微信和蚂蚁金服的移动支付等等，都是这方面的佼佼者。一切服务都有可能通过互联网和移动终端来实现，服务效率更高，成本更低，体验更佳。

从发展历程来看，现代服务业是指在工业化比较发达的阶段产生的、主要依托信息技术和现代管理理念发展起来的、信息和知识相对密集的服务业，包括传统服务业通过技术改造升级和经营模式更新而形成的服务业，以及伴随信息网络技术发展而产生的新兴服务业。从服务领域来分，现代服务业主要包括生产服务、流通服务等生产性服务业和社会服务、居民服务等生活性服务业两大类[①]。现代服务业已经与大数据、互联网紧密相连，深深地打上了信息技术的烙印。

以我国正在快速发展的共享单车为例，这种新型的自行车租赁业

[①]　国家发改委官网.国家发展改革委关于印发《服务业创新发展大纲（2017—2025年）》的通知［EB/OL］.［2018-01-08］.http://zfxxgk.ndrc.gov.cn/PublicItemView.aspx?ItemID=%7baec131c2-6cf5-4aed-926e-178bf69bbe71%7d。

务，在给人们出行提供更加绿色和便利化服务的同时，也集成了多项高科技领域的创新成果。在一辆辆直接提供给消费者的小小单车上，实际上综合了大数据、智能芯片、射频识别、位置服务、电子围栏、移动支付等多个领域的先进技术。这些技术的实现依赖于其他行业的发展，如卫星导航、超级计算、移动通信、智能终端和互联等。共享单车的发展积累了大量用户数据，助力智慧城市管理。例如，将数据资源向政府部门开放，相关管理部门可以通过该系统清晰地看到单车在城市的车辆投放数据、分布图、骑行热力图、用户骑行距离等信息，从而更好地推进共享单车的精细化、智能化管理。

当前，在云计算、大数据、移动互联网、物联网等为代表的新一代信息技术驱动现代服务业进一步向全球化、专业化、网络化深度发展，催生众多新兴的服务模式，推动着行业融合、垂直整合、平台经济、特种定制、一站式集成服务成为未来发挥主导作用的商业模式，这种商业模式创新也成为现代服务业竞争的核心要素。

腾讯微信非常好地体现了模式创新的重要性。靠着不断的技术创新与极致的用户体验，腾讯微信吸引了 7 亿忠实用户围绕在自己的身边，聚集了跨越老中青三代的海量人气。正是由于有了规模巨大的数据和海量的人气，腾讯公司已开始了向智慧城市、智慧地球、媒体业、实体经济、软件业、移动办公、企业信息化等行业辟疆拓土。

（二）大数据在工业领域的应用

互联网从业者及工业从业者基于各自的专长及视角，推动着大数据在工业领域中的应用。工业从业者根据自身制造资源和产业技术的优势，走向工业互联网，即"＋互联网"模式，是目前工业大数据发展的主流；大数据和互联网企业基于自身信息技术优势和融资优势走向实体经济，走向工业互联网，是所谓的"互联网+"模式，美国谷歌、苹果、亚马逊、微软等公司是"互联网+"模式的引领者。

德国宝马集团，与两大世界级软件公司 SAP 和 IBM 合作，研发大数据分析和预测系统，并将其分别引入汽车的生产过程和面向客户的服务环节中。大数据平台的应用因此正在深刻影响着汽车领域生产方式的变革、服务模式转换，以及消费者生活方式的改变。生产方面，宝马集团将大数据分析检测应用于产品的设计、生产以及维护管理等环节中。利用全球范围、历时多年收集统计的错误报告信息，大数据系统帮助宝马集团改善车辆的品质，压缩维修时间和成本。客户服务方面，Pivotal 大数据分析平台可实现故障的预警，提升行车安全。同时，与 SAP 软件公司联合开发的"互联驾驶系统"大数据平台，将互联网与车辆的软件，驾驶辅助系统硬件联为一体，为驾驶者提供即时的行车资讯，为用户提供个性化的信息增值服务和车内电子商务平台。两大数据信息系统的搭建大大提升了车辆出行的安全性、用户使用的便捷性，并丰富了用户的驾驶体验。

三一重工为了降低成本和提高效率，构建了工业大数据平台，从流程改革、智能互联、模式创新三个方面应用大数据。在业务流程方面，按用户和市场需求变革业务流程。基于数据的智能互联，实质就是信息物理系统（Cyber-Physical Systems，CPS），把企业的数据、企业的经营、物料、产品、人全部数据化。基于用户的模式创新，所有的智能制造、物联网的创新最后都指向客户价值的提升。例如通过全球客户管理系统 ECC 控制中心，三一重工可以对其分布在全世界各地的设备进行实时监测，从而进一步提决策的科学性。三一重工出厂的每一台设备在 ECC 控制中心中注册，设备的基本情况如设备的位置、累计工作时间、累计油耗、月度或年度的忙闲程度等等可以实时地传回控制中心，三一重工的工程师可以根据监测到的数据，对设备的状况做出预判并将这种预判的结果告知客户，便于客户提前感知并且采取最合理有效的处理方法，提升客户设备的使用效益。

（三）大数据在农业领域的应用

"现代服务业＋现代农业"，孕育出全新的农业生产性服务业，包含了农业市场信息服务、农资供应服务、农业绿色生产技术服务、农业废弃物资源化利用服务、农机作业及维修服务、农产品初加工服务和农产品营销服务等。基于大数据的智慧农业，能够实现基于 GIS 和遥感技术，建立农场的数字地图，对种植用地范围、土壤条件、大气环境等进行科学决策、合理规划、精细管理，同时能够实现利用遥感技术、传感器技术、高光谱分析技术等实时监控作物生长态势，根据收集数据对农作物虫害进行分析、预测和防治，对农产品的质量安全进行数据溯源，对产地环境、生产过程、产品检测等进行管理，监测农产品的动态流通变化过程等。

亚马逊的 AWS（Amazon Web Services）基于 LandSat-8 卫星影像、ArcGIS 地理信息系统以及 MATLAB 软件，构建了一个"地理云"（Geographically-oriented Cloud Applications）。这个全新的地理信息应用云服务平台提供 85000 幅免费的 LandSat-8 卫星影像，并且可以利用地理信息系统软件供应商 ESRI 公司的 ArcGIS 在线插件和 MathWorks 的 AWS 公共数据集，对数据进行存储和使用。日本宫崎县通过传感器等终端采集农业生产数据，进行实时监测、分析和管理，指导农业生产。英国的 Silent Herdsman 专注于牧场数据采集与监测，通过给奶牛脖子上佩戴监测设备，利用无线网络，实时监测奶牛生长状况与行为[①]。德国柏林 PEAT 农业科技公司开发了 Plantix 的深度学习应用程序，可辨识土壤中潜在的缺陷和营养缺陷[②]，将特定的叶子模式与某些土壤缺陷、植物病虫害和疾病产生相关联，同时将图像辨识应用 App 透过用户的智能型手机镜头拍摄可能缺陷的图像来进行识别，然后向用户提供土壤修复技术、缺陷提醒及其他可能的解决方案，该软件可以快速模式检测，精度高达 95%。以色列的 AI 创业公司 Prospera 为农民和农场开发了许多智能工具来提升农作物的健康状况并优化农场运营的手段，如用计算机视觉和人工智能来帮助农民分析收集来的农业数据，监测农作物生长情况，运用近距离摄像机和云服务来收集分析农民需要的信息，利用机器学习来记录实时数据，帮助农民预测产量，并通过其他方式来弥补预期损失[③]。

国内大数据在农业领域的应用也已涉及多个方面，尤其是在农业栽培、育种、病虫害防治和农业环境监测方面取得了实质性的成就。2014 年，中国农业科学院首次将大数据技术应用在农业育种方面，对基因组测序数据进行处理，相比传统的育种手段，节省了大量的时间成本。此外，许多互联网巨头已开始涉足农业，如京东宣布进军无人机植保，打造智慧农业；阿里巴巴与四川特驱集团、德康集团合作，利用 AI 技术进行养猪；联想制冷打造农产品综合性产业园区等[④]。

[①]　李秀峰、陈守合、郭雷风："大数据时代农业信息服务的技术创新"，载于《中国农业科技导报》，2014，16（4）：10-15。

[②]　刘现、郑回勇、施能强等："人工智能在农业生产中的应用进展"，载于《福建农业学报》，2013，28（6）：609-614。

[③]　李峰："基于人工智能的农业技术创新"，载于《期刊农业网络信息》，2017，26（11）：20-23。

[④]　中国农业大数据：互联网巨头纷纷布局，大数据＋农业还有哪些想象空间？http://www.agdata.cn/newsdata/getagdatanewsdetails-80.html，2018.7.27。

（四）大数据在城市治理领域的应用

信息技术与城市的建筑、交通、能源、经济、环境等多个领域在城市空间内发生交互，产生海量的异构数据。在对现有大量数据进行综合分析、挖掘的基础上，对城市未来的面貌、发展方向、空间布局等做出的综合性设计、建设、管理与服务，为制定科学的公共管理政策提供依据，能够让城市治理更友好、更智慧。

以华为智慧城市方案为例，华为公司认为新型智慧城市是运用云计算、通讯网、物联网、大数据、空间地理信息集成等新一代信息技术，促进城市规划、建设、管理和服务智慧化的新理念和新模式。华为的优势在 ICT 基础设施，ICT 基础设施相当于城市的神经系统，能够感知数据、让数据流通，从而感知外界。针对智慧城市建设特征与面临的挑战，华为提出"新 ICT，让城市更智慧"的口号，为智慧城市建设提供"一云二网三平台"整体解决方案架构，打造智慧城市神经系统。

"一云"即城市云数据中心：基于开放架构，为城市建设融合、开放、安全的云数据中心，整合、共享和利用各类城市信息资源，提升政府服务与决策效率和合理性。

"二网"包括互联网和城市物联网：为智慧城市建设提供有线 + 无线宽带网络，为城市构建无处不在的宽带，让城市公共服务触手可及；在物联网领域，华为提供业界最轻量级物联网通信操作系统 LiteOS，多种类型的接入网关，是 NB-IoT 标准的主要贡献者。并提供物联网平台，为城市各行业应用提供物联网数据服务。

"三平台"包括大数据服务支撑平台、ICT 业务应用使能平台、城市运营管理平台。

（五）大数据在金融领域的应用

历史上每一次经济大发展都由科技革命推动。从蒸汽机、电力到信息和生物技术。科技是第一生产力。数学和以 AI、大数据、物联网、云计算、区块链等信息技术、生物识别技术应用于金融领域。技术带来金融创新。国务院关于印发新一代人工智能发展规划的通知（国发〔2017〕35 号）提到发展智能金融。建立金融大数据系统，提升金融多媒体数据处理与理解能力。创新智能金融产品和服务，发展金融新业态。鼓励金融行业应用智能客服、智能监控等技术和装备。建立金融风险智能预警与防控系统。金融科技准确记录金融交易，发现新的规则，风险定价，提升金融活动的效率，识别防范金融活动中潜在风险。只有真正依靠科技实力以提升效率、降低成本的金融科技企业才具有生命力。蚂蚁金服通过淘宝、支付宝交易数据来寻找低风险客户，保持低坏账率，即使低利息，也能赚钱。

金融技术正在朝着智能化、定制化、场景化方向发展。发展金融科技体系需要完善数据的存储与提取方式，实现重复与无效信息的自动过滤、剔除；需要继续发挥机器在数据处理方面的优势，优化机器学习算法，力争实现特殊数据出现时的自动预警，实现风险监控功能，预防系统性风险；需要充分发挥人的主观能动性，将传统金融从业者的经验融入算法模型中，提高决策模型的智能化程度。金融科技在行业中的应用可分为前、中、后三类：前台为贷款定价、保险产品定价、智能支付、智能营销、智能交易，中台为智能风控、智能投顾和智能投研，后台为智能监管。金融科技活动分为支付结算、存贷款与资本筹集、投资管理、市场设施四类。

金融大数据的功能包括以下三方面。①防范与化解重大风险。例如，P2P、非法集资、操纵股价、地下钱庄、反洗钱、反恐融资、ABS风险、虚拟货币 ICO 等。②提升风险定价的精准性。大数据和风险量化模型应用，提升跨行业、跨市场、跨区域交叉性金融风险的甄别、防范和化解能力，落实维护金融安全职责。企业和个人的信贷等大数据来揭示企业和个人的信用能力，从而做到精准地帮扶企业融资和个人信贷。③对金融机构的服务。建设"集中式 + 分布式"新一代多法人核心业务系统，输出金融科技技术和互联网金融产品，将开发接口开放给中小金融机构，以满足个性化业务系统需求。建设统一灾备数据中心和系统，保障数据安全和业务连续性。

四、大数据研究与应用中存在的问题及发展趋势

综上所述，如今"大数据"已不再是单纯描述数据规模与特征的词汇，而是一个多学科研究交叉的热点研究及产业发展领域，其背后有着复杂和深刻的研究及产业发展理念。然而，这样一个交叉、新兴却又应用广泛的研究研究领域，仍在科学研究、工程实践、产业应用等方面存在一系列问题，值得我们进一步探讨。

在大数据领域科学研究方面，"大数据科学"的研究范畴、"大数据"概念在具体场景下的实质，"大数据科学"与信息科学、情报学、计算机技术等学科的边界及关系仍是一个值得探讨的方向。如何系统、科学地搭建和完善大数据科学相关理论、方法、研究流程、理论模型，并对实践应用进行指导是"大数据科学"研究领域的未来发展的难点，也是学科发展完善的关键内容。

在大数据工程技术研究方面，在顶层设计层次，需要系统性地对

大型大数据工程进行规划设计、制定一系列相关标准、创新管理模式、优化人才培养，确保科学性及合理性；在微观实施层次，需要对大规模数据量的成本可控处理技术进行进一步研究，在确保高可用、高性能、稳定性及安全性的前提下，实现成本可控，投入合理。因此，如何对大数据工程进行合理的规划建设、运营管理，从而形成系统性的工程管理体系，从宏观层面如何进行系统性的规划与投入设计，从微观层面如何进行具体的实施和建设以保证设施的稳定性、可用性，是当前大数据工程领域亟待解决的问题及发展方向。

在产业应用方面，数据的采集与传输依然是发展瓶颈。产业内大规模数据的应用依赖于大规模可靠数据源的采集，数据价值的释放依赖于数据的维度以及积累数据的规模。目前各个领域内，尤其是实体产业内的泛在感知技术依然是限制大规模数据应用的瓶颈。与数据的采集相比，数据的通信问题更亟待解决。随着云计算及虚拟化技术的发展，数据中心的建设与运维对专业性的要求非常高，由此数据的中心化、数据中心即服务模式成为各大运营商、云服务提供商以及各类用户所认可的方式。因此，大规模数据的传输成为研究重点，如何确保数据传输的安全性、实时性，如何有效利用现有带宽资源成为该领域的研究方向。此外，在大数据分析应用层面，由于大数据基础设施建设匮乏，很多产业内无法保证长期的数据积累，并且大数据分析形成知识需要一个较长时间的训练过程，往往难以在短时期内对实践提供指导，难以验证大数据分析的正确性及实践价值，因此大数据指导决策的数据闭环缺失，成为大数据分析应用在产业内良性发展的阻碍。在大数据应用的后期维护层面，由于具体实业产业内相关专业人员的匮乏，大规模数据处理框架的建设与后期维护问题突出。由于缺乏专业的运维，很多系统的使用期限及真正的数据价值难以得到实现，因此如何解决专业化大数据在产业应用中的运维问题，寻找切合实际的运维模式，是大数据产业应用的研究方向。

五、结语

大数据远远不只是一个概念、一项技术，更是一种理念、一种战略思维，还是一个跨国际、跨领域的庞大产业和经济形态。大数据本身就是一场技术变革，而且从来没有哪一次技术变革能像大数据革命一样，在短短的数年之内，从少数科学家的主张，转变为全球领军公司的战略实践，继而上升为大国的竞争战略，形成一股无法忽视、无法回避的历史潮流。大数据理念及其技术，对人类社会和个人生活产生了深远的影响，需要我们重视。

执笔人：李广建

参考文献

[1] 2014 年政府大数据回顾与展望 . [2016-04-15] .http ∶//www.chnsourcing.com.cn/outsourcing-news/article/96301.html.

[2] IBM 近 7 年大数据分析领域 30 多起并购一览 . [2016-04-15] .http ∶//cloud.chinabyte.com/news/64/12562064.shtml.

[3] 阿里研究院 . 互联网＋：从 IT 到 DT. 北京：机械工业出版社，2015.

[4] 本刊编辑部大数据时代的互联网金融与安全 . 经济导刊，2015（8）：26-35.

[5] 曹凌 . 大数据创新：欧盟开放数据战略研究 . 情报理论与实践 .2013（04）：118-122.

[6]（日）城田真琴 . 大数据的冲击 . 北京：人民邮电出版社，2013.

[7] 初燎原 . 大数据时代的信息安全 . 中国党政干部论坛，2015（3）：45-47.

［8］大咖们怎么看 AlphaGo 雷军：人工智能里程碑.［2016-04-15］.http：//sports.sina.com.cn/go/2016-01-29/doc-ifxnzanh0299378.shtml.

［9］大数据标准化白皮书.［2016-04-15］.http：//210.42.74.24/wp-content/uploads/2015/03/%E3%80%8A%E5%A4%A7%E6%95%B0%E6%8D%AE%E6%A0%87%E5%87%86%E5%8C%96%E7%99%BD%E7%9A%AE%E4%B9%A6%E3%80%8Bv2014.pdf.

［10］大数据应用的环保案例.［2016-04-15］.http：www.zhb.gov.cn/ztbd/szhb/201409/t20140909_288757.htm.

［11］大数据战略重点实验室.DT 时代.北京：中信出版社，2015.

［12］戴志勇，廖媛.借力大数据，通往开放社会——对话大数据专家涂子沛.［2016-04-15］.http：//www.infzm.com/content/113121/.

［13］德国创新公司 DeepfieldRobotics 研发农场杂草清理机器人.［2016-04-15］.http//robot.ofweek.com/2015-10/ART-8321204-8110-29020373.html.

［14］迪莉娅.大数据环境下政府数据开放研究.北京：知识产权出版社，2014.

［15］迪莉娅.我国大数据产业发展研究.科技进步与对策.2014（04）：56-60.

［16］房俊民，田倩飞，徐婧等.全球大数据产业发展现状、前景及对我国的启示.中国科技信息，2015（10）：101-102.

［17］工业和信息化部电信研究院.大数据白皮书.工业和信息化部电信研究院，2014.

［18］郭昕.大数据的力量.北京：机械工业出版社，2013.

［19］国家新型城镇化规划（2014 - 2020 年）.［2016-04-15］.http：//www.gov.cn/zhengce/2014-03/16/content_2640075.htm.

［20］国外大数据政策环境一瞥.［2016-04-15］.http：//www.36dsj.com/archives/26351.

［21］何海地.美国大数据专业硕士研究生教育的背景、现状、特色与启示——全美23 所知名大学数据分析硕士课程网站及相关信息分析研究.图书与情报.2014（02）：48-56.

［22］"互联网 + 政务"：以大数据为核心的智慧政务.［2016-04-15］.http：//www.forestry.gov.cn/Zhuanti/content_zglyy/776330.html.

［23］黄晋.关于大数据人才培养的思考与探索.教育教学论坛，2014（45）：201-203.

［24］惠志斌.美欧数据安全政策及对我国的启示.信息安全与通信保密，2015（6）.

［25］简论我国的大数据国家战略.［2016-04-15］.http：//media.people.com.cn/n/2013/0731/c367496-22395457-2.html.

［26］看国外让大数据如何在教育行业落地.［2016-04-15］.http：//bbs.aieln.com/article-7490-1.html.

［27］李广建.我们的大数据时代.北京：中国人事出版社，2015.

［28］李国杰，程学旗.大数据研究：未来科技及经济社会发展的重大战略领域——大数据的研究现状与科学思考.中国科学院院刊，2012（6）：647-657.

［29］李佳佳，信息管理的新视角—开放数据.情报理论与实践，2010（10）：35-39.

［30］刘兰，闫永君.澳大利亚公共服务大数据战略研究.图书馆学研究.2014（05）：47-51.

［31］门小军.大数据时代欧盟数据安全政策概述.信息安全与通信保密，2015（06）：36-39.

［32］摩尔定律-维基百科，自由的百科全书.［2016-04-15］.https：//zh.wikipedia.org/wiki/摩尔定律.

［33］倪明选.”平民化”——大数据技术发展的新目标.中国计算机学会通讯.2015（10）：61-65.

［34］钱志新.大智慧城市—2020城市竞争力.南京：江苏人民出版社，2011.

［35］浅析数据生命周期管理之存储策略.［2016-04-15］.http：//www.199it.com/archives/169376.html.

［36］秦志光.智慧城市中的大数据分析技术.北京：人民邮电出版社，2015.

［37］《“十二五”国家政务信息化工程建设规划》的有关思考.［2016-04-15］.http：//www.gsei.com.cn/html/gsjjyxx/gsjjyxx/868_155412.html.

［38］涂子沛.大数据.桂林：广西师范大学出版社，2012.

［39］涂子沛.数据之巅.北京：中信出版社，2014.

［40］王飞跃.从社会计算到社会制造：一场即将来临的产业革命.中国科学院院刊，2012（06）：658-669.

［41］王茜.英国大数据战略分析.全球科技经济瞭望.2013（08）：24-27

［42］ViktorMayer-Sch?nberger，KennethCukier．BigData：ARevolutionThatTransformsHowweWork，Live，andThink.盛杨燕，周涛译．大数据时代—生活、工作与思

维的大变革. 杭州：浙江人民出版社，2013.

［43］邬贺铨. 大数据时代的机遇与挑战. 求是，2013（4）：47 - 49.

［44］吴胜武，闫国庆. 智慧城市技术推动和谐. 杭州：浙江大学出版社，2010.

［45］物联网背景下的智慧城市建设. ［2016-04-15］.http：//www.cusdn.org.cn/news_detail.php?id=220547.

［46］熊璋等. 智慧城市. 北京：科学出版社，2014.

［47］杨晨，冯伟. 大数据及其安全的产业纵深. 信息安全与通信保密，2014（10）：20-30.

［48］杨道玲：大数据在电子政务中的应用研究. 信息化研究，2014（12）：1-10.

［49］姚国章，胥家鸣. 新加坡电子政务发展规划与典型项目解析. 电子政务，2009（12）：34-51.

［50］张涵，王忠，国外政府开放数据的比较研究. 信息资源管理，2015（8）：142-146.

［51］张枭翔. 百度无人汽车揭开神秘盖头：一个雷达70万元，5年实现量产. ［2016-04-15］.http：//www.thepaper.cn/newsDetail_forward_1408862.

［52］张勇进，王璟璇. 主要发达国家大数据政策比较研究. 中国行政管理.2014（12）：113-117.

［53］政府大数据不要再"沉睡". ［2016-04-15］.http：//paper.dzwww.com/dzrb/content/20150304/Articel03002MT.htm.

［54］政府工作报告中的"民生温度"［2016-04-15］.http：//news.xinhuanet.com/politics/2016-03/05/c_1118243709.htm.

［55］政府主导，把沉睡的大数据唤醒. ［2016-04-15］.http：//www.cnii.com.cn/wlkb/rmydb/content/2015-02/16/content_1535538.htm.

［56］智慧城市的基本特征是什么. ［2016-04-15］.http：//news.xinhuanet.com/info/2013-10/08/c_132779197.htm?prolongation=1.

［57］智慧城市建设的误区和难点分析. ［2016-04-15］.http：//www.cnii.com.cn/thingsnet/2014-02/21/content_1309356.htm.

［58］智慧城市建设应加强标准规范. ［2016-04-15］.http：//news.youth.cn/kj/201604/t20160404_7815471.ht.

［59］智慧教育是智慧城市的一部分. ［2016-04-15］.http：//tech.gmw.cn/

newspaper/2014-10/27/content_101664498.htm.

［60］智慧社区现状与趋势.［2016-04-15］.http：//www.njliaohua.com/lhd_5h0663y1fd10ttd0odu6_1.html.

［61］中国电信智慧城市研究组.智慧城市之路：科学治理与城市个性.北京：电子工业出版社，2011.

［62］中国计算机学会大数据专家委员会.中国大数据技术与产业发展白皮书.中国计算机学会，2013.

［63］周季礼，李德斌.国外大数据安全发展的主要经验及启示.信息安全与通信保密，2015（6）：40-45.

［64］朱国贤，霍小光，杨依军.习近平出席第二届世界互联网大会开幕式并发表主旨演讲.［2016-04-15］.http：//news.xinhuanet.com/zgjx/2015-12/17/c_134925280.htm.

［65］TonyHey，StewartTansley，KristinTolle.TheFouthParadigm：Data-IntensiveScientificDiscovery.潘教峰，张晓林译.第四范式：数据密集型科学发现.北京：科学出版社，2012.

［66］BoumanA.12ThingsYouDidn'tKnowAboutENIAC.［2016-04-15］.http：//www.maximumpc.com/12-things-you-didnt-know-about-eniac/

［67］BoultonG.Scienceasanopenenterprise.London：TheRoyalSociety，2012.

［68］Bigdataacrossthefederalgovernment.［2016-04-15］.http：//www.whitehouse.gov/sites/default/files/microsites/ostp/big_data_fact_sheet_final.pdf.

［69］8principlesofopengovernmentdata.［2016-04-15］.http：//www.opengovdata.org.

第十章

区块链发展的动态和趋势

一、区块链概念及其优势

区块链以去中心化为重要特征，为金融以及其他方面带来了重要改变。区块链能够通过运用数据加密、时间戳、分布式共识和经济激励等手段，在节点无须互相信任的分布式系统中实现基于去中心化信用的点对点交易、协调与协作。本节重点介绍区块链的概念及其特点。第一小节给出区块链的定义，第二小节介绍区块链的基础架构，第三小节介绍区块链的分类，第四小节介绍区块链的特点和优势。

（一）区块链的定义

区块链是分布式数据存储、点对点传输、共识机制、加密算法等计算机技术的新型应用模式，是一种去中心化、去信任的基础构架与分布式计算范式[①]。区块链是实现分布式账本（DLT）的一种方法，分布式账本由网络节点维护、验证、加密以及审核后的共识记录组成，

---

① 周平、杜宇、李斌等，《中国区块链技术和应用发展白皮书（2016）》，工业和信息化部，2016。

区块链在分布式账本的基础上包含了储存信息的区块，并通过在原有链条上产生新的区块来验证交易的有效性，从而可以用去中心化的方式集体维护一个可信的数据库，具有公开透明、安全可靠、开放共识等特点。

区块链并不是突然出现的，区块链所需的三项关键技术的创新，即非对称加密、点对点网络技术、哈希（hash）算法，最早可以追溯到 1976 年（长铗等，2016）。此外，区块链并非单一的技术，而是融合了密码学、数学、计算机科学、网络科学等多门学科在内的产物。从创新角度看，区块链是多项现有技术的融合升级，是工程学意义上而非科学理论上的创新（马晨等，2016）。

区块链得到大众的关注得益于比特币[①]的出现。以比特币为代表的数字加密货币体系的核心支撑技术就是区块链。然而，数字货币仅仅是区块链应用的第一阶段，随着区块链落地场景的不断增多，越来越多的领域开始使用区块链技术。因为区块链的基本思想是建立一个基于网络的公共账本（数据区块），每一个区块包含了一次网络交易的信息。由网络中所有参与的用户共同在账本上记账与核账，所有的数据都是公开透明的，且可用于验证信息的有效性。这样，不需要中心服务器作为信任中介，就能在技术层面保证信息的真实性和不可篡改性。如图 10-1 所示，传统的账本都是只有一个副本的，例如私人银行账户。如果是银行类的清算结算则需要很多副本，同时由授权的机构进行维护和修改，但是在区块链技术出现之后，一方面可以通过联盟链的方式让部分人维护副本（例如瑞波联盟链），也以可以让所有使用者

---

① 2008 年 11 月 1 日，一个自称中本聪（Satoshi Nakamoto）的网络用户在一个密码学私密讨论组上贴出了一篇研究报告《比特币：一种点对点的电子现金系统》（Bitcoin：A Peer-to-Peer Electronic Cash System），阐述了他对电子货币的新构想。同时，他发布了称为"比特币"（Bitcoin）的电子货币。

来维护（例如比特币）。因此，凡是需要用到该基本思想的领域，我们都可以预测将会出现区块链的应用与创新。

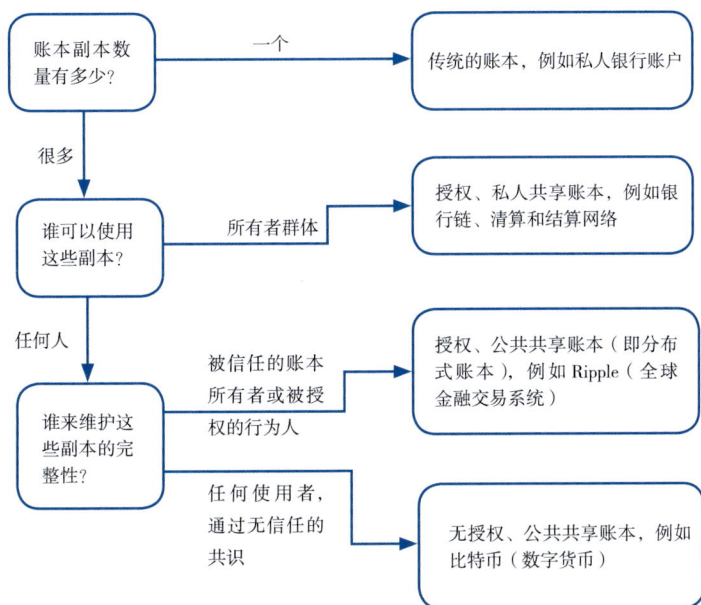

图 10-1 分布式账本分类

资料来源：UK Government Office for Science, Distributed Ledger Technology: beyond block chain, 2016, p19，作者整理、翻译。

（二）区块链的基础架构

本小节简单介绍区块链的基础架构。一般来说，区块链基础架构由六个层次组成——数据层、网络层、共识层、激励层、合约层、应用

204 金融科技研究与评估 2018：全球系统重要性银行金融科技指数

层，具体如图 10-2 所示[①]。数据层包含数据区块、链式结构、哈希函数、Merkle 树、非对称加密和时间戳等技术（袁勇和王飞跃，2016）。

数据区块一般包含区块头（Header）和区块体（Body）部分。区块头封装了当前版本号（Version）、前一区块地址（Prev-block）、当前区块的目标哈希值（Bits）、当前区块 PoW 共识过程的解随机数（Nonce）、Merkle 根（Merkle-root）以及时间戳（Timestamp）等信息[②]。链式结构则是把当前区块链接到前一区块，形成最新的区块主链。由于各个区块依次链接，所以该区块链继续了从创世区块到当前区块的完整历史，能够提供区块链数据的溯源和定位功能。时间戳即区块数据的写入时间，其意义在于可以作为区块数据的存在性证明，有助于形成不可篡改和不可伪造的区块链数据库，从而为区块链应用于公证、知识产权注册等时间敏感的领域奠定了基础。哈希函数可以把原始数据编码为特定长度的有数字和字母组成的字符串后记入区块链。Merkle 树的作用在于快速归纳和校验区块数据的存在性和完整性。非对称加密在加密和解密的过程中使用两个非对称密码，分别称为公钥和私钥。上述技术的共同作用达到数据的去中心分布式储存、校验区块数据的存在性和完整性、保证数据的可追溯以及不可篡改性。

网络层封装了区块链系统的组网方式、消息传播协议和数据验证机制等要素。组网方式一般采用 P2P 网络，其每个节点均地位相等且以扁平式拓扑结构相互连通和交互，不存在任何中心化的特殊节点和层级结构。数据传播协议一般根据实际应用需求设计。数据验证机制

[①] 工信部 2016 年发布的《中国区块链技术的应用和发展白皮书》中把区块链基础技术架构分为 5 层，分别是数据层、网络层、共识层、激励层、智能合约层，不包括我们这里提到的应用层。本书认为应用层实际上表示了区块链应用的发展，因此包括该层更能完整地涵盖区块链的基础架构。

[②] 我们这里不对具体技术展开，有兴趣的读者请参见袁勇和王飞跃（2016），以及 Bitcoin Source code, https://github.com/bitcoin/bitcoin/, January 18, 2016。

即验证一个节点从临近节点接受的数据，并将有效数据整合到当前区块中。网络层的主要作用在于构建了网络环境、搭建了交易通道、制定了节点奖励规则。

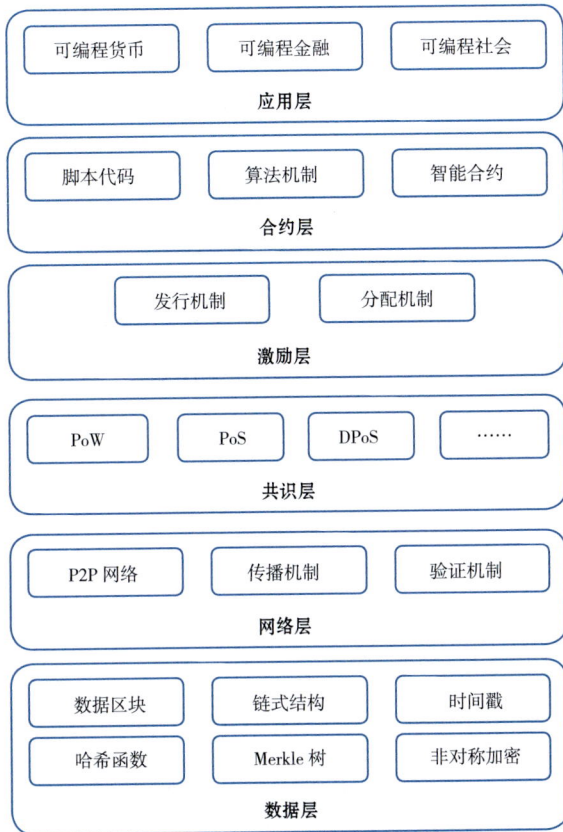

图 10-2　区块链基础架构模型

资料来源：袁勇、王飞跃："区块链技术发展现状与展望"，载于《自动化学报》，2016年第 4 期。作者整理。

共识层的目的是针对区块数据的有效性达成共识，目前的机制有工作量证明机制（PoW 共识机制）、权益证明机制（PoS 共识机制）、授权股份证明机制（DPoS 共识机制）等。这些机制以及这些机制基础上的创新机制确保了在决策权高度分散的去中心化系统中使得各个节点高效达成共识。

激励层必须设计激励相容的合理众包机制解决共识过程中数据验证和记账工作。去中心化系统的共识点本身是自利的，最大化自身收益是参与数据验证和记账的根本目标，激励机制是否合理决定了区块链的共识稳定性。例如比特币中的区块链采用了"挖矿"机制，激励参与者不断提供算力来获得奖励。

合约层封装了区块链的各类脚本代码、算法以及智能合约，可以看作构建在上述三层"虚拟机"基础上的商业逻辑和算法，是实现区块链系统灵活编程和操作数据的基础，这正是区块链能够为金融以及其他领域应用的支撑。

应用层则是区块链的各种应用场景和案例，主要包括可编程货币、可编程金融和可编程社会，在该架构中，基于时间戳的链式区块结构、分布式节点的共识机制、基于共识算力的经济激励和灵活可编程的智能合约是区块链技术最具代表性的创新点。

为了更好地展示区块链的运作机制，我们这里给出一个详细的案例（专栏一），说明以区块链为支撑的比特币交易过程是怎样的。如果交易对象不是比特币而是其他相关信息，例如票据等，其交易的基本原理是一致的。

专栏一

案例研究：区块链交易流程（Lee，2016）

假设爱丽丝用比特币向鲍勃买一个披萨。

第一步：比特币钱包

首先，爱丽丝必须拥有自己的比特币钱包，该钱包可以位于本地计算机或者线上，它存储爱丽丝的所有比特币。

第二步：信息

爱丽丝需要创建一个信息"我想向鲍勃支付一个比特币"。这条信息将会包含该比特币之前所有的"哈希"值。例如，假设该比特币是爱丽丝的父亲给她的生日礼物，那么爱丽丝和他父亲之间的交易就会有一个交易的哈希值。该条哈希值将作为爱丽丝和鲍勃之间交易的一部分信息。当爱丽丝和鲍勃之间的交易完成之后，将会创建一条新的哈希值，该哈希值将会被用到鲍勃和其他人之间的比特币交易上。这也是为什么能够追踪每个比特币的来源。

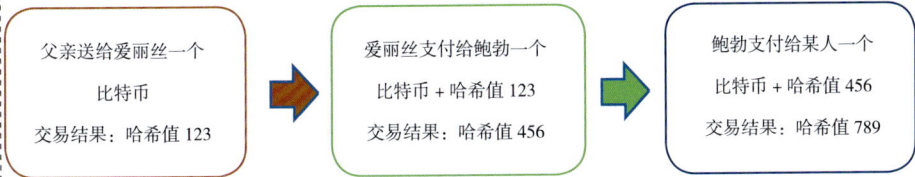

第三步：钥匙和比特币地址

比特币使用密钥系统和密码，即公钥密码，让使用者可以在不提供任何敏感信息的情况下安全交易。首先，爱丽丝和鲍勃都需要创造一个私钥，类似银行借记卡的取款密码。该密码仅有私钥的持有人知道并且需要好好保存，不然丢失之后无法找回。私钥后面将会用来为交易签名。比特币钱包软件将会创造一个随机私钥数字，由 256 比特二进制数字组成，即 256 个 0 或 1 的随机数字。这一串长数字将会被压缩成 16 进制（包括字母表前 6 个字母和数字 0~9）的 64 个数字，每一个数字代表 4 个比特。例如 E99423 A4ED27608A15A2616A2B0E9E52CED330AC530EDCC32C8FFC6A526AE DD。

爱丽丝和鲍勃用自己的私钥再创造一个相应的公钥。私钥到公钥的转换由椭圆曲线加密算法完成，数学上而言它与安全散列算法（Secure Hash

Algorithm，SHA-256）不同，但是对于我们的目的来说是类似的，它们都是单边加密法，因而任何人都可能从公钥推出私钥，但是如有私钥的话，则一定会得到同样的公钥。

此时，公钥将会再次通过加密变形（这次采用 SHA-256 加密法）产生比特币地址。该地址是一串字母数字符号，即爱丽丝把比特币发送给鲍勃的地方。比特币地址从 1 开始，例如：1J7mdg5rbQyUHENYdx39WVWK7fsLpEoXZy。比特币地址类似于商家给客户的凭证。鲍勃的每次交易都需要创造一个新的比特币地址，相当于商家要给每个客户一个新的凭证。比特币使用者可以随意创造钥匙和比特币地址。爱丽丝需要知道确切的地址从而才能把比特币发给鲍勃，或者更可能是鲍勃有一个二维码让爱丽丝可以发送比特币。

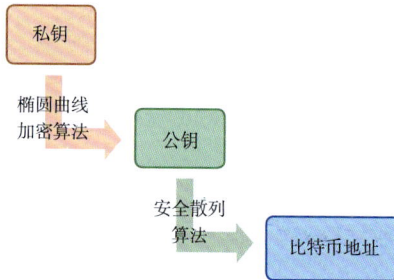

第四步：交易签名

当爱丽丝准备好了信息（"我想发给鲍勃一个比特币 + 上一个交易哈希值"）以及鲍勃的比特币地址，她就可以用它的数字签名签署这次交易。和公钥以及比特币地址是由私钥衍生的一样，数字签名也是由私钥和信息衍生出来的。这个过程类似于信用卡收据签名，只是数字签名很难伪造。需要注意的是信息的任何改变都会改变数字签名，因为数字签名是由信息和私钥共同得到的。

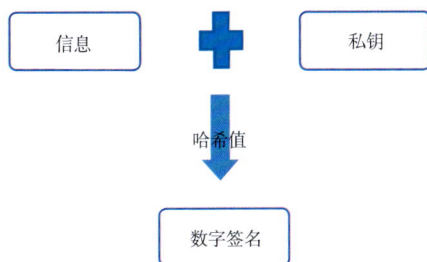

第五步：向全网广播

到这一步为止，所有事情都可以在线下完成。当所有部分都已经就绪，爱丽丝就需要连接到比特币的网络。此时，爱丽丝要把和鲍勃交易比特币的请求上传，几乎同时比特币网络的所有人都能够看到这个请求，包括鲍勃的比特币地址和爱丽丝的公钥。这正是矿工进场的时候。矿工本质上就是连接比特币网络的电脑，一方面见证个人交易，另一方面把交易置于区块链上的区块中。

矿工能够仅通过公钥数字确定爱丽丝签名的真实性。他们不需要知道爱丽丝的私钥。他们会得到信息、数字签名以及爱丽丝的公钥，这些将会创造出本次特定交易的哈希值数字。鲍勃的新比特币将会受到限制，直到他能够通过他的签名证明他曾经告诉爱丽丝比特币地址。

第六步：交易费

上述为了简便起见，这里才讨论交易费。一个误区在于人们认为交易是免费的。事实上，矿工在每次成功挖矿的每次交易之后都会得到交易费。他们有两种方式可以得到交易费，一是任何时候爱丽丝想要和鲍勃交易，她必须支付交易额的一定比例作为交易费给矿工；二是任何时候一个新的区块被成功地加入区块链，将会有新的比特币释放出来作为奖励给矿工。这里我们关注个人的交易费。

比特币交易由输入和输出组成。输入包括之前的交易信息，即数量、交易的哈希值（父亲—爱丽丝的交易）。输出一般等价于输入，类似于资产负债表。输出包括给鲍勃的比特币数量，爱丽丝交易之后剩余的比特币数量以及交易费用。有时需要很多输入才能得到一个较大的输出（例如，如果母亲、父亲、祖父每个人都给了爱丽丝一个很小比例的比特币加起来刚好是 1 个比特币），或者爱丽丝可以用一个输入得到很多输出（例如，爱丽丝想要一个披萨，而查利想要苏打水）。下面就是上述例子的一个修正，假设爱丽丝的父亲一开始给了她 20 个比特币，此时的输入和输出变为：

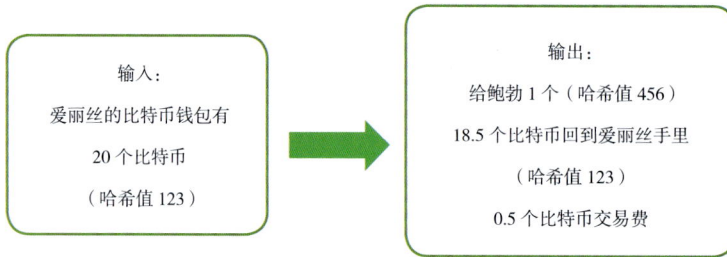

```
┌──────────────────┐            ┌──────────────────────────┐
│      输入：       │            │         输出：            │
│  爱丽丝的比特币钱包有  │     →      │  给鲍勃 1 个（哈希值 456）   │
│   20 个比特币      │            │  18.5 个比特币回到爱丽丝手里  │
│   （哈希值 123）    │            │     （哈希值 123）         │
│                  │            │  0.5 个比特币交易费          │
└──────────────────┘            └──────────────────────────┘
```

第七步：把交易写入区块链

一旦交易被证实，它会在网络上处于未被证实的状态，直到和很多其他的交易一起被打包变成区块。这个过程需要 10 分钟（现在时间更短），它主要就是矿工的工作。需要做的第一步工作就是把最近的交易打包成一个交易区块。可以想象一下记账本中的每一条录入，区块就是账本的一页。

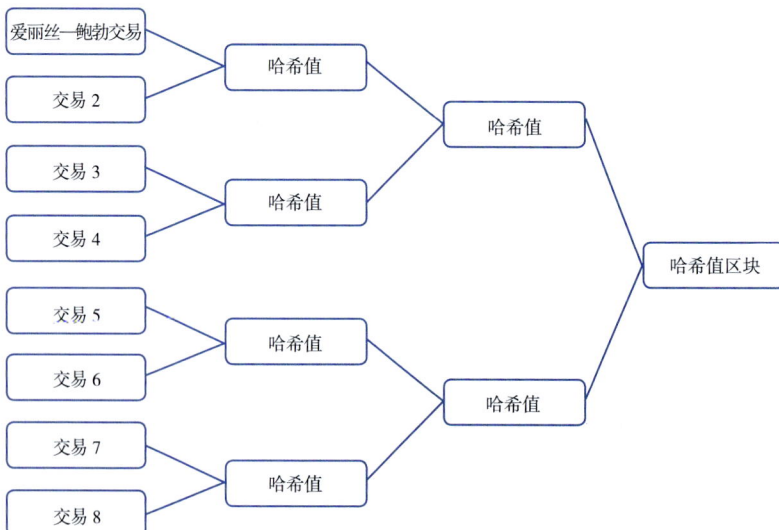

所有最新的交易被组织成新的区块之后，矿工将会把所有交易的一系列安全散列算法 −256 加密哈希值变为一个哈希值。矿工通过把所有交易两两配对给出哈希值，然后再把得到的哈希值配对得到新的哈希值，反复迭代直到得出一个哈希值。

然后矿工把所有哈希值区块与之前的区块再进行加密得到新的哈希值区块。从最新的区块溯源到创始区块（区块链上第一个区块），每一个区块都包含了前一个区块的哈希值。正如每一笔交易都包含上一次交易的信息一样，可以追踪每个比特币的来源。矿工可以通过新的安全散列算法 −256 把两个区块哈希值进行加密得到一个哈希值，用到工作证明方程式中。这个称为质疑串。矿工采用质疑串帮助他们解决被称为工作证明的数学谜题，并且一旦谜题被解决，区块将被正式地加入区块链。

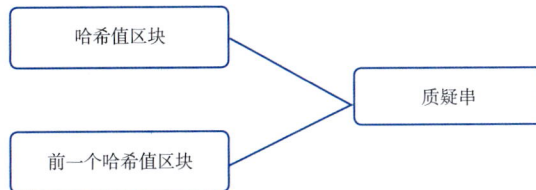

第八步：证明工作

工作证据系统某种程度上类似于谜语，要求矿工完成许多计算证明交易是合法的。一旦初始的计算工作完成，谜底被解开，很容易证明答案就是正确的答案。

首先，矿工从质疑串开始寻找"证据"，即回复质疑的答案。"证据"也被称为"nonce"，矿工知道质疑串和正确的"证据"被放在一起并且通过哈希算法加密，最终结果将会是具有特定数学性质的数字，它的初始数字必须是 0 开头的。

例如，如果矿工把包含爱丽丝和鲍勃交易的加入区块链，他们知道结果开头 40 位都为 0，为了从质疑串得到证明，那么矿工面对的差不多是万亿级别的可能性。当一个矿工完成证明之后，其他矿工将会从解决谜题转向证明交易的有效性以及该证明确实解决了谜题。

比特币对于困难度的设定主要和数字初始的 0 的个数有关，0 越多越困难，同时比特币的产生和上一个比特币产生的难度相关，如果上一个较为困难，那么下一个就会减少 0 的个数，反之则反是。最终把比特币的难度控制在一定水平。在其他区块链的应用方面，这一点并不必然需要。

上述就是一个采用比特币交易的全部流程，如果不以比特币为交易对象，而是其他的票据、合同或者 ABS 等时，基本的逻辑和步骤不会有变化。

（三）区块链的分类

区块链本质上的去中心化并不意味着它不能用在私有社群内。实际上，如果区块链的一些特性，例如时间戳、不可更改等特点，将企业内部或者某些组织内部的一些需要该特点的资料用区块链技术进行保存和通讯，那么就可以大大降低现有的成本，提升效率。

我们可以把区块链按照使用对象分为三类，即公有链、联盟链和私有链。在公有链上，所有人都可以读取、发送交易并且能够确认共识区块链，这是去中心化的应用场景，但是它需要一些基本的共识机制和激励机制完成链的维护。

联盟链则是若干个机构共同参与管理的区块链，并且只对参与的机构开放读写和发送交易请求。这实际上是多中心的，它主要是利用区块链来降低运行成本，提交效率。例如 Ripple 的交易平台可以让跨境转账非常便捷，清算和交易可以真正意义上同时进行。

而私有链则是某个个人和组织才有权力进行写入的链，仍然是中心化的。私有链可以很好地保护个人的隐私，同时由于历史可追溯，不可更改，对于企业管理等方面的应用具有非常大的优势（表10-1）。

表 10-1 区块链的分类

	公有链	联盟链	私有链
定义	链上的所有人都可读取、发送交易且能获得有效确认的共识区块链。通过密码学技术和PoW、PoS等共识机制来维护整个链的安全	联盟链是指有若干个机构共同参与管理的区块链，每个机构都运行着一个或多个节点，其中的数据只允许系统内不同的机构进行读写和发送交易，并且共同来记录交易数据	私有链是指其写入权限仅在一个组织手里的区块链。读取权限或者对外开放，或者被任意程度地进行了限制
参与	任何人	预先设定或满足条件后进成员	中心控制者决定参与成员
中心化程度	去中心化	多中心化	中心化
是否需要激励	需要	可选	不需要
特点	1.保护用户免受开发者的影响 2.所有数据默认公开 3.低交易速度	1.低成本运行和维护 2.高交易速度及良好的扩展性 3.可更好地保护隐私	1.交易速度非常快 2.给隐私更好的保障 3.交易成本大幅降低甚至为零
代表	比特币、以太坊、NEO、量子链	Ripple、R3	企业中心化系统上链

资料来源：鲸准研究院：《2018年中国区块链行业分析报告》，第9页。作者整理。

（四）区块链的特点与优势

由于区块链本身就是分布式账本（DLT），其自身就决定了它的特点与优势。一般认为区块链具有四个特点与优势。

（1）去中心化。在区块链系统中，整个网络没有中心化的硬件或者管理机构，任意节点之间的权利和义务都是均等的，所有的节点都有能力去用计算能力投票，从而保证了得到承认的结果是过半数节点公认的结果。

（2）安全可靠，信息不可篡改。一旦信息经过验证并添加至区块链，就会永久地存储起来，即使遭受严重的黑客攻击，只要黑客控制的节点数不超过全球节点总数的一半，系统就依然能正常运行，数据也不会被篡改。

（3）匿名性与去信任化。整个系统的运作规则是透明的，所有的数据内容也是公开的，算法固定，因此区块链系统的每个节点之间进行数据交换无须互相信任，即无须通过公开身份让对方对自己产生信任。同样的，由于上述的基础设定，节点之间不能也无法相互欺骗。

（4）可追溯性。区块＋链的形式保存了从第一个区块开始的所有历史数据，连接的形式是后一个区块拥有前一个区块的哈希值（Hash），区块链上任意一条记录都可通过链式结构追溯本源。

二、区块链的发展及应用领域

自 2009 年比特币出现以来，区块链在不同的领域取得了长足进步，越来越多的机构认识到区块链带来的冲击，并且积极拥抱技术进步，改变传统的业务内核，提高了整体的效率。

（一）区块链的发展动态

以比特币为代表的公有链，由于其使用对象不明确性，所以反而限制了其应用的场景，因此出现了越来越多的联盟链，即各个行业内部不断出现为了解决自身行业问题的区块链。

这里简单地介绍一些类似的区块链合作组织，如表10-2所示。目前全球应用较多的行业的区块链平台有三个：一是超级账本，它主要是建立分布式账本的标准化；二是R3区块链联盟，主要是银行类的金融机构构建的金融服务领域的行业标准，方便银行的清算结算交易；三是Ripple平台，是现有金融机构跨境交易支付结算的区块链平台，可以有效提升结算效率，降低跨境支付的成本。

中国目前主要有三个重要联盟：一是中关村区块链产业联盟，二是中国分布式总账基础协议联盟（ChinaLedger联盟），三是金融区块链合作联盟，参见表10-2。

表10-2　部分区块链合作组织

地区	项目	项目介绍	参与方
全球	超级账本（hyperledger）	共建开放平台，满足来自多个不同行业各种用户案例，并简化业务流程，通过创建分布式账本的公开标准，实现虚拟和数字形式的价值交换	埃森哲，澳新银行，第一信贷，德意志交易所，富士通，英特尔，摩根大通，伦敦证券交易所，富国银行等192家机构
全球	R3区块链联盟	建立金融服务领域的区块链行业标准	其中包括富国银行、美国银行、纽约梅隆银行、花旗银行、德国商业银行、德意志银行、汇丰银行、三菱UFJ金融集团、摩根士丹利、澳大利亚国民银行、加拿大皇家银行、瑞典北欧斯安银行（SEB）、法国兴业银行等在内的100余家金融机构
全球	瑞波（Ripple）	一个开放的支付网络，主要用于货币兑换和汇款；网络内使用的XRP币是一种Ripple内的原生货币。Ripple通过瑞波网关连接银行、支付系统、数字货币交易所和企业，为全球汇款提供一个低成本、快捷的支付体验	包括汇丰银行在内的众多国际银行

地区	项目	项目介绍	参与方
日本	区块链协作联盟（BCCC）	联盟的发行愿景是为"信息系统在每个行业的演变"推动区块链创新，同时为公众提供有关区块链技术的研发和投资的教育	微软、三井住友、普华永道、Bitbank 等 187 家各行业公司、金融机构和技术服务公司
俄罗斯	俄罗斯区块链联盟	主要目标是发展区块链概念验证；进行合作研究和政策宣传；创建区块链技术的共同标准	包括支付公司 QIWI、B&N 银行、汉特 – 曼西斯克银行、盛宝银行、莫斯科商业世界银行以及埃森哲咨询公司等
中国	中关村区块链产业联盟	专注网络空间基础设施创新	清华大学、北京邮电大学等高校、中国通信学会、中国联通研究院等运营商，及集佳、布比网络等 67 家机构
中国	中国分布式总账基础协议联盟（ChinaLedger 联盟）	致力于开发研究分布式总账系统及其衍生技术，其基础代码将用于开源共享。4 个目标：1. 聚焦区块链资产端应用，兼顾资金端探索；2. 构建满足共性需求的基础分布式账本；3. 精选落地场景，开发针对性解决方案；4. 基础代码开源，解决方案在成员间共享	中证机构间报价系统股份有限公司、浙江股权交易中心、深圳招银前海金融资产交易中心、乐视金融、万向区块链实验室等
中国	金融区块链合作联盟	旨在整合及协调金融区块链技术研究资源，形成金融区块链技术研究和应用研究的合力与协调机制，提高成员在区块链技术领域的研发能力，探索、研发、实现适用于金融机构的金融联盟区块链，以及在此基础之上的应用场景	华安财险、华为、前海股转、前海人寿、腾讯、山东城商行合作联盟等 90 余家机构

资料来源：中金公司：《区块链：颠覆者还是乌托邦》，2018，第 7 页图表 5。作者整理添加相关资料。

（二）区块链的应用领域

王元地等人（2018）在现有文献的基础上概括归纳了区块链应用的七大领域，如表 10-3 所示。鲸准研究院（2018）的划分标准是按照三层产业，即底层技术及基础设施层，通用应用及技术扩展层和垂直行业应用层。他们把基础协议、匿名技术和区块链硬件归于第一层，智能合约、信息服务、数据服务、防伪溯源等归于第二层，第三层中列举了近十余个行业，包括金融、数字货币、娱乐等。

表 10-3　区块链的应用领域

应用范围	项　　目
金融领域	数字货币、征信系统、支付与清算、证券、私募、众筹等
教育领域	档案管理、学生征信、学历证明、成绩证明、产学合作等
医疗领域	数字病历、隐私保护、健康管理、药品溯源等
物联网领域	物品溯源、物品防伪、物品认证、网络安全、网络效率、网络可靠性
物流供应链领域	信证信息安全、收寄件人的隐私、物品的溯源防伪问题
通信领域	社交、信息系统、确保信息安全
社会公益领域	增加公益透明度和公信力；智能合约技术（定向捐赠、分批捐赠、有条件捐赠）
政务领域	户口身份登记、投票选举、公正信用、档案管理、工商注册、产权登记
法律领域	版权保护、证据保全、智能合同
其他领域	人工智能、P2P借贷、审计、大数据、共享经济、投票、拍卖、游戏、彩票等领域

资料来源：主要引用自王元地、李粒、胡谍：《区块链研究综述》，第86页，作者整理添加部分领域。

区块链应用领域的创业公司中，金融服务类公司占比达到55.43%，企业服务、防伪存证和知识产权类公司分别占比12.73%、7.49%和5.62%，如图10-3所示。从现有的文献可以看到，国内一些学者已经注意到区块链技术的不同应用领域，胥月和马小峰（2016）将区块链技术应用于综合评价体系研究，利用区块链所具有的优势针对学生行为构建了一个可行的系统框架和结构。吕芙蓉和陈莎（2016）从农产品质量安全问题出发，以区块链技术作为安全追溯体系的构建基础，提出了不同于公共区块链的联盟区块链组织形式，从而能够充分利用集体智慧和多中心化的优势。毕瑞祥（2016）认为，当前区块链技术正逐步应用于电子政务等公共管理领域，这是因为其能够被公众广泛监督。此外，区块链技术可以保证信息的透明度，保障社会对公共信息掌握的及时性，且其信息登记不可随意改动的特点能够确保管理制度的有效实施。李彬等（2018）基于区块链技术搭建了一个电力系统上的供需平台，实现了供给侧和需求侧的良性平衡，并且增强了用户与服务提供商之间的互动体验。

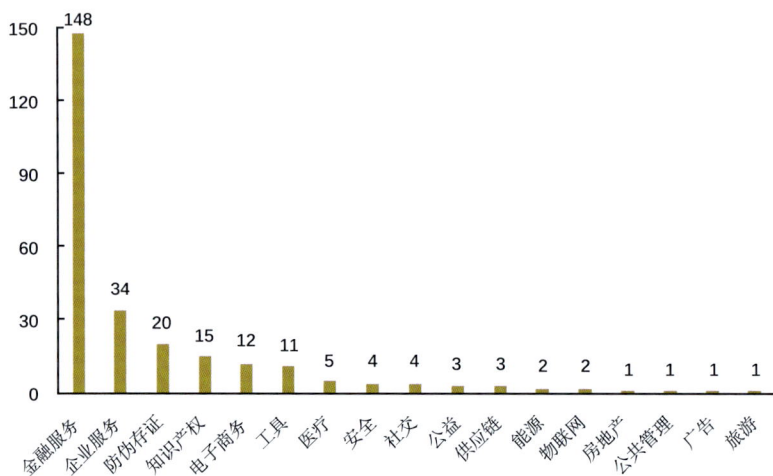

图 10-3　区块链技术类公司行业分布（2017 年 1H）

资料来源：中金公司：《区块链：颠覆者还是乌托邦》，2018，第 21 页。作者整理。

　　能源领域的应用在德国已经实现，德国电力供应商 Eon 与其他合作伙伴一起发起了"Enerchain 行动"，有 33 家公司加入并创立了欧洲分散式能源交易市场。Eon 和意大利电力公司 Enel 的电力交易可通过区块链技术在几秒钟内直接办理完成，而无须中间代理商，从而可降低电力的采购成本。澳大利亚区块链创业公司 E-Nome Pty 开发出了一个基于区块链的医疗记录管理平台，它可以让个人在智能手机上查看自己的健康记录，并具有严密的安全性和隐私性。通过 E-Nome 区块链平台，医疗记录将被自动检索、匿名，并直接存储在卫生服务提供者的电子医疗记录（EMR）系统中，而不需要冒任何风险。澳大利亚医学研究所 Garvan 和 E-Nome Pty 将评估 E-Nome 区块链平台在基因组信息安全储存方面的潜力，以及 Garvan 六大研究部门研究数据的收集和管理[①]。

（三）区块链在金融领域的应用

本小节重点介绍区块链在金融领域的应用。中国信通院（2018）列举了 8 个典型的应用，涉及我国的央行、商业银行以及部分交易所和现有的互联网企业、保险公司，如表 10-4 所示。我们可以看到实际上中国信通院（2018）列举的应用中至少有 4 个都是和凭证相关，不管是数字票据、信用证、保单或者数字票票据，这些场景的应用恰恰表明区块链本身的可追溯性、无法篡改等特点非常符合票据业务的要求。

表 10-4　目前金融机构的区块链的试点项目。

典型应用	机构	典型应用	机构
基于区块链的数字票据	上海票据交易所	数字票票据	人民银行
应收账款管理	浙商银行	积分管理	泰康保险
信用证	民生银行、中信银行	人民币现钞管理	人民银行南京分行
资产证券化 ABS	京东、百度	数字保单与保单质押登记	上海保险交易所

资料来源：中国信通院：《区块链行业：区块链在金融领域的应用》，2018，第 18 页。作者整理。

---

① 中金公司：《区块链：颠覆者还是乌托邦》，2018，第 11 页。

我们重点介绍区块链在票据业务、支付清算结算业务、跨境支付以及供应链金融领域的应用。

1. 票据业务

票据市场有几大问题。一是有票据造假等信用风险，这一点在 2016 年集中爆发票据大案之后已经通过电子化票据解决了很多问题。二是电子票据背书不连续，电子票据可以解决票据本身的真伪问题，但是无法解决背书连续性问题，因此区块链技术一方面可以解决真伪性问题，另一方面可以通过不可篡改的时间戳和完整可追溯的总账信息，反映票据的生命周期和权利转移过程。还可以通过智能合约的设计，在票据到期后，资金可以自动按照约定从承兑人账户及时划入持票人的账户。三是传统票据业务是中心化的操作，区块链技术可以有效降低系统中心化带来的运营和操作风险。四是监管成本和审计成本较高，区块链技术使得票据可以完全被追溯，能够自动成为监管利器。

2. 支付清算、结算业务

以债券交易为例，目前我国债券市场最主要的清算结算方式为券款对付（DVP）。这种方式的券款对付依赖于中心化的交易平台和清算结算系统，并且必须引入第三方托管机构记账、监督来确保权属的唯一性，如图 10-4（左）所示。在区块链下，债券交易能够实现点对点的交易和交割同步，即实时的券款对付，如图 10-4（右）所示。

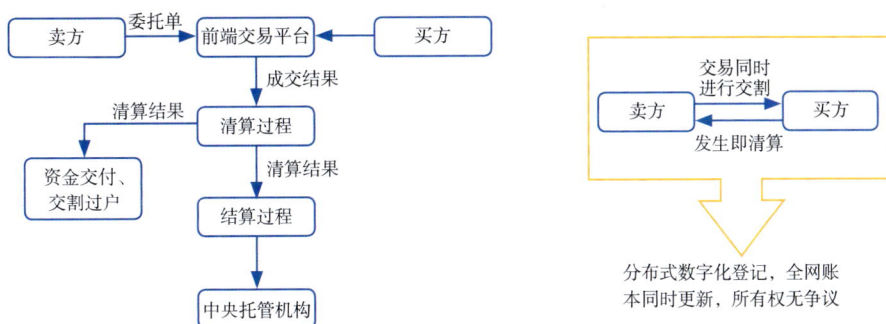

图 10-4 传统债券交易基本流程（左）与基于区块链的债券交易流程（右）。

资料来源：华创证券，《理性拥抱区块链——2018 年华创债券团队 FinTech 专题报告》，第 17 页。作者整理。

3.跨境支付

目前的跨境支付主要有银行电汇、汇款公司、第三方支付三种形式。因为付款方和收款方不在同一个国家，并且分别属于不同的支付体系，涉及不同的支付工具和金融机构。所以业务流转中需多方建立代理关系，在不同系统进行记录、对账与清算等操作，造成了跨境支付的手续费高、到账速度慢（表 10-5）。

表 10-5 跨境支付的三种方式比较

	银行电汇	汇款公司	第三方支付
业务实现方式	主要通过 SWIFT 系统进行报文传输，让代理行将款项支付给指定收款人	汇款公司全球设置代理点，全球各地设立资金池	通过移动互联网的技术手段，在符合经营条件的情况下开展业务
客户操作方式	客户去银行网点办理业务，部分银行可以网上办理	汇款人无须开设账户，收款人凭身份证与汇款码取款	手机 App 操作

续表

	银行电汇	汇款公司	第三方支付
手续费与到账时间	手续费：汇款金额的 0.05%~0.1%，设置封顶金额，具体由各银行而定，电报费 0~200 元不等；到账时间：2~3 天	分档计费，通常为汇款金额的 0.1%~0.3%，到账时间：10~15 分钟	手续费由"国内银行 + 国外银行"收取，价格由各银行而定，最佳情况下，可实现即时到账
缺点	手续费高、到账速度慢	只支持单笔 1 万美元以下的跨境支付	单笔跨境支付额度受限

资料来源：艾瑞咨询：《信息技术行业：冥古宙，2018 年区块链思维研究报告》，第 11 页。作者整理。

跨境支付产生的成本主要有以下六种：外汇兑换、货币对冲、资金操作、流动性、支付操作以及巴塞尔协议 III 的要求成本。外汇兑换成本是以批发市场价格在批发市场购买和出售货币配对的价差。这种差价可以是法定货币之间的，也可以在法定货币和银行资产负债表上持有的 XRP 之间的。货币对冲成本指的是全球范围内对冲 nostro 账户中持有的一篮子货币的成本。资金操作成本是维持账户最低金额所需的资金成本，跨账户管理货币和交易对手的管理费用，以及偶尔在本地和国际账户之间重新平衡现金的成本。流动性成本有两个组成部分，一是处理国际电汇（通常为两天）时锁定的资本成本，二是当地 nostro 账户提供资金的时间。可以理解为时间加权的资本金额的平均资金成本。支付操作成本指的是出现例外或者错误时需要人工干预而产生的人头费用以及当地渠道的占用成本。巴塞尔协议 III（LCR）成本是汇出机构持有低收益，高质量流动资产（符合巴塞尔协议 III 规定）的机会成本，以防止资金在途期间的信用风险敞口（Ripple，2016）。

上述全球平均跨境支付成本约 20.9 个基点，如图 10-5 所示。通过 Ripple 协议可以有效降低流动性成本、支付成本，并且可以完全消除巴塞尔协议 III（LCR）成本。如果增加 XRP，可以进一步降低资金操作成本，虽然会带来资金操作成本上升，但是总成本可以降低到 12.2 个基点，相比于现有的体系成本约降低 42%。加拿大 ATB Financial 银行利用 Ripple 支付协议发起的 1000 加元跨境汇款，款项为兑换欧元支付给德国的 Reisebank 银行，总共用时 8 秒，在传统模式下一般需要 2~6 个工作日。目前 Ripple 已与全球范围银行，全球汇款公司西联汇款、速汇金，信用卡公司 VISA 等展开合作测试转账功能，到 2017 年 Ripple 网络已实现 VISA 级交易吞吐量[1]。

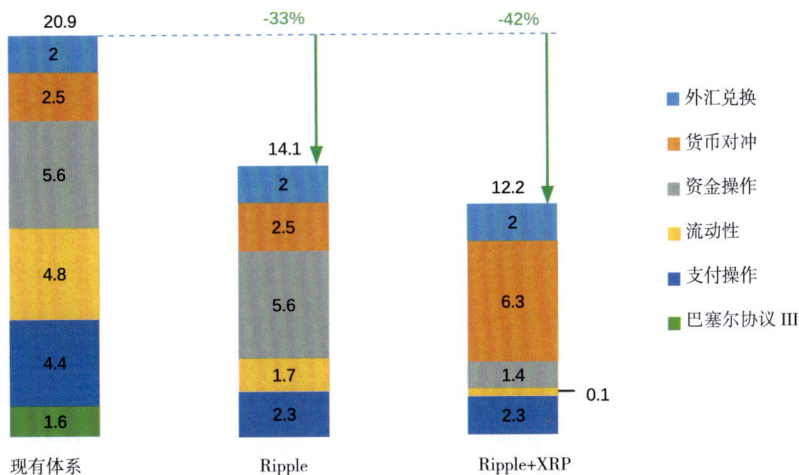

图 10-5　国际支付基础设施成本（全球平均成本每单位支付约 20.9 个基点）

资料来源：Ripple，The Cost-Cutting Cast for Banks，2016 年 2 月，第 9 页。作者整理。

4. 供应链金融

供应链金融需要一个核心企业，金融业务一般是应收或者应付业务的保理，或者票据的贴现等业务，并且一般链条很短，作为核心企业三级及以下供应商很难得到金融服务，某种意义上也是中小企业融

---

[1]　联讯证券：《区块链技术拨云见日，行业应用百花齐放》，2018。

资难的一种体现。然而，在现有的情况下要求金融机构为供应链上更多企业放款也是不现实的，虽然电子票据已经解决了票据本身的真伪问题，但是企业的交易情况、信用评级、物流信息等数据并不能简单获得，因此金融企业出于自身利益最大化的角度自然会有现在的结果，政策也不应该对其做过多要求。

区块链技术的兴起实际上解决了传统供应链金融中的问题，可以有效提升金融机构和供应链上企业合作的空间和可能。第一，区块链技术的使用使所有参与区块链的企业都能够实时获得物流数据情况，并且交易数据不可篡改，同时区块链的去信任化使得可以保证每笔在链数据的真实性；第二，时间戳可以反映供应链的完整生命周期，并且保证了所有交易的可追溯性；第三，智能合约可以保证交易完成时能够按照约定进行实时结算，不受企业本身的约束。因此，当某一个行业中的核心企业开始使用区块链，并且该链作为联盟链把数据与银行共享之后（当然银行也可以是联盟链的成员），银行基于历史数据，加上其他渠道得到的大数据，更能够勾勒出企业的侧写画像，从而可以对供应链上的所有企业进行风险测评，而不再是以往基于抵押、质押、应收账款、应付账款等业务进行贷款，而是进行远超现有额度的信用类贷款。

由此可见，基于区块链技术的供应链金融通过多级供应商融资体系，能够依托核心企业以及供应商企业的信用，降低供应链上所有企业的融资成本，提高资金流转的效率，间接降低整体的生产成本，或将会对整个经济带来巨大的变革。

三、政府关于区块链的政策

（一）区块链得到全球政府重视

政府对于区块链技术应用价值越来越认同，因此纷纷出台相关政策。本书列举部分国家到目前为止的相关政策，让读者可以从监管的角度更全面了解区块链的发展情况。

区块链技术从应用角度看，可以简单分为两类，一类是货币类，另外一类是非货币类。由于区块链诞生之际就是以比特币方式出现，即以去中心化的货币对法币形成了冲击，因此有更多的数字货币模仿比特币纷纷推出，同时比特币冲击了现有的法币体系，让各国政府对待区块链的态度较为复杂。一方面部分国家禁止比特币以及其他数字货币的发行和交易，同时开始研究本国的基于区块链的数字货币，另一方面部分国家在现有的体系内监管比特币交易以及其他数字货币交易，并且承认比特币等的货币地位，实施同等的监管。非货币类的应用可以在金融领域，也可以在非金融领域。金融领域内应用主要集中在银行、证券等行业，非金融类的应用包括法律、政府、医疗等行业。

此外，各国政府和国际组织开始启动区块链标准化工作。各种联盟链也在不断加速区块链标准的制定进程。例如澳大利亚标准协会已于 2016 年 4 月针对区块链和分布式记账技术提出全新的国家标准化方案，并提交 ISO。中国于 2016 年 9 月成为 ISO 区块链领域的标准技术委员会 ISO/TC307 全权成员。2017 年 3 月时 ISO/TC307 已有全权成员国 16 个，观察国 17 个。2017 年 4 月，该委员会举办第一次会议，成立术语工作组，参考架构、分类和本体研究工作组，用例研究组，安全和隐私研究组，身份认证研究组，智能合约研究组等七个工作组和研究组。此外，ISO/IEC JTC1.W3C、机构贸易交流国际证券协会的欧洲分部等组织都对区块链标准化及其重点方向提出建议。其他相关情况可以参见表 10-6。

表 10-6　海外区块链相关政策和文件

时间	政策内容
2015 年 1 月	美国：2015 年 1 月，批准比特币交易所成立，2015 年 6 月，数字货币公司监管框架最终版本 Biticense 发布，2016 年 6 月，国土安全部对 6 家致力于政府区块链应用开发的公司发放补贴
2016 年 1 月	英国政府发布《分布式账本：超级区块链白皮书》。该国首席顾问认为，分布式账本技术能够为英国的金融市场、供应链、福利管理、土地所有权登记乃至英国国民健康保健制度等领域带来极大的好处
2016 年 2 月	欧盟委员会将加密数字货币放在快速发展目标首位。2016 年 4 月，央行计划对区块链和分类账簿技术与支付、证券托管以及抵押等银行业务的相关性进行评估
2016 年 3 月	欧洲央行发布咨询报告《欧元体系的愿景——欧洲金融市场基础设施的未来》，探索了区块链的应用
2016 年 5 月	日本首次批准数字货币监管法案，并定义为财产；成立首个区块链行业组织——区块链合作联盟（BCCC）
2016 年 11 月	德国金融监管局宣布开始探索分式分类账本跨境支付等技术（德国是首先承认比特币合法地位的国家）
2017 年 1 月	2014 年，俄罗斯财政部建议禁止比特币及加密电子货币的操作；2016 年初，央行考虑比特币合法化和交易监管，2017 年 1 月，关于"合法化"区块链技术的发展路线图提交总统批准
2017 年 12 月	据 Bitcoin Magzine，美国商品期货交易委员会（CFTC）允许公开的虚拟货币衍生品交易
2017 年 8 月	据 Bitcoin Magzine，加拿大证券管理局（CSA）明确表示，该国证券法同样适用于加密货币以及其交易场所。他们将依据情况给予投资者投资建议
2017 年 12 月	英国卫报报道英国财政部和欧洲准备开始监管加密货币匿名交易的问题，以打击洗钱和避税活动
2018 年 1 月	据 Bitcoin Magzine，加拿大央行行长 Stephen Poloz 说虚拟货币不是货币，不具备任何价值，投资虚拟货币是一种纯粹的赌博或投资
2018 年 1 月	据 BitcoinMagzine，法国经济部长 Bruno Le Maire 宣布成立工作小组，开始规范加密货币

续表

时间	政策内容
2018 年 3 月	美国证券交易委员会（SEC）警告，目前没有任何数字货币交易所在 SEC 注册。因此，投资者需要极其小心
2018 年 5 月	据 ETHNews，挪威中央银行正在考虑发行数字货币
2018 年 6 月	据 CNBC，美国证监会（SEC）一名官员说以太币不是证券，因为它具有足够的分布性属性
2018 年 11 月	美国 SEC 公布对 EtherDelta 创始人 Zachary Coburn 的处罚决定，EtherDelta 是 ERC20 代币线上交易平台，Coburn 被控在该平台上进行未注册的国家证券交易

资料来源：万和证券：《区块链行业专题报告：区块链浅释与其应用前景》，图表 12；中国信通院《区块链在金融领域的应用》，第 12 页。作者整理。

（二）国内区块链政策进程加快

我国在 2013 年已经发布了关于禁止参与比特币交易的通知，目前正在积极推动国内区块链的相关领域研究、标准制定以及产业化发展。

2015 年 12 月，区块链研究联盟、区块链应用研究中心成立；2016 年 2 月，中关村区块链产业联盟成立；2016 年 2 月，央行行长周小川指出，数字货币必须由央行发行，区块链是可选技术；2016 年 4 月，中国分布式总账基础协议联盟（ChinaLedger）宣布成立。2017 年 2 月，央行推动的基于区块链的数字票据交易平台测试成功。国内区块链标准和技术不断完善，应用场景也由金融支付拓展到其他服务领域。2016 年到 2018 年期间，工信部陆续发布区块链相关白皮书。其他相关情况参见表 10-7。

表 10-7 国内区块链相关政策和文件

时间	政策内容
2013 年 12 月	央行发布《关于防范比特币风险的通知》，明确强调比特币不是货币，不能在货币市场流通，金融机构不得开展相关业务
2016 年 10 月	工信部发布《中国区块链技术和应用发展白皮书》
2016 年 12 月	国务院印发《"十三五"国家信息化规划》，物联网、云计算、大数据、人工智能、机器深度学习、区块链、生物基因工程等新技术驱动网络空间从人人互联向万物互联演进，数字化、网络化、智能化服务将无处不在。现实世界和数字世界日益交汇融合，全球治理体系面临深刻变革。全球经济体普遍把加快信息技术创新、最大程度释放数字红利，作为应对"后金融危机"时代增长不稳定性和不确定性、深化结构性改革和推动可持续发展的关键引擎
2016 年 12 月	工信部《软件和信息技术服务业发展规划（2016 –2020 年)》，要在软件"铸魂"工程里面，大力发展区块链等新型信息化技术
2017 年 1 月	《国务院办公厅关于创新管理优化服务、培育壮大经济发展新动能、加快新旧动能接续转换的意见》，营造有利于跨界融合研究团队成长的氛围。创新体制机制，突破院所和学科管理限制，在人工智能、区块链、能源互联网、智能制造、大数据应用、基因工程、数字创意等交叉融合领域，构建若干产业创新中心和创新网络。建成一批具有国际水平、突出学科交叉和协同创新的科研基地，着力推动跨界融合的颠覆性创新活动
2017 年 1 月	中国人民银行成立数字货币研究所
2017 年初	中国人民银行发行的法定数字货币在基于区块链的数字票据交易平台上试运行
2017 年 5 月	5 月 16 日工信部发布的《区块链参考架构》
2017 年 6 月	中国人民银行印发《中国金融业信息技术 "十三五"发展规划》
2017 年 8 月	商务部办公厅、财政部办公厅《关于开展供应链体系建设工作的通知》，建设重要产品追溯体系，提高供应链产品质量保障能力，其中提到要重点推进区块链等技术的应用
2017 年 9 月	央行要求民间的 "数字货币交易所"全部关闭人民币交易业务
2017 年 9 月	央行等 7 部委联合发布《关于防范代币发行融资风险的公告》：代币发行融资（ICO）行为涉嫌非法集资、非法发行证券以及非法发售代币票券等违法犯罪活动，任何组织和个人应立即停止从事 ICO
2017 年 10 月	工信部发布《中国区块链技术和应用发展白皮书》
2018 年 1 月	互联网金融风险专项整治办工作领导小组下发文件，要求各地引导辖内企业有序退出 "挖矿"业务，并定期报送工作进展

续表

时间	政策内容
2018 年 1 月	中国互联网金融协会发布《关于防范变相 ICO 活动的风险提示》，称 IMO 是一种变相的 ICO，广大消费者和投资者应认清相关模式的本质，增强风险防范意识，理性投资，不要盲目跟风炒作
2018 年 4 月	教育部印发《教育信息化 2.0 行动计划》指出，人工智能、大数据、区块链等技术迅猛发展，将深刻改变人才需求和教育形态。智能环境不仅改变了教与学的方式，而且已经开始深入影响到教育的理念、文化和生态。主要发达国家均已意识到新形势下教育变革势在必行，从国家层面发布教育创新战略，设计教育改革发展蓝图，积极探索新模式、开发新产品、推进新技术支持下的教育教学创新
2018 年 4 月	中国人民银行 4 月 23 日表示，全国摸排出的 ICO 平台和比特币等虚拟货币交易场所基本已实现无风险退出。
2018 年 5 月	中国工信部发布《中国区块链产业白皮书》，对我国区块链发展生态进解析，总结了其特点，并对未来区块链的发展做了展望。文件指出，我国区块链发展总体还处于起步阶段

资料来源：万和证券：《区块链行业专题报告：区块链浅释与其应用前景》，图表 11。易观智库：《区块链行业：中国区块链市场应用专题分析》。作者整理。

四、区块链发展趋势

区块链技术在不断进步，应用场景也在不断丰富，预计未来将会有越来越多的领域使用区块链。以下首先介绍区块链技术的发展阶段，然后讨论区块链的发展趋势。

（一）区块链技术的发展阶段

1. 区块链发展的时代划分

将区块链技术带来的对各个应用领域的颠覆影响可分为三个时代：区块链 1.0（可编程货币）、区块链 2.0（可编程金融）和区块链 3.0

（可编程社会）。"区块链 1.0 时代是数字货币，是和纸币相关的加密货币应用，例如货币支付、汇款以及数字支付系统。区块链 2.0 时代主要是智能合约，该时代区块链的应用远远超过简单的货币交易而进入经济的、市场以及金融的各个主要领域，例如股票、债券、贷款、抵押贷款、土地权益、智能产权以及智能合约。区块链 3.0 时代主要是区块链应用超越货币、金融和市场的时代，尤其是政府、医疗、科学、文学、文化以及艺术等领域。"（Swan，2015）

2. 联盟链或成为未来的主流方向

区块链本身的去中心化属性实际上对于中心化机构带来巨大的冲击和挑战。现有的中心化机构的利益将会受到影响，例如原本需要的支付、清结算机构、证券交易所、信用机构、认证平台等行业内的中心化权威组织都有可能被区块链技术削弱甚至取代。另外，原有的交易模式和商业模式可能会出现剧烈变动，一方面为消费者节省很大的成本，但同时又会创造出更多的机会，利益将会重新分配。

为了应对已经出现的挑战，现有的中心化组织正在积极布局区块链技术，使区块链以优化而非革命的方式推进。例如现有银行开始不断把区块链应用到结算清算、跨境支付等领域。同时也在享受大数据和区块链带来的红利，例如大数据的征信和基于区块链的票据业务，基于区块链的供应链金融等。

现有的中心化组织必然无法接纳公有链，而是发展多中心的联盟链，因此我们认为未来按照区块链的形式来分的话，联盟链将会是最一般和最流行的形式。这既可以满足中心化组织的部分中心化要求，同时又可以为使用者带来成本的巨大降低，某种程度减低对于中心化组织的依赖。此外，还可以通过去中心化使得中心组织本身得到监管。

（二）区块链发展趋势

各行业的人们普遍认为区块链将会产生重大影响（普华永道，2018），如表 10-8 所示。

将在调研中选择"产生重大影响"并对区块链技术持乐观态度的行业按照乐观比例进行排序：零售业 100%、教学与科研业 66.7%、制造业 60.0%、服务业 47.1%、IT 或高科技产业 45.5%、媒体业 41.7%[①]。

表 10-8　不同行业从业者对区块链的态度

行业	产生重大影响	产生一定影响	不会产生影响	说不清
零售	100.0%	0%	0%	0%
教育科研	66.7%	33.3%	0%	0%
制造	60.0%	40.0%	0%	0%
服务	47.1%	41.2%	0%	11.7%
IT 或高科技	45.5%	51.5%	0%	3.0%
媒体	42.0%	50.0%	0%	8.0%

资料来源：普华永道，《2018 中国区块链（非金融）应用市场调查报告》，第 14 页。作者整理。

1.法定数字货币是不可避免的变革领域

数字货币的出现已经挑战了法币的地位，因此除了积极研究和设计本国法定数字货币之外，单纯的关停数字货币会使得国家无法享受技术进步带来的红利，因此包括我国政府在内的许多国家都在积极的

---

① 调研时间为 2017 年 11 月至 12 月。但是样本数相对较少，仅有 130 余份问卷。

研究数字货币。

2014 年央行就成立了法定数字货币的专门研究小组，开始论证数字货币可能性；2016 年 1 月，中国央行召开数字货币研讨会，明确发行数字货币的战略目标；2017 年 1 月 25 日，央行基于区块链的数字票据交易平台测试成功，由央行发行的法定数字货币在该平台试运行，成立研究中心持续完善。日本银行界将会联合金融监管机构共同推出数字化的官方货币 J-Coin，预计将会在 2020 年东京奥运会前后正式流通，其与日元的兑换比例为 1：1。

2. 区块链与多种技术融合之后可能带来的变革

目前金融科技除区块链之外还包括人工智能、云计算以及大数据。我们在讨论金融科技时一般会分开讨论，但是这几者之间实际上还可以结合。例如区块链可以认为是数据存储的一种方式，大数据技术是对大量数据的整合、筛选及分析，二者的结合可以优化数据的分析、挖掘能力，提高数据的整合效率，降低数据维护成本，保障数据私密性。在计算区块的哈希值时，同样可以采用云计算的方式，不再依赖于本地计算能力，而使用云计算能力加快计算速度，同时可以更有效的利用计算机资源。

此外，由于区块链形成了独立运行的共识机制，区块链技术可以用于物联网的数据处理和系统维护（徐明星等，2016）。区块链与物联网的结合可以实现大量设备联网的自我治理，能够避免因不断增长的联网设备带来的中心化管理模式在基础设施和维护成本上的巨额投入[1]。

---

[1] 易观智库《中国区块链市场应用专题分析 2018》，2018。

3. 区块链 2.0 的深入与 3.0 时代的到来

区块链 1.0 时代的数字货币让社会，尤其是央行认识到了冲击，因此激发政府研究和应用区块链的热潮，同时政府不会让数字化法币发行落入普通民众之手，由此必然会产生和比特币之类的法定数字货币，并且设定纸质法定货币和数字法定货币之间的兑换比率，从而继续完成货币的主权化和国家化。

区块链 2.0 时代则是智能合约大规模出现和应用的时代，正如我们在第二节所提到的票据业务、支付清算结算业务、跨境支付以及供应链金融等领域应用。在这些领域由于原有的中心化机构是为了降低信息不对称程度或者增信等而必然存在的，因此在区块链技术本身已经解决信任问题之后，去中心化或者多中心化必然是趋势，从而会带来大规模的机构性质的变革，以联盟链方式产生的多中心化将会出现在现有的金融领域，例如所有的票据、ABS、Reits 等。

区块链 3.0 时代将会把区块链的应用推到新的高度。区块链将不会局限在货币和金融等领域，而是向政府、医疗、科学、文学、文化以及艺术等领域渗透，带来彻底的社会变革。

需要指出的是，仅仅按照区块链应用领域进行的时代划分很难保证时间轴上的单调性，只是从目前的结果来看，大部分的应用都在金融领域，但是其他领域已经开始出现区块链的应用，并且不排除某些领域的应用进展超过金融领域的可能。

执笔人：刘 勇 李 达

参考文献

［1］毕瑞祥，基于区块链的电子政务研究，中国管理信息化，2016［2］长铗等 . 区块链：从数字货币到信用社会 . 北京：中信出版集团，2016.

［3］李彬，曹望璋，张洁，陈宋宋，杨斌，孙毅，祁兵 . 基于异构区块链的多能系统交易体系及关键技术 . 电力系统自动化，2018（04），183-193.

［4］吕芙蓉，陈莎 . 基于区块链技术构建我国农产品质量安全追溯体系的研究 . 农村金融研究，2016（12），22-26.

［5］马晨等 . 证券期货业区块链技术研究及应用分析报告 . 中证金融研究，2016（11），22-35.（23），148-151.

［6］王元地，李粒，胡谍 . 区块链研究综述. 中国矿业大学学报（社会科学版），2018（3）：74-86.

［7］徐明星，刘伟，段新星，郭大治 . 区块链：重塑经济与世界 . 北京：中信出版集团，2016.

［8］胥月，马小峰 . 基于区块链的学生行为综合评价体系的研究 . 信息技术与信息化，2016（12），131-133.

［9］袁勇，王飞跃 . 区块链技术发展现状与展望 . 自动化学报，2016（4），481-494.

［10］Lee, L., New Kids on the Blockchain: How Bitcoin's Technology could Reinvent the Stock Market, Hastings Business Law Journal, 2016, Vol.12., 81-132.

［11］Nakamoto, Satoshi, 2009, Bitcoin: A Peer-to-Peer Electronic Cash System.

［12］Ripple, 2016, The Cost-Cutting Case for Banks.

［13］Swan M., Blockchain: Blueprint for a New Economy. USA: O0Reilly Media Inc., 2015.

［14］UK Government Office for Science, Distributed Ledger Technology: Beyond Block Chain, 2016.

中　篇

金融科技活跃度评估指数

当前，以数字化、网络化、智能化为特征的信息化浪潮蓬勃兴起，数字经济、共享经济在世界范围内正逐步形成并快速发展，引发新一轮的科技革命和产业变革。金融科技作为金融与科技深度融合的产物日益成为全球金融创新发展的亮点和焦点，通过数字信息技术与金融场景交互应用，促使金融体系发生重大变化，推动金融服务领域的颠覆式创新与重塑，为商业银行带来了前所未有的机遇与挑战。在金融科技时代背景下，基于 PEST 分析模型，商业银行主要面临四方面环境变化。

一是从技术环境上看，金融科技是商业银行未来发展的核心竞争力。随着人类向数字化时代迈进，科技进步正引发经济和社会深刻变革。世界经济论坛创始人克劳斯·施瓦布提出以人工智能、云计算、大数据、区块链等突破性新兴数字技术取得重大进展为标志的第四次工业革命已于 21 世纪初正式开启，此次革命是以大数据为核心原料，以人工智能、区块链、云计算等数字技术为核心方法的数字科技变革，其速度、广度与深度都远超以往三次工业革命。科技的飞速发展迅速席卷至金融行业，以科技进步和变革为驱动力的创新已然成为金融发展的核心力量，推动银行业加速转型。数字科技时代的金融发展模式极大地颠覆了传统金融行业原有的商业模式、运营模式，科技与金融深度融合推动商业银行快速向全面数字化迈进，科技成为推动金融代际跃升的重要力量。人工智能、云计算、大数据、区块链等数字化科技全面介入银行的经营管理，不仅推动渠道数字化向纵深发展，更推动银行产品、业务的创新发展，全面提升风险识别、信息对称、服务效率等金融服务能力，帮助金融机构克服传统的结构性障碍和工作流程挑战。例如，大数据的发展和普及为征信和风险控制提供可靠保障；AI 已经被投入到包括智能投资与理财计划设计的高度复杂的领域；区块链更有望彻底颠覆现有的机构间信用流转模式，风险与收益的匹配都可能在以强大技术为支撑的平台上以不曾预见的方式完成。当前银行业发展同质化情况突出，这会导致过度竞争和无序竞争，引发金融供给过度与金融服务不足并存的问题，不利于提升金融服务的专业化水平。金融科技能够有效提高效率、降低成本、满足新需求，实现银行经营管理方式、方法、形态上的变革，推动商业银行实现科技驱动的差异化发展。因此，在激烈市场竞争环境下，银行业需要走向以科技为驱动力的差异化和专业化发展道路，提升自身金融科技水平，从电子化、自动化向智能化转型发展，探寻适合自身的发展道路。

二是从社会环境上看，金融科技改变了客户获取金融服务的模式。数字科技时代传统金融的壁垒被进一步打破，从互联网金融到金融科技，技术创新为商业银行的发展创造机遇，同时也带来一次次拐点。金融在新技术的赋能之下呈现出了空前的活力，金融服务由过去的供给短缺到供给过剩，无论是商业银行负债端的吸储产品，还是资产端的信贷产品，都有无数的其他选择可以供客户进行选择，商业银行在金融系统中的中心化程度与媒介作用有所降低，商业银行传统红利正在逐渐消弭。根据普华永道咨询公司（PWC）针对银行家等金融机构从业人员的调研，金融和科技的融合中实现商业模式的创新，商业银行传统业务模式面临挑战，未来首先被冲击的业务领域可能是消费金融、支付、投资与财富管理等。传统信用卡、POS 机等业务被手机信用卡、无卡支付、手机扫码所分流，柜台业务被网络化平台、移动线上支付所替代，支付账户与资金理财结合兼顾流动性、便利性和效益性，银行在传统资产业务和负债业务的竞争优势逐渐被解构。数字化新时代的兴起已经深刻改变了客户获取金融服务的行为与意识，客户与商业银行黏性进一步降低。商业银行以往主要基于银行实体网点渠道提供金融服务并保持客户黏性，但随着金融科技的发展，客户获取金融服务的途径发生重大变化。以千禧一代为代表的长尾客群表现出和成熟客群不同的消费偏好，这些客户高度依赖互联网及数字设备，更加注重自主选择接受服务的时间、服务的渠道、自主获取信息并且决策。据统计，客户到银行柜台办理业务的比例逐年递减，70% 以上的业务现阶段可以在智能设备完成，柜面人工办理只占 30% 以下，85 后对于银行网点的未来接触点是 0，离柜率高达 95%，客户金融服务从"线下为主到线上线下结合再到基本以线上为主"在未来的 10 年内会完成。金融科技基于技术创新突破传统金融形态。线下网点与设备、牌照、人力等传统成本中心有望逐步被削弱甚至取代，商业银行原有的规模优势、价格优势、渠道优势等传统红利优势正在逐渐丧失，价值链重心将显著地向着金融科技与应用倾斜，这些都需要商业银行更前瞻、更动态、更系统、更灵活地调整自身发展战略，推进商业银行战略转型进而适应时代的发展。

三是从经济环境上看，金融科技推动金融业竞争格局深刻改变。当前国际金融市场动荡加剧，全球经济增长趋缓，经济环境中不确定、不稳定因素明显增多。传统的金融服务已经难于应对变化多端的外部环境，提升金融服务业的内在价值成为了新的需求和转型路径，而领先的金融科技应用必然成为这一过程中的不二之选。与此同时，新技术发展已经并正在深远改变金融行业的生态格局。过去，金融科技公司帮助银行优化服务，抗衡竞争对手；现在，金融科技公司在金融服务领域中更加积极，亲自上阵。以中国为例，以 BATJ（百度、阿里、腾讯、京东）等为代表的科技公司跨界金融成长迅速，通过发挥技术优势从掌握商品流、资金流、信息流数据切入，延伸至支付、融资、投资等金融核心业务领域，深刻变革原有服务模式，拓展创新发展空间。将银行业支付清算、资产转化、风险管理和信息处理融合，不再是单一地发挥作用，形成了场景金融。金融科技公司聚焦于传统金融业服务不到的或者是重视不够的数量巨大、场景复杂、需求多样、交易碎片的长尾客户，通过提供多元化、个性化、定制化金融产品和服务增强客户黏性。金融科技公司的快速发展改变了传统金融机构对既有市场的横向分配，跨界竞争已成为传统银行业面临的"新常态"。

四是从政治环境上看，各国积极推动抢占金融科技发展制高点。金融科技因能够有效提升金融业服务效率、降低成本、改善客户体验并增强金融机构整体的核心竞争力在全球备受瞩目，国际货币基金组织（IMF）、金融稳定理事会（FSB）以及国际标准化组织（ISO）等国际组织非常重视金融科技的发展，纷纷成立了金融科技的研究小组或工作组，也包括一些专门的工作委员会。欧美发达国家和新兴经济体都高度重视和推动金融科技的发展，各国纷纷出台鼓励金融科技发展的优惠政策，抢占金融科技发展的制高点。作为全球的金融科技中心，英国为加强在金融科技领域的世界领先地位，英国政府出台了一系列促进金融科技发展的政策，为金融科技的发展提供良好的政策环境。英国金融行为监管局（FCA）最早设立创新项目（Project Innovate）和创新中心（Innovation Hub），并于 2015 年设立"监管沙盒"制度，以实验方式创造"安全区域"（Safe Place），对实验区的产品和服务适当放松监管以激发创新活力。美国政府专门发布了《金融科技框架》白皮书，阐述了金融科技的政策目标和原则，旨在促进金融科技安全和可持续的发展，发挥金融科技生态系统对建立功能健全且普惠的金融系统以及推动整个经济发展的作用。新加坡金管局（MAS）为推进金融科技发展于 2015 年设立金融科技创新团队（FSTI），并在此基础上于 2016 年提出"监管沙盒"制度，以最大化降低金融创新风险的同时最大化减少金融创新阻力。澳大利亚证券和投资委员会（ASIC）于 2016 年设立"监管沙盒"制度，允许符合条件的金融科技公司在向 ASIC 备案后，无须持金融服务或信贷许可证，即可测试特定业务。由此可见，监管科技与金融科技齐头并进的国际发展格局正加快形成。我国政府近些年也出台了一系列政策助力金融科技发展。2015 年 12 月 14 日一行两会、科技部等发布《关于大力推进体制机制创新，扎实做好科技金融服务的意见》，大力培育和发展服务科技创新的金融组织体系，加快推进科技信贷产品和服务模式创新，探索构建符合科技创新特点的保险产品和服务，进一步深化科技和金融结合试点。2016 年 8 月 8 日国务院印发《"十三五"国家科技创新规划》，引导银行等金融机构创新信贷产品与金融服务，加快发展科技保险，鼓励保险机构发起或参与设立创业投资基金，探索和规范发展服务创新的互联网金融，推进各具特色的科技金融专营机构和服务中心建设。2017 年 10 月 18 日中共十九大报告习近平总书记提出推动互联网、大数据、人工智能和实体经济深度融合。2017 年 11 月央行发布《关于规范金融机构资产管理业务的指导意见（征求意见稿）》，金融机构运用人工智能技术、采用机器人投资顾问开展资产管理业务应当经金融监督管理部门许可，取得相应的投资顾问资质，充分披露信息，报备智能投顾模型的主要参数以及资产配置的主要逻辑。

金融与科技在未来进一步深度融合是必然的发展趋势，金融科技力量对银行业影响会逐步深入。随着客户需求行为的日益复杂且金融服务线上化、移动化、网络化、智能化程度的日益加剧，加之金融科技公司的跨界竞争日益激烈，利用金融科技解决商业银行资金成本高涨、服务效率低下、客户覆盖度不足等问题，促进商业银行业数字化转型发展则将成为未来发展的必由之路。因此，在新科技、新环境、新经济的背景之下商业银行需要梳理通过如何迭代更新适应时代发展，形成全新的商业银行金融生态系统，提升传统银行业在数字时代的金融科技竞争力是当务之急。

当前商业银行在金融科技领域的发展仍处于初级阶段，对于商业银行金融科技能力的研究以及实证分析较少。本篇选取 2017 年 11 月金融稳定委员会（简称 FSB）发布的 30 家全球系统重要性银行（简称 G-SIBs），通过指数化的方式对系统重要性银行金融科技活跃度进行评估、分析，以全球系统重要性银行金融科技的评估作为起点，通过系统分析典型机构金融科技发展状况和竞争态势，以指数编制的方式，研究当前全球金融科技的主要进展、中国的相对位置以及应对策略等问题。

第十一章首先对本篇研究范围进行界定，介绍研究的具体技术范围、应用范围和银行范围。第十二章详细介绍研究所采用的具体方法以及所依据数据的来源。第十三、十四章具体介绍金融科技活跃度评估指数计算过程及统计结果。第十五章根据所得统计结果进行分析，进行不同国家、地区间金融科技活跃度比较，提出发展建议。

第十一章

研究范围

一、概念研究

当前，金融科技正被广泛热议，本报告尝试从现状与未来两个彼此连贯的视角探讨金融科技的概念。

（一）金融科技概念现状——尚无定论

金融科技（FinTech）即 Financial Technology，这一词汇是由"Finance"与科技"Technology"两个词合成而来。当前金融科技的发展尚处于初级阶段，因此目前对于金融科技内涵分析全球尚无定论。目前对于金融科技内涵的理解主要有两种观点：工具论和替代论。

1. 工具论观点

这种观点认为金融科技核心在于科技，金融科技是通过使用科技提高金融效率、推动金融创新的手段，仅仅是"工具"。国际组织，如金融稳定委员会（FSB，2016）将 FinTech 定义为"技术带动的金融创新"，特别是信息技术进步对于金融机构的影响，既包括前端产业也包括后台技术；国际证监会组织（IOSCO，2017）认为金融科技是指有潜力改变金融服务行业的各种创新的商业模式和新兴技术；美国国家经济委员会（NEC）提出金融科技涵盖不同种类的技术创新，这些技术创新影响各种各样的金融活动，包括支付、投资管理、资本筹集、存款和贷款、保险、监管合规以及金融服务领域里的其他金融活动；高盛认为金融科技需要以技术为基础，并且专注于金融产品与服务价值链上一部分或多部分，主要包括支付、科技支持型借贷、保险科技、市场结构、资产管理和资金筹集（表 11-1）。

表 11-1 具有代表性的"工具论"观点

金融稳定委员会（FSB，2016）	FinTech 为"技术带动的金融创新"，特别是信息技术进步对于金融机构的影响。金融与科技相互融合，创造新的业务模式、新的应用、新的流程和新的产品，从而对金融市场、金融机构、金融服务的提供方式形成非常大的影响
国际证监会组织（IOSCO，2017）	金融科技是指有潜力改变金融服务行业的各种创新的商业模式和新兴技术
美国国家经济委员会（NEC，2016）	金融科技涵盖不同种类的技术创新，这些技术创新影响各种各样的金融活动，包括支付、投资管理、资本筹集、存款和贷款、保险、监管合规以及金融服务领域里的其他金融活动
高盛（2016）	金融科技需要以技术为基础，并且专注于金融产品与服务价值链上一部分或多部分，主要包括支付、科技支持型借贷、保险科技、市场结构、资产管理科技和资金筹集
蚂蚁金服（2016）	FinTech 并非简单的"在互联网上做金融"，而是基于移动互联网、云计算和大数据等技术，实现金融服务和产品的发展创新和效率提升
京东金融（2017）	金融科技无外乎是科技在金融领域的应用，旨在创新金融产品和服务模式、改善客户体验、提升服务效率、降低交易成本。金融科技是遵循金融本质，以数据为基础，以技术为手段，为金融行业服务，帮助金融行业提升效率、降低成本

国内研究者以及行业从业者蚂蚁金服、京东金融等同样从科技视角提出了对于金融科技的理解，认为金融科技不再是简单的在"互联

网上做金融"，而金融科技的核心是对于金融服务领域广泛多样的技术干预，当下技术应用已经扩展到了"A"（人工智能）、"B"（区块链）、"C"（云计算）、"D"（大数据）等前沿技术，技术的应用领域包括众筹、线上客户获取、电子钱包、P2P借贷、移动支付终端、中小微企业服务、个人财务管理、私人金融理财、区块链以及加密货币等。

2. 替代论观点

这种观点主要认为金融科技主要特指金融科技公司，并且认为金融科技会彻底替代传统金融，成为传统金融的颠覆者和终结者（表11-2）。

表11-2　几种典型的"替代论"观点

《消失的银行》（2017）	金融科技时代的全面到来，将终结传统零售银行时代，老式银行将不复存在。同时，那些新兴金融科技公司不仅囊括了老式零售银行所有的业务，而且还会开发更简明、更高效并更能满足新时代客户需求的业务，从而取代老式零售银行
《Bank 4.0》（2018）	随着金融科技推动金融创新的深入发展，穿戴设备、声控、人工智能、区块链等技术产品日臻成熟，未来银行网点将消失。存活下来的网点要么是像苹果商铺的体验店能提供体验，或是在小城市中能为客户提供便捷服务的移动网点，且未来网点不会销售银行的产品，更多的是关注服务
毕马威（2016）	2030年即15年内银行将"消失"，类似于Siri的人工助手将接管客户的生活与金融服务

（二）金融科技概念新解——进化论观点

上述两种对金融科技概念的理解，分别从"科技"或者"产业"的角度对于金融科技概念进行解读。其实，可以从一个新的视角对金融科技进行解读，即金融科技是金融自身进化出来的一种新形态，是金融自身发展进化的高阶阶段。从初级阶段金融领域的数字化、信息化到互联网金融模式化、网络化创新再发展到金融科技，这始终是金融借助科技的力量自身从初阶阶段向较高级阶段发展进化的过程，这种发展进化拓展交易的可能性集合、提高金融行业的资源配置效率、降低信息不对称性、增强风险管理能力、降低风险集中度并且有助于提高金融稳定性，推动金融向前发展以及金融功能的扩展与提升。因此，金融科技从广义上来讲内涵囊括金融服务全部环节，包含一切能够运用于金融的科技创新，且影响所有金融服务参与者。

信息技术的发展正在打破"业务是业务，技术是技术"的边界，业务和技术的结合诞生了"金融科技"这一新的术语和领域。金融科技从字面上很容易被理解成为金融领域的科技，或者服务于金融的科技，但实际含义并非如此。科技应用，尤其是信息科技在金融领域的应用已经有相当长的历史，如果只是将大数据、区块链、人工智能等技术简单地视为服务金融业务的工具，这些技术再新再好仍然是被应用的技术，探讨"金融科技"就失去了意义。

"金融科技"与"科技应用"根本不同点在于，"金融科技"正在从基础层面改变着信息不对称的解决方式和方法，正在挑战金融理论和业务基础。在金融科技领域，互联网金融（P2P、网络保险）的出现和部分成功，就意味着在一定范围内即使没有专业化的金融机构，利用当下和未来的技术就有可能解决信息不对称的问题。同样，依托于大数据技术形成的信用评估，依托于区块链形成的分布式信息安全和自动合约，依托于人工智能形成的风险管理和自动交易等等，都在一定程度上表明，部分金融业务离开了传统金融机构的专业化、规模化优势，不依赖传统金融集中式的信用管理和专用网络，依然可以有效展开。

"金融科技"的重点已经不是技术的简单应用问题，而是在可以预见的未来对金融理论、金融市场、金融模式形成的重要影响，由此推动的也不再是商业银行等金融机构技术水平的简单提升，"金融科技"改变的是金融机构的生态环境，导致的将是金融业的一次进化。

二、银行范围

本研究的银行范围为 30 家全球系统重要性银行（G-SIBs），名单来自金融稳定委员会（FSB）。金融稳定委员会于 2011 年首次发布了首批全球系统重要性银行，认为全球系统重要性银行关系到全球金融系统的稳定，是"大而不能倒的银行"。目前，全球系统重要性银行评分指标包括"规模""关联度""可替代性或金融基础设施""复杂性""跨境活跃度"等五类、12 项具体指标，指标构成及权重如图 11-1 所示。2017 年 11 月 21 日，金融稳定委员会公布了最新的全球系统重要性银行名单，这是 FSB 自 2011 年 11 月份首次公布 29 家 G-SIBs 名单后，第七次更新这份名单。本研究根据 2017 年公布的名单，选取该 30 家银行作为研究样本。

2017 年的全球系统重要性银行有摩根大通（JPMorgan Chase & Co.）、汇丰（HSBC）、花旗银行（Citibank）、德意志银行（Deutsche Bank）、美 国 银 行（Bank of America）、法 国 巴 黎 银 行（BNP Paribas）、巴 克 莱（Barclays）、三 菱 日 联 金 融 集 团（Mitsubishi UFJFG）、中国工商银行（ICBC）、高盛（Goldman Sachs）、中国建设银行（CCB）、富国（Wells Fargo）、中国银行（BOC）、瑞士信贷（Credit Suisse）、摩根士丹利（Morgan Stanley）、法国兴业银

行（SG）、西班牙桑坦德银行（Santander）、瑞士联合银行（UBS）、三井住友银行（Sumitomo Mitsui Banking Corporation）、日本瑞穗金融集团（MFG）、中国农业银行（ABC）、法国农业信贷银行集团（Crédit Agricole）、荷兰国际集团（ING）、加拿大皇家银行（Royal Bank of Canada）、意大利联合信贷银行（UniCredit SPA）、渣打银行（Standard Chatered Bank）、苏格兰皇家银行（Royal Bank of Scotland）、纽约梅隆银行（Bank of NewYork Melon）、北欧联合银行（Nordea）、美国道富银行（State Street），其中，摩根大通、汇丰、花旗银行连续三年占据前三。第四档系统重要性银行仅有摩根大通1家银行入选；第三档共4家银行；第二档共8家银行；第一档共17家银行。从系统重要性银行的地理分布上来看，欧盟共有10家商业银行入选，美国有9家银行，英国有3家，中国有4家，加拿大有1家，日本有3家。

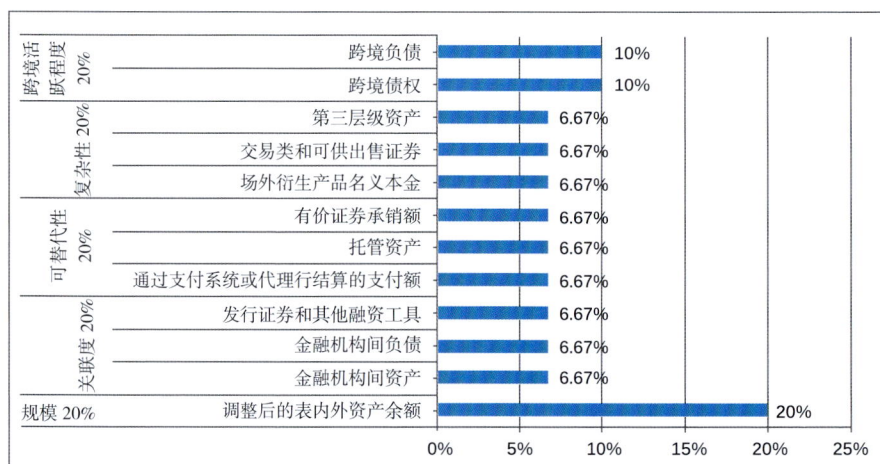

跨境活跃程度 20%	跨境负债	10%
	跨境债权	10%
复杂性 20%	第三层级资产	6.67%
	交易类和可供出售证券	6.67%
	场外衍生产品名义本金	6.67%
可替代性 20%	有价证券承销额	6.67%
	托管资产	6.67%
	通过支付系统或代理行结算的支付额	6.67%
关联度 20%	发行证券和其他融资工具	6.67%
	金融机构间负债	6.67%
	金融机构间资产	6.67%
规模 20%	调整后的表内外资产余额	20%

图 11-1　全球系统重要性银行评分指标及权重

资料来源：金融稳定委员会（FSB）。

三、技术范围

本研究的技术范围包括可用于所有行业的基础技术，以及金融行业通用的、实现具体功能的技术。如图 11-2 所示，基础技术包括人工智能（Artificial Intelligence）、区块链（Block Chain）、云计算（Cloud Computing）、大数据（Big Data）、虚拟现实（VR）以及增强现实（AR）等，这些技术的发展与金融场景的结合给金融行业带来了极大的效率提升，让金融服务更加融入人们的生活。

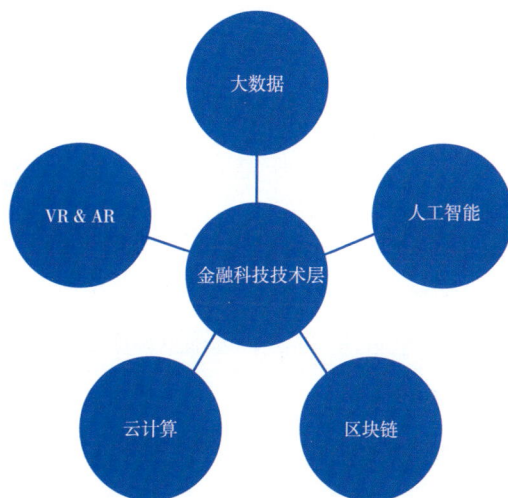

图 11-2　金融科技基础技术范围

大数据：研究机构 Gartner 认为"大数据"是需要新处理模式才能具有更强的决策力、洞察发现力和流程优化能力的海量、高增长率和多样化的信息资产。最早提出"大数据"时代到来的麦肯锡公司在其研究报告《Big Data: The Next Frontier for Innovation, Competition, and Productivity》中提出大数据指的是大小超出常规的数据库工具获取、存储、管理和分析能力的数据集。综合来看大数据是指数量巨大、种类繁多、结构复杂且有一定关联的各种数据所构成的数据集合。

大数据在金融领域的创新影响力巨大，很大一部分原因在于大数据和金融之间的结合，通过大数据的整合共享和交叉应用，结合数据挖掘技术等大数据分析技术能够提供强大的决策支持。金融机构通过搜集和分析大数据可以对客户进行画像，优化客户服务，基于多维度数据对客户风险以及需求进行研判，提高服务效率以及服务质量。数据维度越丰富，对用户粗颗粒的画像就会越了解，对客户风险以及需求的研判也就越准确。

云计算：大数据技术和云计算技术相伴相生，金融云解决了金融科技服务中许多底层性的技术，并建立客户模型、账户模型等，为金融本身的安全性奠定基础。未来的大数据将摆脱本地存储硬件的限制，同时金融大数据又将融合个人行为、历史痕迹及环境信息。对一个高度可控可信的金融云安全体系而言，基础环境安全、风控与审计、数据安全三者将缺一不可。

人工智能：人工智能是通过机器不断更新来智能化模拟人类的反应，使得计算机拥有人类智能的系统，能够令机器设备具有类似于人类的自主思考、计算以及学习能力。它主要包含智能机器人、图像识别、语音识别、OCR 文字识别、自然语言处理等功能，涉及了深度学习和机器学习众多相关算法。

区块链：区块链作为金融科技的核心技术之一，自 2008 年比特币诞生以来，其底层区块链技术逐步得到金融业界的认可。国际上诸多金融机构纷纷布局区块链的研究开发、应用及落地。区块链，简单来说就是一个基于网络的公共账本（数据区块），每一个区块包含了一次网络交易的信息。由网络中所有参与的用户共同在账本上记账与核账，所有的数据都是公开透明的并且可用于验证信息的有效性。作为一个去中心化的数据库，区块链技术改变了传统业务系统的底层架构，优化了数据存储方式，不需要中心服务器作为信任中介，就能在技术层面保证信息的真实性和不可篡改性。区块链以去中心化、安全可靠、信息透明、维护成本低为特性，在金融科技行业中应用案例趋多，从跨境消费到支付结算，从智能合约到追踪犯罪，从供应链金融到个人与中小企业贷款乃至征信领域，区块链技术解决了诸多金融发展过程中信息不对称、违规操作等痛点问题。

VR & AR：虚拟现实（Virtual Reality, VR），通过计算机仿真系统，模拟生成一种虚拟环境，实体与环境之间有所交互，从而给用户以身临其境的感觉。增强现实（Augmented Reality, AR）则是通过计算机实时地改变屏幕上虚拟世界的图像角度，增强用户与产品之间的互动，从而加强用户的体验感。随着金融科技的发展，金融机构的物理网点增长速度逐渐放缓甚至呈现下滑趋势，在这种形势的驱动下，通过 VR & AR 技术的运用，客户对于平台的体验有所增强，对于平台的忠诚度自然随之提升。

根据以上五项基础技术进一步细化后，本研究的技术范围又可细分为：大数据，人工智能，移动支付，区块链和数字货币，监管科技，生物识别，移动互联，云服务，虚拟现实，可视化和密码学。其中大数据包含智能数据中心、个性化服务等功能，涉及了数据收集、数据挖掘、数据分析等技术。人工智能包含智能机器人、图像识别、语音识别、OCR 文字识别、自然语言处理等功能，涉及了机器学习和深度学习算法。移动支付主要包括电话账单、P2P 移动支付、NFC、二维码或条形码支付、无感支付等功能。区块链和数字货币主要包括区块链审计技术、区块链结算、分布式账本等功能。生物识别主要包括虹膜识别、面部识别、指纹识别等功能。云服务主要是云计算和云存储。虚拟现实主要包括 3D 投影、VR、AR 和三维全息图。通过密码学的移动数字认证、数据加密、高速签名、加密货币、SIM 卡识别的技术保证用户数据安全。

四、应用范围

目前关于金融科技的应用市场还没有统一的分类标准，美国国际贸易委员会（USITC）在《2016 顶尖市场报告——金融科技篇》中，把它分为支付、众筹、财富管理、借贷和转账服务五个门类；而毕马威（KPMG）则主张分为十类：借贷、支付、保险、数字货币、财富管理、众筹、资本市场、数据分析、监管科技、会计核算。

上述金融科技的应用分类主要基于金融科技公司的业务领域进行分类，本研究根据莫顿（Merton）金融功能理论对于金融科技的应用范围进行分类。根据莫顿金融功能理论，金融系统主要有六大功能，即：①为货物或服务的交易提供支付系统；②为从事大规模、技术上不可分的企业提供融资机制；③为跨时间、跨地域和跨产业的经济资源转移提供途径；④为管理不确定性和控制风险提供手段；⑤提供有助于协调不同经济领域分散决策的价格信息；⑥当金融交易的一方拥有信息而另一方没有信息时，金融系统提供了处理不对称信息和激励问题的方法。具体到业务层面，金融实际应用通常包括五大类：支付结算、财富管理、借贷融资、风险管理、信息提供（如图 11-3 所示）。

支付结算	借贷融资	财富管理	风险管理	信息提供
人工智能（生物识别）	大数据	大数据	大数据	区块链
	人工智能	人工智能	人工智能	人工智能
云计算	区块链	云计算	区块链	VR&AR
			云计算	

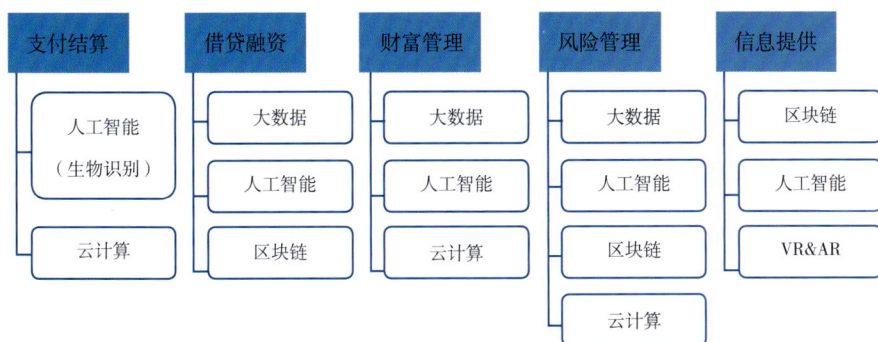

图 11-3　金融科技应用范围

新型的支付结算手段：支付结算是商业银行的中间业务，银行在其中承担是中间人的角色，赚取的是提供服务的手续费。在高速发展的互联网经济时代，人们的消费、娱乐与工作方式倾向于网络化，注重支付结算的时效性。金融科技公司借助网络平台、移动技术等手段广泛地参与各类支付服务，以个性化、多元化的产品组合满足各类客户群体的支付需求，使得群众的生活日趋多元化、虚拟化。借助于信息技术的进步，传统的支付业务越来越多地被新型支付手段替代。产生了短信支付、扫码支付、NFC近场支付、生物识别技术支付等众多支付手段。新的支付手段为用户带来了更加便捷、快速的体验，也使得交易过程变得更加安全。

网络借贷融资：传统的融资方式资金渠道单一、融资成本高昂，使得很多小企业及其他长尾客户融资十分困难。随着电子商务、支付技术和大数据技术的发展，传统融资方式逐渐改变。近几年来，网络借贷发展迅猛，尽管单笔信贷额度不大，但服务范围广泛，涉及长尾客户，体现出普惠金融特征，弥补了传统金融的不足。

智能财富管理：财富管理是传统金融机构的一项金融理财业务，意在为客户提供投顾建议，合理配置资产。但因为技术问题，传统金融机构仅针对少量大额客户展开财富管理服务，未能普及更广泛的长尾客户。随着大数据、云计算和人工智能技术的发展，这些技术纷纷被应用到金融领域，为客户提供投资顾问、咨询等服务。相比于传统的投资顾问，智能财富管理更加理性、灵敏、精确和高效，成本也更加低廉，它的发展在海外得到了用户的青睐，国内的企业也纷纷试水，行业的发展十分迅速，前景光明。由于充分利用了互联网和基于大数据的智能化技术，大幅降低了理财经理的人工服务成本，且随时根据市场变化调整策略，极其高效灵活。另外，相比于人工投资，几乎完全避免了个人情绪化的影响，执行准确严格，能充分及时地发掘市场披露的海量信息。智能化投资的种种优势在海外已经受到了广泛关注和应用，目前智能财富管理的创新领域主要包括：人工智能算法在投资决策中的运用；大数据和自动化技术在信息搜集、处理中的应用；人机交互技术在确定投资目标和风险控制过程中的应用；云计算等在提升运营管理和风险管理中的应用。这样的投资方式完美契合了面向数据的智能化，在商业应用模式上也较为成熟，可以预见不久国内也可涌现出具有影响力的智能投顾平台，引领智能化投资方向的同时也将彻底颠覆现有的人工为主的资产管理领域。

智慧风险管理：使用大数据、云计算、人工智能、区块链等技术作为核心手段对于风险进行全面智慧管理，已经成为商业银行金融风险防范和监管的关键核心能力之一。

电子银行：电子银行业务是指通过面向社会公众开放的通讯通道或开放型公众网络，以及为特定自助服务设施或客户建立的专用网络等方式，向客户提供的离柜金融服务。主要包括网上银行、电话银行、手机银行、自助银行以及其他离柜业务。

根据以上五项进一步细化后，本研究所指应用范围是银行经营的全部业务，具体包括：客户营销、客户服务、运营管理、支付结算、信贷管理、风险管理、合规管理、金融市场业务、资产管理业务和投融资业务。其中客户营销用金融科技精确地找到潜在客户；客户服务中金融科技旨在提高用户体验，如智能客服等；金融科技在运营管理中一般用来智能审计，提高银行职员的工作效率；在支付结算中，金融科技用来实现移动支付等方式，方便用户结算；在信贷管理中，金融科技用来评估用户信用，匹配与其相符的信用模式，加快信贷的办理速度；在风险管理中，金融科技可以实现智能风控，加强风险管理，降低人为出错的概率；在合规管理中，金融科技通过监管科技实现智能监管；在金融市场业务中，金融科技可以实现在极短的时间内智能交易；在资产管理业务中，金融科技可以实现智能地管理资产，同时提供给用户个性化的投资建议；在投融资业务中，金融科技能够实现智能投研。

执笔人：王　博　边　鹏

第十二章

研究方法与数据来源

一、研究方法

　　本研究采用定量的研究方法，在理论演绎的基础之上建立分析框架。定量分析方法主要通过构建科学、系统的全球系统重要性银行金融科技活跃度评估指标体系，创新采用网络爬虫技术、机器人流程自动化（RPA、模拟浏览器检索）、图像识别（识别、截取结构化数据）、机器学习（解决图像识别不准确的问题）算法，对全球系统重要性银行金融科技发展情况进行动态分析。

（一）指标体系设置原则

　　代表性原则。指标体系中的指标需要具有代表性，在指标体系构建中能够用尽可能少的指标来反映全球系统重要性银行金融科技发展。各指标之间要保持一定的相对独立性，避免指标间的信息交叉，分指标能够反映金融科技发展的各个方面状况，指标组合在一起要能够综合全面反映金融科技发展总体水平。

可操作性原则。指标体系中的类指标及细分类指标含义要明确，不仅能够客观的反映金融科技的发展进程，而且还要求指标体系所设指标能够获取较为完整、准确的数据，使量化的评价与监测工作可以进行。

可比性原则。指标体系既要能反映全球系统重要性银行实际金融科技发展水平，同时也要考虑能够进行国际间全球系统重要性银行金融科技水平的比较。最终结果在横向上（国际间）和纵向上（时间序列）能够进行评价比较与分析。

（二）指标体系构建理论基础

本研究在评估比较金融科技水平时，比较了不同企业竞争力评价的主要理论，详见表12-1，并最终选取核心竞争力理论作为本研究指标体系构建的基础理论，认为金融科技是一家大型银行核心竞争力的外在表现之一。

表 12-1　企业竞争力评价主要理论

企业竞争力评价主要理论	优点	缺点
核心竞争力理论 The Core Competence of the Corporation	核心竞争力难以被竞争对手模仿，即它应该是十分独特的。①资源和能力分析。建立企业核心竞争力分析指标体系，测度企业内外部资源和技术能力及支撑能力指标的表现。②竞争力分析。比较该企业与同行业其他企业的表现，找出相对于其他企业的优势资源和能力，从中界定出该企业的竞争力组合。③核心竞争力分析	核心竞争力理论重点关注企业本身层次分析，忽视市场分析、竞争者关系、产业经济等分析，缺乏一定的宏观研究基础

续表

企业竞争力评价主要理论	优点	缺点
波特菱形理论 Michael Porter diamond Model	国家竞争优势理论的逻辑起点应当是绝对优势理论。国家优势理论最早源于亚当·斯密的绝对优势论或称绝对成本论。该理论认为每个国家均有其绝对有利的适合某些特定产品生产的条件，如果各国都按照其绝对有利的生产条件去进行专业化生产并彼此交换产品，那么它们就能有效地利用各自的资源、劳动力和资本，从而有效地提高生产效率，增加贸易各国的物质财富和社会福利。实际上这也是竞争，不过这是一种低层次自然禀赋差异的竞争罢了	斯密理论固然正确，但有一个前提条件是各国都存在有别于别国的自然禀赋，或后天的有利生产条件，即一个国家在某种产品的生产上有绝对优势。如果一个国家在任何商品生产上都没有绝对优势，那么这个国家是否可以参加国际分工呢
波特价值链分析模型 Michael Porter's Value Chain Model	使用价值链分析企业竞争力，有助于准确地分析价值链各个环节所增加的价值。随着互联网的应用和普及，竞争的日益激烈，也可用于分析企业之间组合价值链联盟产生的竞争力	在实际竞争中，丰富的资源或廉价的成本因素往往造成没有效率的资源配置。另一方面，人工短缺、资源不足、地理气候条件恶劣等不利因素，反而会形成一股刺激产业创新的压力，促进企业竞争优势的持久升级。一个国家的竞争优势其实可以从不利的生产要素中形成。根据推测，资源丰富和劳动力便宜的国家应该发展劳动力密集的产业，但是这类产业对大幅度提高国民收入不会有大的突破，同时仅仅依赖初级生产要素是无法获得全球竞争力的
战略管理 Strategy Management	使用战略管理理论评估企业竞争力，具有全局性、前瞻性等优点	成熟的战略管理理论认为，战略管理是由环境分析、战略制定、战略实施、战略控制等四个不同阶段组成的动态过程，这一过程是不断重复、不断更新的。理论上通常都是按上述的顺序对企业的战略管理进行分步研究。但是，在实际应用中，这几个步骤往往是同时发生的，或是按着不同于上述步骤进行的

企业竞争力评价主要理论	优点	缺点
产业竞争力理论 Industrial Competitiveness	产业竞争力比较的内容就是产业竞争优势,而产业竞争优势最终体现于产品、企业及产业的市场实现能力。因此,产业竞争力的实质是产业的比较生产力	产业竞争力是个相比较的概念,它是通过选择一定评价产业竞争力的指标体系进行比较分析的。指标体系的规模要适当,因为指标太少,虽然能够减少评价的工作量,但是难以综合反映评价对象的特征。指标太多,虽然有利于把握评价对象的特征,但是加大了评价的工作量,尤其是采用加性并和规则时,指标间的互补性会掩盖评价对象之间的差异性
组织记忆 Organizational Memory	1. 为人力资源部门在知识管理领域提供了一个简单、适用的架构。2. 让所有的组织都能够从学习、掌握自己的历史信息中获益,不论组织历史长短(Berthon、Pitt & Ewing,2001)。3. 能够发展成为组织的竞争优势(Wexler、Croasdell,2001)。4. 能够显著地减少组织的交易成本(Croasdell,2001)。5. 能够在组织中扮演一个政治角色。这点亦同时有其正面和负面的影响(Walsh、Ungson,1991)	1. 过分强调组织记忆容易削弱组织的学习能力,导致组织僵化和盲目:组织对于环境变化缺少长远眼光。2. 组织记忆是组织年龄、规模以及成就的函数(Sinkula、Lukas、Hult、Ferrell,1996;Berthon、Pitt、Ewing,2001)。3. 历史会造成思维定势和单循环学习(Single-Loop Learning)(Berthon、Pitt、Ewing,2001)。4. 存于组织文化之内的历史遗物如规章制度、组织架构,有可能成为组织变革的绊脚石(Walsh、Ungson,1991)

1990 年,普拉哈拉德和哈梅尔在《哈佛商业评论》上发表了《公司的核心竞争力》一文,首次提出"核心竞争力"这一概念。"核心竞争力"能为公司创造持续的竞争优势,帮助它延展到广阔的相关市场领域,让公司的产品或服务持续不断地为顾客提供新的价值。"核心竞争力"有三个特点:第一,"核心竞争力"能够为公司进入多个市场提供方便;第二,"核心竞争力"应当对最终产品为客户带来的可感知价值有重大贡献;第三,"核心竞争力"应当具备竞争对手难以模仿的特性。

所谓企业的"核心竞争力",既不等于企业的核心技术,也不是企业的垄断资源，更不是企业的品牌优势，而是组织内部的集体学习能力，尤其是如何协调各种生产技能并且把多种技术整合在一起的能力。根据该理论，核心竞争力的主要构成要素可以是企业的任何能力，但它们必须是"企业特有的，足以能胜过对手的"。如果企业的某一方面的能力强大到足以能胜过对手，或者难以被模仿（或模仿的代价很高）时，就可以成为企业的核心竞争力，而不论它是不是企业的职能领域的能力还是其他，但通常核心竞争力是几方面能力的有机整合。

核心竞争力主要包括以下三种要素。

（1）管理能力首先是企业的战略管理能力，它是企业发展的目标定位，是对核心竞争力进行全过程管理的统领。企业只有具备一个完善而科学的战略，并对它们随时组织实施、校正和管理，才能确保企业的发展战略科学合理、切实可行，也只有这样的战略才能真正起到对核心竞争力进行全过程管理的统领作用。其次是企业对人力资源的科学管理。企业的核心竞争力可以说是员工的技术专长、创造性解决问题的能力、管理层的领导能力和洞察能力、管理技巧和团队精神等企业特有知识的凝结，而人才正是这些知识的载体，充分发挥人才的这些能力，有赖于企业对人力资源的科学管理。再次是企业的信息管理能力。知识经济时代，信息的迅速沟通对企业核心竞争力的保持和更新尤为重要。信息系统的状况会直接影响到企业核心竞争力的培育、更新和竞争优势的保持，而企业信息系统的状况取决于企业的信息管理能力。

（2）技术能力是指企业开发和应用新技术的能力，是通过获得、选择、应用、改进技术以及长期的技术学习过程培育、建立起来的。技术能力不仅体现在新资本设备等有形资产上，而且也体现在员工技能和组织经验的积累上，技术能力是企业培育核心竞争力的一个重要突破口。企业技术能力中最重要的是企业的核心技术体系，它是企业自身特有的、不易为外界模仿的稀缺性技术资源的能力。围绕既成的核心技术体系，企业只需对现有的主导设计、核心生产技术等稍作变动，就可能推出新的产品与生产技术，就会有层出不穷的技术创新问世。

（3）组织能力指企业组织资源的能力，即企业配置资源与整合资源的综合能力。核心竞争力深深扎根于组织之中，必然依赖组织能力。具有组织能力优势的企业，能够将企业原本拥有的资源、知识和能力真正转化成企业的核心竞争力，从而获得长期的竞争优势。企业的组织能力越强，对资源的优化配置就越灵活，相应的，企业的核心竞争力发挥作用的范围就越广，企业效率就越高，竞争优势也就越便于巩固。反之，如果企业缺乏足够的对资源进行协调和整合的能力，核心竞争力就会被僵化的组织所窒息。

本研究依照以上代表性原则、可操作性原则和可比性原则构建商业银行金融科技活跃度评估指数指标体系，同时，根据普拉哈拉德和哈梅尔提出的公司核心竞争力理论三要素，即管理能力要素、技术能力要素和组织能力要素，将金融科技活跃度评估指数划分为五个分类指标。具体包括金融科技研发能力指标、金融科技应用能力指标、金融科技推广能力指标、金融科技影响力能力指标以及金融科技投资能力指标，如图 12-1 所示。

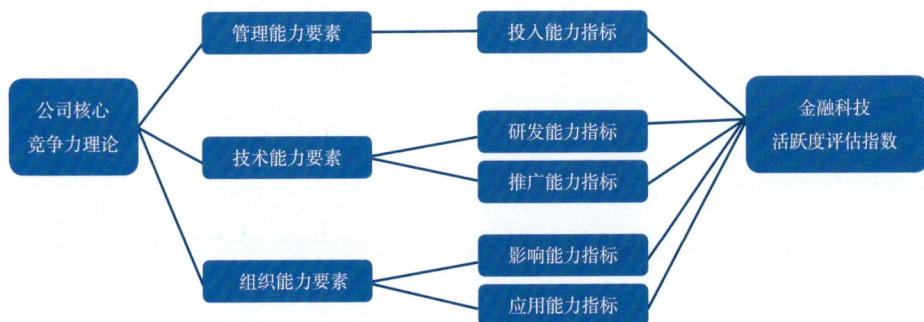

图 12-1 全球系统重要性银行金融科技活跃度评估指数指标架构图

（三）指标体系构建

本节介绍计算系统重要性银行金融科技活跃度评估指数的指标体系、标准化方法及指数计算方法。

1.指标体系

金融科技活跃度评估指数主要包括以下指标：

（1）研发能力指标，包括：专利数、科研论文数、研发经费支出额、科研人员比例等。限于研究资源有限，我们此次暂以银行拥有的专利数衡量全球系统重要性银行的研发能力。

（2）推广能力指标，包括：手机银行用户数、银行员工数、线上渠道交易额、线上渠道交易数、线上交易笔数等。限于研究资源有限，我们此次暂以手机银行用户数与银行员工数之比衡量全球系统重要性银行的推广能力。

（3）投入能力指标，包括：银行对金融科技公司的股权投资次数、技术人员数等。限于研究资源有限，我们此次暂以银行对金融科技公司的股权投资次数衡量全球系统重要性银行的投入能力。

（4）应用能力指标，包括：银行线上信贷产品、银行线上财富管理产品等银行线上产品。限于研究资源有限，我们此次暂以银行线上信贷产品数与银行线上财富管理产品数之和作为银行线上产品数，并以此衡量全球系统重要性银行的应用能力。将两类产品数相加衡量应用能力的原因在于两类产品数具有相同的量纲，具有可比性。

（5）影响能力指标，全球系统重要性银行在 12 个重要的金融科技技术领域（网络贷款、云计算、人工智能、区块链、征信、物联网、生物识别、电子支付、网络保险、网络银行、虚拟现实、金融信息）

热度的总和，即技术总热度（而银行在某一技术领域的热度为利用搜索引擎检索出的词条数与新闻数之和）。

上述五个指标的单位、量级都不同，为了便于综合这五个指标计算银行的金融科技活跃度评估指数，本研究对每个指标进行标准化处理，去除数据的单位限制，将其转化为无量纲的纯数据，将数据统一映射到［0,1］区间上。指标标准化有多种方法，比如 min-max 标准化法、log 函数转换法、atan 函数转换法、z-score 标准化方法等，为了便于研究，我们选取了 log 函数转换法，该方法相较其他方法更简单、便于解释，具体方法如下：

对于指标 x，银行在该指标的值为 x_i，则标准化后的值 x_i^* 为：

$$x_i^* = \frac{\log_{10}(x_i)}{\log_{10}(\max(\{x_1,...,x_{30}\}))} \quad (i=1,2,...,30) \qquad （12-1）$$

2. 指数计算

关于指数计算方法，前人的研究有加权法、熵权法等，然而，金融科技活跃度评估指数计算的方法较少，我们使用的方法难免挂一漏万，首次探索尝试使用乘积法。为了综合考虑五个分指标的能力值，并且避免权重赋值大小的争议，尽量使用原始数据和差异，并把每个指标的差异都保留到最后的指数计算结果中，我们采用分指标乘积计算金融科技活跃度评估指数的方法，具体如下：

假设某系统重要性银行利用公式（12-1）标准化后的研发能力指标为 a_i^*，影响能力指标为 b_i^*，推广能力指标为 c_i^*，投入能力指标为 d_i^*，应用能力指标为 e_i^*，则该系统重要性银行金融科技活跃度评估指数 p_i 为：

$$p_i = a_i^* b_i^* c_i^* d_i^* e_i^* (i = 1, 2, ..., 30) \qquad (12-2)$$

二、数据来源

全球系统重要性银行的专利数是通过检索欧、美、亚洲相关国家的专利局 / 知识产权局统计得到的数据，其中中国的四家系统重要性银行的专利数据来源为中国国家专利局，日本的三家系统重要性银行的专利数据来源为日本特许厅，美国的八家系统重要性银行的专利数据来源为美国专利商标局，而加拿大皇家银行的专利数据来源为加拿大知识产权局，欧洲的系统重要性银行中，法国的三家银行的专利数据来源为法国专利局，而欧洲剩余的十一家系统重要性银行的专利数据来源为欧盟专利局；12 个金融科技技术的热度是在搜索引擎中输入相关的银行和技术组合，并解析网页内容得到的词条数和新闻数之和；手机银行用户数和银行员工数是检索各银行 2017 年年报得到的数据；对金融科技公司的股权投资次数是检索 CB Insights 数据库及各银行年报得到的数据；线上信贷产品和线上财富管理产品数是检索各银行官方网站统计得到的数据。

执笔人：王　博　闫　晗

第十三章

金融科技活跃度评估指数统计

全球系统重要银行活跃度评估分指标位次统计结果如表 13-1 所示。其中，研发能力指标按专利数进行统计，推广能力指标按手机银行用户数与银行员工数之比进行统计，投入能力指标按对金融科技公司股权投资次数进行统计，应用能力指标按线上产品数进行统计，影响能力指标按技术总热度进行统计。

表 13-1　全球系统重要性银行活跃度评估分指标统计结果

银行	研发能力	推广能力	投入能力	应用能力	影响能力
摩根大通	19	6	3	7	2
美国银行	5	7	10	5	4
花旗银行	25	4	2	7	3
德意志银行	1	17	13	15	9
汇丰	27	9	13	15	8
中国银行	18	5	18	1	5
巴克莱	24	19	18	15	6
法国巴黎银行	26	28	13	15	22
中国建设银行	16	2	8	4	14

续表

银行	研发能力	推广能力	投入能力	应用能力	影响能力
高盛	21	10	1	7	1
中国工商银行	20	1	8	3	13
三菱日联金融集团	6	11	23	15	12
富国	17	8	6	7	11
中国农业银行	22	3	21	2	15
纽约梅隆银行	13	12	21	15	21
瑞士信贷	3	21	13	24	17
法国农业信贷银行	15	29	23	7	29
荷兰国际集团	11	26	20	24	24
日本瑞穗金融集团	23	25	7	15	27
摩根士丹利	2	20	5	7	7
北欧联合银行	30	18	23	15	28
加拿大皇家银行	12	13	23	15	20
苏格兰皇家银行	10	22	23	24	23
西班牙桑坦德银行	7	24	4	24	18
法国兴业银行	4	16	13	24	19
渣打银行	8	23	10	15	10
美国道富银行	14	14	23	7	30
三井住友银行	9	30	23	24	25
瑞士联合银行	29	15	10	5	16
意大利联合信贷银行	28	27	23	7	26

一、金融科技研发能力指标

在金融科技迅猛发展的今天，银行自身的创新能力显得日益重要，要求银行不仅能够利用金融科技对本行已有业务进行升级改造，还要能够对业务种类进行拓展，并研发和创新商业模式。银行所拥有的专利数量便是体现银行自身创新能力的一个很好的指标，由于专利需要有独特性及创新性，因此，专利数能够客观、量化地展现出银行的研发能力。因此，本章定义全球系统重要性银行的金融科技研发能力指标为银行所拥有的专利数。

由于研究资源有限，本章在全球系统重要性银行的专利数据搜集方面，未能覆盖所有国家的专利局数据，存在数据搜集不全的情况，在可比较原则下，我们选择银行注册地所在国的专利局数据。虽然对于某国的银行，其他国家的专利局中也存在包含该银行专利数据的情况，但由于不同国家专利局包含的银行专利数据有重复的可能，并且相较于其他国家的专利局，本国专利局所包含的数据更为全面，因此，我们只选择银行注册地所在国的专利局数据。具体地，中国的四家系统重要性银行（中国工商银行、中国建设银行、中国农业银行、中国银行）的专利数据来源为中国国家专利局。日本的三家系统重要性银行（三菱日联金融集团、三井住友银行和日本穗金融集团）的专利数据来源为日本特许厅。美国的八家系统重要性银行（美国银行、高盛、花旗银行、富国、摩根士丹利、纽约梅隆银行、美国道富银行、摩根大通）的专利数据来源为美国专利商标局，而加拿大皇家银行的专利数据来源为加拿大知识产权局。欧洲的系统重要性银行中，法国的三家银行（法国兴业银行、法国巴黎银行、法国农业信贷银行）的专利数据来源为法国专利局，而欧洲剩余的十一家系统重要性银行的专利数据来源为欧盟专利局。

图 13-1 是基于全球系统重要性银行研发能力指标进行标准化后的结果（标准化的方法、目的参见第十二章第一节（三））。整体来看，虽然全球系统重要性银行中只有 7 家银行来自亚洲，而这 7 家银行的研发能力相较于美洲和欧洲的系统重要性银行更强。对于美洲和欧洲的系统重要性银行，美洲银行的平均研发能力要强于欧洲。

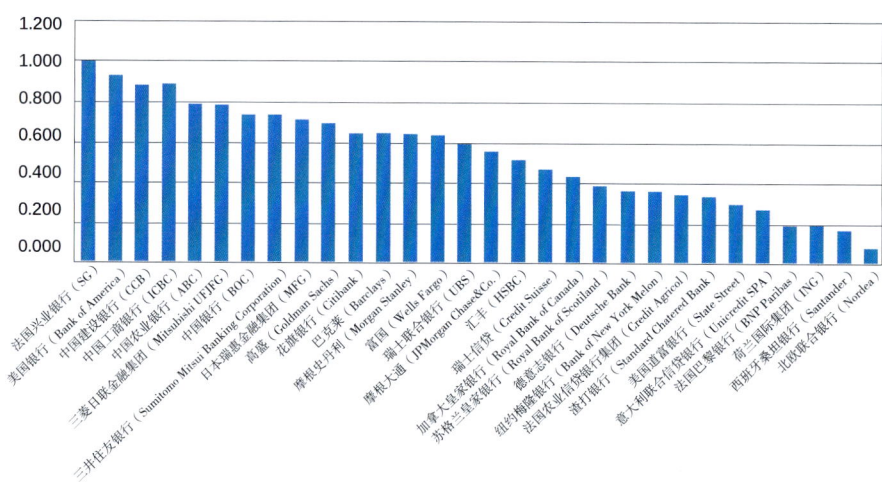

图 13-1　全球系统重要性银行研发能力指标（标准化后）

数据来源：欧、美、亚洲相关国家的专利局/知识产权局、中国建设银行研究院，2018.10。

二、金融科技推广能力指标

手机银行是继银行 ATM、网上银行之后推出的又一银行与客户沟通的数字化渠道。作为金融科技服务的载体，手机银行使得客户不仅能够在任何时间、任何地点通过手机银行处理多种金融业务，而且极大地丰富了银行服务的内涵，使银行能以便利、高效而又较为安全的方式为客户提供传统和创新的服务。

众多商业银行积极顺应社会发展潮流，大力发展手机银行，完善手机银行功能，手机银行未来必将在银行和客户沟通中起到中流砥柱的作用。特别是全球系统重要性银行不约而同，均在年报中披露了这个重要渠道的最新发展数据。

有观点认为，一家银行金融科技做得越好，其每个员工凭借金融科技能够服务更多的客户。换句话说，一家银行的手机银行用户数与该银行的员工数的比值越大，则银行员工的工作量和工作压力可以得到越大程度的缓解，同样数量的员工能够高质量地服务更多的客户，因此，手机银行用户数与银行员工数的比值能够较好地体现银行的金融科技推广能力。我们形象地称其为"撑伞理论"，即将每个银行员工比作伞柄，而手机银行用户数与银行员工数的比值则为伞面，银行的金融科技推广能力越强，则每把伞的伞面越大。因此，本章定义全球系统重要性银行的金融科技推广能力指标为手机银行用户数与银行员工数的比值。

图13-2首先展示了全球系统重要性银行手机银行用户数，从中我们可以看出：

（1）我国银行手机银行用户数众多，这与我国幅员辽阔，群众对移动支付的信赖，对智能化应用的使用习惯有着千丝万缕的关系；

（2）国外多数国家的群众习惯于POS机刷卡支付，虽然也是走无现金化道路，但是和中国发展的是两个不同的方向；

（3）我国银行的手机银行业务在用户中得到了广泛使用，根据文乾（2017），银行系统在互联网浪潮中虽行动略显迟缓，不过银行客户群体相对稳固，手机银行对于商业银行来说，更像是营业网点的延伸和补充，并不见得如互联网马太效应般赢者通吃，但面对移动支付的挑战，商业银行手机银行也在合作应对。

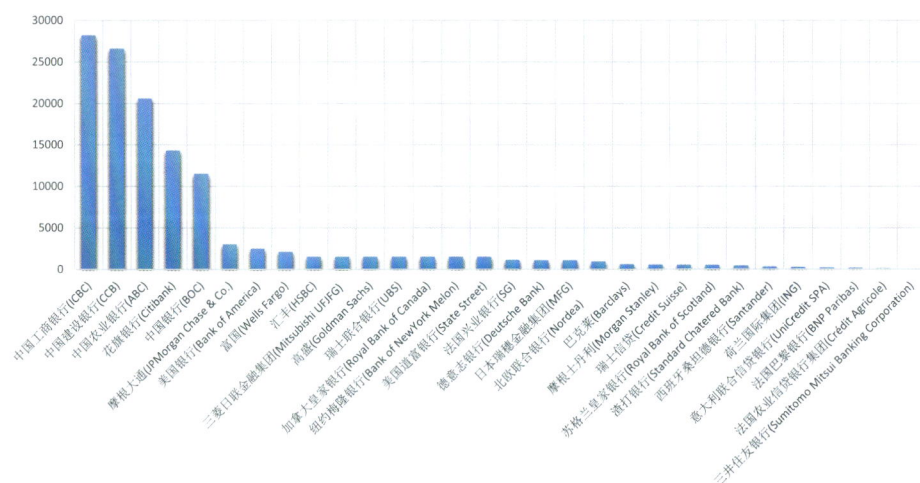

图 13-2　全球系统重要性银行手机银行用户数（万人）

数据来源：各家银行 2017 年年报数据、中国建设银行研究院。

　　图 13-3 是基于全球系统重要性银行推广能力指标进行标准化后的结果（标准化的方法、目的参见第十二章第一节（三））。从全球角度来看，不仅中国的几家系统重要性银行金融科技推广能力较强，美国花旗银行的推广能力指标也名列前茅。金融科技不仅提高了银行的经营效率，也在客户拓展方面发挥了极大的作用，凸显了花旗银行金融科技推广方面的强大实力。举例来讲，2012 年，花旗银行率先在中国推广使用语音声纹认证技术，客户可以将语音作为密码。该项技术便捷性高，且不易被模仿破译，极大地改善用户体验的同时还提高了业务安全性。在亚太地区，迄今为止已有超过 448 万客户使用这项服务。

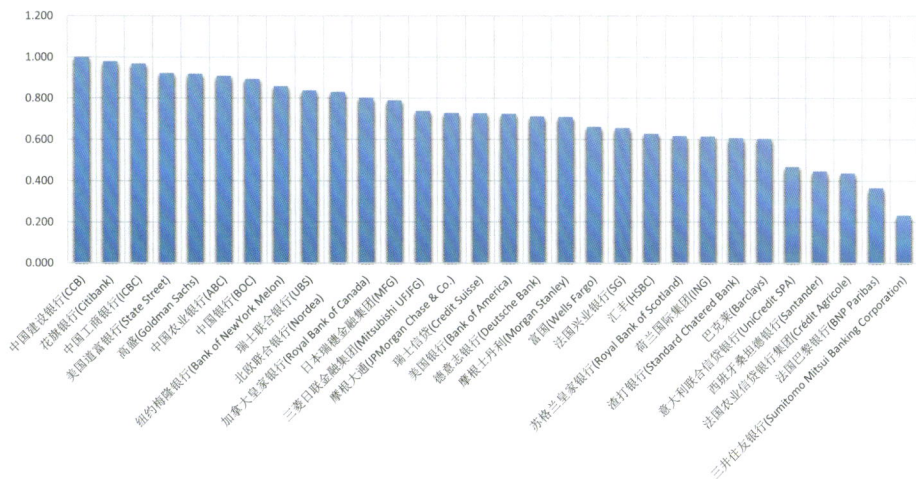

图 13-3　全球系统重要性银行推广能力指标（标准化后）

数据来源：各家银行 2017 年年报数据、中国建设银行研究院。

三、金融科技投入能力指标

欧美金融机构尤其是系统重要性银行的金融科技发展起步较早，除自主研发投入外，还对金融科技公司进行股权投资，以充实其金融科技力量。因此，本章定义全球系统重要性银行的金融科技投入能力指标为银行对金融科技公司的股权投资次数。

图 13-4 是基于全球系统重要性银行投入能力指标进行标准化后的结果（标准化的方法、目的参见本篇第十二章第一节（三））。整体来看，美洲 9 家系统重要性银行的投入能力最强，而欧洲 14 家系统重要性银行和亚洲 7 家系统重要性银行的投入能力相当。

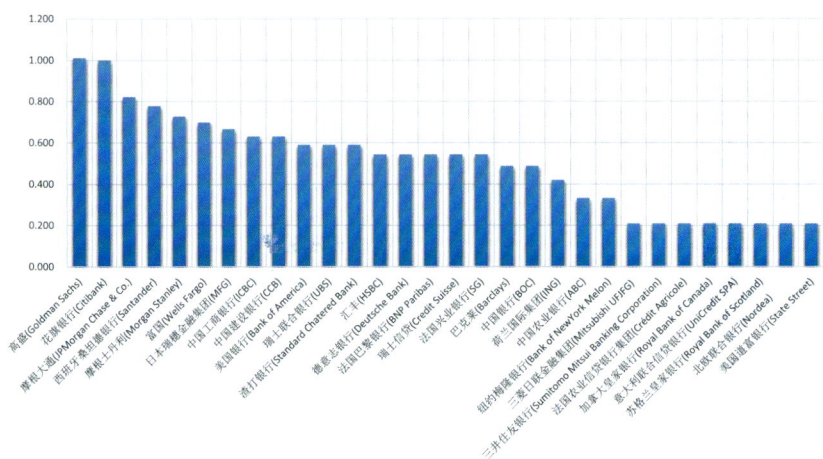

图 13-4　全球系统重要性银行投入能力指标（标准化后）

数据来源：CB Insights 数据库、各家银行年报、中国建设银行研究院，2018.10。

为了进一步研究世界主要经济体国家金融科技投入能力情况，本章还从美国和欧洲各选取了资产规模排名前十及前十三位的银行，对其金融科技公司股权投资情况进行研究。

（一）股权投资基本情况

从 2012 年 1 月至 2018 年 6 月，美国资产排名前十的银行（属地在加拿大的银行与美国的银行一并统计）共参与了 101 次 59 家金融科技公司的股权交易，累计交易金额约 41 亿美元。欧洲资产排名前十三的银行（欧洲其他银行没有对金融科技公司的股权投资记录，故没有纳入统计范围）共参与了 58 次 33 家金融科技公司的投资，累计交易金额约 26 亿美元。

欧美大型银行投资的金融科技公司分两大类，一类侧重金融业务管理，包括：支付类、个人消费和现金贷款类、个人金融账户管理类、个人财富管理类、保险销售类、房地产投资类、供应链咨询类和合规管理类。另一类侧重底层技术，包括金融基础设施和软件服务类、区块链技术服务类和大数据分析类。

表 13-2　美国大型银行投资金融科技公司类别及数量

类别		占比（%）		数量（家）	
大类	子类	大类	子类	大类	子类
业务管理类	支付类	61	33	36	12
	个人消费和现金贷款类		22		8
	个人金融账户管理类		11		4
	合规管理类		11		4
	个人财富管理类		8		3
	保险销售类		6		2
	房地产投资类		6		2
	供应链咨询类		3		1
底层技术类	金融基础设施和软件服务类	39	43	23	10
	大数据分析类		31		7
	区块链技术服务类		26		6

数据来源：CB Insights 数据库、各家银行年报、中国建设银行研究院，2018.10。

美国大型银行投资的 59 家金融科技公司中，业务管理类 36 家，底层技术类 23 家，分别占 61% 和 39%。业务管理类中：支付类占 33%、个人消费和现金贷款类占 22%、个人金融账户管理类占 11%、合规管理类占 11%、个人财富管理类占 8%、保险销售类占 6%、房地产投资类占 6%、供应链咨询类占 3%。底层技术类中，金融基础设施和软件服务类公司数量最多，共 10 家占 43%，大数据分析类占 31%、区块链技术服务类占 26%（表 13-2）。

欧洲大型银行投资的 33 家金融科技公司中，业务管理类 21 家，底层技术类 12 家，分别占 64% 和 36%。业务管理类中：支付类占 33%、个人消费和现金贷款类占 19%、个人金融账户管理类占 19%、合规管理类占 19%、个人财富管理类占 10%。底层技术类中，金融基础设施和软件服务类公司数量最多，共 6 家占 50%，区块链技术服务类占 33%、大数据分析类占 17%（表 13-3）。

表 13-3　欧洲大型银行投资金融科技公司类别及数量

类别		占比（%）		数量（家）	
大类	子类	大类	子类	大类	子类
业务管理类	支付类	64	33	36	7
	个人消费和现金贷款类		19		4
	个人金融账户管理类		19		4
	合规管理类		19		4
	个人财富管理类		10		2
底层技术类	金融基础设施和软件服务类	36	50	12	6
	区块链技术服务类		33		4
	大数据分析类		17		2

数据来源：CB Insights 数据库、各家银行年报、中国建设银行研究院，2018.10。

（二）美国大型银行股权投资金融科技公司呈现"多而全"的特点

美国大型银行对金融科技公司的股权投资集中度（集中度定义为投资相同类别金融科技公司的银行数量。投资同一类别的银行数量越

多，说明对该类别越重视，其集中程度就越高）较高的类型包括支付
类、金融基础设施和软件服务类、区块链技术服务类和大数据分析类。
其中，除摩根士丹利外各家银行均对支付类和区块链技术服务类的公
司有所投入。投资金融科技公司数量最多的是高盛和花旗银行，分别
投资了 27 家和 26 家，可谓"又多又全"。高盛的投资覆盖了全部类
型，花旗银行投资了除保险销售类、房地产投资类和供应链咨询类之
外的全部类型。摩根大通和摩根士丹利位列第三和第四，分别投资了
14 家和 10 家，覆盖了大多数类型的金融科技公司。相比之下，富国
银行和美国银行则多集中在底层技术类的公司，覆盖了其中的全部子
类型。2012 年 1 月至 2018 年 6 月美国大型银行金融科技股权投资分
布情况详见表 13-4。

表 13-4　美国大型银行金融科技股权投资分布（2012 年 1 月至 2018 年 6 月）

排名	银行名称	总数	业务管理类								底层技术类		
			支付类	个人金融账户管理类	个人消费和现金贷款类	个人财富管理类	保险销售类	房地产投资类	供应链咨询类	合规管理类	金融基础设施和软件服务类	区块链技术服务类	大数据分析类
	投资公司总数（家）	9	12	4	8	3	2	2	1	4	10	6	7
	投资累计次数（次）	101	18	4	10	4	2	2	1	9	17	17	17
1	高盛	27	6	1	3	2	1	2	1	2	4	3	2
2	花旗银行	26	3	2	3	1	0	0	0	2	5	5	5
3	摩根大通	14	3	1	1	1	0	0	0	1	1	2	4
4	摩根士丹利	10	0	0	2	0	1	0	0	1	2	0	4
5	富国	9	1	0	1	0	0	0	0	0	3	2	1

续表

排名	银行名称	总数	业务管理类								底层技术类		
			支付类	个人金融账户管理类	个人消费和现金贷款类	个人财富管理类	保险销售类	房地产投资类	供应链咨询类	合规管理类	金融基础设施和软件服务类	区块链技术服务类	大数据分析类
6	美国银行	6	1	0	0	0	0	0	0	1	2	1	1
7	加拿大道明银行	3	1	0	0	0	0	0	0	1	0	1	0
8	第一资本	2	1	0	0	0	0	0	0	0	0	1	0
9	美国合众银行	2	1	0	0	0	0	0	0	0	0	1	0
10	PNC 集团	2	1	0	0	0	0	0	0	0	0	1	0

数据来源：CB Insights 数据库、各家银行年报、中国建设银行研究院。

（三）欧洲大型银行投资金融科技公司偏重底层技术，加强合规趋势明显

欧洲大型银行的金融科技投资数量和集中程度不及美国大型银行。但与美国类似，底层技术类被投资的集中程度更高，其中区块链技术服务类的集中度最高，除法国农业信贷银行外的 12 家银行均有投资行为。金融基础设施和软件服务类、合规管理类的投资也较多，反映出欧洲监管机构对银行业信息技术监管要求的提升。2012 年 1 月至 2018 年 6 月欧洲大型银行金融科技股权投资分布情况详见表 13-5。

表 13-5　欧洲大型银行金融科技股权投资分布（2012 年 1 月至 2018 年 6 月）

排名	银行名称	总数	业务管理类					底层技术类		
			支付类	个人金融账户管理类	个人消费和现金贷款类	个人财富管理类	合规管理类	金融基础设施和软件服务类	区块链技术服务类	大数据分析类
	投资公司总数（家）	33	7	4	4	2	4	6	4	2
	投资累计次数（次）	58	7	4	5	3	10	11	16	2
1	西班牙桑坦德银行	12	3	0	1	1	1	2	4	0
2	瑞士联合银行	6	0	0	1	1	1	1	1	1
3	德意志银行	5	1	0	0	0	1	2	1	0
4	法国兴业银行	5	1	0	0	0	1	2	1	0
5	法国巴黎银行	5	0	0	0	0	1	1	2	0
6	瑞士信贷	5	0	0	1	1	1	1	1	0
7	汇丰	5	0	0	0	0	2	1	1	1
8	西班牙巴厄比斯银行	5	1	3	0	0	0	0	1	0
9	巴克莱	4	0	0	0	0	2	1	1	0
10	荷兰国际集团	3	0	0	2	0	0	0	1	0
11	意大利联合信贷银行	1	0	0	0	0	0	0	1	0
12	苏格兰皇家银行	1	0	0	0	0	0	0	1	0
13	法国农业信贷银行	1	0	1	0	0	0	0	0	0

数据来源：CB Insights 数据库、各家银行年报、中国建设银行研究院。

（四）总体发现

第一，欧美大型银行投资的金融科技公司中，业务管理类公司在数量上多于底层技术类，体现出业务应用比底层技术具有更多场景应用性和灵活性。但在投资集中度上更倾向于底层技术类公司，反映出欧美大型银行在技术方面正在"深耕"，主要的着力点在金融基础设施和软件服务、区块链技术服务、大数据分析和合规管理四个方面。

第二，业务管理类的公司中大部分是服务个人客户的，体现出欧美大型银行对金融科技提升零售业务效能的认可。

第三，金融基础设施和软件服务市场前景广阔。底层技术需要与金融服务场景紧密结合。比如可以借助金融科技提升住房租赁和普惠金融服务的全要素生产率。

第四，大银行有机会战略投资国内领先的金融科技公司，优势互补的同时掌握前沿技术的发展和应用趋势。

四、金融科技应用能力指标

线上信贷产品和线上财富管理产品可以较好地体现银行在金融科技应用方面的发展情况，因此，在评估银行金融科技应用能力指标时，本章统计了全球系统重要性银行这两类产品的种类，定义全球系统重要性银行的金融科技应用能力指标为银行线上信贷产品和线上财富管理产品数之和，即线上产品数。

应用能力指标与推广能力指标不同，它是从当前的时间节点，以线上产品数量为视角考察哪家银行更积极地拓展线上业务。它反映的

未必是一个存量结果，可能更主要的是反映产品创新的短期态势。图
13-5是基于全球系统重要性银行应用能力指标进行标准化后的结果
（标准化的方法、目的参见第十二章第一节（三））。整体来看，中国的
四家系统重要性银行包揽前四名，说明国内银行在金融科技应用方面
发展步伐较快，拥有较强的金融科技应用能力。紧随其后的是美国的
几家系统重要性行，在5~14名中，美国的银行共有7家，而欧洲的银
行只有3家，体现出美国的银行在金融科技应用方面有迎头赶上中国
的趋势。

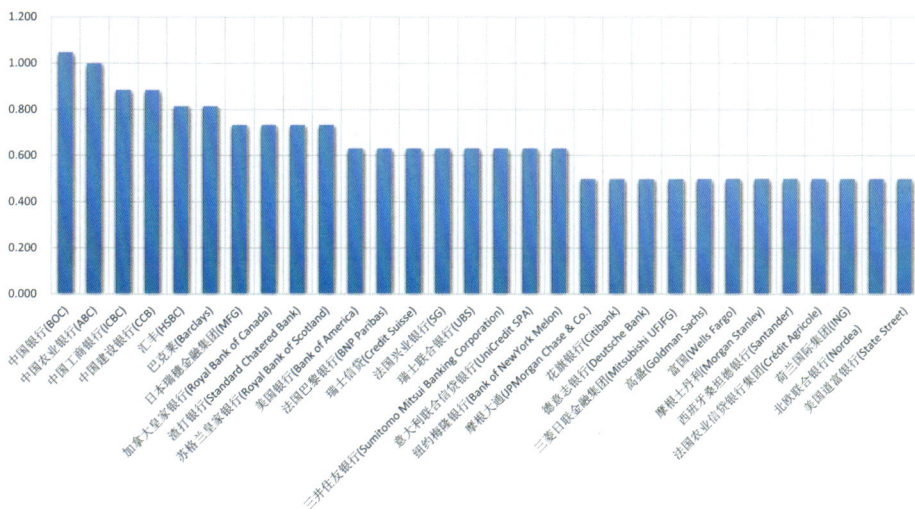

图 13-5 全球系统重要性银行应用能力指标（标准化后）

数据来源：各银行官方网站统计、中国建设银行研究院，2018.10。

五、金融科技影响能力指标

金融科技影响能力指标用来衡量银行在某一领域或整个金融科技
行业的影响力，反映出该银行对金融科技某一领域的关注度、在该领

域的热度以及社会和消费者对该银行金融科技发展水平的认知。本章使用搜索引擎数据来衡量全球系统重要性银行的金融科技影响能力指标，搜索引擎数据能够量化地、清晰地展现出银行金融科技的影响能力，搜索结果不仅能反映出银行在金融科技领域的战略与布局，还能反映新闻媒体及社会大众对该银行金融科技的看法。

具体地，本章定义全球系统重要性银行的金融科技影响能力指标为银行在 12 个重要的金融科技技术领域（网络贷款、云计算、人工智能、区块链、征信、物联网、生物识别、电子支付、网络保险、网络银行、虚拟现实、金融信息）热度的总和，即技术总热度，而银行在某一技术领域的热度为利用搜索引擎检索出的词条数与新闻数之和。

金融科技影响能力评估数据基于外部公开数据，未采集银行内部数据，因此，评估结果可能与实际情况存在一些偏差，但这种偏差是在同一数据采集方法下，对所有银行都存在的偏差，所以，评估结果仍具可比性。

下面，首先对全球系统重要性银行的影响能力指标进行统计，然后分别分技术、分银行评估全球系统重要性银行的金融科技影响能力。

（一）全球系统重要性银行影响能力指标

图 13-6 是基于全球系统重要性银行影响能力指标进行标准化后的结果（标准化的方法、目的参见第十二章第一节（三））。整体来看，美国的几家系统重要性银行的影响能力较强，而中国的几家系统重要性银行在金融科技影响能力方面位居中游，有较强的发展潜力。

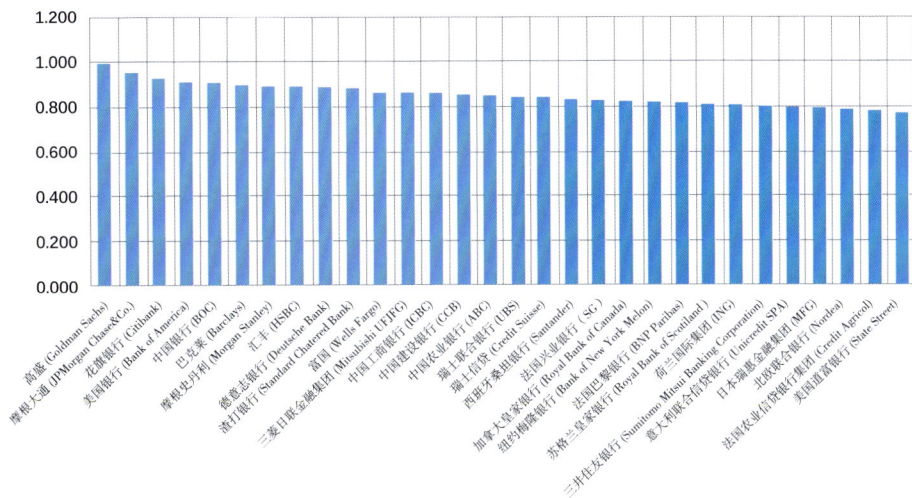

图 13-6　全球系统重要性银行影响能力指标（标准化后）

数据来源：中国建设银行研究院，2018.10。

（二）分技术金融科技影响能力评估

1. 网络贷款

　　网络贷款即网络借贷，是指个体和个体之间通过互联网平台实现的直接借贷。它是金融科技行业中的子类。网络贷款因为其可以为被传统金融机构排除在外的小微企业、低收入人群等提供金融服务，因此具备较强的普惠金融特征。也正因为如此，网络贷款的风险较高，使得网络贷款公司需要具备较强的运营风险和业务风险的管控能力。同时也要求有关部门加快网络贷款监管机制的建设，做好风险应对工作。

　　在全球系统重要性银行中，三菱日联金融集团的热度最高，占网络贷款总热度的 6.3%。排在第二的是荷兰国际集团，占网络贷款总热度的 5.7%。第三梯队的银行有高盛（4.4%）、中国银行（4.5%）和意大利联合信贷银行（4.5%），相对而言，西班牙桑坦德银行在网络贷款领域热度较低（图 13-7）。总体而言，全球系统重要性银行的网络贷款热度相差不大，可能原因在于，由于政策法规的限制，银行在从事网络贷款业务时阻力较大，因此大多都处在关注、摸索阶段，进而网络贷款的热度在各家银行中没有出现较大的差别。此外，网络贷款热度一方面可以反映银行对于普惠金融的关注程度，也可以反映银行对于网络贷款中出现的金融风险的关注程度，进而可以反映银行对于金融科技的出现如何更好地管理网络贷款的风险的关注程度，从这个角度讲，三菱日联金融集团走到了前面，而西班牙桑坦德银行则对相关业务和技术关注较少。

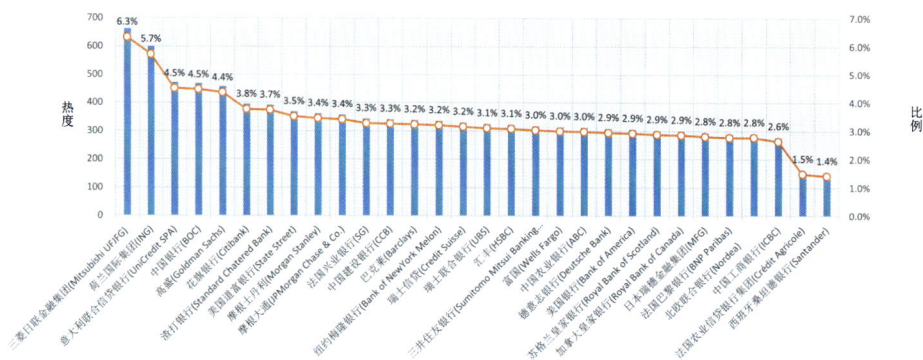

图 13-7　全球系统重要性银行网络贷款热度及占比

数据来源：中国建设银行研究院，2018.10。

2. 云计算

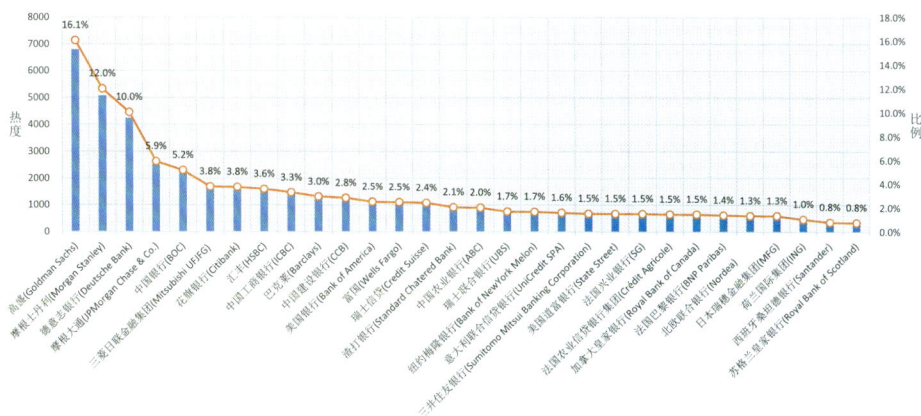

图 13-8 全球系统重要性银行云计算热度及占比

数据来源：中国建设银行研究院，2018.10。

云计算是一种可以通过网络随时随地、便捷、随需应变地访问共享池中可配置计算资源的模型（如网络、服务器、存储和应用等）。云计算平台能够向用户提供海量的存储能力和强大的计算能力，具有可靠性高、价格低廉、可扩展性强、按需服务等优势，已经成为产业界、学术界和政府等各界均十分关注的焦点。当前，人工智能的浪潮席卷全球，也正是因为云计算技术的发展与成熟，为人工智能技术的研究与开发提供了底层的基础设施，使得人工智能的发展有了坚实的基础。

从全球系统重要性银行的云计算热度分布来看，美国的银行（高盛、摩根士丹利）占据优势，高盛以占云计算总热度 16.1% 的比例领先，而摩根士丹利的云计算热度与总热度的比值为 12%。紧随其后的是德意志银行，其热度占云计算总热度的 10%。处在第三梯队的是摩根大通和中国银行，分别占比为 5.9% 和 5.2%。而剩余的 25 家系统重要性银行在云计算方面的热度都相差不大，占云计算总热度的平均比值为 2% 左右（图 13-8）。美国的高盛和摩根士丹利的云计算热度较高，原因在于，从云计算市场发展阶段来看，美国市场起步最早，发展最快。作为云计算的"先行者"，北美地区仍占据市场主导地位，2017 年美国云计算市场占据全球 59.3% 的市场份额，增速达 20%，预计未来几年仍以超过 15% 的速度快速增长；从服务商来看，呈现出向巨头汇聚的特点，云计算领域被四大巨头占据：亚马逊、微软、IBM 和 Google。其中，2017 年亚马逊 AWS 收入 175 亿美元，增速达到 43%，服务规模超过全球 IaaS 领域第二到第十五名厂商总和的十倍，数据中心布局美国、欧洲、巴西、新加坡、日本和澳大利亚等地，服务全球 190 个国家和地区。

3. 人工智能

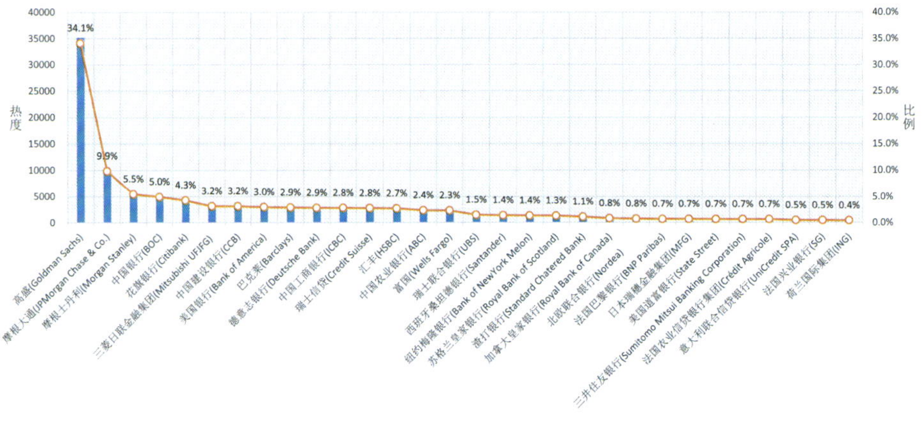

图 13-9   全球系统重要性银行人工智能热度及占比

数据来源：中国建设银行研究院，2018.10。

"人工智能"最早由约翰·麦卡锡（John McCarthy）在 1956 年达特茅斯学会上提出，他认为："人工智能就是要让机器的行为看起来像是人所表现出的智能行为一样。"基础层的云计算平台、大数据处理等要素的成熟，为人工智能的发展奠定了坚实的基础；机器学习、深度学习算法与模型上的突破，则掀起了人工智能的发展浪潮，使得复杂计算任务准确率大幅提升，从而推动了自然语言处理、语音识别、图像识别、机器人技术等技术的快速发展。人工智能未来将会给各个产业带来巨大变革，并产生更多的价值。在金融领域，人工智能的应用也将提升金融机构风险识读能力，降低业务运营成本，变革商业模式，提升服务效率进而为金融机构增加收益。

全球系统重要性银行的人工智能热度分布不平均，实力较强的银行为高盛，其占人工智能总热度的 34.1%，而实力较薄弱的银行为荷兰国际集团，其只占人工智能总热度的 0.4%。热度排在第二名的银行为摩根大通，其人工智能热度与总热度的比值为 9.9%，与第一名的高盛相差 24.2 个百分点（图 13-9）。造成高盛的人工智能热度一枝独秀的原因在于，高盛一直以来对前沿科技，特别是计算机领域的前沿技术跟踪紧密，投入大量的资源研究和探索技术同金融业务的结合，以发现新的业务模式或提升自身运营效率、降低成本。高盛在人工智能领域发布了多篇重磅报告，有《2016 高盛人工智能（AI）生态报告》《中国人工智能崛起》等，不仅吸引全球金融行业的相关人士关注，还在 IT 界产生了重要的影响。此外，如上文所分析，高盛在云计算领域的热度排在全球系统重要性银行的榜首，不仅体现其对云计算技术本身的关注，更能体现其对于云计算技术的投入、研发以及应用部署的规模程度。而云计算又是人工智能发展必不可少的基础设施，因此，高盛在人工智能领域的热度遥遥领先于其他系统重要性银行就不足为奇。结合云计算热度和人工智能热度共同来看，云计算热度较高的银行，往往在人工智能方面热度也较高，比如摩根大通、摩根士丹利、中国银行，这三家银行的人工智能热度占总热度的比值分别为 9.9%、5.5% 和 5.0%，位列人工智能热度排行榜的第二、三、四位。

4.区块链

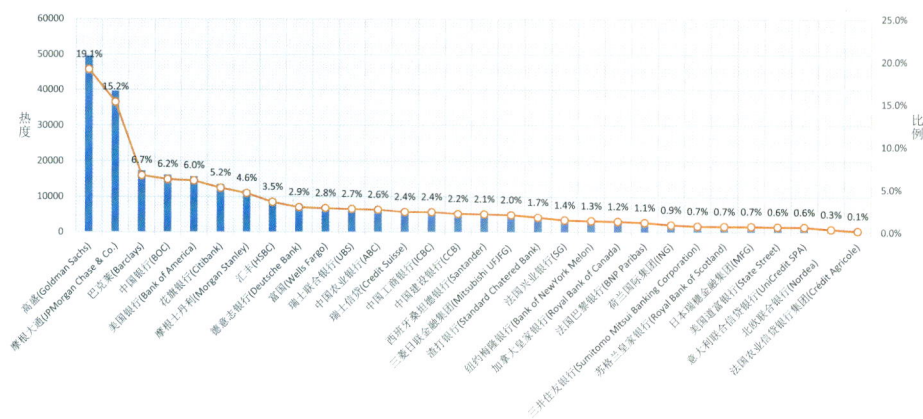

图 13-10　全球系统重要性银行区块链热度及占比

数据来源：中国建设银行研究院，2018.10。

区块链是一种按照时间顺序将数据区块以顺序相连的方式组合成的一种链式数据结构，并以密码学方式保证的不可篡改和不可伪造的分布式账本。区块链是比特币的一个重要概念，它本质上是一个去中心化的数据库，同时作为比特币的底层技术，是一串使用密码学方法相关联产生的数据块，每一个数据块中包含了一次比特币网络交易的信息，用于验证其信息的有效性（防伪）和生成下一个区块。

高盛的区块链热度是全球系统重要性银行中最高的，其占区块链总热度的 19.1%，紧随其后的是摩根大通，其区块链热度占总热度的

15.2%，位处第三梯队的是巴克莱、中国银行和美国银行，分别占总热度的 6.7%、6.2% 和 6.0%（图 13-10）。高盛和摩根大通都分别出台了关于区块链的研究报告，比如《区块链——从理论到实践》等，在业界产生了巨大的影响力。此外，前高盛总裁、今年 3 月卸任的前白宫国家经济委员会主任 Cohn 在离开白宫后，一直在做一些传统行业私人企业的顾问，现在他成为区块链初创公司 Spring Labs 董事会的顾问。高盛也对多家区块链企业进行股权投资，比如美国区块链支付创业公司 Veem 融资 2500 万美元，高盛领投。而摩根大通曾称比特币是骗局，却低调全面布局区块链技术，现在已经拥有自己的区块链平台。这些银行对区块链行业的关注与布局，都会提升其在区块链领域的热度和影响力。

5. 征信

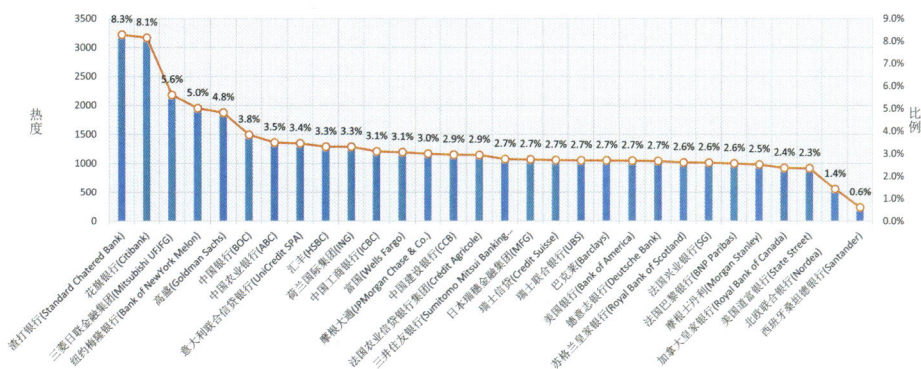

图 13-11 全球系统重要性银行征信热度及占比

数据来源：中国建设银行研究院，2018.10。

征信是指依法设立的征信机构对个人、企业的信用信息进行采集和加工，并根据用户要求提供个人、企业的信用信息查询和评估服务的活动。商业银行作为最重要的经营信用的金融机构，其信用中介职能是商业银行的最基本最能反映其活动特征的职能。商业银行以各种方式、通过各种渠道吸收社会闲散货币或货币资金，然后以信贷方式将其投向国民经济各部门和企业，满足经济发展对资金需求的活动，而其中征信正是起到信贷目标导向的重要作用。

　　在全球系统重要性银行中，除了少数的几家银行（渣打银行、花旗银行、三菱日联金融集团）的热度较高外（占征信总热度的比值分别为 8.3%、8.1%、5.6%），其他系统重要性银行的征信热度都较为平均，只有西班牙桑坦德银行的征信热度较低，其只占征信总热度的 0.6%（图 13-11）。渣打银行、花旗银行、三菱日联金融集团分别位处英国、美国和日本，而英国、美国和日本又是世界前五大经济体。因此，这三家银行的征信热度较高的原因可能在于，世界的每一个实力较强的经济体都会有一个较为完善的、主要负责征信的金融机构，而渣打银行、花旗银行、三菱日联金融集团正是在各自的经济体中承担这一角色。此外，由于金融科技的发展，"加持"金融科技的金融机构可以利用多维度、大体量的数据对个人、企业进行全方位地画像，进而更好地对个人、企业进行征信，而这三家银行在利用金融科技进行用户画像方面关注较多、探索较多，因此其热度要高于其他系统重要性银行。由于所有国家的所有商业银行都要从事征信活动，因此征信的整体热度在全球系统重要性银行中较为平均。

6. 物联网

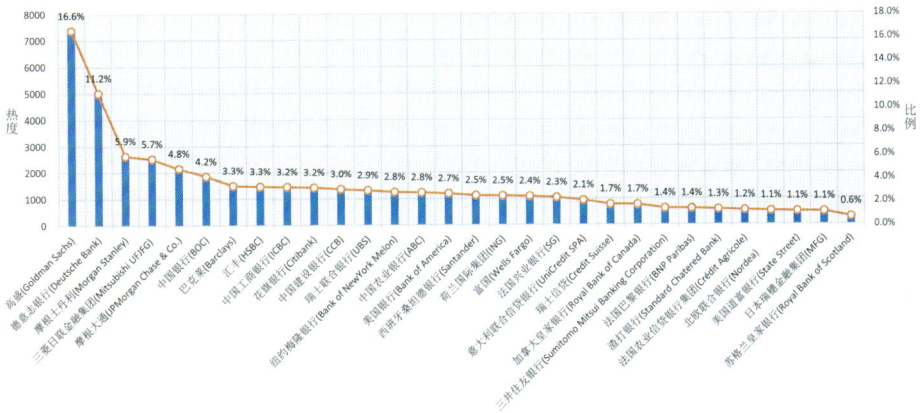

图 13-12 全球系统重要性银行物联网热度及占比

数据来源：中国建设银行研究院，2018.10。

物联网，顾名思义，就是物物相连的互联网。一方面，物联网的核心和基础仍然是互联网，是在互联网基础上延伸和扩展的网络；另一方面，其用户端扩展至任何物品与物品之间进行信息交换，也就是物物相息。物联网通过智能感知、识别技术与普适计算等通信感知技术，广泛应用于网络的融合中，也因此被称为继计算机、互联网之后世界信息产业发展的第三次浪潮。

在全球系统重要性银行中，高盛和德意志银行的物联网热度分列第一和第二位，其占物联网总热度的比值分别为 16.6% 和 11.2%。组成第二梯队的为摩根士丹利和三菱日联金融集团，其物联网热度分别占总热度的 5.9% 和 5.7%（图 13-12）。这些银行因其投资银行业务发展较为成熟，对物联网公司或受惠于物联网技术的公司进行关注或评级，且这些评级结果在行业内拥有较重的分量，因而这些银行的物联网热度较高。此外，高盛等投行对前沿技术不断跟踪与研究，并发表物联网行业研究报告，比如《物联网：正成为下一个大趋势》，也会增加其在物联网领域的热度及影响力。

7. 生物识别

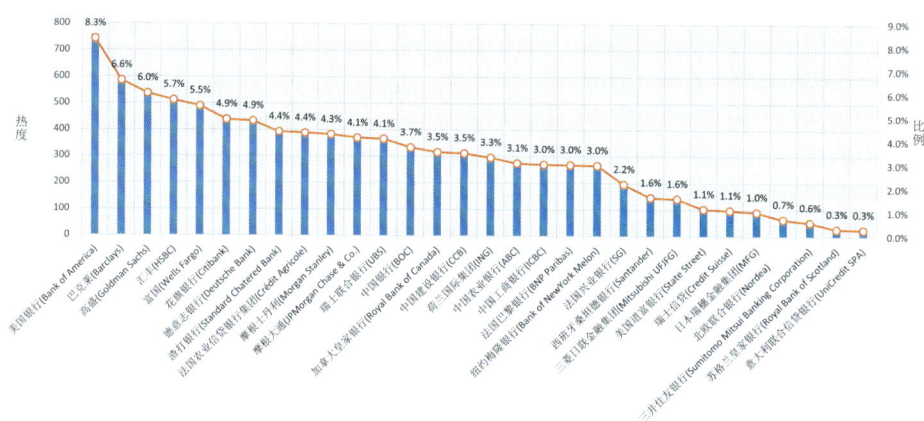

图 13-13　全球系统重要性银行生物识别热度及占比

数据来源：中国建设银行研究院，2018.10。

生物识别指的是通过计算机与光学、声学、生物传感器和生物统计学原理等高科技手段密切结合，利用人体固有的生理特性（如指纹、脸像、虹膜等）和行为特征（如笔迹、声音、步态等）来进行个人身份的鉴定。生物识别在金融领域可以应用于一切需要身份验证的场景，比如指纹支付、扫脸开卡、刷脸登录、VIP 人脸识别等。

从全球系统重要性银行的生物识别热度分布来看，除了少数的几家银行（苏格兰皇家银行、意大利联合信贷银行、三井住友银行、北欧联合银行）的生物识别热度占总热度的比值小于 1% 之外，其他银行的生物识别热度相差不大，其原因可能在于生物识别技术发展逐渐成熟且应用范围较广，因此多家银行已经开始在其金融服务中部署生物识别技术，特别是较为传统（即零售业务规模较大）的银行，比如美国银行、巴克莱等，在为其客户提供开户、登录、支付等服务时，生物识别技术的应用十分广泛。也正因如此，美国银行、巴克莱的生物识别热度与总热度的比值较高，分别为 8.3% 和 6.6%（图 13-13）。

8. 电子支付

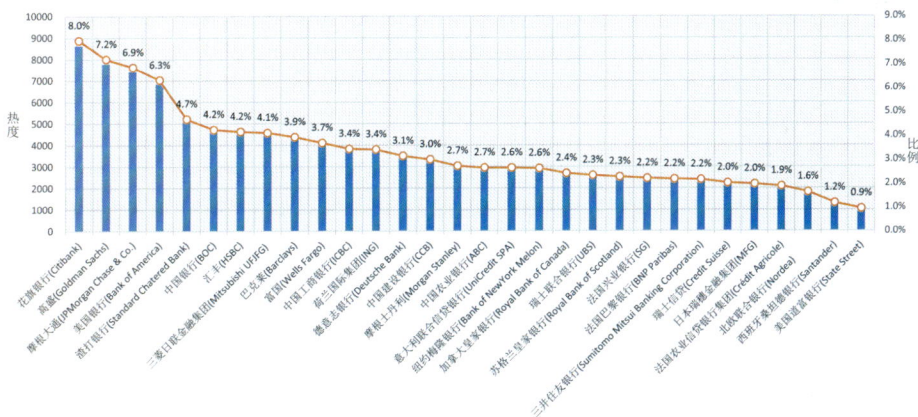

图 13-14　全球系统重要性银行电子支付热度及占比

数据来源：中国建设银行研究院，2018.10。

电子支付是指消费者、商家和金融机构之间使用安全电子手段把支付信息通过网络安全地传送到银行或相应的处理机构，用来实现货币支付或资金流转的行为。电子支付的业务类型按电子支付指令发起方式分为网上支付、电话支付、移动支付等。特别地，由于移动互联网的快速发展及智能移动终端的广泛普及，移动支付异军突起，成为支付领域中最有活力，成长速度最快的一股新生力量。在中国，移动支付的市场份额（大约 70%）已经远超现金及刷卡支付，成为全球发展移动支付最快的国家。

　　在全球系统重要性银行中，花旗银行、高盛、摩根大通和美国银行的电子支付热度最高，与总热度的比值分别为 8.0%、7.2%、6.9% 和 6.3%，组成第一梯队。而第二梯队的有渣打银行、汇丰、巴克莱、三菱日联金融集团，分别占电子支付总热度的 4.7%、4.2%、3.9%、4.1%（图 13-14）。因此，我们可以发现美国、英国、日本等发达国家已经认识到其在电子支付，特别是在移动支付领域与中国的差距，因此，对该领域的关注和研究较多，进而使得这些银行在电子支付领域的热度较高。此外，甚至会有媒体、个人等将这些发达国家的移动支付与中国的移动支付相比较，更推高其热度。

9. 网络保险

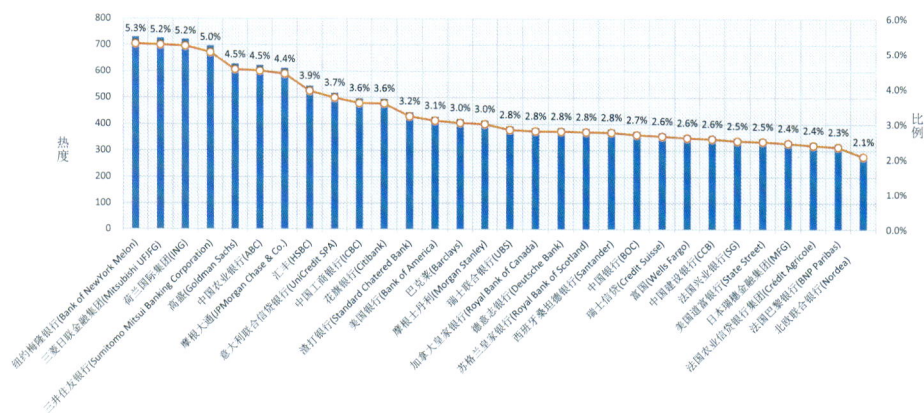

图 13-15　全球系统重要性银行网络保险热度及占比

数据来源：中国建设银行研究院，2018.10。

网络保险，是一种新兴的以计算机互联网为媒介的保险营销模式，有别于传统的保险代理人营销模式。网络保险是指保险公司或新型第三方保险网站以互联网和电子商务技术为工具来支持保险销售的经营管理活动的经济行为。网络保险主要有两种模式：一种是保险公司自建渠道，或成立网上保险商城，或设立电商子公司；另一种则是借助现有第三方的网络保险平台。网络保险拥有客户自主选择机会多、服务便捷、理赔轻松、保险公司更获益等优势。

全球系统重要性银行的网络保险热度相对较平均，最高热度的纽约梅隆银行（占总热度的比值为 5.3%）与最低热度的北欧联合银行（占总热度的比值为 2.1%）只相差 3.2 个百分点，可见各国对发展网络保险这一新型的保险业务模式都较为关注和重视。此外，在热度占比超过 5% 的四家银行（纽约梅隆银行、荷兰国际集团、三菱日联金融集团、三井住友银行）中，日本的银行占据两席，体现出日本在保险行业较为发达，且更愿意跟踪新技术，探索技术与传统业务的结合，发现新的商业模式（图 13-15）。

10. 网络银行

网络银行，又称网上银行或在线银行，指一种以信息技术和互联网技术为依托，通过互联网平台向用户开展和提供开户、销户、查询、对账、行内转账、跨行转账、信贷、网上证券、投资理财等各种金融服务的新型银行机构与服务形式，为用户提供全方位、全天候、便捷、实时的金融服务。

在全球系统重要性银行中，花旗银行的网络银行热度排名第一，占总热度的 9.6%，位列二、三、四名的银行为美国银行（占总热度的 7.5%）、渣打银行（占总热度的 7.4%）和汇丰（占总热度的 6.5%）。因此，我们发现传统商业银行在网络银行方面发展较为成熟，在网络银行方面的影响力较大，其热度也就较高。而世界著名的几家投资银行，比如高盛、摩根士丹利等，因为其业务的特殊性，对网络银行的影响力不及传统商业银行，因此其热度（高盛、摩根士丹利的网络银行热度分别占总热度的 3% 和 2.5%）相对也较低（图 13-16）。全球范围其他的系统重要性银行在网络银行方面热度较为平均，其原因在于网络银行出现于金融科技发展的 2.0 阶段，即"互联网＋金融"阶段（而金融科技 1.0 指的是金融行业办公及业务的电子化，金融科技 3.0 指的是以人工智能、区块链、云计算、大数据为代表的新技术与金融进一步深度融合），因此，网络银行技术也较为成熟，各个系统重要性银行在该领域的热度相差不大。

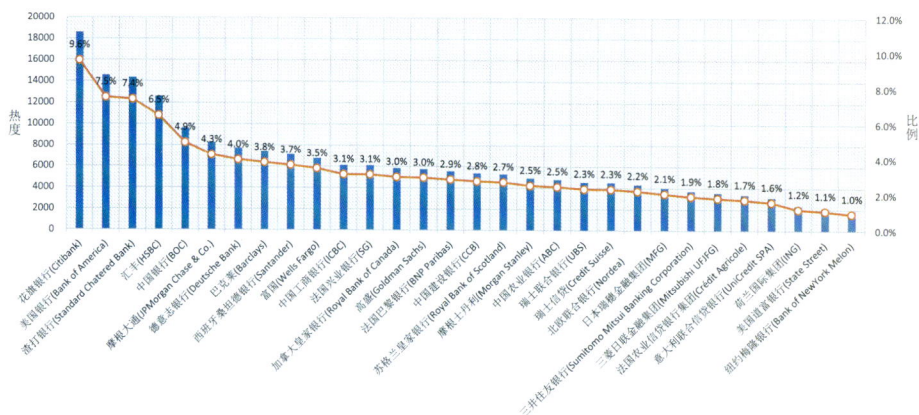

图 13-16　全球系统重要性银行网络银行热度及占比

数据来源：中国建设银行研究院，2018.10。

11. 虚拟现实

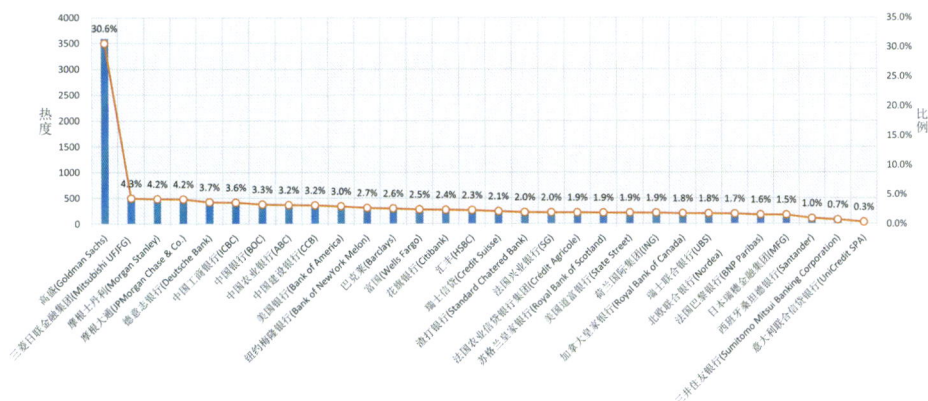

图 13-17　全球系统重要性银行虚拟现实热度及占比

数据来源：中国建设银行研究院，2018.10。

　　虚拟现实技术是一种可以创建和体验虚拟世界的计算机仿真系统，它利用计算机生成一个模拟环境，是一种多源信息融合的、交互式的三维动态视景和实体行为的系统仿真，使用户能够沉浸到该环境中。

　　在全球系统重要性银行中，高盛的虚拟现实热度最高（占总热度的 30.6%），凸显其在虚拟现实领域的强大实力。其原因在于高盛作为一家世界著名的投资银行，紧跟前沿技术的发展，并对投资潜力较强的技术进行研究，形成行业分析报告，比如，高盛曾于 2015 年发布过一份长达 58 页的报告，详细讨论了虚拟现实和增强现实产业的未来发展状况。高盛认为虚拟现实和增强现实拥有巨大的潜能，它可能会成为下一个大型计算平台，不论是虚拟现实和增强现实都有能力发展成年营收数百亿美元的产业，它可能会像电脑的出现一样影响深远。因此，高盛能够拥有最高的虚拟现实热度及影响力。此外，由于虚拟现实与金融行业的融合远不如其他技术，比如云计算、人工智能等与金融行业的融合带来更深的金融变革，因此总体而言，其他 29 家系统重要性银行的虚拟现实热度都不高（图 13-17）。

12. 金融信息

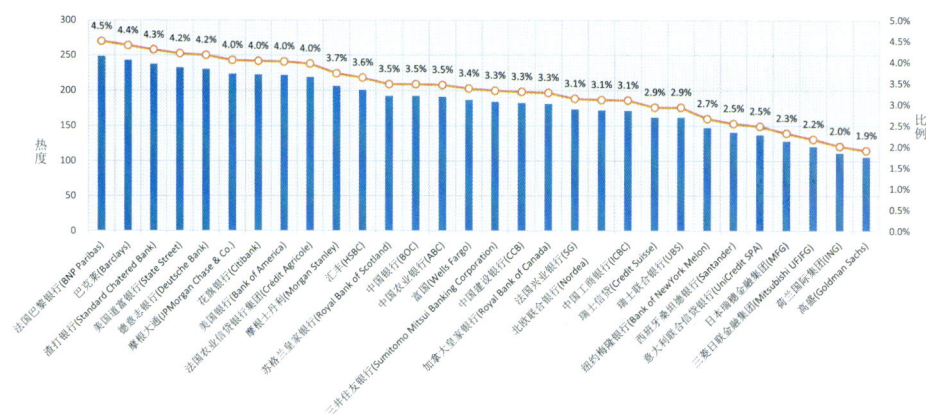

图 13-18　全球系统重要性银行金融信息热度及占比

数据来源：中国建设银行研究院，2018.10。

金融信息指的是金融信息提供平台，即金融机构为其客户提供从事支付、结算、信用活动等金融服务时产生的信号、指令、情况、消息。比如，对账单、语音客服等。

全球系统重要性银行的金融信息热度绝对值都不高，即使是该领域最高的法国巴黎银行金融信息热度也不高，与人工智能、区块链等技术的热度相差较远。此外，全球系统重要性银行的金融信息热度较为平均，其原因在于为客户提供金融服务时必要的信息，是较为基础且无明显特征的服务种类。如今，语音识别、自然语言处理等技术快速发展，传统银行的人工语音客服部分可以被智能语音客服所取代，进而在尽量不损失用户体验的前提下，降低银行的运营成本。未来，人工智能和金融信息提供的结合是有潜力且值得关注的一个方向（图 13-18）。

（三）分银行金融科技影响能力评估

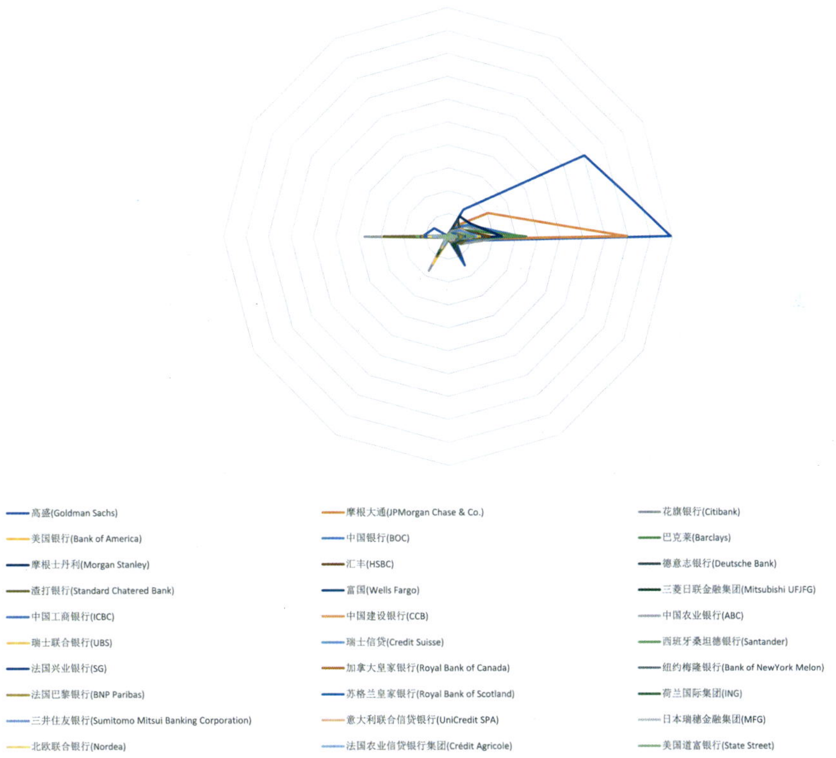

图例：
- 高盛(Goldman Sachs)
- 摩根大通(JPMorgan Chase & Co.)
- 花旗银行(Citibank)
- 美国银行(Bank of America)
- 中国银行(BOC)
- 巴克莱(Barclays)
- 摩根士丹利(Morgan Stanley)
- 汇丰(HSBC)
- 德意志银行(Deutsche Bank)
- 渣打银行(Standard Chatered Bank)
- 富国(Wells Fargo)
- 三菱日联金融集团(Mitsubishi UFJFG)
- 中国工商银行(ICBC)
- 中国建设银行(CCB)
- 中国农业银行(ABC)
- 瑞士联合银行(UBS)
- 瑞士信贷(Credit Suisse)
- 西班牙桑坦德银行(Santander)
- 法国兴业银行(SG)
- 加拿大皇家银行(Royal Bank of Canada)
- 纽约梅隆银行(Bank of NewYork Melon)
- 法国巴黎银行(BNP Paribas)
- 苏格兰皇家银行(Royal Bank of Scotland)
- 荷兰国际集团(ING)
- 三井住友银行(Sumitomo Mitsui Banking Corporation)
- 意大利联合信贷银行(UniCredit SPA)
- 日本瑞穗金融集团(MFG)
- 北欧联合银行(Nordea)
- 法国农业信贷银行集团(Crédit Agricole)
- 美国道富银行(State Street)

图 13-19　全球系统重要性银行技术热度钻石图

数据来源：中国建设银行研究院，2018.10。

在全球系统重要性银行的技术热度中（如图 13-19 所示），区块链、人工智能热度较高，特别是高盛银行的区块链、人工智能技术热度高，导致图中每个银行区分度不强，多数银行的技术热度局限在中心部位，正是因为不同技术之间热度差距较大，直接绘制出的钻石图可观察性较差，本研究对数据进行了标准化处理（标准化的方法、目的参见第十二章第一节（三）），得到标准化后的全球系统重要性银行技术热度钻石图（如图 13-20 所示）。从图中可以发现，在金融信息、网络保险和征信领域，各家银行差距较小，发展较为均衡，而在网络银行、生物识别、云计算等领域不同银行之间影响力存在一定差距。

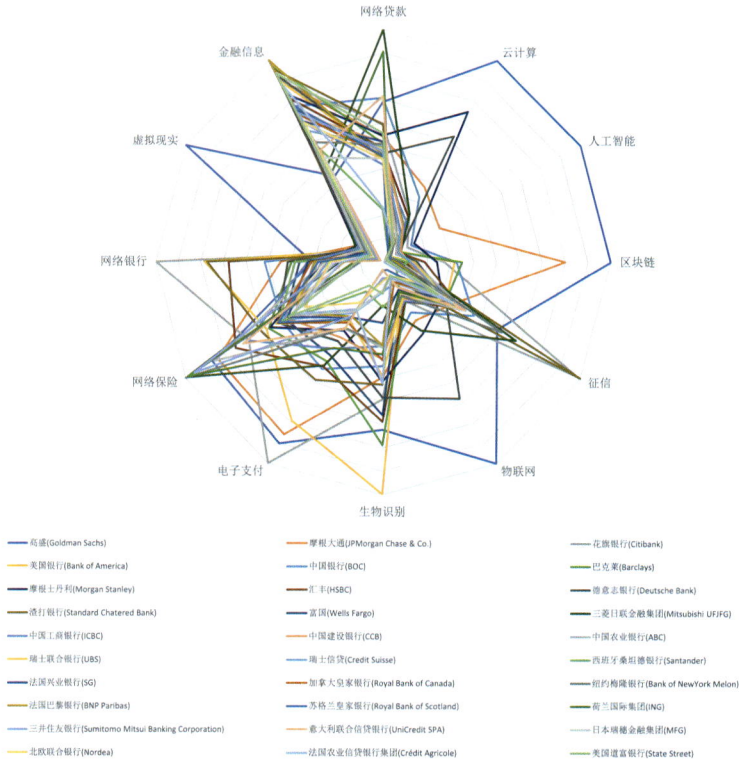

图 13-20 全球系统重要性银行技术热度钻石图（标准化后）

数据来源：中国建设银行研究院，2018.10。

1. 美洲地区

（1）高盛（Goldman Sachs）

从金融科技热度总量来看，截至 2018 年 9 月底，高盛总热度占全球系统性重要银行金融科技总热度的 14.213%，名列前茅，充分表明了高盛对金融科技发展的关注度与该领域中所展示出的影响力。

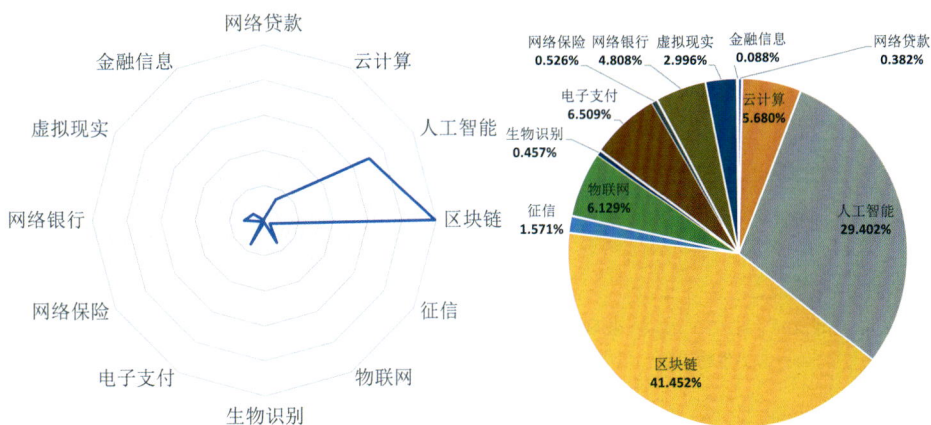

图 13-21　高盛金融科技热度钻石图和金融科技热度饼状图

数据来源：中国建设银行研究院，2018.10。

从上面高盛自身热度钻石图和饼状图中可以看出，其热度主要分布于区块链和人工智能这两项技术之中，两者热度远远超过其他技术，属于金融科技领域的第一梯队。对于高盛来讲，电子支付、物联网、云计算、网络银行、虚拟现实和征信属于第二梯队，高盛给予一定的关注度，但是第二梯队中有三项技术较为特殊，云计算、物联网和虚拟现实虽然热度绝对值较小，但高盛在这三个单项技术占该技术总热度百分比很高，均超过 15%，体现了高盛在这三个领域的强大影响力。第三梯队包括其余的网络保险、生物识别、网络贷款和金融信息领域，对于这些技术，高盛仅作基本的跟进，为以后的潜在发展奠定基础，这其中金融信息领域金融科技影响力较为薄弱，在自身热度总量中占比不足 0.1%，高盛在此单项技术领域的影响力也较小，占比不足 2%。

（2）摩根大通（JPMorgan Chase & Co.）

摩根大通，总部设在美国纽约，总资产约 2.5 万亿美元，在世界各地拥有分行 6000 余家，是美国乃至世界最大的金融服务机构之一。

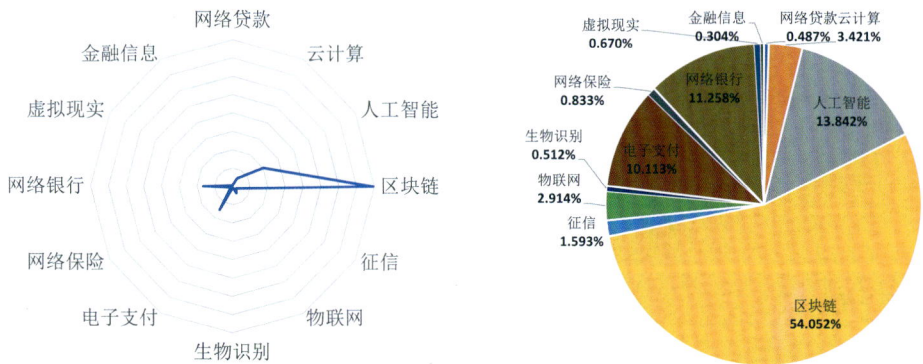

图 13-22 摩根大通金融科技热度钻石图和金融科技热度饼状图

数据来源：中国建设银行研究院，2018.10。

截至 2018 年 9 月底，摩根大通总热度占全球系统性重要银行金融科技总热度的 8.712%，处于上游位置，在全球金融科技领域具有强大的影响力。

根据摩根大通金融科技热度钻石图和饼状图，其金融科技领域的发展可分为四个梯队。第一梯队为区块链技术，占据自身总热度的一半以上，而且在区块链技术单项技术总热度中占比也达 15.237%，凸显摩根大通在区块链技术层面的强大影响力。第二梯队主要包括人工智能、网络银行和电子支付，其中人工智能热度相对较高，在人工智能单项总和中也达 9.853%，仅次于高盛集团。云计算、物联网和征信属于第三梯队，相比于前两个梯队影响力一般。第四梯队包含剩下的技术领域，有生物识别、网络保险、虚拟现实、金融信息和网络贷款，摩根大通在这些技术领域影响力相对较小，热度较低。

（3）花旗银行（Citibank）

从单银行金融科技总体热度来看，花旗银行总热度居上游，体现出了在金融科技领域的强大影响力。

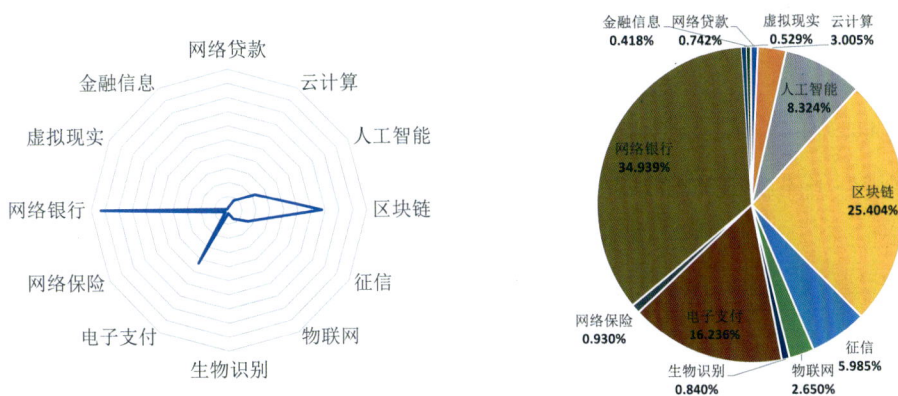

图 13-23　花旗银行金融科技热度钻石图和金融科技热度饼状图

数据来源：中国建设银行研究院，2018.10。

对于金融科技各个细分领域而言，大致可以分为三个梯队，第一梯队包括网络银行、区块链和电子支付，这三者加总热度超过花旗集团总热度的 85%，体现出花旗银行对这三种金融科技技术的极高关注度。第二梯队有人工智能、征信、云计算和物联网技术，相较于第一梯队影响力一般。第三梯队包括网络保险、生物识别、网络贷款、虚拟现实和金融信息，五者热度总和不足 5%，第三梯队热度明显低于前两个梯队。

（4）美国银行（Bank of America）

作为一家历史悠久的商业银行，美国银行依然紧跟时代步伐，积极发展金融科技，其金融科技总热度在全球系统性重要银行名列前茅，展现出蓬勃生命力。

具体从美国银行的金融科技热度钻石图与饼状图来看，可以简单分为三个梯队。第一梯队包括网络银行、区块链和电子支付，三者热度之和占比美国银行总热度超过 80%，体现了美国银行对这三方面的高度关注。第二梯队有人工智能、云计算、征信、物联网和生物识别，相比第一梯队而言，第二梯队热度较低，但其中人工智能又显著高于其他，凸显美国银行对人工智能的关注度。第三梯队包括余下的网络保险、虚拟现实、网络贷款和金融信息领域，热度较低，关注度不足。

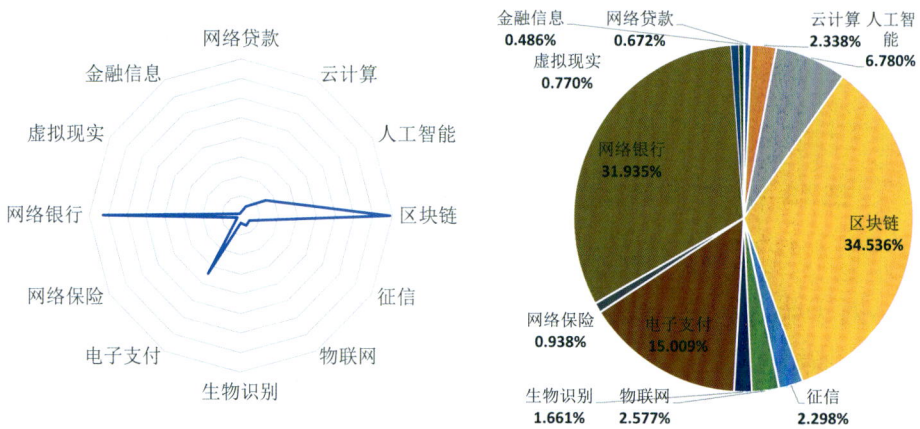

图 13-24　美国银行金融科技热度钻石图和金融科技热度饼状图

数据来源：中国建设银行研究院，2018.10。

（5）摩根士丹利（Morgan Stanley）

总体来看，摩根士丹利在金融科技领域实力强劲，在全球系统重要银行中排名第七，但是与其竞争者高盛、摩根大通、花旗银行等尚有一定的差距，应对金融科技的发展给予更大的关注。

分技术来看，可大致分为三个梯队。第一梯队是区块链技术，该技术热度在摩根士丹利总热度中占比超过30%，位居第一，体现了摩根士丹利对该技术的高度关注；第二梯队包括人工智能、云计算、网络银行电子支付和物联网技术，这些子技术热度相对均衡，但是其中云计算技术较为特别，摩根士丹利该技术影响力在全球系统重要性银行中排名第二，体现了摩根士丹利在云计算领域的强大实力；第三梯队包括剩余的子技术，有征信、虚拟现实、网络保险、生物识别、网络贷款和金融信息，这些子技术关注度和热度均不高，尚有发展潜力需要挖掘。

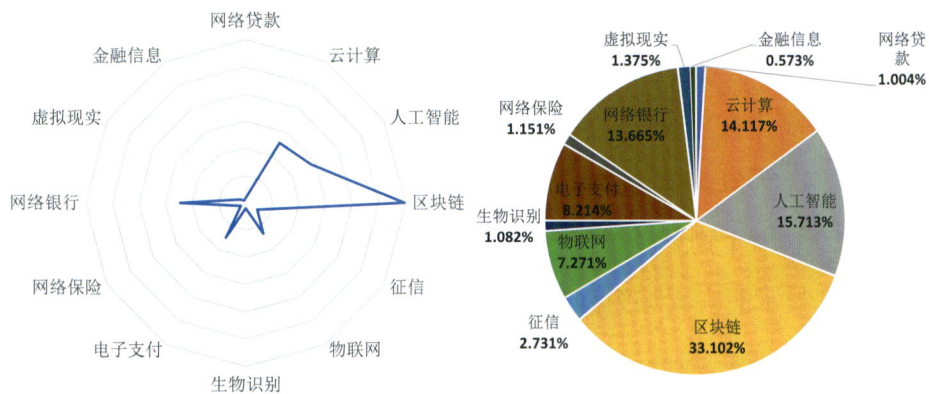

图 13-25　摩根士丹利金融科技热度钻石图和金融科技热度饼状图

数据来源：中国建设银行研究院，2018.10。

（6）富国（Wells Fargo）

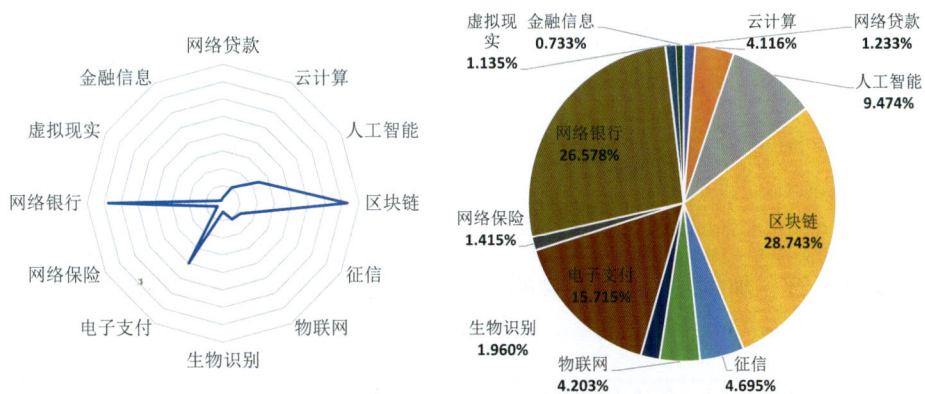

图 13-26　富国金融科技热度钻石图和金融科技热度饼状图

数据来源：中国建设银行研究院，2018.10。

　　总体来看富国在金融科技领域的影响力虽然处在中上游的位置，但是在美国的银行中排名较后，需要提高在此领域的影响力。

　　具体来看，可以大致分为三个梯队。第一梯队包括区块链、网络银行和电子支付技术，与其重要竞争对手花旗银行和美国银行相比，网络银行虽然也处在第一梯队，但是占比偏低；第二梯队有人工智能、物联网、云计算和征信，该梯队中富国在物联网、云计算和征信方面关注度较高，在自身总热度中占比均超过 4%，显著高于其他商业银行；第三梯队包含生物识别、网络保险、网络贷款虚拟现实和金融信息技术，其中生物识别技术虽然在富国总热度中占比不高，但单看生物识别子技术而言影响力强劲，排名第三。

（7）加拿大皇家银行（Royal Bank of Canada）

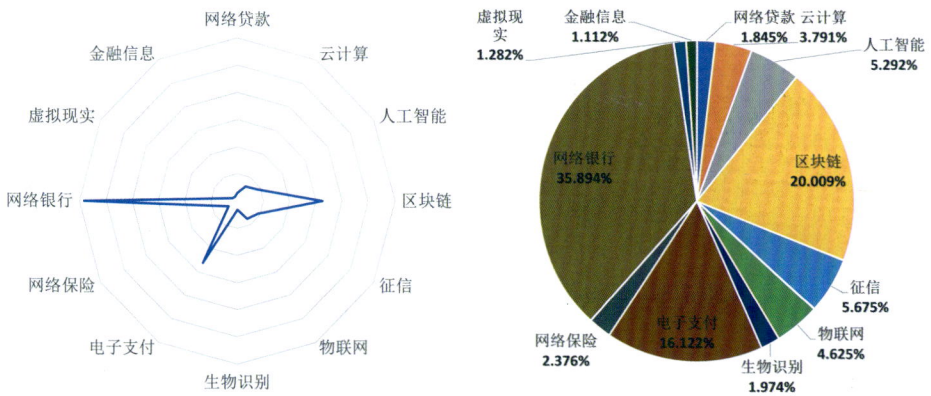

图 13-27　加拿大皇家银行金融科技热度钻石图和金融科技热度饼状图

数据来源：中国建设银行研究院，2018.10。

　　总体来看，加拿大皇家银行在全球系统重要性银行中金融科技影响力位居中下游，金融科技影响力一般，尚待进一步发展，而且加拿大皇家银行作为其中唯一的加拿大银行，也在一定程度上反映了加拿大在金融科技领域的发展现状。

具体分析金融科技的各个子技术，可以分为三个梯队。第一梯队有网络银行、区块链和电子支付技术，三者热度在皇家银行总热度中占比分别为 35.89%、20.00% 和 16.12%，显示出加拿大皇家银行对这三者的高度重视；第二梯队包括征信、人工智能和物联网以及云计算技术，四者占比均在 3%~6% 之间，分布较为均衡，加拿大皇家银行对该四种技术保持一定的关注度；第三梯队则是剩余的网络保险、生物识别、网络贷款、虚拟现实和金融信息领域，第三梯队中的子领域相较于前两梯队关注度和热度均较低，加拿大皇家银行对其重视程度不高。

（8）纽约梅隆银行（Bank of NewYork Melon）

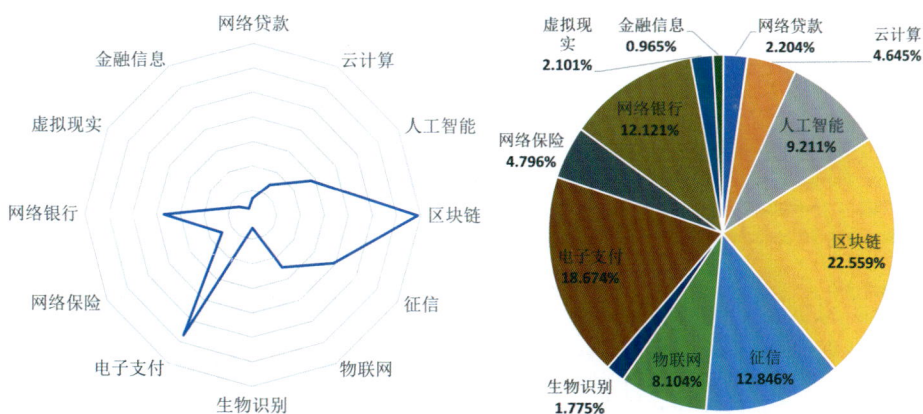

图 13-28　纽约梅隆银行金融科技热度钻石图和金融科技热度饼状图
数据来源：中国建设银行研究院，2018.10。

总体来看，纽约梅隆银行的金融科技影响力在全球系统重要性银行中位居中下游，相比于美国其他银行影响力一般，需要尽快提高。

具体分析金融科技各个子领域，可以大致分为三个梯队。第一梯队包含区块链、电子支付、征信和网络银行领域，相比于其他美国的银行，纽约梅隆银行采取的策略较为保守，第一梯队各子技术热度占比较为平均；第二梯队则是人工智能、物联网、网络保险和云计算技术，该梯队中，纽约梅隆银行对于人工智能与物联网技术关注较高，另外，网络保险技术值得关注，虽然该技术热度在纽约梅隆银行总热度中占比较低，但纽约梅隆银行在该技术领域热度占比位居第二，显示出网络保险子技术上所拥有的强劲实力；第三梯队包括网络贷款、虚拟现实、生物识别和金融信息技术，纽约梅隆银行对此梯队的子领域仅保持一定的关注。

（9）美国道富银行（State Street）

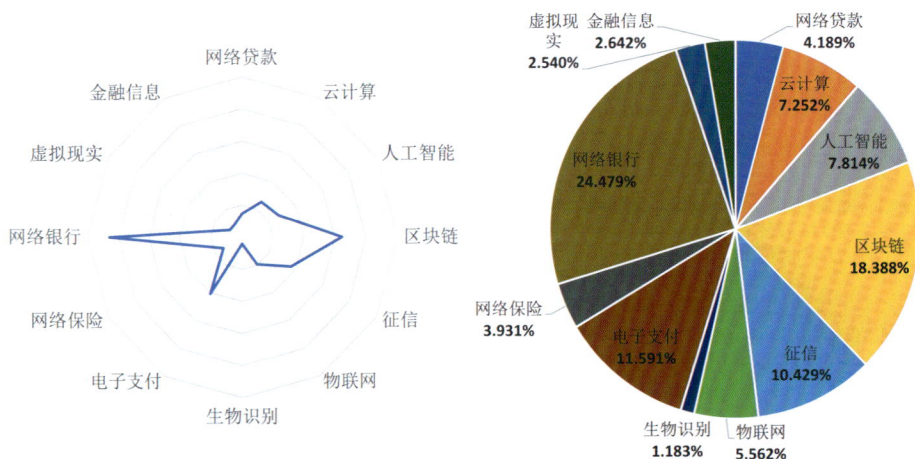

图 13-29　美国道富银行金融科技热度钻石图和金融科技热度饼状图

数据来源：中国建设银行研究院，2018.10。

总体来看，美国道富银行金融科技影响力十分有限，在全球系统重要性银行中排名较后。

具体分析金融科技的各个子领域，可以分为三个梯队，而且美国道富银行对待金融科技的策略较为保守。其中第一梯队包括网络银行、区块链、电子支付和征信技术，网络银行属于美国道富银行重点发展对象，但是其他三种子技术热度占比分布较为均衡；第二梯队有人工智能、云计算、物联网、网络贷款和网络保险领域；第三梯队由剩余的金融信息、虚拟现实和生物识别技术构成，相对于其他银行，美国道富银行对于金融信息技术关注度较高，在该领域具有相当的实力。

2. 欧洲地区

（1）巴克莱（Barclays）

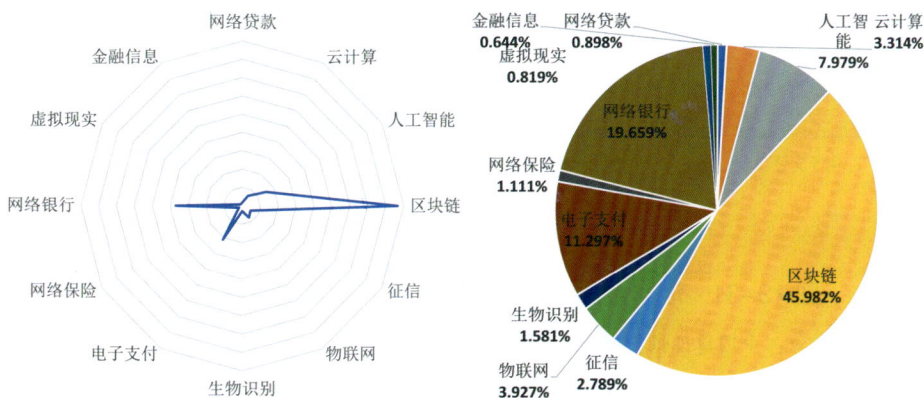

图 13-30　巴克莱金融科技热度钻石图和金融科技热度饼状图

数据来源：中国建设银行研究院，2018.10。

总体来看，巴克莱金融科技总热度在全球系统重要性银行中排名前列，在欧洲的各银行中名列前茅，一定程度反映了欧洲金融科技发展的现状。

从巴克莱金融科技热度钻石图来看，巴克莱重点关注于区块链技术，该技术属于第一梯队；第二梯队则是网络银行、电子支付和人工智能技术，三者之和在巴克莱银行总热度中占比接近 40%；第三梯队则包括剩余的子技术，有物联网、云计算、征信、生物识别、网络保险、网络贷款、虚拟现实、和金融信息技术，这些子技术热度较低，巴克莱关注度不高，有一定的潜力待挖掘。

（2）汇丰（HSBC）

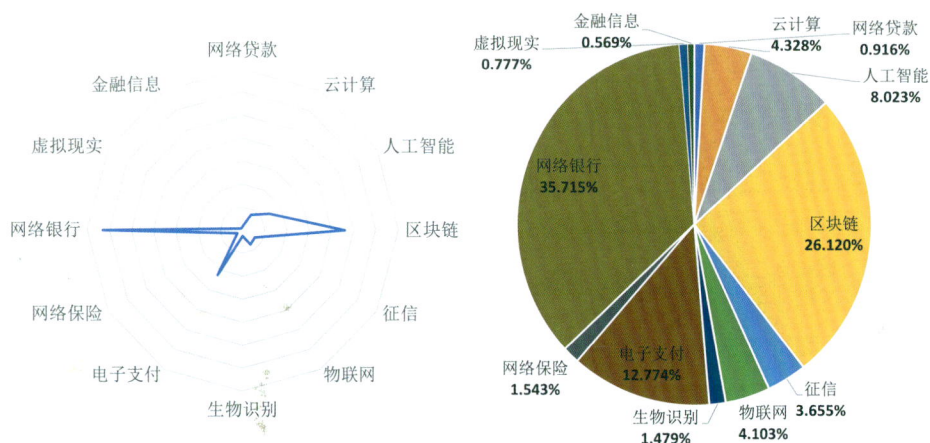

图 13-31　汇丰金融科技热度钻石图和金融科技热度饼状图

数据来源：中国建设银行研究院，2018.10。

总体来看，汇丰在全球系统重要性银行中位居前列，展现了强大的金融科技影响力。

具体从各个金融科技子技术来看，可以大致分为四个梯队，相比其他银行而言分类更细致。第一梯队包括网络银行和区块链技术，相比于其他系统重要性银行而言，汇丰在网络银行子技术方面关注度很高，单技术热度占比超过区块链技术；第二梯队包括人工智能和电子支付技术；第三梯队则包括云计算、物联网和征信技术，三者占比在3% 左右；第四梯队包含剩下的金融科技子技术，有网络保险、生物识别、网络贷款、虚拟现实和金融信息技术，对于第四梯队的技术而言，汇丰的关注度较低，有待提升。

（3）德意志银行（Deutsche Bank）

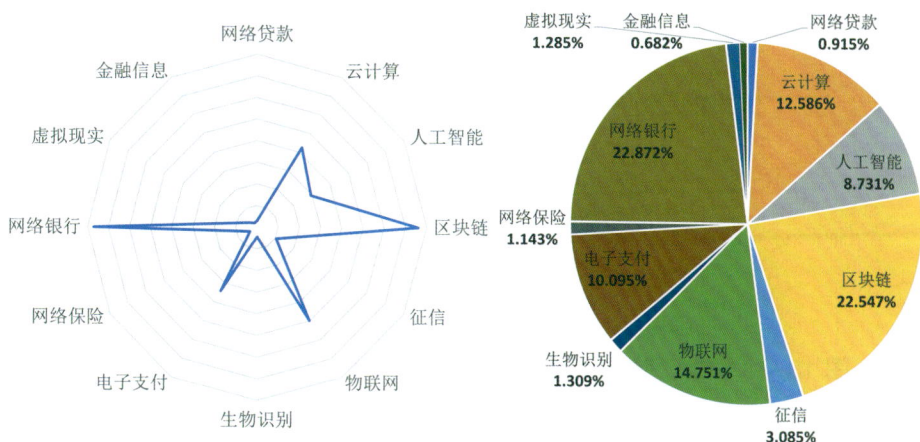

图 13-32 德意志银行金融科技热度钻石图和金融科技热度饼状图

数据来源：中国建设银行研究院，2018.10。

总体来看，德意志银行金融科技影响力全球名列前茅，实力强劲。

具体分析金融科技各个子技术，相比于另一家欧洲银行巴克莱而言，对于金融科技子技术关注较为均衡，可大致分为两个梯队。第一梯队包括网络银行、区块链、物联网、云计算、电子支付和人工智能，尤其是在云计算领域，德意志银行影响力很高，单独分析云计算影响力排名中位列第三；第二梯队则有征信、生物识别、虚拟现实、网络保险、网络贷款和金融信息技术，各项技术中占比均较低，需要德意志银行提高关注度。

（4）渣打银行（Standard Chatered Bank）

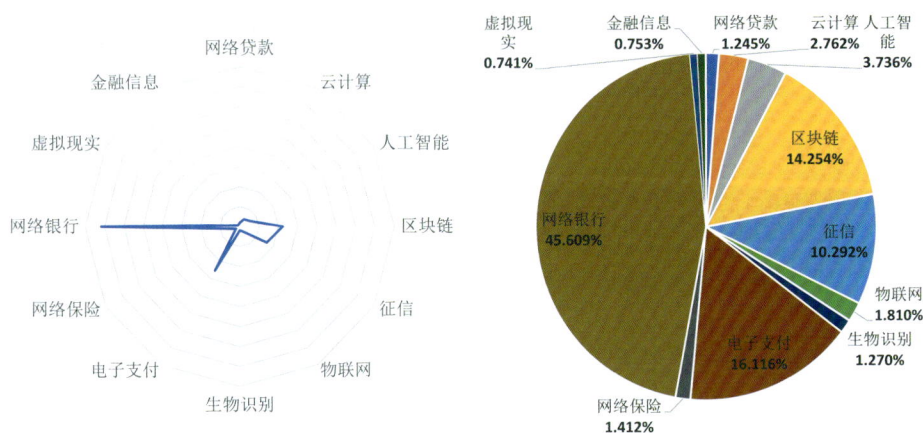

图 13-33　渣打银行金融科技热度钻石图和金融科技热度饼状图

数据来源：中国建设银行研究院，2018.10。

总体来看，渣打银行在全球系统重要性银行中居中上游，金融科技影响力较高，也在一定程度下显示了英国在金融科技领域的强劲实力。

具体分析各金融科技子技术，可大致分为三个梯队。第一梯队是网络银行技术，这一技术热度在渣打银行总热度中占比接近 50%，而且该项技术热度总和中渣打银行也名列前茅，位居第三，展现出渣打银行在网络银行子技术领域的强大实力；第二梯队则包括电子支付、区块链和征信技术，其中渣打银行对征信领域较为重视，在全球系统重要性银行中征信技术影响力最高，热度位列第一；第三梯队有人工智能、云计算、物联网、网络保险、生物识别、网络贷款、金融信息和虚拟现实，对比其他银行可以发现，渣打银行在人工智能领域关注较低，热度和影响力不足，尚有较大发展潜力。

（5）瑞士联合银行（UBS）

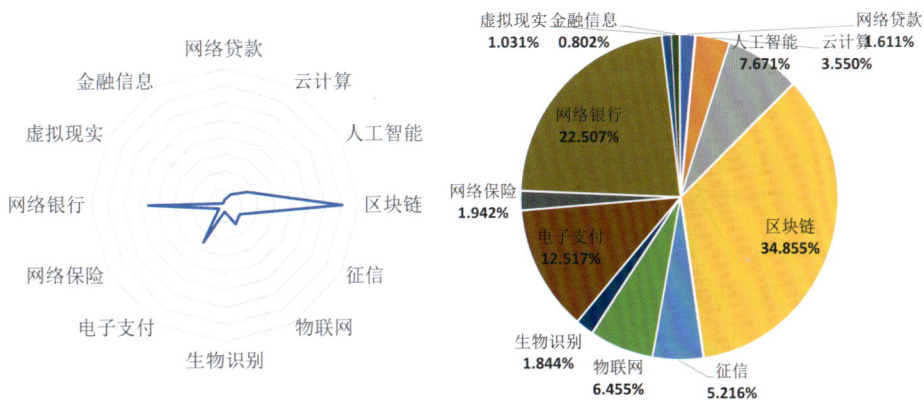

图 13-34　瑞士联合银行金融科技热度钻石图和金融科技热度饼状图

数据来源：中国建设银行研究院，2018.10。

总体来看，瑞士联合银行在全球系统重要性银行中位居中游，欧洲地区名列前茅，展现出一定的金融科技影响力。

具体分析各个金融科技子技术来看，依然可以分为三个梯队。第一梯队包括区块链、网络银行和电子支付技术，三者热度占比依次递减，其中区块链技术热度占比最高，接近 35%，凸显出瑞士联合银行对区块链技术的高度重视；第二梯队有人工智能、物联网、征信和云计算，相比其他银行而言，人工智能热度占比不足 8%，瑞士联合银行对此技术的关注度较低；第三梯队由网络保险、生物识别、网络贷款、虚拟现实和金额信息技术构成，其中生物识别技术虽然处于第三梯队，但是瑞士联合银行在该金融科技子领域影响力排名第十一，实力强劲。

（6）瑞士信贷（Credit Suisse）

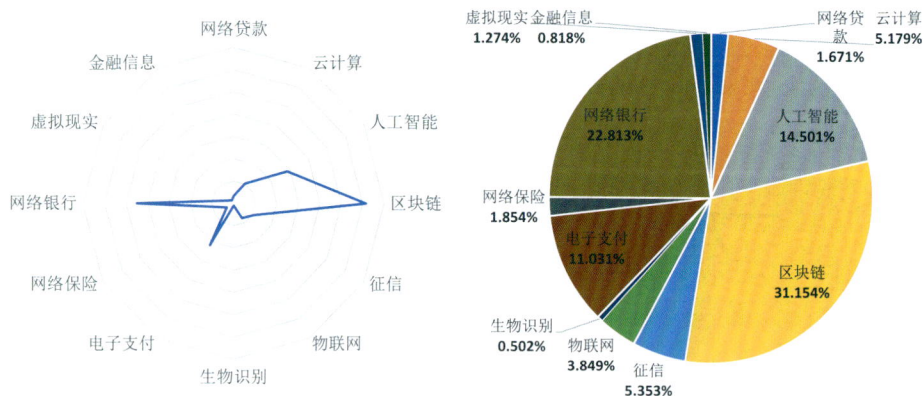

图 13-35　瑞士信贷金融科技热度钻石图和金融科技热度饼状图

数据来源：中国建设银行研究院，2018.10。

总体来看，瑞士信贷在全球系统重要性银行中处于中游，紧随其主要竞争对手瑞士联合银行，而且两者热度绝对值差距不大，金融科技影响力方面难分伯仲。

具体分析各个科技子技术，同样可以大致分为三个梯队。第一梯队包括区块链、网络银行、人工智能和电子支付技术，相比于其主要竞争对手瑞士联合银行，瑞士信贷对于人工智能的关注度更高，在该技术领域也影响力更强；第二梯队包括征信、云计算和物联网技术，其中瑞士信贷在云计算领域的关注度要高于瑞士联合银行，而在物联网技术方面关注度弱于瑞士联合银行；第三梯队有网络保险、网络贷款、虚拟现实、金融信息和生物识别技术，同瑞士联合银行相比，瑞士信贷对于生物识别技术的关注度较低，影响力也低于瑞士联合银行。

（7）西班牙桑坦德银行（Santander）

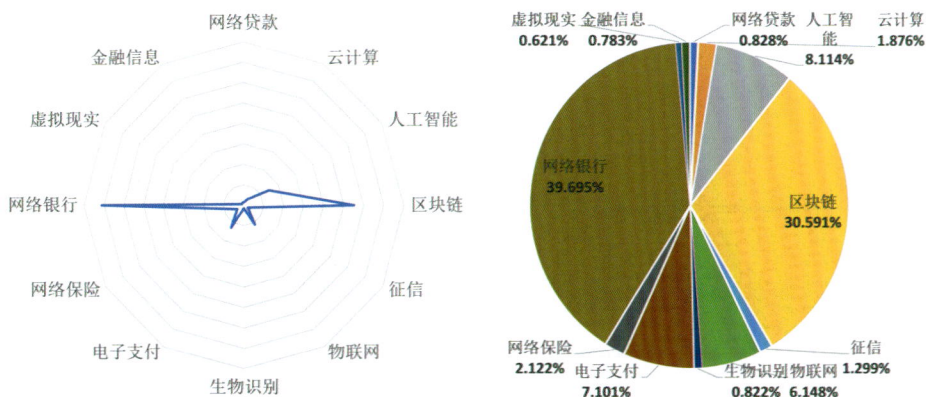

图 13-36　西班牙桑坦德银行金融科技热度钻石图和金融科技热度饼状图

数据来源：中国建设银行研究院，2018.10。

　　总体来看，西班牙桑坦德银行在全球系统重要性银行中金融科技的影响力排名处于中游，在欧洲银行中位列上游，金融科技实力一般。

　　具体分析各金融科技子技术，大致分为三个梯队。其中第一梯队包括网络银行和区块链技术，这两者热度占比在西班牙桑坦德银行总热度中均超过30%，是重点关注对象；第二梯队则由人工智能、电子支付和物联网技术组成，三者热度占比较为均衡，差别不大；第三梯队包含剩下的网络保险、云计算、征信、网络贷款、生物识别、金额信息和虚拟现实技术。同其他银行相比，西班牙桑坦德银行第一梯队中金融科技子技术数量较少，占比较高，第三梯队子技术数量较多，占比较小，说明该银行对待金融科技的策略较为激进，选择两项技术重点突破，相应的需要对于某些技术减少关注，做出一定的放弃。

（8）法国兴业银行（SG）

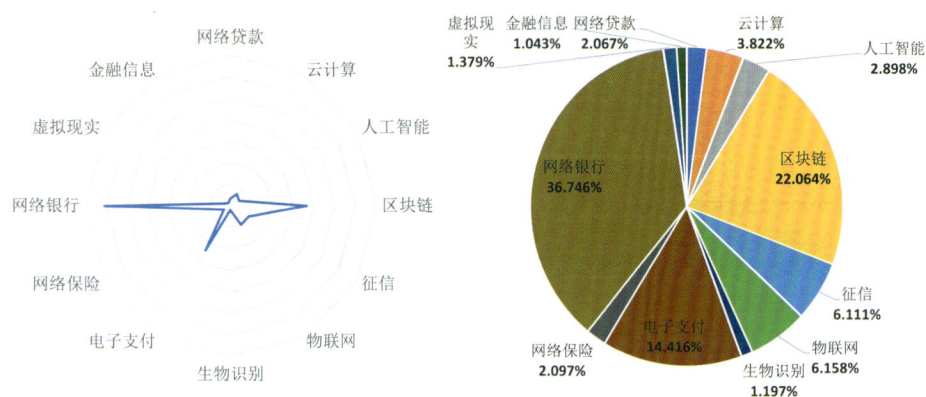

图 13-37　法国兴业银行金融科技热度钻石图和金融科技热度饼状图

数据来源：中国建设银行研究院，2018.10。

　　总体来看，法国兴业银行在全球系统重要性银行中金融科技影响能力处于中下游的位置，也在一定程度上反映了法国金融科技行业的发展现状。

　　具体分析各个金融科技子领域，法国兴业银行与其他银行有所差异，大致分为两个梯队。第一梯队包括网络银行、区块链和电子支付技术，三者热度之和在法国兴业银行总热度中占比接近 80%，尤其是网络银行技术，占比接近 40%，凸显对该技术的关注；第二梯队则是剩下的物联网、征信、云计算、人工智能、网络保险、网络贷款、虚拟现实、生物识别和金融信息技术。同西班牙桑坦德银行类似，法国兴业银行同样采取激进的策略应对金融科技，而且更为激进，重点更为突出，第一梯队占比更大。

（9）法国巴黎银行（BNP Paribas）

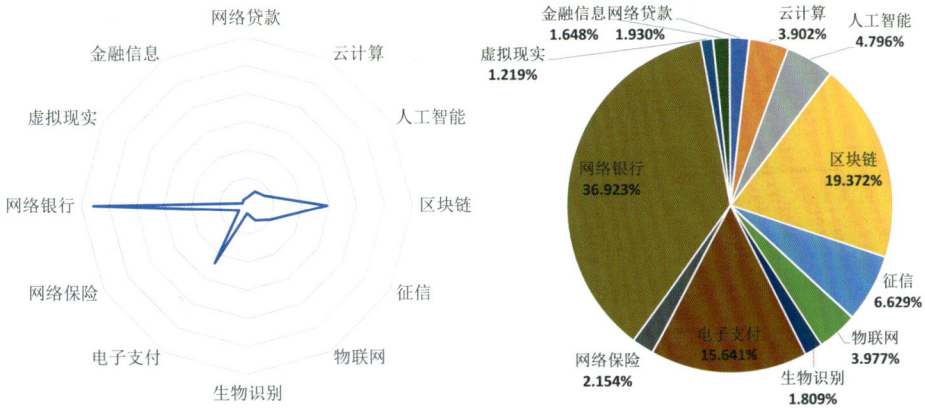

图 13-38　法国巴黎银行金融科技热度钻石图和金融科技热度饼状图

数据来源：中国建设银行研究院，2018.10。

　　总体来看，法国巴黎银行金融科技影响力在全球系统重要性银行中影响力水平较低，在欧洲区域中处于中下游位置，与其主要竞争对手法国兴业银行也存在一定差距，金融科技影响力亟待提高。

　　具体从各个金融科技子领域来看，法国巴黎银行采取的策略较为激进，可将十二大金融科技子技术分两个梯队。第一梯队包括网络银行、区块链和电子支付，三者热度之和占比法国巴黎银行总热度超过70%，是其重点关注和发展的对象；第二梯队包含剩下的子技术，分别是征信、人工智能、物联网、云计算、网络保险、网络贷款、生物识别、金融信息和虚拟现实，其中金融信息领域值得关注，虽然该技术处于第二梯队，不是法国巴黎银行重点关注对象之一，但是在该领域中法国巴黎银行影响力位居第一，拥有强大的实力，可能会在未来成为法国巴黎银行重要的金融科技发力点。

（10）苏格兰皇家银行（Royal Bank of Scotland）

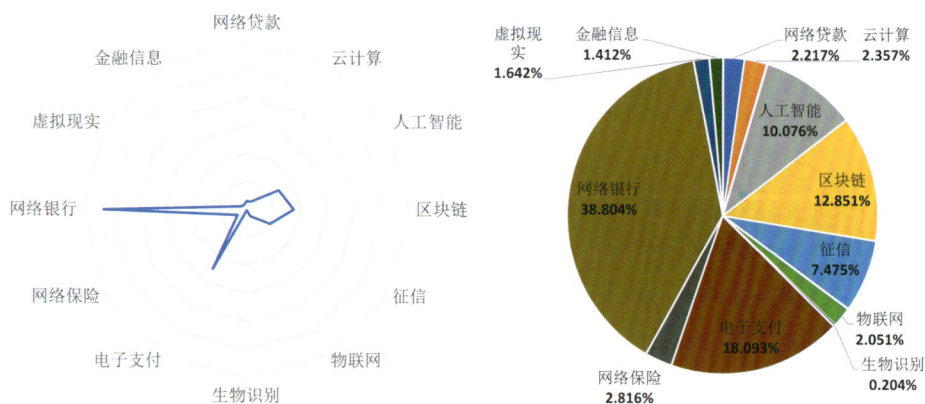

图 13-39   苏格兰皇家银行金融科技热度钻石图和金融科技热度饼状图

数据来源：中国建设银行研究院，2018.10。

总体来看，苏格兰皇家银行的金融科技影响力在全球系统重要性银行中位居中下游，相比于其他英国银行巴克莱与汇丰而言，差距较大，影响力也偏弱。

具体分析金融科技的子技术，可以将十二项领域分为三个梯队。第一梯队包括网络银行和电子支付技术，苏格兰皇家银行对这两者极为重视，尤其是网络银行领域，该领域热度在苏格兰皇家银行总热度中占比达 38.80%，是其重点发展对象；第二梯队则由区块链、人工智能、征信三个子技术所构成，相比于其他银行，苏格兰皇家银行在区块链领域关注度较低，影响力也十分薄弱，亟待提高；第三梯队包含网络保险、云计算、网络贷款、物联网、虚拟现实、金融信息和生物识别技术，其中金融信息子领域，虽然热度占比在苏格兰皇家银行总热度中不高，但苏格兰皇家银行在该项技术中影响力排名处中上游的位置，具有一定的实力。

（11）荷兰国际集团（ING）

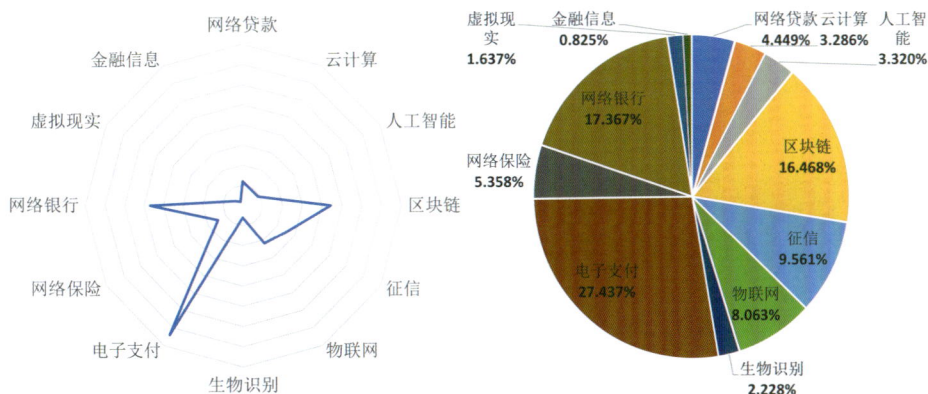

图13-40 荷兰国际集团金融科技热度钻石图和金融科技热度饼状图

数据来源：中国建设银行研究院，2018.10。

总体来看，荷兰国际集团的金融科技影响能力处于全球系统重要性银行的中下游，实力有限。

具体分析金融科技的各个子领域，依然可以大致分为三个梯队。第一梯队包括电子支付、网络银行和区块链技术，相比于其他银行，荷兰国际集团对于电子支付的关注度较高，热度占比达27.44%，明显属于该行重点发展的技术之一；第二梯队包含征信、物联网和网络保险领域，其中网络保险技术值得关注，虽然该技术处于第二梯队，但是在该技术领域中，荷兰国际集团影响力位居第三，实力雄厚；第三梯队则由网络贷款、云计算、人工智能、生物识别、虚拟现实和金融信息技术构成，其中在网络贷款技术领域优势明显，该单项技术影响力排名荷兰国际集团位居第二，可能会在未来成为荷兰国际集团金融科技影响力爆发的发力点之一，相比于网络贷款子技术，同处第三梯队的人工智能技术则比较薄弱，该单项技术排名中，荷兰国际集团位居末位，亟待重视和投入。

（12）意大利联合信贷银行（UniCredit SPA）

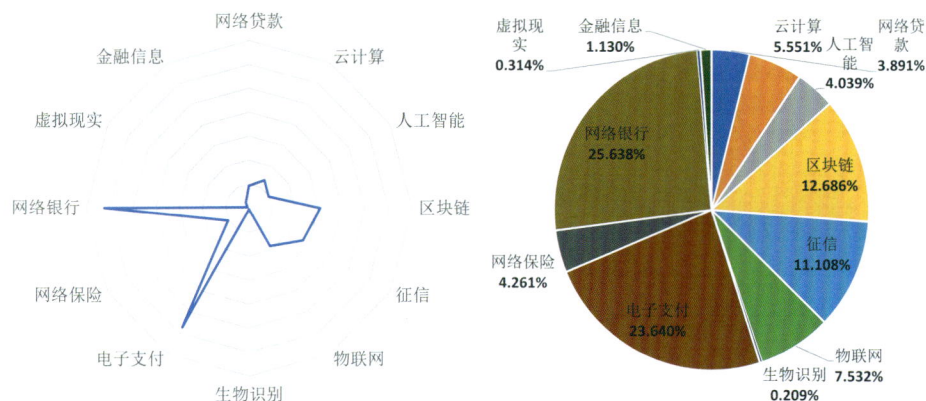

图 13-41　意大利联合信贷银行金融科技热度钻石图和金融科技热度饼状图

数据来源：中国建设银行研究院，2018.10。

总体来看，意大利联合信贷银行在全球系统重要性银行中金融科技影响力处于中下游位置，作为唯一一家上榜的意大利银行，也一定程度地反映出意大利的金融科技发展现状。

具体分析金融科技的各个子领域，可以分为三个梯队。第一梯队包括网络银行、电子支付、区块链和征信技术，该梯队中，网络银行与电子支付技术受到的关注度较高，属于意大利联合信贷银行重点发展对象；第二梯队由物联网、云计算、网络保险、人工智能和网络贷款金融科技子领域所构成，相比较而言，意大利联合信贷银行在人工智能领域影响力较为薄弱，与其他银行有一定的差距；第三梯队包括金融信息、虚拟现实和生物识别技术，该梯队中的金融科技技术受到的关注度较低，金融科技影响力也较弱，需要意大利联合信贷银行提高关注度。

（13）北欧联合银行（Nordea）

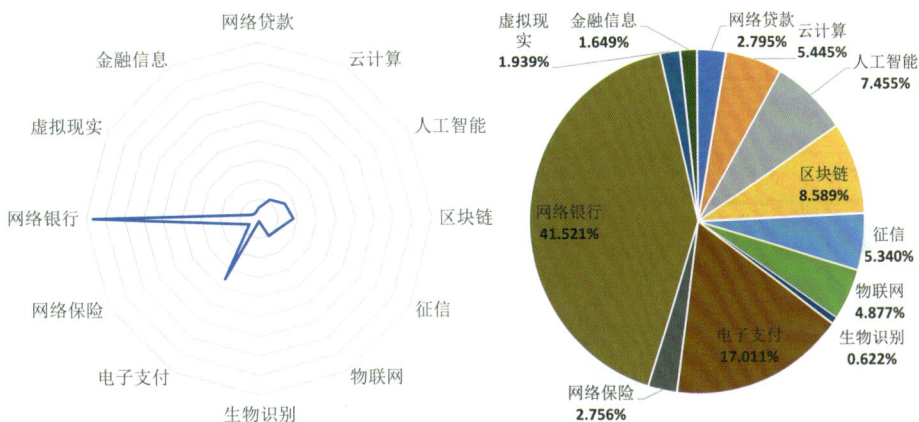

图 13-42 北欧联合银行金融科技热度钻石图和金融科技热度饼状图

数据来源：中国建设银行研究院，2018.10。

总体来看，北欧联合银行在全球系统重要性银行中金融科技影响力方面排名较后，影响力有限。

具体分析金融科技的各个子领域，北欧联合银行同样可以分为三个梯队。第一梯队包括网络银行和电子支付技术，其中网络银行技术是北欧联合银行最为关注的技术，其单一热度占比达到 41.52%；第二梯队包含区块链、人工智能、云计算、征信和物联网技术；第三梯队则由网络贷款、网络保险、虚拟现实、金融信息和生物识别技术构成。

（14）法国农业信贷银行集团（Crédit Agricole）

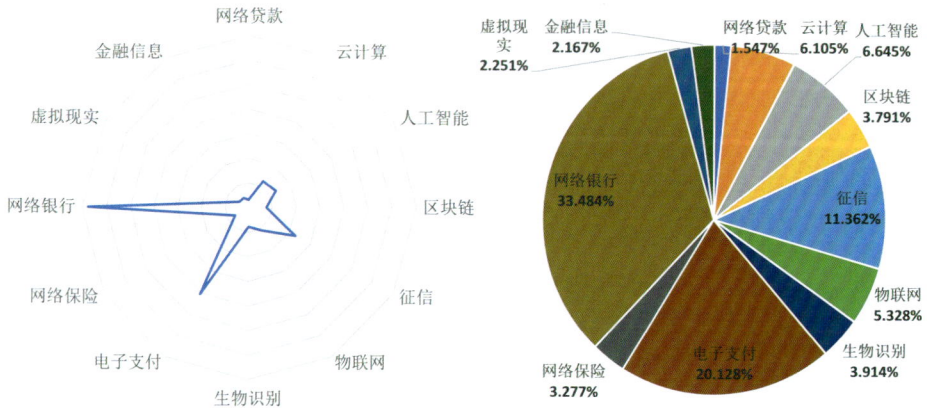

图 13-43 法国农业信贷银行集团金融科技热度钻石图和金融科技热度饼状图

数据来源：中国建设银行研究院，2018.10。

总体来看，法国农业信贷银行集团金融科技影响力较弱，在全球系统重要性银行中位居下游。

具体分析金融科技的各个子领域，可以分为大致三个梯队。第一梯队由网络银行、电子支付和征信技术构成，法国农业信贷银行集团对三者的关注度呈现逐次递减，网络银行是其最为重点关注和发展的对象；第二梯队包含人工智能、云计算和物联网技术；第三梯队有生物识别、区块链、网络保险、虚拟现实、金融信息和网络贷款技术，其中生物识别和金融信息技术虽然处在第三梯队，但是法国农业信贷银行集团在这两个金融科技子领域中影响力较强。

3.亚洲地区

（1）中国银行（BOC）

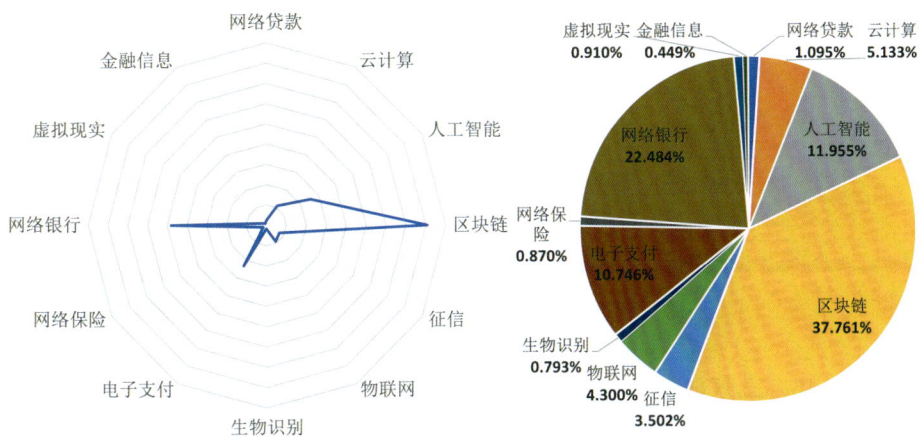

图13-44　中国银行金融科技热度钻石图和金融科技热度饼状图

数据来源：中国建设银行研究院，2018.10。

总体来看，中国银行金融科技总热度在全球系统性重要银行中名列前茅，取得了中资银行最好成绩，也是亚洲银行中的最好成绩，凸显中国银行在金融科技领域强大实力。

具体分析金融科技各个细分领域而言，可大致分为三个梯队。第一梯队各个细分领域在中国银行热度总和中均占比超过10%，包括区块链、网络银行、人工智能和电子支付，尤其是区块链领域，热度占比超过35%，所具有影响力非常高。第二梯队有云计算、物联网、征信和网络贷款，热度占比超过1%，但是其中网络贷款热度相比其他三个细分领域较低，可能与中国银行难以开展相关业务有关。第三梯队包括虚拟现实、网络保险、生物识别和金融信息，这四者占比均不足1%，热度以及影响力较小。

（2）三菱日联金融集团（Mitsubishi UFJFG）

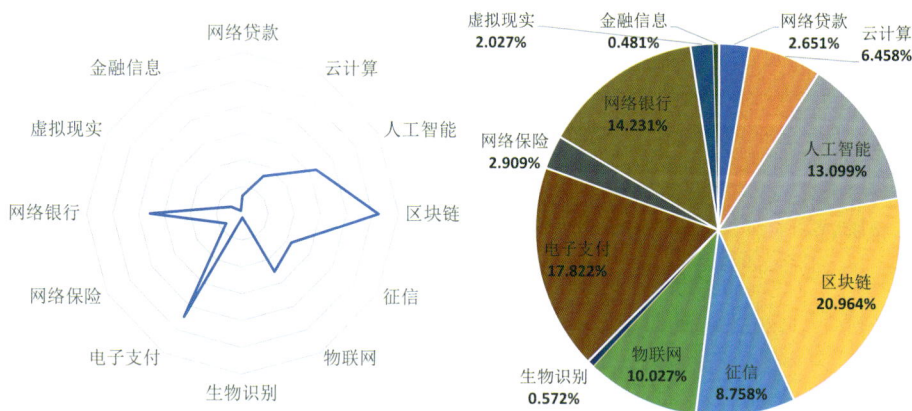

图13-45　三菱日联金融集团金融科技热度钻石图和金融科技热度饼状图

数据来源：中国建设银行研究院，2018.10。

总体来看，三菱日联金融集团在全球系统重要性银行中处于上游，在日本银行中排名第一，亚洲银行中排名第二，在亚洲区实力强劲。

具体分析金融科技的子技术，可以分为三个梯队，但相比于其他银行，三菱日联金融集团采取的策略较为保守，梯队内部各个子技术热度较均衡。第一梯队包括区块链、电子支付、网络银行、人工智能、物联网、征信和云计算技术，三菱日联金融集团对这些技术的关注度逐次递减，占比接近于等差递减，其中征信技术值得关注，单从这一技术来看，三菱日联金融集团在该领域的影响力排名第三，实力较为强大；第二梯队有网络保险、网络贷款和虚拟现实技术，其中虚拟现实与网络保险子技术虽然处在第二梯队，但三菱日联金融集团在这两项技术的热度排名中位列第一和第二，实力强大；第三梯队只有生物识别和金融信息，两者占比之和勉强超过1%，尚有很大的发展潜力。

（3）中国工商银行（ICBC）

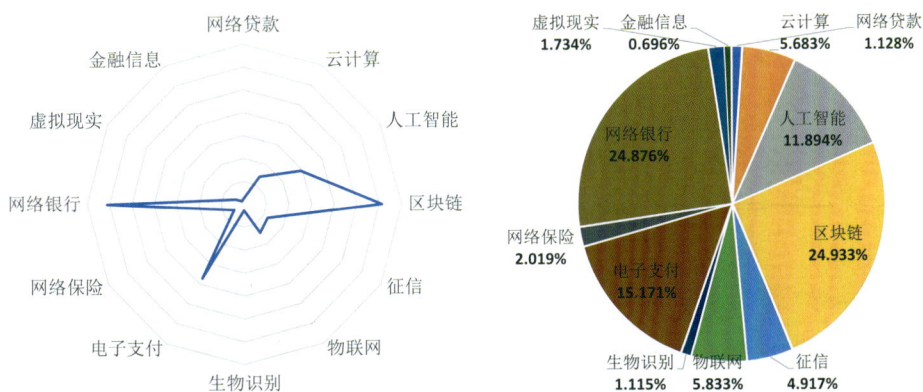

图 13-46　中国工商银行技术热度钻石图和技术热度饼状图

数据来源：中国建设银行研究院，2018.10。

总体来看，中国工商银行在全球系统重要性银行中处于中上游的位置，中资银行中排名第二，亚洲区域排名第三，展现了一定的金融科技影响力。

具体分析各子领域，依然存在三梯队状况。第一梯队包含区块链、网络银行、电子支付和人工智能技术，体现了中国工商银行对这些技术的高度关注；第二梯队有物联网、云计算和征信技术，三者的热度分布比较均衡、差别较小，体现出一定的保守性；第三梯队则是网络保险、虚拟现实、网络贷款、生物识别和金融信息技术，其中金融信息技术热度占比偏低，需要提起注意，关注该领域可能的发展前景。

（4）中国建设银行（CCB）

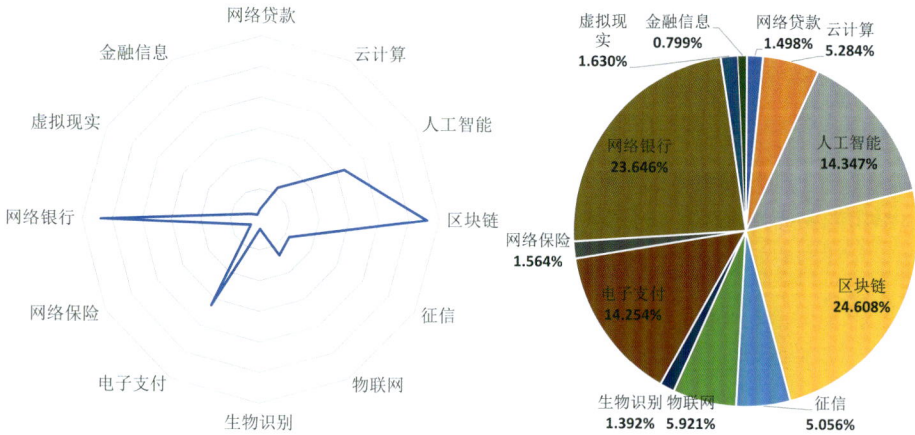

图 13-47　中国建设银行技术热度钻石图和技术热度饼状图

数据来源：中国建设银行研究院，2018.10。

总体来看，中国建设银行在全球系统重要性银行中位居中上游，展现了相当的金融科技影响力。

具体分析各个子领域，可分为三个梯队。第一梯队中有区块链、网络银行、人工智能和电子支付技术，相比于其竞争对手中国银行，虽然中国建设银行重点关注于区块链和网络银行技术，但是第一梯队各技术热度差异有限，分布较为均衡；第二梯队则是物联网、云计算和征信技术，三者热度占比均在 5% 附近波动，分布情况相比于美国的银行更加均衡，三种技术齐头并进；第三梯队由虚拟现实、网络保险、网络贷款、生物识别和金融信息组成，与同地区某些系统重要性银行相比，第三梯队各个子领域占比较高，说明中国建设银行对金融科技的关注更为全面。

（5）中国农业银行（ABC）

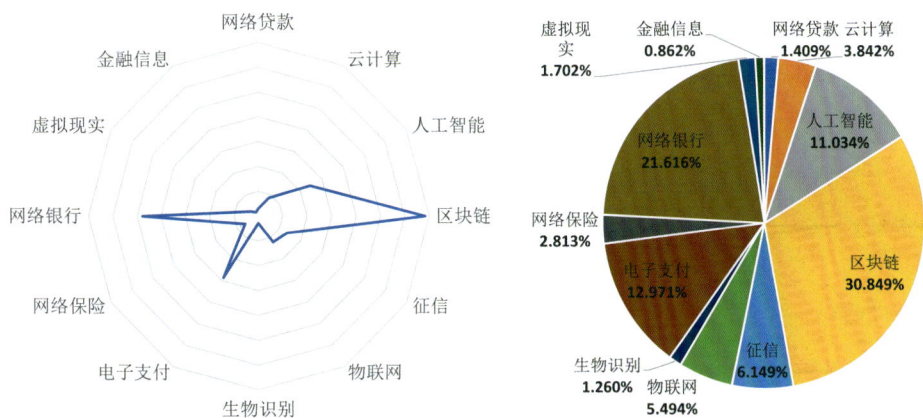

图13-48　中国农业银行金融科技热度钻石图和金融科技热度饼状图

数据来源：中国建设银行研究院，2018.10。

总体来看，中国农业银行在全球系统重要性银行中处于中上游位置，在上榜的四家中资银行中名次较后，金融科技影响力相对薄弱，但是与其他几家中资银行尤其是中国工商银行和中国建设银行差距较小，有望在未来迎头赶上乃至超越。

具体分析金融科技的各个子技术，可以分为三个梯队，但是相比于其他中资银行，中国农业银行各梯队中重点更加突出。第一梯队包括区块链、网络银行、电子支付和人工智能技术，区块链技术受到重点关注，该技术在中国农业银行总热度中占比超过30%，远大于排名第二的网络银行（占比21%）；第二梯队由征信和物联网技术构成，两者热度分布较为均衡；第三梯队包含剩下的云计算、网络保险、虚拟现实、网络贷款、生物识别和金融信息技术，其中云计算和网络保险受到的关注度较高，属于该梯队中中国农业银行重点发展对象。

（6）三井住友银行（Sumitomo Mitsui Banking Corporation）

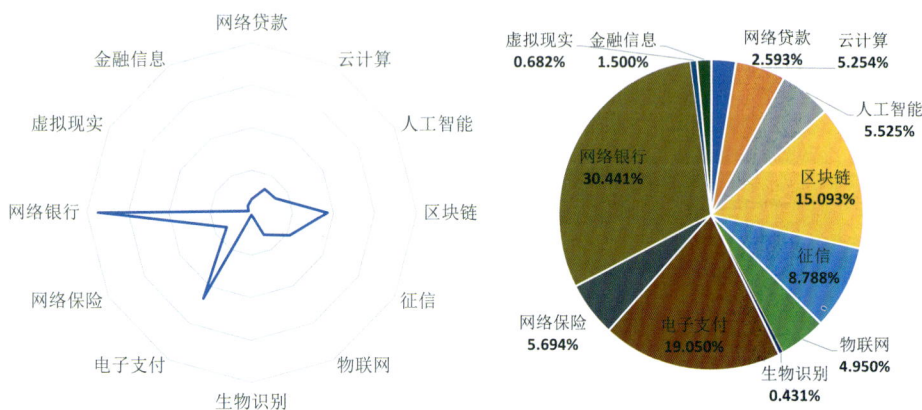

图 13-49　三井住友银行金融科技热度钻石图和金融科技热度饼状图

数据来源：中国建设银行研究院，2018.10。

总体来看，三井住友银行在全球系统重要性银行中位居中下游，同另一家上榜的日本银行三菱日联金融集团相比落后较多，金融科技影响力薄弱，亟待加强。

具体分析金融科技的各个子领域，同样可以分为三个梯队。第一梯队包括网络银行、电子支付和区块链技术，同其主要竞争对手三菱日联金融集团相比，三井住友银行对网络银行更加重视，该技术热度在三井住友银行总热度中占比超过 30%，是公司最为关注的金融科技子技术；第二梯队则有征信、网络保险、人工智能、云计算和物联网技术，相比于其他银行，三井住友银行在人工智能领域影响力较弱，而在网络保险领域实力较为强大，网络保险领域的影响力排名位居第四；第三梯队则包括网络贷款、金融信息、虚拟现实和生物识别技术，该梯队中的金融科技子技术受到的关注较小，热度占比在三井住友银行总热度中均不足 3%，甚至有些字领域不足 1%。

（7）日本瑞穗金融集团（MFG）

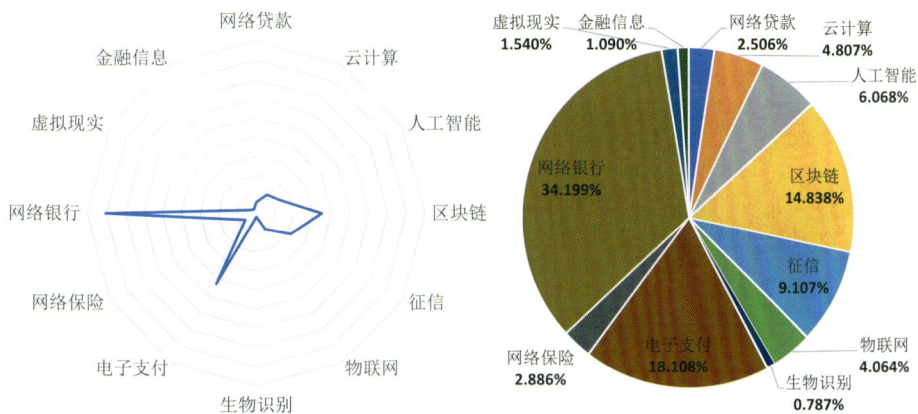

图 13-50　日本瑞穗金融集团金融科技热度钻石图和金融科技热度饼状图

数据来源：中国建设银行研究院，2018.10。

总体来看，日本瑞穗金融集团在全球系统重要性银行中金融科技影响力实力处于下游，与其他银行在金融科技影响力方面存在一定的差距。

具体分析金融科技的各个子领域，日本瑞穗金融集团虽然也可以分为三个梯队，但其对待金融科技采取的策略较为激进。第一梯队包括网络银行、电子支付和区块链技术，其中网络银行子技术占比非常高，该单一技术热度在日本瑞穗金融集团总热度中占比接近 35%，是日本瑞穗金融集团最为重点关注的金融科技对象；第二梯队中有征信、人工智能、云计算和物联网金融科技子技术，日本瑞穗金融集团对该梯队中的技术保持一定的关注度，但目前不是重点发展对象；第三梯队由网络保险、网络贷款、虚拟现实、金融信息和生物识别技术构成，第三梯队金融科技子技术受到的关注度相对较小，热度和影响力也较为薄弱，是日本瑞穗金融集团需要在未来加大投入重点经营的对象之一。

4.金融科技影响力地区分析

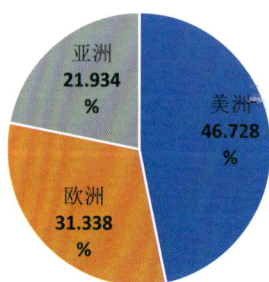

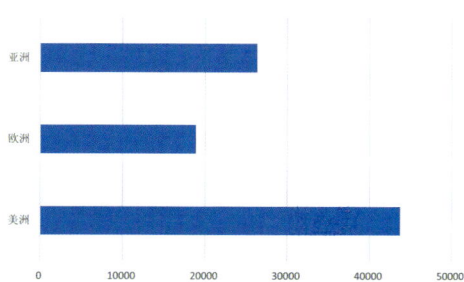

图 13-51　地区金融科技热度分布　　图 13-52　地区平均金融科技热度

数据来源：中国建设银行研究院，2018.10。

本研究根据地区对全球系统重要性银行进行分类，美洲有 9 家银行上榜，欧洲有 14 家银行上榜，亚洲有 7 家银行上榜。从各地区金融科技总热度来看，美洲地区影响力最高，占比接近一半，体现美洲银行在金融科技领域强大的实力。另外，虽然亚洲地区金融科技总热度不及欧洲，但是在平均金融科技热度（地区金融科技总热度除以该地区银行数量）方面，亚洲地区强于欧洲，展现亚洲地区银行较为强大的单体实力。

第十四章

金融科技活跃度评估指数

全球系统重要性银行金融科技活跃度评估指数统计显示中美两国领先趋势明显。活跃度评估指数统计的主要目的是发现近一年时间周期里哪家大型银行发展金融科技最为"努力"，并探索其"努力措施"，为中国乃至全球金融科技发展贡献智慧。

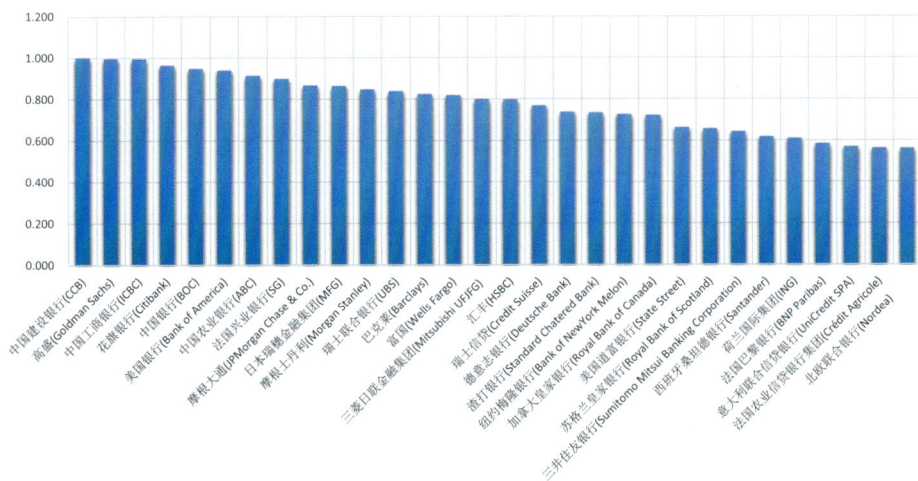

图 14-1　全球系统重要性银行金融科技活跃度评估指数统计（标准化后）

数据来源：中国建设银行研究院。

根据此次活跃度评估指数统计结果，中国与美国大型银行相对靠前，日本和欧洲大型银行整体上不够活跃。这种结果与中美两国整体科技水平和银行业创新应用信息技术密不可分，也与其银行业不断根据消费者习惯升级服务方式有关。当然，这个结果也存在数据有偏的可能性。例如，虽然是着眼近期"努力"成效，但限于首次尝试的经验不足，评估里难免涵盖了一些历史累积的成效，如专利数、手机银行用户数与员工总数等。评估尝试综合使用其他动态性更强的数据来削弱这种历史影响。

执笔人：闫 晗 王 博 赵 熙 边 鹏

第十五章

启示和建议

一、中国与美国整体领先

在所有全球系统重要性银行金融科技活跃度比较中，中国与美国大型银行相对靠前，欧洲和日本大型银行整体上不够活跃。这种结果与中美两国整体科技水平和银行业创新应用信息技术密不可分，也与其银行业不断根据消费者习惯升级服务方式有关。建议欧洲和日本加大最新信息通信技术在社会中的整体普及度，特别是大型银行能够进一步提升金融科技活跃度，积极运用科技创新金融产品，推广服务，不断扩大金融科技的消费群体。

二、发达国家银行研发能力优势明显

从金融科技研发能力指标（图 15-1）可以看出，国外大行在专利上具有累加优势，而国内银行也在不断努力，有后发赶超的趋势。

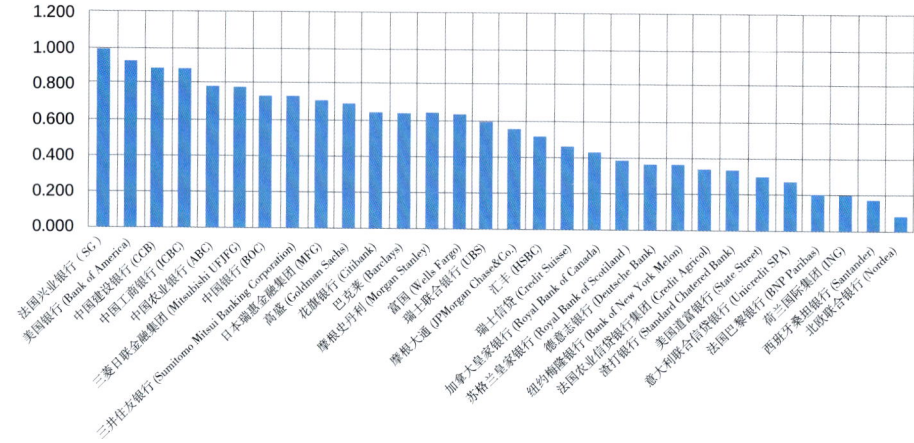

图 15-1　全球系统重要性银行研发能力指标（标准化后）

数据来源：欧、美、亚洲相关国家的专利局／知识产权局、中国建设银行研究院，2018.10。

三、美国银行机构影响力最强

从金融科技影响能力指标（如图 15-2 所示）可以看出，欧洲、亚洲的系统重要性银行要落后于美洲的银行，这显示出美国银行业在全

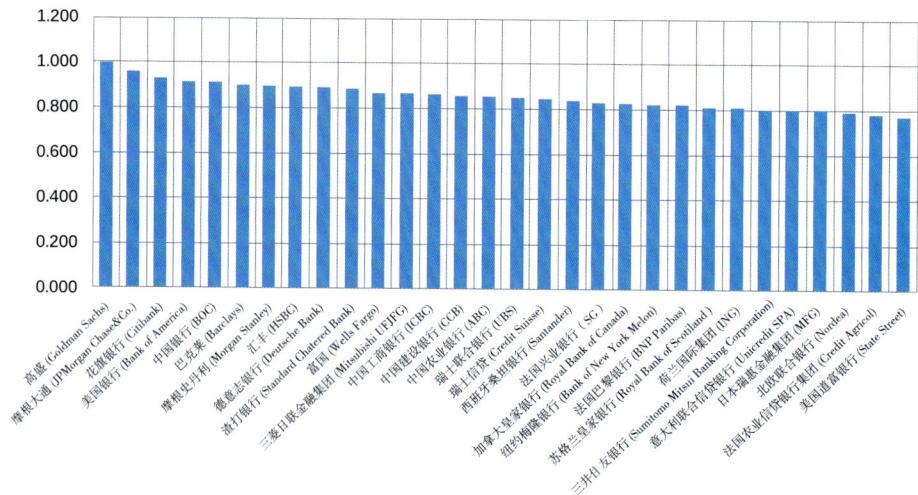

图 15-2　全球系统重要性银行影响能力指标（标准化后）

数据来源：中国建设银行研究院，2018.10。

球的影响力仍占据显著位置，虽然这个地位可能是历史惯性形成的，但欧洲和亚洲应努力克服不利因素，采用线上流量经营，大规模推广信息技术，积极形成亲线上媒体的经营理念，不断扩大金融科技影响力。

四、中美银行推广能力居前

银行金融科技推广能力越强，客户利用金融科技享受银行服务的机会也就越多。"撑伞理论"可以较好地体现银行的金融科技推广能力，同样数量的银行员工可以借助科技的红利，服务更多的客户，每把"伞"的"伞面"也就越大。

从全球角度来看，不仅中国的几家系统重要性银行金融科技推广能力较强，美国的花旗、道富、高盛等银行的手机银行用户数与银行员工数之比也名列前茅。金融科技不仅提高了银行的经营效率，也在客户拓展方面发挥了极大的作用，凸显了这些银行在金融科技推广方面的真实市场效果。

五、美欧银行投资能力加速金融科技发展

从金融科技投入能力指标（如图15-3所示）可以看出，亚洲的系统重要性银行要落后于美洲的银行，甚至还不如欧洲的银行，从一个侧面体现出美洲地区的大银行市场化程度高，亚洲银行仍有较大提升空间，另一方面也显示出美洲，特别是美洲大银行急于通过并购方式，

跨越式提升金融科技实力，美国财政部 2018 年 7 月推出的金融科技专题报告《一个创造经济机遇的金融体系——非银机构、金融科技与创新》也印证了美国银行业已逐步形成共识：大力发展金融科技，追赶金融科技领先者。建议中国和日本等亚洲国家充分借鉴美国经验，灵活组织架构设置，积极采用并购方式跨越式增强自身金融科技竞争能力。

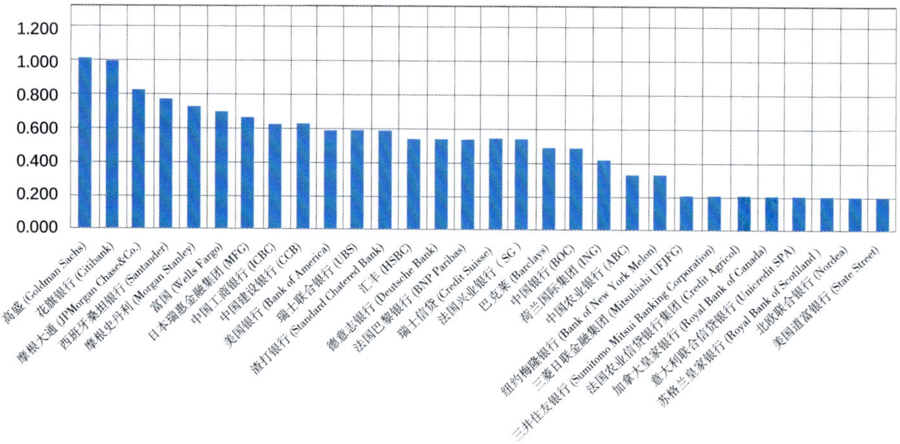

图 15-3　全球系统重要性银行投入能力指标（标准化后）

数据来源：CB Insights 数据库、各家银行年报数据、中国建设银行研究院，2018.10。

六、亚洲银行应用能力领先

在金融科技的应用能力指标（如图 15-4 所示）方面，美欧的银行落后于亚洲，欧洲金融科技业务创新明显缺乏活力，可能是其历史积淀下来的风险理念和其面临的经年金融动荡局面所导致，但欧洲依然应该积极借鉴亚洲经验，排除不确定地缘因素干扰，以用户为中心，平衡风险与体验的关系，在风险可控的前提下，大力加强对普通零售客户的服务力度，特别是普惠金融方面的金融科技创新，以可信息追踪的优质增量资产稀释存量不良资产。

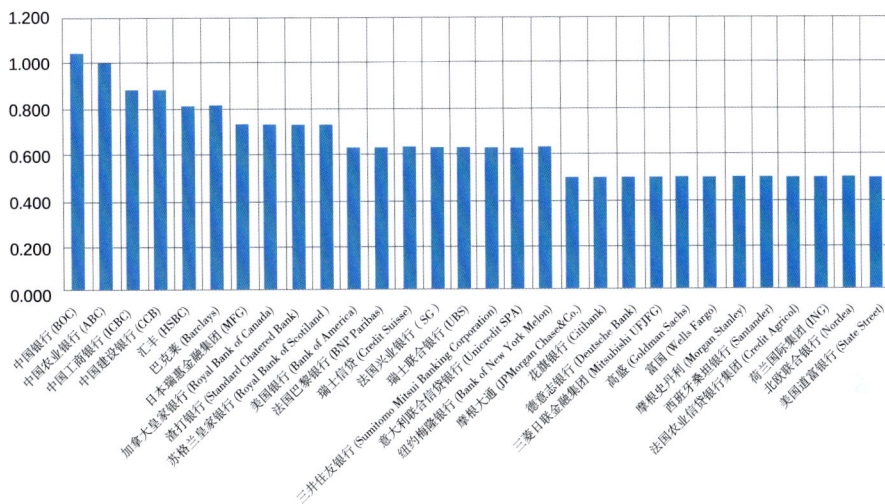

图 15-4 全球系统重要性银行应用能力指标（标准化后）

数据来源：各银行官方网站统计、中国建设银行研究院，2018.10。

七、大型银行存在后发优势和跨界竞争势头

在全球系统重要性银行分析中，我们看到各大银行的金融科技发展现状是一种比较熟悉的景象，比如以零售为主的银行在推广效果上优势明显；但在短期内的动态（我们称之为活跃度）来看，金融科技隐约存在跨界竞争的趋势，原本专注在对公业务，特别是投行业务的银行，金融科技活跃度较高，这在影响力和投入力评估中比较明显，但也不排除数据噪音可能，如近来投行业务热衷于科技企业，而这种热衷并未最终转化为银行自己有竞争力的业务。

更进一步分析，这种跨界竞争势头可能来自非零售型银行的后发优势。由于历史原因，他们自身物理渠道较少，直接采用新技术手段服务零售客户，就能以更低成本获得更有价值客户。这种低成本高收益的机遇也会反过来刺激觉醒的大型传统银行返身投入到金融科技大潮中。据微众银行调查，摩根大通员工中 IT 员工占比为 14%，而高盛银行员工中 IT 员工占据三分之一。

八、研究不足和未来改进方向

本研究作为初步探索，还存在一定不足，主要有两方面。

（一）前人经验吸纳不够，指标体系仍有完善空间

下一步研究中，争取能够寻找更多可替代的指标和开源情报手段来评估银行的金融科技水平，如信息检索使用的银行缩写和曾用名、技术产品的别名等无法保证一一枚举，有可能存在遗漏现象。希望未来采用信息检索方式进一步自动化地提高精准度。

（二）评估虽有客观性，但具有时效局限性

未来研究将进一步优化调整，争取做到"回头看"、可比较，回溯校准历史发布的指标数据和排名。应用指标事关金融科技的场景应用，以及全社会范围的金融生态建设，但目前暂时无法获取数据，另外，人力投入、交易额／交易量等数据获取不全。希望借助本课题继续研

究，能够现场访谈境内外全球系统性重要银行，加深对全球金融科技创新态势的理解和认识。

执笔人：边　鹏

参考文献

［1］毕马威（KPMG）.2016 全球金融科技 100 强，2016.

［2］C.K. 普拉哈拉德，加里·哈梅尔 . 公司核心竞争力，哈佛商业评论，1990.

［3］大数据［OL］.http://baike.baidu.com/view/6954399.htm.

［4］法国专利局 .https://bases-brevets.inpi.fr/en/home.html.

［5］工信部 . 中国区块链技术和应用发展白皮书，2017.

［6］加拿大专利局 .http://brevets-patents.ic.gc.ca/opic-cipo/cpd/eng/search/advanced.html.

［7］京东金融研究院 .2017 金融科技报告——行业发展与法律前沿，2017.

［8］李思琪 . 大象转身，地表最强投行高盛开启转型之路，2018.

［9］美国国际贸易委员会（USITC）.2016 顶尖市场报告——金融科技篇，2016.

［10］美国专利商标局 .http://patft.uspto.gov/netahtml/PTO/search-bool.html.

［11］欧洲专利局 .https://worldwide.espacenet.com/.

［12］评价指标体系［OL］.https://baike.baidu.com/item/%E8%AF%84%E4%BB%B7%E6%8C%87%E6%A0%87%E4%BD%93%E7%B3%BB/1202406.

［13］人工智能［OL］.https://baike.baidu.com/item/%E4%BA%BA%E5%B7%A5%E6%99%BA%E8%83%BD/9180.

［14］日本特许厅 .https://www19.j-platpat.inpit.go.jp/PA1/cgi-bin/PA1INIT?1539162807218.

［15］文乾 .2017 年度手机银行 AppTOP50［J］. 互联网周刊，2018（03）:40-41.

［16］虚拟现实［OL］.https://baike.baidu.com/item/%E8%99%9A%E6%8B%9F%E7%8E%B0%E5%AE%9E.

［17］中国国家专利局 .http://www.pss-system.gov.cn/.

［18］2017 list of global systemically important banks（G-SIBs）［OL］.http://www.fsb.org/2017/11/2017-list-of-global-systemically-importantbanks-g-sibs/.

[19] Frederick W.Gluck, Stephen P.Kaufman, A.Steven Walleck. Strategic Management for Competitive Advantage, 1980.

[20] Gary Hamel, C.K. Prahalad. The Core Competence of the Corporation, 1990.

[21] Merton R. C. Theory of rational option pricing. Bell Journal of Economics and Management Science, 1973, 4: 141-183.

[22] Michael E.Porter. The Competitive Advantage of Nations, 1990.

[23] Michael E.Porter. Competitive Advantage: Creating and Sustaining Superior Performance, 1985.

下　篇

金融科技典型案例研究

第十六章

金融科技推动普惠金融大发展：
以中国建设银行大数据应用为例

截至 2017 年末，中国建设银行（以下简称"建行"）普惠金融新增贷款居四行首位，连续七年完成"三个不低于"的监管要求，累计为超过 130 万户小微企业提供近 5.9 万亿元信贷资金支持。2018年 4 月 18 日，由工信部中国信息通信研究院主办的"2018 年大数据产业峰会"在北京召开，大会隆重颁发了大数据产业年度大奖"星河（Galaxy）奖"。建设银行申报的"大型商业银行企业级数据管理体系""小企业客户价值分析与提升大数据应用项目"一举荣获年度"最佳数据资产管理实践奖"和"最佳大数据行业应用奖"两项大奖。建设银行是唯一获得两项最佳奖项的金融机构。为此，本报告以建行为例，介绍金融科技应用案例—建行应用大数据发展普惠金融。

一、金融科技战略引领建行发展

近年来，建设银行贯彻落实以人民为中心的发展思想，以服务大众追求美好生活为目标，将自身工作与国家战略和民生需求紧密结合，主动以金融的力量解决社会痛点、难点问题，适时启动了住房租赁、普惠金融、金融科技三大战略。

（一）建行顶层布局提出"三大战略"

20 世纪 90 年代中期，契合于短缺经济下大规模经济建设的时代背景，建行在优势比较中提出实施以依托大行业、大企业为核心的"双大"经营战略，成就了二十多年的辉煌。但是进入新世纪，国际国内经济形势已发生了巨大的变化，分析未来建行认为可能出现以下趋势。一是国民经济投资拉动的格局正在发生演变。伴随着投资拉动的动能衰减和消费时代的到来，建行依赖的传统的大型基础设施建设项目明显减少，房地产业也已发展到一定地步，需要探索新的住房金融业务模式。二是金融新生业态在互联网技术的催生下快速诞生与迭代，新业态新模式对传统银行业务的冲击很大，需要审视金融科技的引领作用。三是未来市场的快速成长，将更多地依赖于无数实体经济的新兴主体和成长主体。普惠金融作为支持实体的金融服务，正逢其时。

经过反复研究，建行认为在新的时代背景下，应该面向蓝海、面向大众、面向弱势群体，在巩固好传统优势的同时做出战略调整。建行认为"新一代"系统上线，金融科技赋予建行"西瓜和芝麻一起捡"的能力，此时，建行不仅要保持传统业务的优势，也要与时俱进根据形势变化调整战略重心。用"普惠金融"与"住房租赁""金融科技"相互形成战略支持；用"双小"连接和承接"双大"（"双小"指小行业、小企业。其中，小行业是指行业细分演进状态下的小行业，是细分市场基础上的小行业，是专业化精细化的结果，小企业是指海量的小微企业和个体工商户等市场主体。这里面既有与大众生活息息相关的主体，也有代表未来社会发展趋势的主体，还有围绕乡村振兴战略的新型农业经营主体等），用住房租赁连接和承接住房按揭，用金融科技连接和承接对公对私业务，这样能够与原有优势形成融合，与外部市场形成链接，建行竞争优势将形成差异性和综合性。建行确立"住房租赁、金融科技、普惠金融"三大战略，积极探索以金融力量解决社会痛点问题，回馈社会、回馈百姓。

（二）建行金融科技战略内容

金融科技已从信息互联网时代迈入价值互联网时代，从规模驱动转向技术驱动，未来金融科技发展真正受技术驱动，以云计算为底层运行平台、以大数据为创新引擎的全新金融基础设施正在形成。建行迎难而上，开展顶层战略设计，主动布局金融科技，要将大数据变为重要生产要素以及驱动银行提高智慧化水平的发展动力，在国内同业中率先启动实施金融科技战略，提出建设具有同业领先数据竞争优势的大数据银行的目标，明确以"量化、洞察、预测、智慧"为概要特征的大数据应用导向，发挥数据能力对于企业发展的基础性、战略性、先导性作用，让业务数据化、数据价值化，为各级机构的经营决策、客户营销、产品创新、风险防范、运营管理等活动，提供高效的数据驱动力，全方位支持业务发展。建行要成立金融科技公司，市场化运营金融科技资源，更好地为实体经济发展提供金融方案，为金融发展贡献建行智慧。

（三）建行普惠金融战略内容

　　普惠金融战略是建行进入新时代的重大战略决策。建行董事长田国立认为，这关系国民经济质量和效益，关系就业和民生改善，是解决新时代发展不平衡不充分的社会主要矛盾、实现乡村振兴、打好脱贫攻坚战、支持实体经济补短板、降低社会融资成本，推动全面建成小康社会的需要。建设银行必须通过发展普惠金融，努力为国家实实在在解决一些社会痛点、民生难点问题。田国立明确指出建设银行正处在一个跨度 20 年的历史性时刻，顺应国家经济发展大势，提出普惠金融战略行动计划——即面向小行业、小企业迅速实施"双小"战略，主动变革，让"老树发新枝"。

　　战略定位保障了业务行稳致远。2018 年 5 月，建设银行明确提出普惠金融发展战略，聚焦"双小"，调整战略重心，着力强化金融资源供给和人才、技术保障，建立长效机制。一是强化战略共识。引导全行将战略重点转向大众市场，深度拓展小微、双创、涉农、扶贫等民生领域。二是完善组织体系。成立普惠金融战略领导小组，董事长任组长，行长任副组长，充实总行普惠金融事业部人员，一、二级分行普惠金融事业部全覆盖在每个二级分行至少设立 1 家普惠金融特色支行，研究网点岗位设置和服务标准，持续提升服务能力。三是强化考核激励。对小微企业贷款实施内部资金转移价格优惠；提高一级分行 KPI 普惠金融指标权重；为基层拓展客户安排专项激励资金。加大考核力度。将普惠金融纳入一级分行 KPI 考核主指标体系；将普惠金融业务纳入协同部门共担考核；将普惠金融业务发展目标完成情况纳入一级分行领导班子考核。四是加大财务资源配置倾斜。在落实银保监会"五专"机制基础上，着重强化信贷资源倾斜和正向激励保障。

2018 年，安排普惠金融领域专项贷款规模，研究衔接普惠金融财务资源配置计划，设置专项普惠金融营销费用；结合对普惠金融资产质量的管控目标，继续对小微企业授信客户、普惠金融贷款新增配置员工费用；对新设专营机构给予三年的费用补助。五是加大培训力度。人力资源部加大普惠金融战略培训资源倾斜力度，总行培训中心将普惠金融纳入行内重要培训项目，推广"一批案例"。渠道与运营管理部下发文件，推进普惠金融渠道运营端各项工作任务，包括普惠金融特色支行建设、网点办理普惠金融业务分类准入、试点网点普惠金融业务专员配置、普惠金融业务标准化流程梳理、推动"小微快贷"产品在龙易行和智慧柜员机渠道部署、统一普惠金融业务在渠道的宣传布放工作等。六是抢抓重点核心客户、重点区域、重点机构。推进"五个互动"（税务部门、科技主管部门、工信部门、工商部门、发改委），开展"三个走进"（走进基层、走进市场、走进客户），做好"三个对接"（对接协议、对接数据、对接核心企业）。

（四）建信金融科技公司创立建行金融科技大平台

2018 年 4 月 18 日，中国建设银行旗下的全资金融科技公司"建信金融科技有限公司"在上海揭牌，这是国有大行成立的首家银行系金融科技公司。建信金融科技的经营范围包括软件科技、平台运营，以及金融信息服务等，主要的服务对象是建设银行集团及所属的子公司，并将审慎地开展科技能力的外联输出。

建设银行从 2003 年开始认识到数据治理的重要性，开始探索适合建行特色的数据治理体系。建行花了 6 年时间搭建的新一代核心系统竣工，全面提升了信息化水平。建成全流程数据管控和认责体系，累计制定数据规范 80000 余项，从源头上保证数据一致性。建成完善的企业级数据管理体系，数据仓库在集成行内 125 个系统数据的基础上，引入业务场景需要的外部数据，建立外部数据资源统一引入和共享机制。组件式研发形成敏捷高效的研发体系，快速投产住房租赁系列平台，支持云闪付、银联标准二维码、手环等近场移动支付，均是建行基于金融私有云平台产品创新的集中展现。根据建行董事长田国立的设想，建行将打造完全市场化的金融科技力量，为同业、企业和战略伙伴提供领先的金融级 IT 服务。建行将建信金融科技称为"赋能传统金融的实践者、整合集团资源的链接者及推动银行转型的变革者"，以创新的产品，支撑建行集团；以共享的平台，重塑同业生态；以普惠的服务，造福社会大众。

（五）建行金融科技与普惠金融战略的关系

建行普惠金融战略的落脚点和实施核心是平台经营、数据经营，即以金融科技为支撑，由单一提供金融产品到搭建外部交互开放、内部充分整合的平台，为市场和客户提供深度服务，通过增强客户黏性和认同，不断增长的流量和交易来拓广拓深经营空间和未来市场。

建行金融科技发展，将目光从"双大"转向"双小"，面向蓝海、面向大众、面向弱势群体，在巩固好传统优势的同时做出战略调整——实施普惠金融战略，即以业内领先的"新一代"系统竣工投产为基础，以金融科技为支撑，以大数据智能获客、智能风控为平台，推出"小微快贷"等创新产品，提升建行支持普惠金融业务能力，不断拓展普惠金融服务的广度和深度，金融科技助推普惠金融业务取得显著成效。

二、大数据支撑建行普惠金融业务

建行发展普惠金融关键在于大数据应用，以企业级视角，分析挖掘数据价值，支持客户精准营销、产品创新优化、精细风险管控、客户维护与价值创造、流程效率改进等多维功能，打造数字化管理条件下的竞争优势。

（一）互联网思维应用于建行普惠金融业务

建行首先突破传统引入互联网思维。建行重金投入建设服务平台。互联网思维的核心特点是大数据、零距离、透明、分享、易操作，实施方式即平台经营。以平台经营模式做实普惠金融战略，即由建行搭台，各方唱戏，与各类用户、各种场景深入连接，多方融入、共享交互，集聚客群，经营"内容"，生成"流量"，从而实现数据的积累，再把数据作为一种资产来经营。建行推出的"住房租赁蓝海项目科技支持平台"，既是落实中央"房子是用来住的、不是用来炒的"要求，也是自身业务发展的需要，住房租赁综合服务平台一经打造出，发展的如火如荼，并且有了进一步的深化连接。

（二）新一代系统平台提供建行普惠金融技术基础支持

2017年6月24日，建设银行举全行之力，耗时六年时间打造的"新一代核心系统"建设全面竣工并成功上线。这标志着建行全新核心系统建成，为其战略转型和业务发展注入强大动力。

建行首先从业务架构入手，采用业界领先的企业级建模方法，描绘出建设银行的业务蓝图，全面建立集团层面的流程模型、数据模型、产品模型以及用户体验模型。其次，重构业界领先的"集中式＋分布式"融合架构。这套 IT 架构由 7 层 12 个平台构成，是组件化、平台化、面向服务的企业级方案，具有灵活稳定、成本可控、便于维护、易于扩展等优势。目前，建设银行部署在 X86 云上的应用已达 83%，通过主机下移和资源池化，主机利用率从 90% 降到 70%，节约资源超过 2.6 万个处理单位，在业务量年均增长 33% 的情况下保持主机资源使用率零增长。六年来，"新一代"核心系统建设，累计投放了 13000 多项创新及优化功能。通过大数据应用，客户即可在第一时间掌握所需信息资讯。新系统建成了全渠道、全流程、全方位的服务与营销体系。通过"线上＋线下"智能全覆盖，为客户提供"一站式、自助化、智能化、多样化"的服务，涵盖柜面 200 余项非现金业务功能，分流柜面 67% 的业务，将开启"客户自助办理为主，银行柜员服务为辅"的网点新模式。建设银行数据中心在"新一代"核心系统、"两地三中心"基础设施建设等工作中，进行了一系列技术架构创新，提高了系统吞吐能力和资源供给效率，提升了系统可靠性，大大增强了数据中心风险防范水平。以电子渠道为例，业务量从 2012 年每月 21 亿笔增加到 2016 年 179 亿笔，年均增长 72%。2016 年"双 11"的核心业务系统交易峰值接近 8000 笔 / 秒，较 2015 年增长 81%，所有系统均顺利应对业务高峰。

（三）建立一体化协同机制，保障大数据战略实施

建行自上而下建立了完整的组织管理和工作机制，成立了总行行领导挂帅的工作领导决策机构，强化了总行数据管理部作为大数据能

力建设牵头部门的职能定位。大数据能力建设是覆盖和贯通数据价值链中采集、加工、管理、应用各个环节的全局性工作，所有机构都是直接的参与者。

建行为保证大数据战略有效实施，成立了大数据智慧中心作为专门为全行提供大数据应用支持的专业化机构，为总分行各业务部门大数据应用提供全面的数据、分析方法、工具和专业人员支持，协助业务部门满足管理决策、客户营销、风险管理、产品创新等数据分析，共同实现全行大数据战略目标。建行各部门相继设立大数据应用岗位，以多方合作开展大数据应用项目的形式，深挖全行数据资源，逐步实现数据引领和数据驱动业务发展的目标。各分行数据管理条线参照总行大数据组织管理架构，在各层级机构共同推进大数据分析成果落地应用。

（四）全面规划工作平台，构建大数据生态系统

中国建设银行规划并建设了大数据工作平台，将其定位为：面向全行数据分析人员大数据生态体系的基石，是全行大数据分析工作的实验室、工具箱和知识库；具备多类型数据整合、海量数据处理、数据产品创造等能力，并提供各类共享数据分析挖掘应用资源。在数据采集与转换能力建设方面，制定了统一的结构化、非结构化数据采集规范，在合法合规的前提下，实现对企业内部、互联网网站、社交媒体、第三方机构等结构化与非结构化数据的采集，进一步丰富数据来源。在数据存储与计算能力建设方面，依托"MPP+Hadoop"的融合架构，搭建符合大数据处理要求的结构化、非结构化数据存储与计算平台，形成对多种数据类型的海量数据存储能力、海量数据快速计算

能力等动态数据的计算处理能力以及运用机器学习等技术实现的数据
分析和挖掘能力。

（五）探索前沿技术，提升大数据能力

围绕大数据生态体系，中国建设银行不断跟踪大数据及相关领域
的最新技术成果。在传统数据挖掘分析领域，通过引入数据分析挖掘
工具，运用统计分析、逻辑回归等方法处理结构化数据，为精准营
销、精细管理、产品创新和风险管理服务。在机器学习领域，引入
Python、R、Spark、Zeppe-lin 等数据分析语言及工具，运用典型的
关联分析、LDA 聚类、随机森林、协同过滤等机器学习算法处理客服
语音文本、智能客服会话文本等非结构化数据，融合处理结构化、非
结构化数据，构建热点问题分析、来电原因分类分析、投诉升级预测
分析、智能推荐等一系列挖掘分析模型，从而洞悉客户心声、预测客
户需求，为优化业务运营、提升业务效益服务。在深度学习领域，基
于开源的 TensorFlow 深度学习框架等工具，在图像识别等领域进行
探索与应用；在图分析领域，引进了专门工具用于实现图分析、路径
分析，并在此基础上探索研究 Neo4j、JanusGraph 等开源图数据库工
具，用于构建客户关系图谱、预测客户资金流向等。

（六）积极推进大数据应用，实现创造业务价值

建行金融科技战略实施以来，聚焦全行业务发展的热点、难点问
题，着力提升大数据分析挖掘能力，推动全行体系化大数据应用，从
无到有，从弱到强。

建行在普惠金融领域，结合企业及企业主行内外数据，运用大数据技术，建立全新的客户评价体系，选择诚信纳税优质小微企业给予信用贷款，采用全线上自助贷款流程，建立针对性贷后预警监测，依托大数据技术实现在客户选择、信贷流程、风险控制等方面的全面创新。

建行在住房金融领域，基于自身海量、高质的住房交易数据，整合外部优质数据资源，采用特征价格法编制住房租赁价格指数，以完整反映住房租赁市场格局和动态，为政府部门、企业机构和各类市场参与者提供系统性支持和服务。建设银行因此成为国内首家由金融机构编制发布住房市场分析监测指标的机构。

三、大数据成就"小微快贷"新品牌

为加强小微企业服务能力，建行突破传统线下融资模式，运用互联网思维，打造了安全、便捷、合规、值得信赖的互联网融资平台——"小微快贷"。通过分析企业及企业主在建设银行的房贷信息、涉税信息、金融资产及结算数据等各项数据，批量挖掘潜在客户并预测意向授信额度。客户只需通过网银、网站、善融商务、手机银行、智能自动柜员等渠道，即可享受"网上贷款申请、网上贷款审批、网上签约支用"的全流程网上融资服务。这提升了服务小微企业的能力和效率，为小微企业带来便捷和快速的服务。

2017年，建行普惠金融新增贷款居同业首位，成为唯一达到中国人民银行普惠金融最高激励目标的国有大行。2018年5月，建设银行率先宣布将普惠金融确定为全行发展战略，随后推出大数据产品"建行惠懂你"App，实现"小微快贷"线上一站式办理，为小微企业发展提供更加高效的融资服务。数据显示，截至 2018 年 7 月末，建设银行小微企业贷款余额达 1.46 万亿元，贷款客户达 75 万户，累计为超过 160 万户小微企业提供 7.4 万亿元信贷资金支持。

（一）金融科技满足客户需求变化

小微企业融资难、融资贵是世界性难题。解决这一难题是一项系统性工程，需要社会各方共同努力。"小微快贷"业务通过系统整合，自动批量获取客户相关数据，运用大数据分析，在建行零售贷款业务系统中建立了针对小微企业的专属业务流程，贷款期限在 1 年以内，随借随还。对小微企业及企业主的金融资产、信用状况、业务办理等全面信息进行采集和分析，实现电子渠道在线申请、实时审批、签约、支用和还款的快捷自助贷款。该系统实现了全流程线上自助办理。实现从客户申请、业务评价、贷款审批、贷款支用和贷款归还的系统化、标准化操作。客户可通过多类电子渠道，包括建设银行网上银行、手机银行、官方网站、善融商务平台、智慧柜员机等自助设备，以及建设银行认可的外部第三方渠道自助进行贷款申请、支用及还款，进一步提高服务小微企业客户的效率。

（二）"小微快贷"的科技属性

建行"小微快贷"是一款大数据贷款产品，利用分析企业及企业主在建行的金融资产、信贷融资、其他产品服务等各项数据，自动测算出相对应的授信额度，并给予企业最高 500 万元的额度。客户可通过多类电子渠道，包括建行网上银行、手机银行、官方网站、智慧柜员机等自助设备进行贷款申请、支用及还款，为促进企业发展提供更加便捷的渠道。"小微快贷"最大优势在于额度高、速度快、利率低、纯信用、自主方便。企业不需要提供任何抵押以及书面贷款申请资料，仅需通过网络自助操作，即可在3至5分钟内完成贷款申请、审批。企业获得授信后即可随用随支，按实际使用天数还付利息。

针对普惠金融客户"缺信息""缺信用"等特点，建行借助模型设计、数据积累与系统开发，创新建立起有别于银行传统业务的"数据化、智能化、网络化"服务新模式，降低信息不对称，将金融科技优势转化为服务实体经济的能力。

（三）"小微快贷"的三条优势

建行"小微快贷"业务为破解小微企业"融资难、融资贵"助力，为小微企业实现成长壮大的梦想护航。其优势在于以下三方面。

第一，实现批量精准挖掘和营销。通过系统匹配企业和企业主在建设银行的金融资产、结算流水、房贷情况等业务数据，筛选客观的数据作为客户准入、授信评价和贷后管理的依据，批量挖掘出符合条件的潜在客户，测算意向授信额度，实现精准营销。

第二，贷款自助申请，操作方式简便。客户可通过建行门户网站或企业网银自助提交贷款申请，在客户和银行架设起了快速联系的桥梁。相比以前的业务受理方式，大幅度提升了客户体验。

第三，需求快速响应，支用还款流程简化。对于全流程线上申请贷款的客户，系统及时提醒客户经理对客户贷款申请作出响应。简化贷款支用流程，额度下的单笔支用不再通过客户经理发起债项支用流程，客户在网银发起支用后，贷款资金直接转入客户在建设银行的账户。采用网银自助支用方式后，客户和员工满意度得到进一步提升。

（四）"小微快贷"最新成果

建行"小微快贷"业务通过系统整合，在建设银行零售贷款业务系统中建立了针对小微企业的专属业务流程。建行还与新华社合作，推出普惠小微指数。该指数以小微企业服务主体为切入点，对知名电商平台小微商家、建设银行小微客户进行问卷调查，并采集了新三板、银行、具有较高资质的小贷公司、新兴科技渠道的金融服务商积累的相关数据，构建了小微融资指数、服务指数、发展指数和营商指数四大体系，旨在全面刻画小微企业普惠金融运行的态势与发展状况，打造中国普惠金融的"晴雨表"和"指南针"。

（五）技术驱动产品创新激发普惠金融新活力

在原有大数据产品基础上，建设银行于 2014 年新推出了"税易贷"和"POS 贷"产品，逐步形成了更加丰富的大数据产品体系。其中，"税易贷"产品采集和分析小微企业的纳税数据，结合小微企业的经营信息进行贷款评价，为正常足额纳税的优质小微企业提供信用贷款。"POS 贷"基于小微企业特约商户银行卡收单交易情况发放信用贷款，根据收单交易流水确定贷款金额，无须抵质押担保。

另一方面，建设银行积极与外部机构搭建合作平台。2018 年，建设银行总行与国家税务总局签署了"征信互认 银税互动"合作框架协议，建立以征信互认为基础的银税合作机制，推进纳税信用和银行信用的有效对接，实现信用信息的共建共享。同时，加强与中国银联、支付机构和集中收银市场管理方等机构合作，批量挖掘小微企业收单数据，以"POS贷"业务主动为小微企业提供信贷支持。

建行针对不同客户类型及需求场景开发新产品，形成多个子产品体系，包括：基于企业及企业主行内外信息发放的线上信用贷款"信用快贷"（包括"云税贷""账户云贷"等）；基于可抵押资产发放的线上线下相结合的"抵押快贷"；基于可质押金融资产发放的线上贷款"质押快贷"；对接科技部门知识产权发明专利的"科技云贷"，持有银行承兑汇票的"票据云贷"等等。建行陆续推出了小微企业大数据系列产品，持续提升小微企业金融服务能力，快速响应小微企业融资需求，得到了客户的广泛好评。

研发产品惠及县域农村，"裕农通"打通金融服务最后一公里。在银行网点尚未覆盖的县域，推出"裕农通"服务，通过"移动金融+村级供销服务社"，在行政村建设"村口银行"。截至2017年末，已建立"裕农通"普惠金融服务点近9万个，覆盖全国31个省（市、自治区），服务活跃农户658万户。

建行挖掘网点潜能提升服务能力，新模式推动精准扶贫。金融科技的运用为网点服务小微企业提供了有力抓手。建设银行在近15000个网点推广"小微快贷"等大数据贷款产品，目前近80%的网点能够为小微企业客户提供信贷服务。2017年，新增153家县域普惠金融网点，进一步延伸服务触角。依托农业龙头，开展供应链精准扶贫，向龙头企业上下游经销商、农户提供信贷支持。以个人支农贷款为平台，重点支持农户扶贫小额信贷投向建档立卡贫困农户。依托"善融商务"创新电商扶贫模式，帮助贫困地区产品"走出去"。截至2017年末，建行金融精准扶贫贷款余额近1500亿元，当年增速近60%，有效带动建档立卡贫困人口实现就业和增收。

四、大数据风控护航建行普惠金融

银行本质的问题不仅是获客和运营，更是风险控制。只有通过有效手段控制金融交易中存在的各类风险，合理完善风险定价体系，才能避免产生系统性金融风险。

（一）建行把握普惠金融业务风险特点

大数据、互联网、智能技术提供了零售业务新的风控技术和条件。建行普惠金融部总经理张为忠认为："在大项目的风控、管理和深度服务上，传统银行都有比较深厚的经验，但过去在普惠金融的风控方面还有一些差距。近些年，大型银行敢于进入普惠金融市场，并不是盲目进入，而是有了技术支撑，大数据发展到今天，使得银行有底气和实力，能够进入这个市场。"建行已经通过"新一代"核心技术系统，将对公、对私的各条线全部打开，对外建行还连接和整合了诸多数据，将服务数据化。建行针对原来小微企业财务数据不规范、银行与企业之间信息不对称等问题，将小微企业在银行的流水、财务状况、财富状况还有工商、税务、法务、海关等数据联系到一起，进行交叉验证，就能够判断企业的真实状况。

在客户准入环节，完善产品管理办法，优化系统行业管控，预警雷达前置扫描，加强反欺诈管理，智能化客户体检，加快公共数据的整合与共享工作进程。在客户评价环节优化业务管理办法，增加系统信息校验。强化实际控制人法律约束力，加强对民营第三方合作机构管理。上述这些措施有效地降低了建行普惠金融业务风险。

（二）建行创新风控工具

建行创新应用风险管理工具。大数据信贷产品采用基于数据视角的全新的风险排查模式，创新应用了多种风险管理工具。通过小企业早期预警模型，结合系统定期自动获取的定量信息和人工录入的定性信息实行批量化预警，并对不同预警级别实行差异化的风险处置。通过小微企业零售行为评分卡模型，监测小微企业账户行为，实现系统自动评分并触发预警信号，提示贷后管理人员及时采取相应预警处置措施。通过新一代系统平台"小企业信贷业务催收管理功能组件"，实现到（逾）期提示、催收执行、查询统计三大功能，提高小企业信贷客户贷后管理的批量化运作水平。

（三）建行大数据风控的四个特点

建行大数据智能风控具有以下特点。

第一，建行建立风险模型大数据实验平台。建设银行较早地构建风险模型实验室并在同业中率先投入使用，规范了数据挖掘及信用风险模型开发和验证过程，提高了大数据应用及模型研发效率，支持了从设计、开发、验证、监测的模型全生命周期管理。主要实现了如下功能：提供了技术平台。通过搭载SASEG、SASEM等软件，封装了回归、聚类、决策树、神经网络等成熟的数据挖掘方法；便捷地实现日常大数据分析，为业务政策制定、风险预警、客户营销等活动提供了有效支持。模型实验室依托风险数据集市，引入客户信息、对公信贷、个贷、信用卡等完整数据信息，有力支撑了当前风险计量模型的研发和管理，为未来全行各类大数据模型的设计、开发、验证及其他人工智能模型提供了可靠的操作平台和管理手段。

第二，基于风险模型应用的中央风险计量引擎。建设银行中央风险计量引擎，以模型为气缸，以数据为燃料，持续为建设银行的风险计量输出动力，在国内大型银行中首家实现了信用风险评级、评分、风险指标计算器等模型的集中统一部署。目前，基于大数据风险计量模型和自动审批策略，建设银行信用卡发卡、零售贷款业务已实现自动审批为主的模式，小微企业业务可实现网上 1 分钟自助办理，支撑起了建设银行领先、高效、精准的信用风险管理和信贷政策体系，实现风险边界的准确识别。

第三，基于内外部大数据挖掘与分析的集团全面风险预警应用。集团全面风险监测预警平台建设是利用大数据挖掘和分析技术，实现客户财务数据、信贷合同信息、账户资金往来、企业高管个人行为、外部工商、司法、税务、征信等数据的全面扫描和联动分析，对客户风险事件进行提前预警，提升建设银行抗风险能力。预警平台将专家经验标准化和定量化，预警结果与来自专家的判断信息交互印证，实现了对公和零售风险信息、账务和业务管理信息、内部和外部信息等一直以来相互隔离的信息碎片的联接和整合，发现其间的关系与规律。还可根据现实风险形势，开展各种维度的定制分析，灵活性强。

第四，基于神经网络模型的反欺诈应用。建设银行企业级反欺诈系统以国际一流为标杆，在业内率先搭建了覆盖侦测策略、交易预警、事件调查等全流程企业级反欺诈管理平台，通过研发先进的神经网络深度机器学习模型，综合分析卡片历史交易行为等特征，通过机器学习的深度探索，将机器学习算法与客户行为结合，构建行为模型，提高风险感知能力，侦测已知和未知的欺诈行为，实现智能风险监测；每月对全行信用卡、借记卡金融类交易进行风险过滤、全盘扫描，将研发的神经网络模型部署在反欺诈交易事中实时侦测中，通过对每一笔交易的实时评分，评分结果结合侦测规则组合预警，持续提升建设银行交易欺诈风险管理平台化、数据化、智能化水平。

（四）建行大数据引领风险管理新趋势

建设银行基于超过十年的海量金融交易数据积累，积极引入工商、司法、海关等外部数据，创新风险计量工具的开发方式，建立了一整套基于大数据的风险计量、预警模型进行风险评估，依据评估分数，预测客户还款能力、还款意愿以及欺诈风险等，为建设银行实施积极主动的风险管理、提高风险防控能力、支持普惠金融、守住不发生系统性金融风险的底线提供支持。

建行强化非现场风险监测，进行早期预警优化，优化"存贷比组合预警"，精简小微快贷预警指标，建立小企业委外催收机制，打通不良资产处置通道，通过单独设立一个管理模块，客户移交批量导入，开放全部处置方式，细化责任认定动作标准。大数据信贷产品风险管理重点把握企业账户资金流和交易行为情况，通过非现场动态监测企业及企业主相关数据信息，量化风险并及时预警，实现信贷风险"早发现、早决策、早行动"，增强风险防范、化解和处置能力，提升风险管理的前瞻性、主动性和针对性。

基于建行运用大数据管控风险的卓越成绩，在2018年3月银监会"化解金融风险，引领银行业服务经济高质量发展"的新闻发布会上，建设银行服务小微企业取得的成效，作为"依托大数据精准管控客户的风险，有效扩大客户范围"的典型案例向社会宣讲。

执笔人：宋效军

参考文献

［1］郭树清.推动金融机构"敢贷、能贷、愿贷"——坚决消除金融服务民企的隐形壁垒.经济日报，2018年11月8日.

［2］郭炎兴.建信金融科技有限责任公司挂牌建行变革金融科技.中国金融家，2018年6月5日.

［3］建设银行"新一代核心系统"成功上线.经济日报，2017年7月18日.

［4］建设银行成立全资金融科技公司.凤凰网科技，2018年4月19日.

［5］建设银行"新一代"大数据支持守信小微企业发展.华龙网，2018年01月19日.

［6］建行运用大数据积极探索普惠金融新模式.新华网，2018年06月22日.

［7］建行"新一代核心系统"全面建成.金融科技时代，2017年8月24日.

［8］建行创新大数据产品发展普惠金融.新华财经，2015年11月27日.

［9］建行金融科技改变生活，2018-09-26.

［10］建行推出科技综合金融服务.广州日报，2015年09月11日.

［11］匠心独运打造科技重器——走近建行新一代核心系统建设背后的那些人和那些事.中国金融家，2017年10月11日.

［12］金磐石.建设银行金融科技战略的落脚点.当代金融家，2018-09-12.

［13］金融大数据深度应用新华三伴随建设银行迈入金融万兆时代.中国网，2018年2月9日.

［14］林磊明.银行大数据探索与实践."2016大数据产业峰会"大数据推动金融创新.

［15］刘静芳.建设银行大数据应用探索.今日建行，2018年9月28日.

［16］六年磨一剑，出鞘定乾坤——记中国建设银行"新一代核心系统"建设工程全面竣工.今日建行，2017年6月26日.

［17］田国立.建行开启普惠金融战略发展新时代.中国金融，2018（10）.

［18］薛洁.建设银行"新一代大数据应用"让金融服务更贴心.河南日报，2017年12月12日分论坛，2018年4月28日.

［19］新华社中国经济信息社与中国建设银行.中国普惠金融蓝皮书（2018）——中国实践与国际借鉴.北京：中国经济信息出版社，2018.

［20］章更生.金融科技破解小微融资难题.中国金融，2018（21）.

［21］张为忠.改变世界的金融力量.2018中经普惠金融暨精准扶贫论坛（中国经营报社），2018年7月20日.

［22］中央经济工作会议在北京举行，习近平李克强作重要讲话.新华社，2017年12月20日.

［23］住房租赁＋金融科技＋普惠金融"三大战略"建行开启战略布局新天地.证券日报，2018年7月6日.

［24］做好金融工作，服务经济发展.习近平总书记在全国金融工作会议上讲话.新华社，2017年07月15日.

第十七章

金融科技与银行业
——以汇丰银行的区块链应用为例

区块链是一种实现分布式账本（DLT）的方法：分布式账本由网络节点维护、验证、加密以及审核后的共识记录组成，区块链在分布式账本的基础上包含了储存信息的区块，并通过在原有链条上产生新的区块来验证交易的有效性，从而可以用去中心化的方式集体维护一个可信的数据库，具有公开透明、安全可靠、开放共识的特点。银行的传统业务，例如清算结算业务、跨境汇款、支付、票据等领域，都是人工密集，信息需要多次验证的业务，并且也是容易出错或造假的业务。因此，区块链技术的出现对于银行业来说必然是一个重要机遇，参见表 17-1。通过区块链技术的应用，银行可以低成本高效率的解决清算结算、跨境支付、票据、跨境贸易融资等原有业务存在的问题。

表 17-1　区块链技术可解决银行现有流程的多个痛点

金融服务主要环节	金融交易发起	交易前验证	交易审批	合同签订	交易处理	账务处理	交易完成
现有流程痛点	1. 手工发起 2. 需要人工干预	1. 人工验证/审批 2. 信息分散、不透明 3. 欺诈骗局 4. 多方介入：公证、律师等 5. 等待时间较长		纸质合同传递成本高	1. 交易时滞 2. 系统失误/不兼容 3. 手工处理		
区块链技术优势	系统自动触发（智能合同）	1. 快速实时验证与审批 2. 无须第三方参与 3. 信息透明、安全可靠 4. 反欺诈 5. 无纸化审批	智能合约		1. 跨系统信息实时同步 2. 最小化系统无误	不需要账务处理	交易记录永久且不可篡改

资料来源：麦肯锡：《中国银行业白皮书：区块链—银行业游戏规则的颠覆者》，2016年5月。作者整理。

　　汇丰银行正在积极布局金融科技领域。本文重点讨论汇丰银行在区块链方面的实践。根据标准普尔 2018 年全球市场情报，汇丰银行按总资产排名世界第 7 位，达到 2.52 万亿美元。汇丰银行自 2016 年起就和美国银行等机构一起进行了金融科技以及区块链方面的研究。2017 年，汇丰银行投入到区块链技术中的资金大约有 2 亿美元，2018 年投入资金预计将会超过 3 亿美元，2019 年则会达到 4 亿美元。

一、汇丰银行区块链发展战略

　　汇丰银行是最早参与到区块链项目的金融机构之一，曾与美国银行美林和新加坡资讯通信发展管理局（IDA）就验证概念证明（PoC）展开合作，以反映信用证的分布式账本技术。2018 年 3 月，汇丰银行与客户完成了实时交易区块链测试，在过去两年中，汇丰银行一直在解决各种初期问题，预计未来汇丰银行会显著减少传统的贸易金融活动。

（一）汇丰银行对区块链的认识

区块链是协议和技术的独特组合，并且沿着不同的路径快速发展，所以它可能为许多金融机构提供"数据主干"的变革能力应用。区块链结合了多种技术来创建具有四个关键技术特征的分布式、共识驱动的数据库。这四个关键技术特征分别是：①分配，即区块链不依赖于单一的集中记录，它是一个共享分类账，对每个节点或参与者都是可见的；②安全，即使用公钥加密技术可以使区块链数据公开、安全；③不变性，即将数据添加到区块链的过程可防止随后的篡改或修改；④信任，即共识机制意味着区块链数据是受信任的、共同商定的记录。

汇丰银行报告指出，把区块链本身看作"是一种解决方案的想法"具有误导性。首先，虽然许多区块链提供商正在开发特定的应用程序，但对于大多数金融机构而言，将区块链视为提供"数据主干"或信息层可能更有帮助，开发人员可以在其上构建定制的应用程序。区块链目前已经执行包括付款（如 Ripple），所有权登记（如 CoinSpark）以及使用"智能合约"（如以太坊）在内的许多功能。

其次，区块链的开源特性使其具有很强的适应性。应用程序会随着开发人员修改以前版本而迅速发散，即"分叉"。金融科技、金融机构和其他组织的核心概念变化迅速倍增。这些差异会对区块链的运作方式产生重大影响，例如区块链不必使用加密货币单位作为令牌。其他数据可以"标记化"，或者可以设置无标记的区块链（通常称为分布式分类账）；由经过审查或"许可"的用户操作的区块链可以使用更灵活或不严格的加密，特别是在仅限内部使用时；许可的区块链不一定需要比特币式的"工作证明"，相反，可以将创建区块的权限委派给选定的"节点"或用户；与比特币不同，商业区块链可以获得合法居住权，从而可以强制执行产权。

对金融机构而言其最重要的结果特征有三个。一是单一版本的事实，区块链提供了一个防篡改、双方同意的记录，所有参与者都可以看到，没有集中式网络的瓶颈；二是恢复力，即分发、加密和共识意味着区块链可以抵御基础设施故障、网络攻击和数据损坏；三是可靠性，即不可变性和共识机制意味着所有用户都可以信任区块链数据。

因此，对于银行和其他中介机构而言，区块链有机会重新获得其在金融基础设施中的中心地位。与此同时，区块链给予非金融挑战者有机会规避进入障碍和攻击现任者。毫无疑问，尽管目前基数较低，但是对区块链的投资正在快速扩张。

（二）汇丰银行对区块链的战略定位

汇丰银行在《从区块链中得到价值》的报告中指出了区块链的应用领域，在这些领域内不断部署区块链及其应用程序反映了汇丰银行对区块链的战略定位。汇丰银行认为包括现有金融机构、新进入者等在内的所有机构会在区块链上大量投入，其规模在未来三到四年内将达到每年4亿或5亿美元。

1. 以应用范围区分的战略定位

汇丰银行按照应用范围的大小把区块链的定位分为三种。按由小到大的范围依次为：

一是在内部使用区块链。大型金融集团往往很难实现跨实体、跨地域以及不同行为之间的统一报告，而集团内部的区块链可以解决这个问题。区块链提供了一种实现管理者和监管机构渴望的"单一视图"的方法，而无须烦琐地集中监督，并且可以在组织扩展或收缩时轻松添加或删除"节点"。价值转移的集团内网络还可以通过减少公司间会计转移的需要来提高资本效率。客户可以通过更低的价格和更快、更可靠的服务从这些收益中受益。

二是为区块链用户提供辅助服务，例如数字钱包。更大胆的策略是金融公司向客户提供区块链应用程序。这可以通过为付费客户提供对专有区块链的访问，或通过共同拥有的区块链提供应用程序来实现。后一种选择从长远来看可能更具吸引力。它将分担成本和风险，并且随着新用户的加入，可以随着时间的推移实现规模经济增长。

三是开发行业范围的区块链，可以是集体成员共同拥有的方式，也可以是围绕单个区块链的集团模式，例如包括汇丰银行在内的 40 多家银行与财团将会开发标准化的行业协议。理论上，集体网络为成本和风险分担、思想交流和应用程序的快速扩展提供了最大的空间。

汇丰银行指出上述这些范围内的应用，都需要很大程度的通力合作。金融公司需要与金融科技公司合作，并且加大专业开发人员投入，此外，金融机构与客户和竞争对手的合作也非常重要。

2. 以应用场景区分的战略定位

汇丰银行认为区块链到目前为止最引人注目的应用是消除冗余和重复。目前很多金融市场流程在不同的组织之间被复制、检查、重新检查，并且每个组织都使用不同的系统和数据库，现有的状况不可避免会产生冗余和重复。区块链的应用可以从根本上消除一些场景出现的冗余和重复。

一是以服务为中心的情景,例如在资产管理者和资产服务商之间建立更紧密的关系。区块链可以提供单一的通用连接,填补现有的"空隙"并提供无缝的组合记录簿。这将在投资组合管理、投资者报告、监管合规、托管和结算等领域带来一系列好处。

二是以产品为中心的情景,例如简化文档繁重的OTC市场,电子邮件和传真等手动流程仍然普遍存在的银团贷款市场。区块链可以直接跨越现有的市场基础设施让其更加便捷。这将缩短贷款周期,允许轻松跟踪资产和负债,并释放大量抵押品和资金。

三是以发行人为中心的情景,例如记录共同基金份额发行和赎回的区块链。这可以由发行资产管理者或服务提供商运营——有效地取代其转让代理服务。基金分销商可以直接与区块链互动,以促进交易和所有权变更。

四是用于标记非金融数据的情景,例如开发行业范围的"了解您的客户区块链"。该链可以以加密方式存储客户详细信息,从而能够快速轻松地被识别。"了解您的客户区块链"将允许金融机构在竞争不显著的领域进行合作。

二、汇丰银行在区块链领域的最新举措和成效

汇丰银行始终处在技术变革的前沿,其已经推出很多相关业务。根据汇丰银行官网披露,我们可以看到汇丰银行的网络支付清算包括了网上银行和手机银行在内的终端产品,如表17-2所示;汇丰银行同

样提供了多种多样的线上理财产品和线上融资借贷产品，其中结构性的投资产品数量高达 2825 支，如表 17-3 和表 17-4 所示。区块链则是汇丰银行在金融科技领域重点发展的一个方面。

表 17-2　网络支付结算

产品名称	主要用途	特点
汇丰步步升	存款产品	计结息灵活，提前支取利息损失少
个人网上银行	个人活期存款业务	网上查看账单：可以查看过去 24 个月的电子账单和 3 个月的电子通知，助您轻松了解账户使用情况； 转账：快速方便地转账到本地及海外账户，或使用预设交易日期的功能来管理账户资金，省时省力；
手机银行	个人账户管理	实时、高效

表 17-3　线上理财产品

产品名称	线上理财产品数
国内开放式基金和香港互认基金	1
结构性投资产品	2825
开放式海外基金 – 股票型	82
开放式海外基金 – 债券型	31
开放式海外基金 – 均衡型	26
开放式海外基金 – 期货及期权型	7
代销保险产品	28

表 17-4 线上融资借贷产品

产品名称	线上借贷产品数
个人消费贷款	1
个人留学贷款	1

（一）汇丰银行在区块链领域的最新举措

1. 区块链支付业务

过去十年银行的 IT 技术基本处于停止状态，但是支付技术在第三方发展迅速，因此出现了支付的深刻变革，不过金融科技公司可能会让银行减少，却不会让银行消失。启动和解决支付所需的许多步骤需要复杂的技术和精心策划的标准，以及信任和合作，所以 SWIFT 网络建成时，在世界任何地方、任何行业中都处于技术前沿。

支付之前没有发生变革有三个原因。首先，付款是一个双向的过程，每次都必须以同样的方式为每个人服务。每次变化都必须向后兼容，否则价值链中的每一方都必须同时变更。其次，支付传统上被视为开展业务的成本，而不是业务本身。因此，可支配资金有限的银行不得不关注成本而非收入，将许多支付开发保持在最低要求。这也是许多银行仍然使用旧技术的部分原因。第三个也是最后一个因素是支付增长超过了任何人的预期。

2. 区块链实时交易与贸易融资业务

2018 年 5 月，汇丰银行利用区块链技术，通过可扩展的应用程序完成了首次现场端到端贸易融资交易，以发行完全数字化的信用证。该应用程序是在 R3 的 Corda 平台上开发的。R3 是一个由 200 多家行业组成的联盟，并且开发了专用的区块链平台 Corda。此应用程序的流程反映了现有的信用证流程，所有参与者可使用单一区块链 Corda，而不再是依赖于多个系统。

例如，跨国农业集团嘉吉同时是信用证的申请人和受益人，他们将一批大豆从阿根廷运往马来西亚。该信用证由新加坡汇丰银行作为发行银行，ING 日内瓦作为数字化信用证的指定银行。

如果没有数字化信用证，那么该流程将会非常复杂，参见图 17-1。虽然该笔贸易都是嘉吉集团不同国别分公司之间的贸易，但是在没有数字化信用证的情况下，大约需要 12 个步骤才能完成最终的交易。此外，交易中仍存在大量的纸质文件，总交易时间一般 5~10 天。

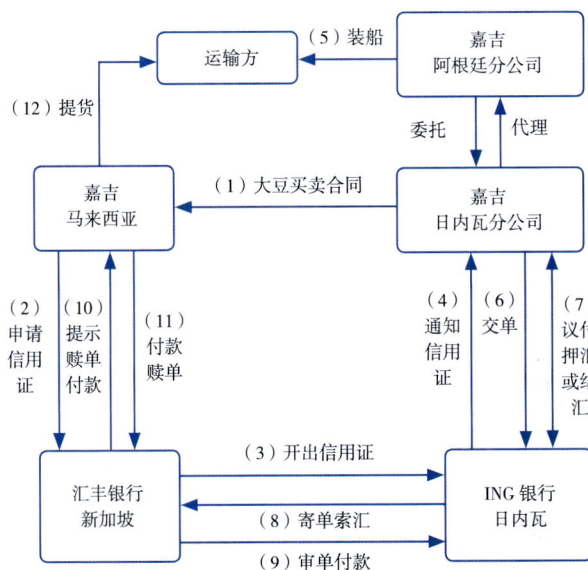

图 17-1　正常国际贸易结算流程

在基于 R3 开发的 Corda 平台上，可以通过区块链技术作为支持的数字化信用证进行无纸化交易，并且将上述流程缩减至少于 24 小时。此次交易只是进行了信用证的数字化，提单和其他交易文件并不包括在内，新的交易流程如图 17-2 所示。汇丰银行此次交易的成功将会对 9 万亿美元规模的贸易金融行业构成巨大的冲击。

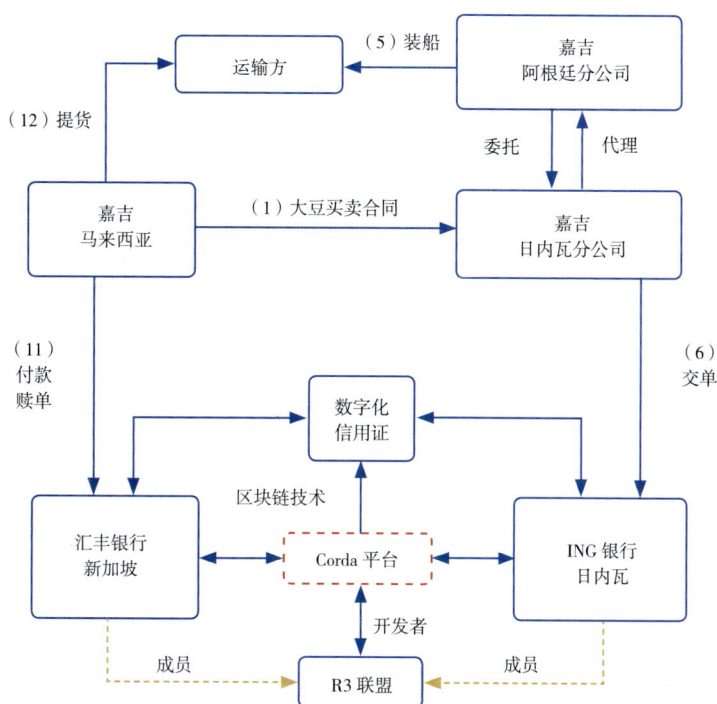

图 17-2 数字化信用证的结算流程

正如汇丰银行贸易融资业务负责人 Vivek Ramachandran 表述的"这一技术已经做好商业化应用的准备，下一步是鼓励更多的参与者加入到相关协议中来"。银行、航运公司、港口和海关也要在该技术广泛推开之前就引入相关技术，他希望在未来五年，能实现多数交易关联方都采取相同的区块链平台和标准。

3.we.trade 开放式账户平台

2018 年 7 月，汇丰银行与其他 3 家银行在 we.trade 开放式账户平台上完成了多笔交易。we.trade 是由汇丰银行，德意志银行，KBC，Natixis，Nordea，Rabobank，Santander，Societe Generale 和 UniCredit 建立的合资公司。we.trade 通过买方的银行在截止日期进行的自动结算，从而使企业能够在一个平台上完成端到端的数字贸易交易。该交易包括创建采购订单，确认货物装运，开具发票和确认协议的结算条件是否达成。we.trade 平台通过提供单一信息源无缝地连接买家，卖家及其各自的银行，并且这些信息在每次交易中都是实时的，同时包括所有需要了解信息的参与者。we.trade 的目标是使跨境和国内开放账户贸易交易完全数字化，同时更易于管理和更迅速地执行。

为嘉吉集团提供信用证和 wc.trade 开放式账户平台上的交易是两个里程碑标志。汇丰银行对于大规模的应用区块链相关的应用程序有很大的兴趣。作为这些举措和其他监管计划（如香港贸易融资平台（HKTFP））的发起人和参与者，汇丰银行通过开发一套机制把不同的网络和客户需求联系起来。

4. 汇丰银行无发展加密货币的计划

2018 年 7 月，汇丰银行零售和资产管理部门的全球数字主管 Josh Bottomley 透露，由于加密货币的波动性，汇丰银行在处理加密货币时非常"谨慎"。加密货币缺乏真实的使用场景同时具有不可预见的性质，因此汇丰银行在处理比特币等加密货币时犹豫不决。但是汇丰银行分布式账本技术（DLT）依然在不断推进之中。为推进此区块链计划，汇丰银行正与香港银行业监管机构以及渣打银行等其他顶级银行合作，准备于 2018 年 9 月推出基于 DLT 的贸易融资系统。

（二）汇丰银行在其他金融科技领域的实践

1. 开发更底层的应用程序

汇丰银行与 TransferWise 合作，将 API 工具包交给客户，而 TransferWise 为银行提供了一个安全的环境，极大简化了外汇市场转账的速度。TransferWise 不是现金卡或账户服务，它需要接收人在本地银行有账户。这意味着它对以下人员有用：①给海外的朋友或家人汇款；②向海外企业或承包商付款；③作为外籍人士在不同国家的银行账户之间转移资金；④如果计划延长旅行时，可以转账到海外的朋友或家人账户，由他们取出现金，这样可以省去海外 ATM 取款费用。现在 TransferWise 支持的目标货币和支付接收国的国家数量已经非常庞大，并且在不断增加。

2. 采用金融技术打击洗钱

2017 年 2 月，汇丰银行透露正在接受金融行为监管局（FCA）对其洗钱控制方面失误的调查。

汇丰银行正在利用金融科技创业公司 Quantexa 的软件来帮助其自动化打击洗钱活动。该软件将分析数十亿条数据记录，包括内部和外部来源，以发现潜在的洗钱活动。这将有助于汇丰银行达到法规遵从并降低其业务风险。

汇丰银行一直在寻找各种方法来巩固现有的能力，以发现和预防金融犯罪。在对 Quantexa 投资之后，汇丰银行与该公司密切合作，使得其在金融犯罪风险管理方面变得更加以情报为主导。随着金融科技行业的成熟，汇丰银行将会越来越多地与小型 IT 供应商合作。虽然提供面向客户的服务（如移动应用程序）的金融科技更为人所知，但汇丰银行正在投资关键技术，帮助他们降低成本并改善运营。

3. 与金融科技和资产管理公司合作开发基于云计算的数据平台

汇丰证券服务与包括富达国际资产管理公司和对冲基金 Altana Wealth 在内的五家公司一起与 Finbourne 合作设计了一个新的基于云计算的投资管理平台 LUSID，这五家资产管理规模超过 2 万亿美元。LUSID 旨在取代现有的内部软件和硬件，以帮助设计和改进基于云的共享投资管理平台的功能，并为机构客户实现高级数据处理标准。在托管领域，基于云计算的共享平台可以带来巨大收益，托管银行在与数据解决方案的新服务提供商合作中将会继续看到价值。LUSID 会合理化基础设施成本，实现先进的数据处理标准并提高机构信息质量客户，技术公司与资产管理人员合作，可以推出基于平台的产品，包括核心数据集成等，同时可以有强大的分析环境和开放式应用程序编程接口（API）前端。

4. 开创数字银行业务

2018 年 1 月英国第二支付服务指导（Second Payment Services Directive，PSD2）生效，新规旨在促进竞争并使转换提供商变得更容易，只要个人允许技术团体或零售商等替代提供商提供更多量身定制的金融服务情况下，银行必须允许第三方访问客户数据。汇丰银行将成为首家推出 Connected Money 应用程序的主要英国银行。Connected Money 具有支出分析的功能，在客户进行支付之后将会告诉消费者他们余额，同时在应用程序里面将提供最新的账户信息。

三、汇丰银行区块链应用中存在的问题

（一）区块链可能带来金融安全风险

金融科技带来金融创新、便利，但是同时会带来金融安全风险。从短期和中期来看，业务实用性是区块链应用的最大问题。当今区块链技术的特定应用与未来大规模应用之间存在巨大差异，弥合这一差距意味着需要克服许多实际障碍。

技术本身也可能会产生一些障碍，例如链条的大小增加，所需要的计算能力，或重新创建损坏的区块链等。此外，虽然大型区块链上已有较多应用，但是相对于成熟的商业互联网服务，用户规模和每秒交易数量仍然相差有几个量级。大规模部署后是否会带来包括拥塞、分叉、交易确认不及时等问题仍待验证。还需要注意的是，尽管链上数据受到了密钥和加密算法的保护，但是终端接入者和用户一旦出现安全问题导致密钥泄露，那么链上被该密钥加密的数据也全部暴露在攻击者面前。

（二）实践中可能遇到的重大挑战

一是为了实现区块链，汇丰银行现有平台和 SWIFT 等外部数据源之间的自动交互，这可能成为竞争优势的重要领域。二是确保其他平

台的安全性或可靠性的弱点不会破坏区块链数据的价值或完整性。三是在大数据，数字发布和法规遵从等领域与其他技术投资进行协调。四是需要在区块链应用与现有技术共存的时期内控制成本。五是保留在分析或报告等领域进行事后改进的能力。

（三）区块链投资的盈利风险

区块链为银行业合作提供了动力和机会，因为之前银行之间很少会有联合投资的情况。然而，与供应商、客户以及同行的合作将对传统上不愿共享信息的金融机构形成挑战。例如仲裁，达成互操作协议（interoperability protocols），以及在现有技术下达到"最低共同标准"的要求。如果银行的选择没有带来规模和流动性，那么它们组成的财团就会分崩离析。

如果要从区块链投资中盈利，金融机构需要展示风险资本家的创造力和灵活性。传统的所有权和管理方法可能不合适，特别是私有链、联盟链和公有链在未来连接时。目前尚未就区块链的最佳金融使用案例达成共识。不确定性来源于两个方面，一是因为技术的新颖性以及金融机构如何利用其潜力的不确定；另一方面在于区块链可以带来的各种好处——包括降低运营成本，加速交易和结算，加强风险管理，增强报告和发布抵押品的能力——的不确定。

四、汇丰银行应用区块链等技术成为科技和金融融合的商业银行

汇丰银行作为全球贸易金融规模最大的银行之一，2017年在这方面的收入达到25.2亿美元。2018年5月14日汇丰银行采用区块链技术为食品和农业巨头嘉吉集团（Cargill）出具了一份信用证，该事件标志着汇丰银行已经做好区块链商业化应用的准备。后续银行、航运公司、港口和海关也会广泛使用该技术，从而实现多数交易关联方都采取相同的区块链平台和标准。

汇丰银行在底层接口业务、云计算的数据平台、无现金化、贸易支付、反洗钱以及投资银行等领域将会不断扩大金融科技以及区块链的应用，成为金融和科技紧密结合的大型综合性商业银行。

执笔人：刘　勇　李　达

参考文献

［1］汇丰颠覆全球银行区块链布局,http://www.sinotf.com/GB/Bank/HSBC/2018-05-17/2MMDAwMDMxNDI2MA.html.

［2］Breaking the Payments Dam: External Forces Transforming the Payments Ecosystem.

［3］bank-based blockchain projects are going to transform the financial services industry, https://techcrunch.com/2018/01/28/bank-based-blockchain-projects-are-going-to-transform-the-financial-services-industry/.

［4］Blockchain and distributed ledger technology: what are they and are they different? https://www.gbm.hsbc.com/insights/markets/blockchain-and-distributed-ledger-technology.

［5］Fidelity, HSBC among firms designing a shared cloud, https://finadium.com/

fidelity-hsbc-among-firms-designing-a-shared-cloud/.

［6］Getting Value from Blockchain, HSBC report.

［7］HSBC Holdings plc Annual Report and Accounts 2017.

［8］http://stock.qq.com/a/20180111/002214.htm.

［9］http://tech.sina.com.cn/i/2018-03-02/doc-ifwnpcnt2036765.shtml.

［10］HSBC adopts fintech to fight money laundering，https://www.computerweekly.com/news/252438584/HSBC-adopts-fintech-to-fight-money-laundering.

［11］HSBC Favors Blockchain Technology, But Prefers To Stay Away From Cryptos, https://www.legalgamblingandthelaw.com/news/hsbc-favors-blockchain-technology-but-prefers-to-stay-away-from-cryptos/.

第十八章

传统银行的数字化转型
——摩根大通的策略和实践

摩根大通是全球盈利最佳的银行之一，见证了美国金融业二百多年的发展历程。在新一轮金融科技大潮下，摩根大通银行正在积极投入力量，创新产品和商业模式，力图实现传统银行业务的转型和发展。

一、摩根大通金融科技战略

摩根大通一直宣称自己不但是一个金融集团，还是一家科技公司。其现任 CEO Jamie Dimon 在 2017 年致股东的信中表示，摩根大通正将大量资金投入人工智能和机器学习领域，以降低风险并改善承销业务，同时还在构建其云基础设施以强化科技实力。在摩根大通 2017 年年报中，"technology"一词共出现 70 多次，从多方面披露了公司对技术领域的战略规划以及投入状况。

摩根大通的年报数据显示，2017 年和 2018 年两年，在信息科技上的投入将超过 200 亿美元。对技术大量、持续的投入为摩根大通带来了丰厚回报，大数据、人工智能、移动银行等技术和产品为摩根大通的客户提供了更加快捷、低价的金融服务，帮助摩根大通减少了运营成本、扩大了市场份额。2018 年第二季度，摩根大通的移动端活跃用户强劲增长 12%，达到了 4800 万，而其主要竞争者美国银行约有 3600 万活跃用户。

在 CEO 的带领下，摩根大通已经全面地接受了技术正在改变所有传统业务的想法。这家公司正在多管齐下地发展金融科技，不拘一格地鼓励业务创新。

（一）不断加大自身科技投入

为了发展金融科技，摩根大通在人才、资金以及组织架构方面都进行了有针对性的调整。

招聘技术人才是首要任务。摩根大通在吸引、培训、挽留优秀技术人才方面采取了措施，包括不断改进培养方案以及和金融科技公司合作。其 2017 年年报披露，全球 25 万名员工中，有近 5 万名技术人员，其中超过 3 万人从事开发和工程工作。截至 2018 年 7 月底，摩根大通的招聘网站上开放了 2,314 个技术类型岗位，148 个产品经理岗位和 63 个相关岗位，包括机器学习工程师、UX 设计师、API 开发者等。

另外，摩根大通还宣布了一项针对技术从业者升级计划的改革，预计每年在全球范围内招收 1000 名工程师。摩根大通也为员工提供了为期两年的技术培训课程，新员工将会参与技术能力测试、培训，同时会有相关管理者担任新员工的职业导师。

除传统招聘渠道以外，摩根大通还积极从高校和科技公司引入技术专家。据相关报道，摩根大通聘请了谷歌云的人工智能产品管理负责人 Apoorv Saxena 担任人工智能和机器学习服务负责人以及资产和财富管理人工智能技术的负责人。Saxena 在 2012 年加入谷歌，担任 Google Apps Marketplace 部门的产品主管，负责过谷歌的 Gmail、Google Drive、Google Docs 等产品。2015 年，Saxena 升任谷歌人工智能技术部门主管。据报道，Saxena 是摩根大通近几个月来雇用的第二名人工智能领域的高管。今年 5 月，摩根大通聘请了卡耐基梅隆大学机器学习系的主管 Manuela Veloso，旨在帮助摩根大通革新传统金融服务。

在资金投入方面，2017 年，摩根大通集团的技术预算总额达 95 亿美元。2018 年的技术预算总计为 108 亿美元，其中 50 亿美元被指定用于新技术的投资。根据摩根士丹利分析师 Betsy Graseck 的数据，摩根大通 2017 年在技术上的预算占到了总预算的 9%，达到了行业平均水平的两倍。这些科技预算中，有三分之一用在新项目上，其余用来维护信息安全、改善原有系统。

同时，摩根大通正以前所未有的方式在硅谷投入资金。2019 年年初，摩根大通将开始在帕罗奥多（Palo Alto），这个美国地产最贵的地方之一，新建一个"金融科技园区"。该建筑北临 Facebook，南接谷歌，位于斯坦福研究园区，同在园区里的还有惠普和特斯拉。

摩根大通的金融科技园计划于 2020 年投入运营，这是继去年收购支付行业初创公司 WePay 之后的又一个重大举措。届时，WePay 及其超过 275 名的员工将入驻金融科技园。

为了方便技术人员和业务人员沟通协作，摩根大通打破了传统银行前台和后台、业务和技术的分界，将产品人员和技术人员集中在一个办公室，以促进团队协同工作，开发出满足客户和银行自身业务开展需要的产品。其资管部门还要求全部资产管理分析师学习 python 编程语言，以开发更好的理财产品服务客户。

（二）不拘一格开放外部合作

摩根大通不但在内部加大资源投入，鼓励技术创新，而且通过多样且全面的对外合作，充分利用外部创造力。尤其是在对创新项目的支持上，针对不同的项目特点，采取了不同的合作方式，充分发挥了风投、孵化、联合实验室三种合作模式的优势，不但促进了自身的业务发展，也帮助初创团队获得了较快的成长（表18-1）。

表 18-1　风投和孵化特征对比

	风投	孵化
资金提供	直接提供资金	间接提供资金
产品开发	不介入	必要时可以联合开发
办公空间	不提供	提供
市场营销	不提供营销策略	提供早期营销策略
风险承担	承担风险较低	承担风险较高

1. 启动初创公司入驻计划

与通常的实验室模式不同，"入驻计划"由摩根大通业务专家直接入驻初创企业，双方合作开展创新。该计划为有才能、有雄心的初创科技企业提供了一个享有摩根大通全球资源的机遇，使他们能够利用摩根大通的人员和渠道，短时间内大幅提升将科技转化为实际生产力的能力。

摩根大通"入驻计划"强调公开、透明、合作。整个计划包括申请、审查、加入、规划、实施和复审等六个步骤。初创企业经筛选入围后，将与摩根大通开展为期六个月的紧密合作，接触摩根大通的核心业务体系，获得技术、系统和专业上的支持。摩根大通派出了包括技术人员、工程师、数据分析师、银行专家、法律合规及风险专家、营销专家、战略规划师、风投及行业合伙人等构成的专家团队，对初创企业进行深入而全面的指导。

"入驻计划"的成果包括经测试的产品、新的创意、与银行业务的整合、达成的商业协议、获得融资支持等多种形式。当"入驻计划"到期结束时，通过复审的项目可以继续和摩根大通合作，获得摩根大通的资源支持。即使没有通过复审，仍可以走向市场。摩根大通不要求占有"入驻计划"中项目成果的所有权。

2. 建立金融解决方案实验室

摩根大通还和美国金融服务创新中心（Center for Financial Services Innovation，CFSI）共同创立金融解决方案实验室（Financial Solutions Lab，FinLab），旨在发现、测试和培育有价值的创新项目，打造高质量的金融产品及服务方案，促进金融市场健康发展，提高普惠金融水平。其目标为更多创新、更好产品、全国范围。

FinLab 实际上是一个虚拟实验室，外部参与者和摩根大通专家通过定期开会或者有需要时随时沟通的方式协作。任何运用信息技术、以提高美国金融普惠水平为目的的金融公司、初创型科技企业和创新型非营利组织均可报名。

FinLab 对报名者采用挑战赛的形式进行筛选，主要从消费者影响力、产品质量、管理团队、可扩展性、创新度及合作意愿等六个维度对各机构进行评价。对挑战赛中表现优异的胜出者，FinLab 将给予每家 25 万美元的奖励。来自 CFSI、摩根大通、风投公司、营销公司乃至大学的 FinLab 咨询委员会专家，将为胜出者提供为期八个月的指导，助其研发有价值的金融产品。

从已举办的两届挑战赛中涌现出了固定收入转换器 Even、子女消费父母分担平台 SupportPay、医疗账单错误及高额收费修正平台 Remedy、免费智能金融顾问 WiseBanyan 等优秀金融产品，在摩根大通的支持和帮助下，这些产品的客户群已经超过了 100 万人，是加入 FinLab 前的十倍之多。

摩根大通不但通过自主研发，孵化合作等方式发展金融科技，同时积极投资金融科技企业，广泛布局，充分吸收外部的创新技术，优化在线银行客户体验、丰富移动端接入功能、实现客户应用程序定制化、客户与投资顾问实时互动等。

3. 大胆尝试风险投资

自 2009 年以来，摩根大通投资了数十家金融科技企业，涉及支付、投资、P2P、资产管理等领域，包括移动支付公司 Square、在线投资平台 Motif、P2P 平台 Prosper、云服务平台 InvestCloud、云支付平台 Bill.com 等。通过与金融科技企业强强联合，大力改善客户服务能力。

2017 年，摩根大通还首次完成了对金融科技企业的并购，将在线支付服务提供商 WePay 收入麾下。计划利用 WePay 为 400 万小型企业客户提供在线支付服务。WePay 是一家 2009 年成立的支付服务初创企业，主要为在线商城、众筹网站、募捐网站等企业客户提供 API，其客户包括 GoFundMe 和 Care.com 等等。该公司主要盈利模式是向企业客户收取费用，费用计算公式为每笔交易金额的 2.9% 额外再加 0.3 美元。WePay 自称每年的交易额可以达到数十亿美元。

WePay 的技术在小型企业中很受欢迎，该公司的技术可以在不影响商户用户体验的情况下，为诸如 FreshBooks 在线软件服务提供商以及 GoFundMe 等众筹网站提供完善的支付服务。

二、摩根大通技术创新成果

在持续的投入下，摩根大通在大数据风控、人工智能服务、移动金融产品等方面硕果累累，获得了丰厚的回报。

（一）金融合同解析软件 COIN

技术的发展已经深刻改变了法律和财务工作人员的工作方式，2017 年初，摩根大通开发了一款金融合同解析软件 COIN（Contract Intelligence），这款革命性的合同解析工具利用机器学习技术驱动，并运行在摩根大通的私有云平台上。COIN 只需要几秒钟就可以完成原先律师和贷款人员每年需要上万小时才能完成的工作，并且大大减少了以往人工分析可能出现的错误。

据软件的设计者介绍，摩根大通每年由于人为失误造成的合同错误超过 12000 例，COIN 的应用大大降低了这类错误。而 COIN 只是摩根大通在工作流程自动化方面众多尝试的一个案例。

（二）检索电子邮件的程序 X-Connect

摩根大通使用一个用来检索电子邮件的程序 X-Connect，以帮助员工找到与潜在客户关系最密切的同事，并帮忙介绍认识。2016 年，摩根大通还向机构客户提供一些云支持技术，允许像 BlackRock 这样的公司自助获取财报、研报和交易工具等常规信息，解放了销售和客服。

（三）亚马逊的声控助手 Alexa

2018 年初，摩根大通和亚马逊公司合作，向华尔街的用户提供了一种新的访问其研究报告的方式，让用户可以通过亚马逊公司的智能声控助手 Alexa 获得分析师报告以及证券价格等相关信息。

Alexa 的全球市场执行主管 David Hudson 表示，语音助理正在成为人们生活中习以为常的东西，这是把银行里某个地方的信息，那些通常需要别人去寻找的信息，或者是耗时或需要认证才能获得的信息，放到另一个渠道。

摩根大通的 Alexa 项目于 2017 年启动，是在鼓励创新的内部竞争中形成的创意。公司首先在其研究团队中开放了数据，并增加了来自银行、托管和基金服务等其他部门的反馈。如果随着项目的推进，这种自动化服务得以实现，公司的销售人员就不必再回答常规问题了。

目前 Alexa 智能语音助手还能根据客户请求完成对应的信息查询，摩根大通的下一步计划是让机构客户能够根据他们得到的信息采取行动，并通过 Alexa 发送指令。

（四）网络虚拟助理

为了在企业支付业务上更进一步，摩根大通去年推出了网络虚拟助理，用以更好地满足客户进行资金业务结算的需求。目前，用户还需要从摩根大通门户多达 1200 多个网页中查询翻阅后，才能发现银行资金汇款的入口，或者将多个账户的资料导出后进行资金结算等功能。随着虚拟助理上台，客户只需要向虚拟助理简单地咨询，就能够得到账户余额的信息。

AI 助理不仅会从客户的交流中不断学习，而且会将获得的问题进行归类总结，以便很快找到相应的答案。最终这一助理能够做出主动行为，例如向可能推迟支付的客户的对手方提前打电话通知。这一虚拟助理所在的平台将囊括电脑端、手机 App 以及语音虚拟助理设备。

摩根大通资金管理创新部主任蒂德表示，基于客户的每次行为模式，虚拟助理会进行主动学习，最终在人工智能的驱动下，这一助理能够主动推荐给客户有实际意义的建议。例如，有客户准备汇款 100 美元到新加坡，AI 助理在了解这一常见的行为模式后，会进行主动推荐："你知道吗？可以利用更方便的外汇自动结算交易来替代人工汇款，点击这里进行注册。"

（五）移动银行 Finn

针对越来越多的年轻人不喜欢到银行办业务的情况，摩根大通推出一款名为 Finn 的移动银行，主要面向习惯只用智能手机进行转账交易且具有储蓄意愿的年轻客群，并提供计划储蓄功能，例如定期将一定额度的资金从活期转移到储蓄账户。Finn 也作为线下支行的补充渠道，为没有线下支行的地区提供金融服务。

Finn 仅仅通过移动端提供服务，2018 年在美国范围内发布。Finn 在摩根大通之外的办公室独立运营，该业务的领导者 Melissa Feldsher

将其部门描述为"银行中的创者团队"。

这款 App 专注于与年轻人建立早期银行关系。App 当前提供的服务包括活期存款、定期存款、PFM 理财和 24 小时的客户服务。App 最有趣的功能莫过于其基于规则的、较为保守的储蓄机制，主要是为了教育消费者养成储蓄意识。

摩根大通未来可能会引入同样的基于规则的理财方式，提供低成本的、甚至是免费的股票或 ETF 基金理财业务。

（六）资产组合管理及投资软件 You Invest

摩根大通推出了一款名为 You Invest 的资产组合管理及投资软件，用户通过摩根大通手机银行 App 或者网页端即可获得投资管理服务，这个产品旨在吸引那些从来没有投资习惯的人群，以及在摩根大通有账户，但是在其他机构进行投资的客户。

You Invest 会为所有通过银行移动端 App 或网站的客户提供免费交易。除了免费交易，You Invest 也提供免费的投资组合建议工具和股票调研服务。投资组合建议工具将通过分析用户的风险承受能力和理财目标，帮助用户构建多样化的资产配置。消费者能够筛选现有的 ETF 基金，并配置包括低价 ETF 和一些股票在内的资产组合。

三、摩根大通给中国银行业带来的启发

近年来，国内金融业深刻地认识到了科技在金融业的巨大潜力，纷纷启动战略转型。但雄心勃勃的战略计划还需要切实可行的实施方

案才能落地。摩根大通的发展路径具有很大的启发和借鉴作用。

（一）加大人力资源投入和增加科技人员比例

信息技术产业是个智力密集型产业，对人才的数量和质量都有很高的要求。公开数据显示，国内工农中建四大商业银行技术相关人员在 5%-10% 之间，中小银行的技术相关人员占比更小，而摩根大通信息技术相关员工占总员工数的 20%。国内银行业近几年认识到了金融科技的巨大潜力，已经在逐步改变人员结构，减少网点及客服等岗位，增加技术相关岗位，但和摩根大通还有不小的差距。

（二）增加对金融科技的资金投入

摩根大通 2017 年净利润 270 亿美元，科技投入为 95 亿美元，占到了净利润的三分之一；2018 年科技预算更是增加到了 108 亿美元，国内没有任何一家银行的科技投入可以达到这个程度。在重金投入下，摩根大通得以招徕最顶尖的人才，收购有潜力的公司，孵化有前景的项目，支持摩根大通业务不断壮大。

在银行业数字化转型的大潮下，国内各家银行也开始在技术上增加投入。中国银行 2018 年发布的数字化转型战略中称，计划在常规科技投入之外，每年投入科技创新研发的资金不少于当年营业收入的1%。这可以看作国内银行业对科技投入力度的缩影，虽然投入在增加，但还需要持续增加。

（三）改变组织架构，使前台和后台、业务和技术人员并肩工作

在早年银行信息化的过程中，技术的职责更多的是将传统金融业务电子化、信息化，并没有改变金融业务本身，也没有充分体现技术的创造力。而在金融智能化的现阶段，技术已经从"支撑业务"发展到了"引领业务"，技术和业务需要更加充分的融合。

技术和业务合作方式的改进，不但要体现在团队内部增加技术人员比例，充分从技术视角看问题，用技术能力解决业务问题；而且要改变传统项目开发过程中业务和技术割裂的工作方式，增加业务和技术的互相沟通，模糊技术和业务的边界，充分发挥项目人员才智。

（四）善于借助外部创新力量，通过多种方式广泛借力

一个公司往往会有特定的文化氛围以及知识领域，这些构成了公司的文化特征，同时也局限了成员的思维方式。借助第三方的创新力量有助于充分开拓创意的来源，激发创新活力。摩根大通 CEO Dimon 在 2017 年致股东的信中写道："技术是有史以来发生在人类社会最伟大的事情"。金融科技战略的发展不可能一蹴而就，需要长期的努力，全方位的投入和支持。国内金融业数字化转型正处于起步阶段，借鉴国际先进经验，结合自身努力，必定能够提升运营效率，加强风险管理，改善客户体验，为社会提供更好的金融服务。

执笔人：白云飞　边　鹏

参考文献

［1］JPMorgan annual report 2017［R］.摩根大通集团,2018.

［2］JP Morgan hired a top Google executive for Wall Street's hottest area, CNBC, 2018 年 8 月 28 日，https://www.cnbc.com/2018/08/28/jp-morgan-hired-a-top-google-executive-for-wall-streets-hottest-area.html.

［3］JPMorgan Plans Silicon Valley FinTech Office, PYMNTS, 2018 年 10 月 21 日，https://www.pymnts.com/news/fintech-investments/2018/jpmorgan-chase-cybersecurity-silicon-valley/.

［4］企业孵化器.百度百科，https://baike.baidu.com/item/%E4%BC%81%E4%B8%9A%E5%AD%B5%E5%8C%96%E5%99%A8/3682792?fr=aladdin.

［5］J.P. Morgan Announces In-Residence Program for Fintech Startups, businesswire, 2016 年 6 月 30 日，https://www.businesswire.com/news/home/20160630005205/en/J.P.-Morgan-Announces-In-Residence-Program-Fintech-Startups.

［6］JPMorgan-Backed FinLab Open For Tech Innovation, PYMNTS, 2016 年 2 月 15 日，https://www.pymnts.com/news/merchant-innovation/2016/jpmorgan-backed-finlab-opens-Applications-for-startups/.

［7］JPMorgan buys fintech start-up WePay, CNBC, 2017 年 10 月 18 日，https://www.cnbc.com/2017/10/18/jpmorgan-buys-fintech-start-up-wepay.html.

［8］An AI Completed 360,000 Hours of Finance Work in Just Seconds, Dom Galeon, 2017 年 3 月 8 日，https://futurism.com/an-ai-completed-360000-hours-of-finance-work-in-just-seconds.

［9］JPMorgan brings Amazon's Alexa to Wall Street trading floors, The Economic Times, 2018 年 3 月 30 日，https://economictimes.indiatimes.com/markets/stocks/news/jpmorgan-brings-amazons-alexa-to-wall-street-trading-floors/articleshow/63541706.cms.

［10］JPMorgan Pilots AI Assistant For Corporates, PYMNTS, 2018 年 6 月 21 日，https://www.pymnts.com/news/b2b-payments/2018/jpmorgan-ai-corporate-virtual-assistant/.

［11］JPMorgan Chase Launches Fully Digital Banking Experience "Finn by

Chase"，crowdfund insider, 2018 年 6 月 29 日，https://www.crowdfundinsider.com/2018/06/135700-jpmorgan-chase-launches-fully-digital-banking-experience-finn-by-chase/.

［12］How JPMorgan Is Preparing For The Next Generation Of Consumer Banking［R］. 美国 :CB INSIGHTS.2018.

［13］JP Morgan to unveil new investing App with an eye-catching, disruptive price: Free, CNBC, 2018 年 8 月 21 日，https://www.cnbc.com/2018/08/21/jp-morgan-to-unveil-new-investing-App-with-an-eye-catching-disruptive-price-free.html.

第十九章

中国银行：
加快金融科技创新　全面推动数字化转型

2018 年，中国银行明确提出"坚持科技引领、创新驱动、转型求实、变革图强，建设新时代全球一流银行"的总体战略目标，并将科技引领数字化发展置于新一期战略规划之首，开启数字化转型新篇章。

一、科技引领数字化发展战略的"1234"

中国银行数字化发展之路将围绕"1234"展开：即以"数字化"为主轴，搭建两大架构，打造三大平台，聚焦四大领域。

（一）以"数字化"为主轴

数字化银行的内涵是，把科技元素注入业务全流程、全领域，给银行插上科技的翅膀，打造用户体验极致、场景生态丰富、线上线下协同、产品创新灵活、运营管理高效、风险控制智能的数字化银行，构建以体验为核心、以数据为基础、以技术为驱动的新银行业态。其中以体验为核心是指使牢固互信的客户黏性成为价值来源的核心所在，以数据为基础是指通过海量数据的深度挖掘与智能分析，让数据转化为生产力。以技术为驱动是指综合运用新技术成果与业务场景，促进技术与业务融合发展。

数字化银行的基本策略是，实现用户到客户转化、流量到增量的转化、产品到精品的转化这三个转化和依托场景实现生态、依托数据实现智能、依托基础实现创新这三个依托。

（二）搭建两大架构

中行将构建企业级业务架构与服务架构，形成双螺旋驱动。通过两大架构的同步建设，在业务上实现全行价值链下的业务流程、数据、产品、体验组件化，在技术架构上形成众多独立的低耦合微服务，两大架构共同驱动中行数字化发展。

（三）打造三大平台

打造云计算平台、大数据平台、人工智能平台三大技术平台，作为企业级业务架构和服务架构落地技术支撑，三大平台将成为坚持科技强行、以科技创新加快数字化转型进程的技术基础。中国银行将全面推动技术架构由集中式架构向分布式架构转型，为数字化发展提供有力的技术支撑。

在云计算平台方面，中行先后完成微信银行等 41 个分布式应用系统建设与改造工作，同步推进主机查询类交易下移和小型机平台应用迁移工作，累计实现下移 MIPS 28000 左右，占全部核心系统交易比例 58% 以上，已完成 17 个应用系统由小型机平台迁移至 X86 平台，中行私有云平台一期将于 2018 年三季度完成部署实施。

在大数据平台方面，中行大数据平台目前正处于投产阶段，该平台将建立客户画像标签、外部数据应用管理、数据沙箱三大服务体系，为全行提供 360 度客户精准画像服务和数据挖掘分析服务，实现内外部数据的统一集中存储与共享。为便于分行数据使用，基于海量并行处理（MPP）技术的分行数据服务平台年内将进行试点推广。

在人工智能平台方面，中国银行将建设人工智能服务平台和人工智能机器学习平台，与新一代客服项目和网络金融事中风控反欺诈二期项目同步实施。目前，通过新一代客服项目，中行完成了智能机器人、语音识别、声纹识别、知识库等基础服务产品部分功能应用投产，机器学习平台已在网络金融事中风控系统二期实施过程中完成模型离线训练，后续项目将投产完成平台整体建设。

（四）聚焦四大领域

聚焦业务创新发展、业务科技融合、技术能力建设、科技体制机制转型四大领域，中行将重点推进 28 项战略工程，明确每项工程的任务、目标、路线图和时间表。

在业务创新发展领域，以手机银行、智能柜台、智能客服、交易银行、消费金融、量化交易等重点项目建设为核心，深入运用大数据、人工智能、区块链等新技术，丰富产品功能，拓展服务渠道，构建场景生态，提升客户体验，打造移动化、智能化、生态化、全球化、综合化的服务体系。

在业务科技融合领域，构建企业级业务及技术架构、企业级数据治理体系和企业级用户体验框架体系，强化业务与科技、商业银行与综合经营子公司之间的协同合作，实现集团范围的信息共享、资源共享、能力共享，促进集团一体化协同发展。

在技术能力建设领域，构建云计算、大数据和人工智能技术平台，开展区块链、物联网、量子信息等基础技术研究与应用研究，发掘技术应用场景，提高金融科技创新能力。不断优化完善机房与基础设施布局，提高 IT 服务支撑能力，夯实科技发展基础。以区块链为例，目前中国银行已经在 12 个项目试点区块链的技术应用，主要集中在数据共享、跨境支付、数字货币、数字票据等场景。根据 2017 年全球区块链企业专利排行榜的统计，中国银行的区块链专利申请达到 11 项，居全球企业第 20 名，居国内银行业第 1 名。

在科技体制机制领域，加大集团科技创新研发投入，强化数字化人才培养，优化完善科技管理体系及工程实施方法，尝试建立内部孵化、外部创投、跨界合作机制，积极探索金融科技市场化运作机制，推动体制机制创新变革，为中国银行数字化发展注入新动力。

二、打造数字化银行的四点具体措施

一是建设全球一流的手机银行。坚持"移动优先"，将手机银行打造为全球一流、同业领先的集团综合金融移动门户，让客户一机在手、走遍全球，一机在手、共享所有，实现手机银行客户体验、业务功能及智能化水平领先同业。

二是加强基础技术研发与平台建设。打造云计算、大数据、人工智能三大基础技术平台，筑牢数字化发展基石，为业务与经营管理的

网络化、智能化、生态化奠定坚实基础，深化在区块链、虚拟现实 /
增强现实、物联网、量子通信等四大方向的新兴技术研究。

三是加强智能产品和场景生态建设。全面运用人工智能、大数据、
生物识别等新技术，建设智能渠道、智能客户管理、智能投顾、智能
消费金融、智能运营和智能风控等六大产品体系。在场景生态建设方
面，中国银行将聚焦全球化与综合化优势，通过自建场景、融入场景、
整合场景，打造高频高黏性的泛金融场景平台，全面提升客户体验。

四是加大对科技创新的投入与保障。中国银行将确保每年对科技
创新的投入不少于上年度集团营业收入的 1%，同时要在 3~5 年内将集
团内科技背景人才占比提升到 10%，重点培养产品经理、数据分析师、
客户体验师、互联网安全专家等数字化人才。

显然，中国银行科技引领数字化战略重点突出，思路清晰。从短
期来看，在移动互联网时代手机是客户的端口，手机成为银行竞争新
的角力场，提升手机用户的体验非常重要。从产品创新来看，场景是
关键。从长期来看，基础研发和平台建设决定着未来的可持续竞争力。
从制度层面来看，投入与人才是根本保障。长期以来，IT 投入并不算
少，但在很大程度上是在硬件以及核心系统方面。但现在的金融科技
则将是全方位的。关于人才培育，一方面要大大增加科技类人才，另
一方面是吸引和培育经济与科技结合的全球化复合型人才。

三、科技引领数字化战略的实施情况

中国银行重视科技引领并非始于今日，而是多年来持续发力，前
些年中国银行就成立互联网金融委员会领导全面做好相关互联网金融

的发展。随着金融科技的全面深化，以 ABCD（人工智能、区块链、云计算和大数据）为主要内容的信息技术正在全面改变银行业。早在 2016 年中国银行就制定了新的三年信息科技计划。在新的时代背景下，中国银行重视科技引领，把科技元素注入业务全流程，通过业务、技术、数据的深度融合，打通线上线下业务，实现关键业务领域的数字化转型。

（一）依托手机银行，打造综合金融移动服务平台

中国银行手机银行经过不断地升级，功能更加完备、特色更加突出，服务更具人性化。2017 年年报显示，中国银行手机银行充分利用移动互联、大数据、生物识别等新技术，向客户提供"功能完备""特色突出""技术先进""个性定制"的一站式线上金融服务，手机银行签约客户数、交易金额均快速增长。2018 年 2 月，中行正式发布新版手机银行服务。这版手机银行支持超过 200 项银行主要金融服务。例如，为客户提供账户管理、转账汇款、信用卡、生活缴费等服务；打造跨境金融、移动支付、资产管理等特色专区。还支持人脸识别自助注册，客户无须前往网点办理，在家中即可开通并使用手机银行功能。而全新推出的签证通、外币现钞预约、校园消费贷款、国家助学贷款等功能全面提升了客户体验。2018 年上半年，中行手机银行月交易客户数 1393 万户，同比增长 71%。月活跃客户 2400 万户，同比增长 64%；手机银行交易额累计 8.32 万亿元，同比增长 75%；海外手机银行服务覆盖 17 个国家和地区。当然，作为一个覆盖了 54 个国家和地区拥有 550 多家海外营业网点的国内国际化程度最高的银行，中国银行显然不会满足这样一个成绩，将进一步提高覆盖率，继续把手机银

行打造成综合金融移动门户，为客户实现"一机在手，共享所有；一机在手，走遍全球"。

（二）推广智能柜台，助力网点智能化转型

数字化转型对银行物理网点提出了挑战。物理网点是银行的重要资产，物理网点的智能化是必然选择。中国银行物理网点的智能化改造始于2016年9月，当时在深圳分行进行了智能柜台的探索，这一成功探索增强了信心和决心。2017年，中国银行以智能柜台为核心，积极推进线下渠道流程优化和智能化建设。实现智能柜台境内分行全覆盖，推广至8526家网点，网点覆盖率达80%。深度推进流程优化，全年实施12次智能柜台迭代升级，29大类、73子类金融业务场景实现"一站式"智能化办理，在国际化服务、应用人脸识别和大数据等前沿科技、支持普惠金融、线上线下贯通等方面形成鲜明特色，推动新时代背景下网点从交易操作型向价值创造型的升级。2018年3月，中行推出面向移动营销拓客的移动柜台，后续还将陆续推出理财版柜台、现金版柜台，丰富对公、现金、理财等业务场景。截至6月末，中国内地36家一级分行、9927家网点已投产智能柜台，网点覆盖率达93.6%，智能柜台网点比2017年底增加了1200家，覆盖率提升了13.6个百分点。投产33大类、132子类服务场景，比2017年底增加了4个大类、59个子类服务场景，智能化服务水平持续提升。在19家分行试点投产移动柜台，推动网点走出厅堂主动获客，扩展金融服务辐射半径，转变经营发展模式。

值得注意的是，在网点智能化建设中，中国银行积极融入自身经营特色，营造了"特色化＋智能化"相得益彰、叠加放大的良性互

动局面。中国银行将全球服务理念贯穿于智能化建设的全过程，彰显了国际化特色：在服务方面，办理外币兑换业务 253 万笔，交易金额708 亿人民币；在客户方面，首家支持港澳台非居民客户在智能渠道办理业务，后续还将覆盖持护照的非居民客户；在产品方面，积极发挥中行首家推出跨境汇款新产品 GPI 的先发优势，第一时间在智能柜台推出，2017 年总计办理 5.3 万笔。

2018 年 1 月 12 日，中国银行首家网络金融专业支行——长沙市梅溪湖支行，在梅溪湖畔正式对外营业。此次中国银行湖南省分行推出的网络金融专业支行正是双方合作的第一个落地网点，也是中国银行与腾讯金融科技合作的示范基地。作为以线上为主、线上与线下相结合的金融服务机构，通过应用大数据为支撑，创新服务模式、服务方式，网络金融专业支行能为客户提供个性化、定制化的产品及服务。这一支行致力于打造出智能型、体验型、平台型网点，不仅配备了智能机器人、智能柜台、智能大屏、虚拟迎宾、夜间橱窗、贵金属展示柜、智能茶几等高科技设备以及充电站、自动售货机等便民设施，未来还将推出如个人征信打印机、大型存取款一体机、零钞兑换机等一系列智能设施。这也许对新设立的银行网点新模式是一个有价值的探索，如何确保这一新生事物能开花结果可复制还需要付出努力。

总之，通过智能网点建设，深度优化业务流程，使物理网点注入了科技含量，形成了便捷高效、特色鲜明、科技感足、时代感强的智能化服务格局，营造了耳目一新的客户体验和感受。

（三）通过对接第三方平台，主动融入场景生态

2017 年 11 月，麦肯锡发布《全球银行业报告（2017）——凤凰

涅槃：重塑全球银行业，拥抱生态圈世界》。报告指出，"数字化＋生态圈"是银行业转型必然路径。各大银行应利用自身较为成熟的金融能力、客户信任感、低资金成本和线下网点的优势，抓住当下布局生态圈的机会。具体而言，应紧紧抓住场景＋金融的组合，利用数字化技术，发掘客户需求的具体场景，开发出针对用户痛点的金融产品，全方位满足客户的金融需求。中行主要围绕整合场景和融入场景两大策略，其中的融入场景策略就是业界正在全力推进的开放银行、API银行；整合场景方面，以手机银行为基础，整合集团内外的金融及非金融应用。

中银开放平台（BOC Open Platform）是基于中国银行海量用户，接入第三方合作伙伴服务，向用户提供安全、稳定、简洁的金融接入服务，吸引广泛资源进行应用的混聚（Mash-up），构建用户、开发者、银行互利共赢的"金融生态圈"。中银开放平台提供SDK嵌入服务、API专线接口服务、公共H5功能服务，融入各类非金融场景生态。2018年已上线或正在进行的项目包括与东方财富网积利金产品对接，腾讯微信平台"外币零钞预约"和"存款证明"，途牛、去哪儿网的中银E贷对接，畅由积分对接等多个外部合作项目。通过不断深入推进这些合作项目，中国银行将进一步拓展获客渠道，丰富服务场景。

2017年，中行还在业内首批推出了外贸综合服务平台代理出口收汇业务。该业务通过中行系统与外贸综合服务平台信息系统的对接，为外综服平台提供出口企业编码、出口收汇和信息反馈功能，解决了外综服平台企业对收汇信息分账、自动反馈的迫切要求。该业务的优势包括：一是实现了企业迫切要求的分账功能，根据外综服平台企业性质，其代理的出口业务外汇收入进入平台账户，但为最终向代理出口企业分账，需要在收汇时实现分账功能。中行创新提出了代理出口收汇业务编码的解决方案，为每个出口企业分配唯一的特殊编码，实现汇入款项入外综服平台账户，实际收款人信息仍然能够清晰溯源的功能。二是实现入账信息自动化反馈，提高了清算效率。中小出口企业资金周转快，对资金效率要求很高。在产品中自行加入了支持自动化反馈入账信息的功能，能够根据与外综服平台的约定时间间隔反馈入账信息，以提高资金处理效率，助力普惠金融。

此外，中行积极拓展跨境业务线上场景，配合监管完成"报关即时通"系统改造，市场份额保持第一，较上年末提升 1.11 个百分点。"中银 E 商"泛金融平台试水"网络直播＋电商"营销方式。创新跨业拓展模式，与中国移动通信集团进一步深化战略合作，整合数据、客户、渠道资源，发行借记卡及信用卡，开展校园联合营销。

（四）利用跨境业务优势，打造一站式全球服务

中国银行新时代全球一流银行的新战略中，除科技数字化之外，还有业务全球化、服务综合化、机构简约化、资产轻型化，其中科技数字化也是促进业务全球化的重要基础。2018 年 4 月，中国银行海外信息整合转型项目港澳批次投产，标志着中国银行历时 6 年、覆盖 6 大洲、50 家海外机构的海外信息系统整合转型项目成功完成，为中行全球客户提供更加完善、高效、多元的优质服务奠定坚实基础。中行全球一体化系统实现了版本统一、集中部署、全球一体化运营管理，有效支撑了中行全球化业务的开展。在完成全球一体化 IT 建设后，作为海外新开行的关键要素，系统建设采用菜单式选择、模板配置的方式，技术实施周期从一年缩短到 20 天，这对中行持续的国际化业务发展将起到非常重大的作用。近四年来中行海外新设机构 20 多家，快

速发展的背后离不开科技的力量。此外,中行还在海外建立了海外科技创新机制,在新加坡成立了总行级的创新研发基地。这个研发基地虽然放在新加坡,但它立足本地辐射亚洲,如果做得好可以辐射全球,希望能够在新加坡的创新研发基地,通过技术研究和应用场景研究,能够孵化出更多更好的创意,能够支持在全球的业务创新。2018年上半年,中行海外机构实现税前利润57亿美元,按可比口径同比增长17.4%。中行科技数字化扎实推进,科技元素逐步注入业务发展全流程、全领域,业务全球化稳步推进。

中行手机银行也特别突出了集团全球服务优势,创新场景化服务模式,打造一站式跨境金融专区,为客户提供结汇购汇、跨境汇款、留学贷款、境外银行卡紧急挂失、出境游保证金、意外险、外币理财、电子名片等丰富服务,满足客户国际商旅、出国留学、外币投资等各类跨境金融需求。

通过中国银行手机银行,出境客户可享受一揽子便捷服务。例如,在业内率先推出个人外币现钞预约服务,打通线上线下业务流程,方便客户兑换外币;支持GPI"中银智汇"全球汇款,最快2分钟全额到账,可实时掌握汇款全流程;创新开发全球账户管理服务,可统一管理31家海内外中国银行账户;首批上线跨境二维码支付功能,可在线申请超过70个国家及地区的签证。

(五)探索智能化转型,全面助力产品创新

当前,借助大数据、人工智能、生物识别等新技术、新手段,开展产品与服务模式创新,已成为银行业的发展趋势。中国银行中银E贷、中银慧投等就使传统银行服务网络化、智能化,为客户提供了更

加便捷和人性化的服务；而他行卡转款、O2O 签约、扫码取款服务则以智能渠道拓宽了客户办理业务的途径。其中，中银慧投依托大数据和人工智能算法，为客户提供专属产品组合服务和资产诊断服务，开启了数字化、智能化的全新服务模式。产品于 2018 年 4 月 15 日上线并召开发布会，一周内销量过亿，截至 6 月底，全辖中银慧投组合销售量突破 40 亿元。中银 E 贷则实现了无抵押担保、秒速放款、低利息的快速借贷服务，在目前琳琅满目的互联网借贷金融产品中，中银 E 贷以其便捷的服务和强大的背书效应形成了巨大的竞争优势。同时，与各类客户群体的合作，尤其是与校园的合作将不断完善扩展其场景多样性，从而精确满足各类群体的金融需求。中银 E 贷结合客户征信数据及银行内部数据，创新信用评价模式，通过决策引擎等技术手段实现智能审批，解决用户抵质押担保难的老问题，轻松实现线上贷款"一键秒批"。

（六）打造便捷服务圈，惠及百姓生活

中行手机银行还推出了丰富便利的惠民服务，支持数百项本地缴费；可以实现纪念币预约、网点预约；客户还能享受优惠券抢购、积分兑换、加油卡及话费充值等优惠活动。

新版手机银行十分重视客户体验，采用简洁、清新的设计风格，创新可视化、场景化功能界面；为客户提供首页定制、精准产品推送、金融日历、智能消息提醒等便捷、精准的专属移动金融服务，实现手机银行的个性化定制服务。

中行将加快发展网络消费贷款产品，持续拓展"中银 E 贷"客群，研发优质企业和个人客户识别模型，建立产品孵化机制。持续推

进网络支付业务，率先推出银联二维码支付产品，全面布局近场支付（NFC）产品。积极配合网联平台、银联统一 App 建设等工作，推进支付行业规范发展。网络资产管理业务方面，拓展中银金融超市功能，新增余额理财、证券交易等多项服务，一站式满足客户综合金融服务需求，相关业务规模快速增长。推动移动资金交易 App"E 融汇"2.0版上线，新增原油宝、模拟交易等多项功能服务。

四、携手信息科技企业，合作打造共赢金融生态

（一）与腾讯合作成立金融科技联合实验室

2017 年 6 月 22 日，中国银行对外发布公告称，"中国银行——腾讯金融科技联合实验室"挂牌成立。双方将在云计算、大数据、区块链和人工智能等方面开展深度合作，共建普惠金融、云上金融、智能金融和科技金融。双方初步在云计算和大数据平台以及人工智能应用方面取得突破，建立了统一的金融大数据平台，持续输出技术能力支持业务发展。其目标是逐步搭建总对总的金融科技云平台，充分利用各自优势在客户需求洞察、风险管理体系建设、金融效率提升等方面进行深度合作。

2017 年是金融巨头与信息科技企业及电商密集合作的一年，这是两大阵营过去几年来深思熟虑的结果，也是市场发展的必然。互联网巨头及互联网电商产生的大量交易场景数据是银行最感兴趣的。中国银行与腾讯的合作是通过对客户的数据分析对客户进行精准画像并进

行精准营销方面。而另外一个合作就是管理风险。

中行与腾讯共建的金融科技实验室，不仅仅将大数据利用在了零售业务层面，还已经向公司金融业务拓展。利用大数据，可以完整构筑公司的关联方、股东、债权人、有担保关系的交易主体，绘出关联图谱。传统的关联图谱一般只能用于观察企业之间的行为，而现在，通过企业员工个体之间的关联，能够推断出来企业目前的状况。通过大数据的不断补充和搭建，数据平台也会变得越来越有价值。

2018 年 3 月 27 日，中国银行与腾讯共同签署《微校项目合作协议》，携手打造校园服务新生态。这是中国银行建设新时代全球一流银行和腾讯实现"连接一切"战略目标的关键举措。双方将合作着眼于特定客群的生态场景建设，努力为高校和广大师生打造一个阳光、便捷、安全、快乐的校园平台。

腾讯微校是高校微信生态服务平台，可以为学校和师生提供全方位的学习和生活服务。通过此次合作，中国银行探索将银行柜台开到互联网平台，推出中银微柜台，打造中银微服务，实现线上线下、行内行外全渠道发展，极大地拓展银行的服务时空。

中银微服务具有二大特性：一是全产品支持。在微校平台，将提供包括电子账户、余额理财、校园贷款等专属化、规范化的产品与服务。当学生开通贷款服务后，如果使用银行账户消费资金不足，可自动触发校园贷款，满足用户学习、培训和日常消费需求；当账户有余额时，可直接享受余额自动理财，充分提升资金使用效率。二是全场景互联。凭借平台技术优势，尝试打通不同场景下各类交易，实现依托场景完成消费、储值、理财、借贷等全旅程金融服务。依托微校平台，打通高校之间和校内外之间的服务断点，打造服务场景闭环。借助在人才公寓市场的服务优势，中国银行可以为毕业生提供租房支持，实现客户价值的长期锁定。

今后，中国银行与腾讯还将广聚高校，以智能化为引领，以数字化为驱动，在校园建立起无界、无感、无人、无卡的校园服务新体验，在移动教学、智慧办公、就业指导、安全管理等领域持续创新，推动智慧校园建设，助力加快教育现代化进程。

（二）与京东集团的合作

在与最大的社交平台腾讯合作后，中国银行还在 2018 年 5 月与京京东签订协议。作为国内有物流的自营网上购物机构，京东拥有大量的用户行为信息和基于这些行为的数据，他们基于这些数据可以为银行提供交易场景信息。京东表示自己不再做金融，而是为金融机构提供科技和数据服务。京东金融作为一家服务金融机构的科技公司，一直致力于大数据、人工智能、云计算、区块链、物联网等新兴科技，能够为中行提供人、货、场的数字化、线上线下全场景化服务，提升行业运营效率。双方希望基于各自在金融和科技领域的优势，共同推动普惠金融、数字金融、场景金融等领域的合作。

五、搭建智能风控体系 全面提升风险防控能力

提升风险控制能力是数字化转型的重要目标。中国银行利用实时分析、大数据及人工智能技术，结合内外部数据，通过对客户、账户和渠道的综合分析，进行客户资金流监控、优化信用风险评价体系、识别潜在违规客户，已初步构建覆盖实时反欺诈、智能反洗钱、信用

风险、市场风险和操作风险等领域的全方位、立体化智能风控体系。

（一）实时反欺诈

2017 年 12 月，中行投产新一代网络事中风控项目。本项目主要面向线上渠道和网络金融业务，综合运用大数据、云计算和人工智能等先进技术，有效识别和处置风险事件，构建主动实时、高效智能的全流程、全渠道、全业务的风险管控体系，为用户在享受便捷的互联网金融服务同时，提供全方位且实时高效的反欺诈服务，切实保证用户资金安全，最终实现控风险、升体验、降成本、促发展的业务目标。通过建立大数据风险洞察能力，构建全流程的风险防控体系。广泛应用新技术，满足事中风控场景高并发和低延时的要求。建立多环境风险控制引擎，实现风控策略灵活配置生效。截至目前，已累计监控交易数亿笔，拦截欺诈交易数千笔，避免客户损失数上亿元，为用户提供全方位且实时高效的反欺诈服务，保证用户资金安全。在交易环节，中行利用金融数据和腾讯的外部客户数据进行事中（即交易过程中）交易风险预警与识别。金融数据包括客户和其交易对手的账户稳定性；外部数据主要包括客户实时行为数据和社交特征。目前，中行腾讯联合实验室可在最高 10% 误差的前提下，涵盖 50% 存在欺诈的客户。

为有效识别、实时监控、及时处置欺诈风险，中国银行网络金融事中风控系统以建立覆盖全流程、全业务和全渠道的智能风控体系为目标，充分利用大数据、云计算、人工智能等新技术，以风险规则和模型为核心，根据数百个规则因子、37 个风险特征模型和十大类机器学习算法，主动实时监控异常设备、用户、账户、操作、交易等信息，根据监控结果采取放行、拦截、增强验证、账户冻结等不同处置措施，采用"预交易采集分析，确认交易风险评估"的两阶段处理的业务流程设计，支持"实时生产、灰度测试、离线训练"三套环境协作，可持续开展模拟验证、A/B 测试和灰度发布，从而不断优化模型。

以后，系统还将不断拓展业务和渠道范围，实现客户风险分级管理和自适应的安全认证，以及规则、静态学习模型和机器学习模型的高效配合和应用，支持完备的案件管理、事中外呼处置和规则管理功能，全面提升智能化水平。

（二）信用风险

中国银行依托风险数据集市及相关系统，支持了单一和组合层面的风险监控和预警、风险计量和报告、风险模型训练等应用功能，同时利用大数据和人工智能语义分析技术搭建了"艾达"系统，整合行内信息与外部互联网数据，通过企业画像和关联关系挖掘，为企业信用风险管理提供支撑，已累计获取 553 万余条互联网舆情信息，形成了 18000 家企业的大数据风险画像，绘制了股权、管理、担保和投融资维度的 3 个层次关联图谱，监测 145 项动态预警指标，并定制开发了 5 个业务场景嵌入风险管理流程环节。

在此基础上，中国银行还将探索利用人工智能技术进一步挖掘客户与客户间的隐性关系，由"面"成"体"，识别显性集团和隐性集团，绘制"担保圈"并构建"担保球"，从而发掘出多样化、深层次的关联关系，同时不断完善大数据风控预警指标体系并嵌入风险管理流程系统，开展行业景气指数等外部信息采集与分析，进一步提升信用风险主动防控水平。

（三）市场风险和操作风险

中国银行已将大数据技术应用于市场风险的评估、计量和监控过程，在资金业务系统中引入网格计算技术，支撑多并发金融计算引擎，实现对复杂金融模型的高效估值计量，同时嵌入风险限额指标实时监控和检查交易，对超出限额和区间等异常情况进行风险提示和预警，实现风险管理关口前移，在风险价值测算中采用历史模拟法对银行交易账户 100 余种资金业务产品及市场历史数据进行模拟和回归计算，每日对二十余万笔头寸数据进行超过 500 次／笔的模拟运算。

在内控与操作风险数据集市和审计数据分析系统中，中国银行积累起覆盖海内外全部业务条线约 200TB 的海量长周期数据，依赖统计建模工具进行数据训练和分析模型构建，支持了 228 个内控模型和 300 余项审计报表及筛查脚本的自动化监控，按月生成内控及操作风险预警案例，较好地支持了内控管理和内部审计工作开展。同时，中国银行正在上述领域推进 MPP 数据库应用，探索构建依托大数据技术的数据沙箱，以进一步提升数据分析和建模支持能力。

（四）智能反洗钱

为了更好地在全球日趋复杂和严格的反洗钱监管环境下安全合规地开展经营，中国银行积极运用大数据技术谋求反洗钱应用场景创新：

一是中国银行已搭建起涵盖客户尽职调查、可疑交易监控、制裁名单筛查等功能的全球反洗钱系统，形成了综合事中反洗钱规则检索与事后可疑交易报送的解决方案。该系统依托高效名单检索算法提升名单检索精准度，运用图形计算和神经网络技术实现客户群视图的建立和客户群中风险利益共同体的智能提示，基于可视化技术和地理信息支持图形化的洗钱模式识别和模型设置，采用构建智能索引方案、时分系统资源平衡分配、基于缓冲的数据更新架构等机制，保证了系统运行的高性能。

中国银行还在探索运用机器学习算法提高名单检索和模型命中率，基于流式计算技术提高名单检索和控制模型筛查的速度，并在构建交易链路、追踪资金流向、分析客户交易偏离度、挖掘实际受益人等多个业务场景继续深入应用大数据技术。

二是商业银行通常需要进行贸易融资交易背景调查，通过综合校验业务相关的物流、信息流、资金流信息，判断交易背景的合理性和真实性，从而识别出虚假交易背景和来路不明的资金。中国银行已在贸易融资业务的交易背景核查过程中，探索应用人工智能技术，基于非标准化单据影像、物流货船航行情况等数据，结合行内数据生成贸易融资背景核查报告，以提高交易背景调查效率和准确性，降低合规风险。

六、思考

中国银行数字化战略正在实施之中，虽然时间不长，但已经看到了明显的效果。然而，这条路很长，没有尽头，始终是一个持续改进的过程，只有更好，没有最好。作为国内全球化程度最高的银行，中行没有理由在金融科技和数字化浪潮到来之时而落伍。中行的数字化战略可能不是各方面最早的，但是站在了新的起点上，结合了自己的特点和优势，愿意脚踏实地地建立平台，打好基础，抱着开放包容合作的心态，勇于创造新的场景，特别是愿意加大资金投入和人才建设，这说明中国银行的数字化战略是动真格的。所谓战略实施，说一千道一万，最终看有没有人、有没有钱。当然，人才的吸引与发挥作用最终是否有一套相适应的激励机制。

执笔人：欧明刚　杨佩玮

参考文献

［1］动动手指最高 30 万！"中银 E 贷"发力互联网消费贷款服务 . 南方都市报 .http://www.bankofchina.com/aboutboc/ab8/201710/t20171019_10494451.html?keywords=%E4%B8%AD%E9%93%B6E%E8%B4%B7.

［2］关于银行场景生态圈建设 . 可能大家都忽视了重要的一点 . http://www.sohu.com/a/248183008_99940985.

［3］揭开中行 + 腾讯 Fintech 实验室神秘面纱：大数据、AI 平台、精准营销 . 证券时报、券商中国 .http://www.boc.cn/aboutboc/ab8/201806/t20180605_12443065.html.

［4］什么是中银开放平台 .http://open.boc.cn/doc/docInfo/1165http://open.boc.cn/doc/docInfo/1165.

［5］邢桂伟 . 依托大数据技术构建商业银行智能风控体系 . 中国金融电脑，2018（8）

［6］中国银行发力金融科技 . 财经 .http://www.boc.cn/aboutboc/ab8/201809/t20180904_13540778.html.

［7］中国银行 ."黑科技"推动数字化转型 .http://www.boc.cn/aboutboc/ab8/201806/t20180607_12467007.html.

［8］中国银行 . 加快金融科技创新 全面推动数字化转型 .http://www.boc.cn/aboutboc/bi1/201808/t20180809_13251316.html.

［9］中国银行 2018 年半年报 . http://pic.bankofchina.com/bocappd/report/201809/P020180927613572478320.pdf.

［10］中国银行首家网络金融专业支行落地长沙 . 新华网、腾讯网 .http://www.boc.cn/aboutboc/ab8/201801/t20180115_11159160.html.

［11］中国银行 ."黑科技"推动数字化转型 .http://www.boc.cn/aboutboc/

ab8/201806/t20180607_12467007.html.

［12］中国银行发力金融科技.财经》杂志.http://www.boc.cn/aboutboc/ab8/201809/t20180904_13540778.html.

［13］中国银行发力金融科技.财经.http://www.boc.cn/aboutboc/ab8/201809/t20180904_13540778.html.

［14］中国银行发力金融科技.财经.http://www.boc.cn/aboutboc/ab8/201809/t20180904_13540778.html.

［15］中国银行发力金融科技.财经.http://www.boc.cn/aboutboc/ab8/201809/t20180904_13540778.html.

［16］中国银行与腾讯携手成立金融科技联合实验室.http://www.bankofchina.com/aboutboc/bi1/201706/t20170622_9651860.html.

［17］中国银行与腾讯携手 打造校园服务新生态. http://www.boc.cn/aboutboc/bi1/201803/t20180328_11845761.html.

［18］中国银行董事长陈四清会见京东集团董事局主席兼首席执行官刘强东.http://www.bankofchina.com/aboutboc/bi1/201805/t20180510_12212504.html?keywords=%E4%BA%AC%E4%B8%9C.

第二十章

金融科技在保险业中的应用：
以平安保险集团为例

当前，金融科技正引领新一轮的产业升级，让金融重焕生机与活力。各金融机构都在加强科技的投资与建设，互联网公司也纷纷提出赋能金融机构的理念。平安保险集团（以下简称平安）自创立之初一直积极发展科技，是中国金融科技发展历程的重要案例。目前，平安正在以四大核心技术（智能认知、大数据 AI、区块链以及云平台）为基础，深度聚焦金融科技与医疗科技两大领域，不断提升传统金融业务的竞争力，搭建生态圈与平台（金融服务生态圈、健康医疗生态圈、汽车服务生态圈、房产服务生态圈以及智慧城市生态圈），并对外输出创新科技，致力成为世界领先的金融科技公司。

一、平安对金融科技的投入、发展优势及转型

（一）平安为金融科技投入了大量的预算与人力

平安成立于 1988 年，虽然在全球保险集团中成立时间不算长，但

依托于中国保险业的快速成长，平安发展迅速，已经成长为 9 家全球系统重要性保险机构之一[①]。平安业绩稳定并且强健增长和集团一贯重视科技投入密不可分。集团规定，每年收入的 1% 用作科技创新的投入（不包括传统业务的 IT 预算）。仅在 2017 年，平安在科技创新上的投入即接近 100 亿元，而过去十年内，累计科技创新投入达到 500 亿元。集团科技团队与人才资源丰富，拥有超过 22000 人的科技团队，其中 20% 拥有硕士以上学历。其中，大数据团队超过 500 人。平安集团设立了多个科技研究院，包括大数据研究院，金融科技研究院，以及分别设置在硅谷和纽约的北美研究院等。平安申请的专利超过了3000 项，涵盖人工智能、区块链、云计算、大数据和安全等技术领域，在全球金融机构中遥遥领先。

（二）平安金融科技发展结合了技术与业务上的双重优势

平安集团发展金融科技拥有"金融 + 科技"的双重优势。一方面，平安一直致力于科技投入和人才团队建设，十年超过 500 亿的投入以及超过 22000 人的技术团队发展起了强大的科技力量；另一方面，平安作为国内最大的综合金融服务集团之一，提供了从保险到银行到资管业务等全方位的业务理解与使用场景。

平安集团拥有 1.66 亿用户，平均每八个中国人里就有一个平安客户。平安拥有近 180 万的员工加代理人团队。庞大的规模使平安必须要利用科技力量来优化管理，提升效率。例如，平安开发了大量的中

---

① 2017 年度年报显示，平安集团 2017 年的净利润为 999.78 亿元，同比增长 38.2%。过去 5 年净利润复合年均增长率（CAGR）达 30%。营业收入 8909 亿元，同比增长 25%，过去 5 年营业收入CAGR 为 24%。在 2018 年财富 500 强排名中，平安也从 2017 年的第 38 名上升到第 29 位。

后台 App，员工可以利用定位服务（Location Based Service, LBS）与人脸识别技术进行上下班签到，而费用报销、绩效评估、流程审批等中后台功能也都可以在移动终端上完成。

在场景方面，平安每天要处理理赔案件超过三万件，客服每日接到近 100 万通电话，这些海量的应用场景让平安能够快速地建立业务模型、提炼数据、优化算法并不断迭代。同时，丰富的业务场景与精通业务的人才，让科技人员在研发过程中可以与业务紧密结合，从实际需求来研发，避免了很多科技公司由于不懂业务，研究成果与业务需求脱节而陷入的困境。

（三）平安 30 年经历四次金融科技转型浪潮

截至 2018 年，伴随着中国信息技术的发展步伐，平安已经历了四次金融科技转型。在 90 年代，平安 1.0 时期，通过建设系统解决传统金融业务中遇到的操作效率问题，将呼叫中心、公共的作业流程进行集中和线上化，同时期集团和各子公司也开始建设办公自动化的系统，把日常办公都迁移到线上完成。

平安 2.0 时代，推出互联网与移动端应用，满足互联网的客户需求。平安是第一家发展了网销、电销平台的金融机构，使企业和客户接触的渠道变得更加便捷。当时平安寿险电销市场份额达到 31%，产险电销市场占有率高达 52.7%，各专业公司也纷纷推出自有 App。平安银行与保险是国内率先推出网上服务的金融机构，这些科技应用大幅提升了客户体验，也给平安后续在互联网时代的持续发力积累了宝贵的经验与人才。

平安 3.0 时代，平安开始孵化创新的数字化业务，包括陆金所、平安普惠、平安好医生、平安好房、平安付等，营造互联网＋金融的生态，打通线上线下场景，全面提升客户黏性，挖掘客户价值。陆金所自 2012 年上线运营以来，短短 6 年间，已经成为全球最大的投融资平台之一。平安好医生 2014 年成立至今，已经拥有 2 亿注册用户，近500 万的日活跃用户数量。

目前平安提出了从平安到平台的平安 4.0 转型，即不仅利用科技发展自身业务，而且通过输出科技服务，连接并赋能外部合作伙伴与其他金融机构，从而共同打造生态圈。比如，平安集团旗下的金融壹账通，定位为平安对外输出金融科技，赋能金融机构的窗口，已经服务于超过 420 家银行，20 家保险公司以及 2000 多家的其他金融机构。

二、平安的四大核心技术与五大生态圈

（一）平安的四大核心技术

平安始终紧密结合业务，积极推进在金融科技方面的探索。平安主要围绕四大核心技术探索金融科技，即智能认知、大数据 AI、区块链以及云平台。

1. 智能认知

平安发展出世界领先的 AI 智能认知技术。人脸识别准确率已经达到 99.84%。平安发展出来的微表情识别，可以捕捉人脸上的微表情，发展出了 54 种复杂微表情的判断，判断时间短于 1 秒，准确率达

95.8%。平安的声纹识别，准确率超过 99%，拥有超过 5000 万的声纹库，文本相关验证时长仅 1 秒。

平安将这些科技广泛应用于金融场景中，人脸识别累计调用量超过 10 亿人次，覆盖金融、医疗、安防、生活服务等超过 240 个集团内外部场景。声纹识别 App 登录、身份核查、黑名单识别等 10 多种场景上线，取得了较好的成绩，有效地支持了业务的发展。

微表情技术则应用于金融机构的贷款流程中，系统能够基于申请人的具体情况与回答，从实时生成的问题库中选取有针对性的问题进行提问，并使用微表情对申请人进行测谎，对降低欺诈风险有实质性帮助。在平安普惠的 O2O 贷款应用中，微表情技术可以帮助降低信贷损失 60%，提升贷款审查效率达 2.5 倍左右。

保险使用的智能认证方案，结合了人脸识别、声纹识别，应用在投保环节中，提升整个过程的用户体验，也更好地满足合规要求。实践显示，智能双录（人脸与语音识别）技术的使用，可以提升保险代理的效率 30%，减少传统流程的时间达 75%。

同时，平安的智能识别也走出平安，在外部合作伙伴的场景中得到广泛应用，例如深圳机场的反恐系统，采纳了平安的人脸识别技术，调用量超过了 1.4 亿次。

2. 平安 AI+ 脑

利用大数据技术与 AI，平安集团发展出了一系列的 KY 技术（KY 即 Know Your 的首字母），使用在各大场景中，将多年积累的业务数据与 AI 技术相结合，训练出系统与算法能够更精准地理解各方需求。

例如，KYC（Know Your Customer 智能营销）能够帮助精准了解客户，进行客户分群，实现更有效的产品和服务推广。其采用了 14

种以上的大数据算法，形成700多个用户画像标签，利用多种算法与机器学习技术建模，有效帮助保险与其他金融机构深度理解客户需求，提供量身定制的金融服务。如根据个人风险偏好推荐理财产品组合，根据家庭与收入情况，推荐相应的健康险以及保障额度等，都取得了良好的效果。

KYD（Know Your Drive 智能驾驶分）：平安与外部机构合作，获取司机驾驶过程中的行为数据并进行建模，根据司机驾驶行为，分析其风险属性，并结合到保险定价的模型中。驾驶分模型应用以后，有效帮助平安产险精准定价，并降低理赔成本，典型案例中可以降低成本 20~30%。

KYM（Know Your Claim 智能闪赔）：平安将汽车事故赔付的全流程利用 AI 赋能，从事故开始，车主可以通过拍照一键上传至 App，后台系统图像识别出事故损坏情况，再与后台平安多年积累的赔付大数据与规则库进行对比，从而自动判断事故程度以及赔付金额，大量减少由于人工判断所带来的渗漏损失。此项技术已经可以达到 92% 的赔付估计准确度，帮助产险减少渗漏达 10% 以上。同时对于无明显异常的赔付，便可快速赔付，70% 以上的赔付案例可以在 1 个小时内完成，大幅提高了客户体验。

除了面向前台业务应用的 AI 技术，平安也在积极探索提升自身中后台运营效率的 AI 应用。AI 客服利用语义识别技术和平安自身的业务经验数据库，能够越来越多地自动回答客户咨询，例如信用卡业务查询，保险覆盖范围咨询等。目前 AI 客服已经应用于 5 家专业公司的 95 个场景，已经实现 70% 问题由机器人回答，普惠座席人力下降 37%，预计到 2020 年将代替 95% 的人工工作量。除了成本降低之外，相对于传统银行多重验证手段（输入身份证等信息），智能客服可以通过声纹等方式更为快速便捷识别信息，提供更好的用户体验。

2017年6月，平安集团正式发布了iSee财务智能风控平台，标志着平安财务创新和智能化转型已迈入了全新的里程碑。iSee平台定位为"新一代财务风控系统"及"智能共享作业系统"，覆盖财务单据端到端流程的作业支持和风险洞察，通过对大数据分析、机器人流程自动化、人工智能等先进技术的规划、尝试和应用，实现了财务的高效作业、智能管控和决策支持。平安还开始将AI技术应用在招聘等HR职能中，目前内部已经开始使用AI面试官1.0，探索智能问答与评价，在人工介入前对基本资质与简单能力进行预审查，筛除不合格的候选人，提升后续流程的效率。

3. 平安壹账链

平安也开发了自身的区块链技术体系，命名为壹账链，在贸易金融、同业平台等领域已经开始广泛应用。壹账链体系已经可以处理最高每秒10万次交易，支持加密算法，其独有的非货币场景下的零知识验证机制，可以允许链上参与方，在不需要知道交易具体内容的情况下，仍能确认内容的真实有效性，从而解决了很多区块链应用中既需要信息共享又担心泄密的痛点，为其在金融相关场景的应用取得了重大突破。

目前壹账链在多个金融场景中已经大量应用。例如，同业资产负债交易。平安发起的面向金融机构的同业资产负债交易撮合平台，拥有2000多家金融机构用户，2017年的交易量达到了12万亿。传统模式下，关于线上的同业间资产负债交易，资产的可靠性、欺诈交易的事件时有发生。而同业平台将100%的交易上链，在众多参与方的情况下，仍能保证资产的真实性，交易的不可篡改性，从而有效解决了痛点。目前此技术仍在不断迭代更新。

又比如，贸易金融。平安正在与香港金管局合作，建设开放式的跨境贸易融资平台，利用区块链技术，确保跨境贸易融资各方在权限受控下物流、信息流、资金流的"三流"统一，同时允许监管及政府能够实时监控流程，核实交易背景，减少信用风险，提升风控效率。

4. 平安云

平安管理层从很早就开始注重并鼓励云技术的发展，迄今为止，已经达到核心系统70%上云。在基础的IAAS（Infrastructure as a Service，基础设施即服务）云之上，发展出了PAAS（Platform as a Service，平台即服务）以及多个行业解决方案云，如金融云、医疗云、政府云等。平安云拥有金融级的安全保障技术，并且开发出了VPC（Virtual Private Cloud，虚拟私有云）技术，兼顾私有云的安全性以及公有云的成本优势。

目前，平安云已广泛赋能集团五大生态圈。在金融生态圈，平安云赋能金融壹账通搭建起全球最大的金融科技SaaS云平台，已形成银行云、投资云、保险云，服务近3000家金融机构客户；在医疗健康生态圈，平安云支撑构建起"PPP"开放平台，整合医疗健康数据、技术和服务资源驱动智能医疗服务，健康档案覆盖6.1亿人；在汽车生态圈，以云平台、AI为核心，赋能主机厂、经销商、二手车商打造闭环；在房产服务生态圈，基于平安云打造了建管云、租房云、地产云，其中监管云已签约全国近50个地市级城市；在智慧城市生态圈，平安云助力打造了一套完整、科学的、解决实际问题的智慧城市管理体系，承载"1+N"个智慧城市模块。

平安云的核心优势体现在安全合规、稳定可靠、专业服务三个方面。其中，在安全合规方面，平安云自诞生起就坚持金融级别的安全合规标准，满足 60+ 合规要求，先后通过 CSA-Star、可信云认证、等保 2.0 四级等 9 项国内外权威云认证，迈入最高等级保护的云行列；在稳定可靠方面，基于多地多中心节点的最高金融安全级别数据中心，平安云的应用可用率高达 99.9996%；在专业服务方面，基于集团内部上云经验，平安云为行业客户提供定制化的产品技术方案。平安云技术可以 150 秒一键部署，服务于 4.3 亿的用户以及 15 万家的合作企业。

（二）平安的五大生态圈

平安集团已经提出 4.0 战略布局模式，即从平安到平台，平安积极开放其核心技术，帮助合作伙伴提升运营效率，降低成本，提升风控管理水平，围绕五大主题构建生态圈，即：金融服务生态圈、健康医疗生态圈、汽车服务生态圈、房产服务生态圈以及智慧城市生态圈。集团已经专门成立了多个科技服务输出子公司，如金融壹账通，致力于金融科技赋能外部的金融与准金融机构；平安医保科技，立足于将科技与医保方案结合，与多地政府社保建立合作，提升社保的整体管理水平；平安城市科技，则输出房产建设相关的科技方案，赋能行业参与者。通过这五大生态圈，平安逐步实现其商业模式战略：一是 B2C（个人服务）。从衣食住行等场景切入，为消费者提供智能化生活与金融服务，用核心科技改变生活，提升生活质量；二是 B2B（企业服务）。从行业痛点切入，构建综合服务平台，赋能企业发展；三是 B2G（政府服务）。利用创新科技深化政府合作，帮助政府精细化管理，提升政务处理效率，助力国家可持续发展。

1.金融服务生态圈

中国的金融行业依旧发展迅速。截至 2017 年底，银行业总资产达到 252 万亿，同比增长 8.7%，保险业总资产 16.75 万亿，同比增长 10.8%。金融服务一直是国民经济的重要支柱之一，也关乎亿万百姓日常生活。作为综合金融集团，平安希望借助科技的力量，建立更大的金融服务生态圈，让技术不止是服务于自身管理的 6.5 万亿资产，而是以轻模式撬动更大的资产。

平安建设金融服务生态圈的思路是连接资产端和资金端，线上线下全覆盖，包括 F 端金融机构、B 端企业、C 端个人以及 G 端政府机关。除了已有的传统综合金融业务以外，建设了线上的开放市场与开放平台陆金所，三方支付体系壹钱包，以及 F 端赋能金融机构的金融壹账通；而旗下的其他创新公司也都纷纷成立了金融事业部，配合集团的统一战略。

陆金所成立六年来，已经成为领先的线上资产管理的平台，大陆金所集团下包含了三家公司，分别是狭义的陆金所，中国最大的在线财富管理平台，管理资产近 5000 亿，近 1000 万的高价值的活跃投资人；平安普惠，中国最大的消费金融平台，贷款余额近 3000 亿，拥有 750 万用户；重金所，面向机构与政府的综合金融方案平台，平台交易量超过 5 万亿。

金融壹账通成立于 2015 年，充分体现了平安集团从平安到平台的经营理念。金融壹账通是平安集团打造的金融科技云服务平台，也是中国唯一一家一站式全方位的金融科技赋能方案提供商，以科技为金融机构赋能为愿景，囊括人工智能、区块链、云平台、大数据、智能合规等众多领域，帮助中小金融机构实现"三升两降"，即提升收入、提升竞争力、提升服务水平，降成本、降风险。截至 2017 年末，其已经提供了 24 个产品系列超过 50 个产品，同时对外提供 API 服务，吸引合作伙伴使用以及在平台上进行开发。目前已经服务了 483 家银行，42 家保险公司以及 2400 多家非银行金融机构。

2. 医疗服务生态圈

中国的健康服务还处于快速发展的朝阳阶段。行业研究报告显示，由于经济持续发展，人口老龄化，亚健康人群比例上升，医改等政策利好等原因，至 2020 年中国健康服务业规模估计将达到 7.4 万亿。作为与之密不可分的保险集团，平安也在大力布局医疗服务生态圈的建设。

在建设思路上，平安提出了形成医疗生态圈闭环的经营理念，连接患者、服务提供方，如医院、诊所、体检中心与药店等，以及金融服务方，包括社保、商业保险等。

在患者端，平安大力发展了平安好医生，从而把控线上的流量入口。平安好医生自 2014 年成立，面对已经取得先发优势的互联网医疗创业公司的竞争，借助集团全产业链布局的能力与用户流量优势，后来居上，已经成为中国最大的在线健康服务的平台，拥有近 2 亿的注册用户，日活用户近 500 万，提供在线咨询超过 2.11 亿次，平均每天近 40 万次，同时建立了遍布 30 个省的医院合作网络。

平安好医生致力于互联网与人工智能等科技的应用，打造端对端智能医疗管理平台，让用户在平台上可以获取多种健康与医疗服务，包括智能疾病预测、智能影像筛查、辅助诊疗、医疗质控，体检流程线上到线下无缝连接、健康管理与互动等，促进了平安好医生的生态活力。

　　平安好医生实现的功能包括：一是疾病精准预测。通过两步建立模型，首先通过深度学习和集成学习方法建立精准预测模型。目前可以诊断 40 多种数据，提升精准性 50%。第二步是非线性模型的因子分析和解释，通过分析 500 个风险因子分析其对于疾病重要性。目前疾病精准模型已经开始两个方面的应用，包括城市健康指数预测，帮助政府更好管理公众健康；以及个人健康指数，帮助客户监测慢性疾病等。

　　二是医疗质量控制。中国医生的看诊强度要远远高于发达国家，中国平均一个医生看 250 个患者，美国一个医生平均看 20 个。平安提供智能影像系统，提供 40 余种影像筛查模型，具备大于 90% 疾病预测精度，目前可以识别 5 种医疗读片错误。系统已经覆盖 1000 多家医院，帮助医生更快筛选片子，比如肺癌等疾病，提高读片效率，提高医生诊断质量。

　　三是辅助诊疗。目前平安 5 大医疗数据库覆盖 3 万种疾病。由于平安有健康险和寿险业务，平安拥有 2000 个药品信息、180 种疾病信息等基础信息。基于此建立医疗知识图谱，系统不断学习，帮助上百家医生做出更好决策，例如症状辅助诊断、药物推荐、检查检验关系、以及医疗文献等信息。

　　截至 2018 年 6 月末，平安好医生的 AI 研发共计提交了 26 项专利申请，同时开始探索布局智慧药柜与 AI 辅助诊疗系统结合的"一分钟诊所"。平安好医生未来还将持续加强 AI 研发，提升人工智能医疗应用的准确性和适用性，打造强大的智能引擎。

　　万家医疗是平安布局线下入口的赋能基层医疗的平台。公司在全国范围内整合诊所、药房等基层医疗机构，并提供标准化服务体系与培训等服务，目前已经合作了超五万家线下诊所。

在金融服务提供方，平安成立了医保科技公司，旨在借助科技的力量，赋能各地的社会医疗保险机构，提供端到端的解决方案，帮助提升医保的管理水平与用户体验。

在生态圈布局内，平安持续打通互联网医疗产业链，既连接传统的健康险业务，又连接政府的社会医疗保险服务。平安好医生为平安保险客户提供一站式健康医疗解决方案。针对保险用户的医疗健康管理需求，平安好医生将线上咨询、线下就医、送药融于一体，并且为用户创建电子健康档案。而健康险业务与政府医保连接，又可以给平安带来更多的数据与场景，不断迭代优化其数据模型。

3. 汽车服务生态圈

相关研究显示，2020 年中国的汽车产业将达到 10 万亿的市场。新车的消费信贷渗透率将从现在的 30% 增长到 50%。随着存量车的车龄增长，换车、二手车交易以及养护需求都将进一步释放。

在汽车生态圈的布局上，平安利用科技打造全方位的服务平台，连接车用户、厂商以及服务提供方。线上依托汽车之家，线下利用平安产险与银行提供汽车保险与金融服务，同时也在布局汽车产业链，投资互联网汽车服务平台。

平安收购的汽车之家，已经成为了中国最大的线上车主社区，拥有日活用户数达 3300 万；而平安产险，在车险市场上的份额位居第二，旗下推出的平安好车主，为车主提供违章查询与代办、车险投保、理赔服务，也拥有了 5000 万用户。

平安也在打通生态圈中的各家企业，从汽车之家提供流量，到平安保险与银行跟进提供金融服务，同时借助汽车产业链的其他投资，连接生态圈的 B 端（主机厂、4S 店、修理厂等），提供供应链金融等服务，而这些 B 端的加入，又反过来成为金融服务的一个很好的线上渠道，也为平安的金融服务完善了 O2O（Online To Offline，线上到线下）的无缝连接体验。

平安正在推行的 3.0 车生态战略，以 ABC（AI/Big Data 大数据 / Cloud）为核心，赋能商家，形成闭环生态。一是把握用户入口。覆盖了用户从确定预算到现场看车的全生命周期场景。二是打造 AI 智能平台：利用领先的 AI 技术 + 大数据应用能力，在车生态各个环节推动精准营销、精准定价、风险识别等应用。三是推动商家云。精准化、高互动、效率高的商家云，从主机厂（OEMs）到经销商、二手车商，更加精准化，互动性更强，效率更高，从而有助于摆脱产业过去的粗放式、长周期、效果不可控的模式。

4. 智慧房产生态圈

房产业是另一个关乎社会民生的行业，作为国民经济的支柱，每年产值 20 万亿元。平安集团将原来的平安好房升级为平安城市科技公司，旨在科技赋能房产行业的各参与方。通过服务六大参与方（消费者、经纪人、开发商、中介、政府、金融机构），聚焦地产营销、地产管理和地产金融等三大市场。而在生态圈建设下获取的各类数据，如房源数据、平安银行的房金融，平安产险的房相关保险，从而产生更大的价值。

5. 智慧城市生态圈

智慧城市生态圈是平安最新的生态圈举措，目标是借助自身金融与财务管理优势，打造智慧城市生态圈，提升城市运营效率与居民生活体验，同时也紧密连接政府端，将 G（Government）端纳入整个平安集团的发展蓝图中。

平安正在打造智慧城市的"1+N"平台，包含智慧交通、智慧医疗、智慧政务、智慧教育、智慧养老、智慧环保等。其中智慧交通运用 AI 技术对传统交通进行智能优化，实现智能事故快速处理、智能执法监管和智能拥堵疏导等功能。指挥交通一体化平台增加了通行效率，减少了交通事故和警务成本。智慧医疗运用科技对传统医疗进行改善，应用的领域包括智能医疗工作站、医联云平台、疾病防控等。智能政务则运用科技为传统政务提供优化解决方案，应有的领域包括城市运营管理中心、市民通、市场监管等。

城市建设覆盖了方方面面，所以平安智慧城市的建设也不是孤立的，而是和其他各生态圈紧密结合。其中，智慧财政通过强化对预算、资产负债、收入支出管理，帮助政府提升管理效率，借助了很多平安银行、平安保险管理预算的经验与解决方案，而资产负债优化，又与金融服务生态圈紧密合作。智慧房产举措，打造"一网一图一平台一报表"，信息互联、互通及房屋交易便捷安全，与房产生态圈平台深度相关。而智慧交通举措，利用图像识别与大数据技术，建设整体交通解决方案，和汽车生态圈的不少举措也在共同推进。

三、平安科技创新战略的远景与展望

平安集团提出了其第四个十年愿景，以及 1-2-2-N 战略体系：1 即一个愿景，平安要成为国际领先的科技赋能的个人金融生活服务商，借助科技的力量打造生态圈；第一个 2 指的是要聚焦大金融与大健康两大主题，围绕个人生活中最重要的两大方面进行建设；第二个 2 指的是两大商业模式，一是指"综合金融＋科技"的业务模式，利用科技力量，帮助传统金融业务，如保险、银行等全面提升效率、提升用户体验并减少风险，二是指"科技＋生态圈"的业务模式，利用金融科技与互联网，线上线下打通，连接合作伙伴，形成生态圈体系；N 则是指执行此战略的各大抓手与专业公司，既包括了平安银行、平安产险等传统机构，也包括要建设的五大生态圈，即金融服务生态圈、医疗健康生态圈、汽车服务生态圈、智慧房产生态圈以及最近在积极扩展的智慧城市生态圈。

平安科技创新战略，未来将从 1-2-2-N 大战略出发，重点建设两个领域：

一是"业务＋科技"。平安自身传统金融业务利用科技赋能，提升传统金融业务的竞争力。各个专业公司也纷纷加强自身的科技力量。考虑到科技对业务的响应度与理解度的需求，原来集中化的平安科技，已经将服务于各专业公司的业务类的科技团队转入到各个业务公司，直接受业务公司的领导。而专业公司，如平安产险、平安好医生等，也都建立了自己的大数据团队，与集团的大数据团队配合，为自己的业务提供更贴近前线的，更精细化的数据分析服务。

二是"科技＋生态圈"。科技具有前期投入大、边际成本低，以及规模经济优势的特点。科技能够支持的业务规模越大，产生的效应就越明显。因此，平安在用科技服务于自身的近 6.5 万亿资产的同时，也对外输出金融科技，打造轻资产模式。一方面能在平安大旗下聚拢越来越多的盟友，提升市场竞争力，另一方面也给了科技更大的表演舞台，更多地使用场景与数据，帮助科技可以更快更好的发展。根据平安科技创新战略，未来平安不应该是个金融公司，而是个科技公司。随着其主营业务伴随着中国经济发展持续增长，可以预见，平安在科技方面的发展将持续大步迈进。而其"科技＋生态圈"的举措，已经初见成效，可以预见，越来越多的参与方都会加入平台，在科技的支持下，聚拢越来越多的流量、场景与数据，从而有效地提升行业的标准化、自动化与智能化。

执笔人：蔡建颖　朱俊生

后 记

　　金融与科技正在世界范围内加速融合，这不仅会改变金融的业务形态和竞争格局，也将深刻影响金融监管实践和金融基础理论。国际上重要的金融机构都将金融科技应用作为巩固和提升竞争优势的着力点。金融监管和研究机构也都将其作为重要新兴领域，投入资源进行跟踪分析。国务院发展研究中心金融研究所和中国建设银行研究院联合开展的此项研究，一方面结合了两家单位在理论和实践方面的优势，另一方面还邀请了监管机构、实务部门相关专家参与研究，期望通过全景式的描述，增进读者对金融科技的理解和认识。

　　金融科技正处在高速发展之中，相关概念和理论尚未定型，数据和样本积累也很有限，许多研究仍处于探索阶段。尽管如此，我们仍希望能超越常见的定性分析，对全球系统重要性银行在金融科技技术和业务领域的进展进行定量评估。金融科技发展前景广阔，潜力巨大。未来我们两家机构仍将持续关注其最新动态，通过持续跟踪将研究推向深入。同时，希望读者能不吝指出本书不足，便于我们改进。

"金融科技研究与评估 2018"编写组

2018 年 12 月 1 日